招商局文库·研究丛书

招商局
工业发展史

The Industrial History of China Merchants Group

胡贤甫 主编
郭朝先 惠炜 等 编著

社会科学文献出版社
SOCIAL SCIENCES ACADEMIC PRESS (CHINA)

招商局文库编辑委员会

主任委员 缪建民

委　　员 胡建华　王　宏　朱荫贵　张军立
　　　　　　易惠莉　虞和平　樊　勇　武　力
　　　　　　刘兰兮　陈争平

本书编审委员会

顾　问　胡　政

主　任　胡贤甫
副主任　樊　勇　李文华
委　员（按姓氏笔画排序）
　　　　王宏华　王林志　方云虎　刘　进　刘　巍
　　　　刘世恩　刘建成　李劲松　陈宏浩　罗文臣
　　　　郑和辉　查德龙　徐小飞　曹　桢　盛　乐
　　　　彭　晟　覃　烈　童　强　詹华锋

本书编写组

主要撰稿人　郭朝先

参与编写人员（按姓氏笔画排序）
　　　　方　澳　石博涵　刘　芳　许婷婷
　　　　张航燕　苗雨菲　胡　越　惠　炜

招商局文库总序

1872年创立的中国第一家民族工商企业——轮船招商局是晚清洋务运动仅存的硕果，它发展至今天，已成为横跨金融、交通、地产等三大核心产业的企业集团。自创立以来，招商局与祖国共命运，同时代共发展，饱经沧桑，几度挫折，几度辉煌，生生不息，以它与中国近现代化进程和中国近代社会经济生活的紧密联系从一个侧面折射了中国社会一百多年来的发展历程，它在自身经营发展中的重大事件印证了中国社会发展的跌宕起伏、荣辱兴衰，也成为中国近现代史上的重要坐标。招商局史不仅属于招商局，也属于全社会。招商局的发展史，值得学术界不断地探寻和回视。因此，有些学者提出了"招商局学"概念，希望学术界努力使之成为中国近代史研究的一个分支学派。可以说，发展和繁荣招商局历史研究，是大家的共同心愿。

自20世纪早期开始，不少专家、学者潜心研究，陆续出版、发表了许多有关招商局研究的著述，新观点、新发现层出不穷。继承招商局金字招牌的招商局集团深刻认识到招商局厚重历史的社会意义，自觉肩负起社会责任，从20世纪80年代开始，积极组织、投入各方面力量，挖掘招商局百年历史，分别在1992年和2007年成功举办了招商局历史学术研讨会，在2004年成立了招商局史研究会，设立了招商局历史博物馆，在2005年开设了招商局史研究网，历年出版和赞助出版了多本招商局历史研究图书，出资拍摄了多部招商局历史题材专题片，鼓励和支持了院校普及招商局历史知识以及培养招商局历史研究人才，派员对散落在各地的招商局文献进行了调查和复制以及购买，定期公开了许多招商局馆藏招商局历史档案。我们不遗余力地做好这些工作，除了推动招商局自身的企业文化建设外,最重要的是为社会各界研究招商局史提供力所能及的帮助,为社会研究招商局历史服务。

2010年,鉴于招商局历史研究的迫切需要和为了系统化地展示招商局历史研究的著述、文献史料,我们提出了出版"招商局文库"的设想,希望将以前历年来已出版的和今后将出版的有关招商局历史研究书籍以统一的版式集中出版。

社会科学文献出版社对我们的这一设想给予了大力支持,对如何建立"招商局文库"提出了具体的工作建议,并承担了出版任务。目前,"招商局文库"主要设有"研究丛刊""文献丛刊"两个系列。2012年,适逢招商局创立140周年纪念,我们将集中出版一批学术论著和历史文献,以作为"招商局文库"的开篇。今后,"招商局文库"书籍将陆续与大家见面。

希望"招商局文库"书籍能为大家提供更好的帮助,并引起更多的专家、学者和社会人士对招商局及招商局历史研究的关注、支持。

招商局集团

2012年1月

目 录

序言　走向深蓝的工业力量 ······································· i

上　编

第一章　晚清时期的招商局工业（1872—1911年） ············· 3
 第一节　招商局的创办 ··· 3
 第二节　招商局开办工业 ······································ 9
 第三节　修造船业肇始：同茂铁厂 ··························· 13
 第四节　重工业肇始：开平矿务局与汉冶萍公司 ············ 16
 第五节　轻工业肇始：上海机器织布局 ····················· 32
 第六节　晚清时期招商局工业的特点与贡献 ················ 34

第二章　民国时期的招商局工业（1912—1949年） ············ 40
 第一节　民国初期的招商局工业 ····························· 40
 第二节　全面抗战时期的招商局工业 ························ 44
 第三节　解放战争时期的招商局工业 ························ 47

第四节　民国时期招商局工业的特点与贡献 …………………… 51

第三章　新中国成立至改革开放前的招商局工业（1949—1978 年） …… 57
 第一节　招商局的社会主义改造 ……………………………………… 58
 第二节　金陵船厂的创立与发展 ……………………………………… 62
 第三节　香港招商局的工业发展与友联船厂创建 …………………… 81
 第四节　新中国成立至改革开放前招商局工业的特点与贡献 ……… 93

第四章　改革开放初至 20 世纪末的招商局工业（1979—1999 年） …… 99
 第一节　蛇口工业区的工业发展 ……………………………………… 100
 第二节　招商局发展有限公司的创立与发展 ………………………… 117
 第三节　友联船厂的进一步发展 ……………………………………… 138
 第四节　招商局工业集团有限公司的成立 …………………………… 152
 第五节　招商重工的成立 ……………………………………………… 161
 第六节　金陵船厂的改革发展 ………………………………………… 166
 第七节　改革开放初至 20 世纪末招商局工业的特点与贡献 ……… 174

第五章　21 世纪以来的招商局工业 …………………………………… 179
 第一节　招商工业优化布局与新版图 ………………………………… 179
 第二节　友联船厂深化发展与友联品牌拓展 ………………………… 188
 第三节　招商重工业务转型与扩张发展 ……………………………… 200
 第四节　漳州开发区的工业发展 ……………………………………… 209
 第五节　金陵船厂的快速发展 ………………………………………… 214
 第六节　21 世纪以来招商局工业的特点与贡献 …………………… 220

下 编

第六章　招商局工业"十四五"发展规划 …… 227
第一节　招商工业新发展阶段面临的环境 …… 228
第二节　招商工业"十四五"总体规划 …… 232
第三节　招商工业"十四五"业务发展规划 …… 236
第四节　招商工业"十四五"科创专项规划 …… 240
第五节　香港友联转型发展规划 …… 243
第六节　招商局工业"十四五"开局之年的基本情况 …… 246

第七章　招商局海洋装备维修改装业务（友联船厂）…… 250
第一节　友联船厂总体情况 …… 250
第二节　招商局修造船业的一面旗帜——香港友联 …… 251
第三节　华南最大的船舶海工维修基地——蛇口友联 …… 255
第四节　长三角地区的特色维修基地——舟山友联 …… 261
第五节　环渤海区域的海工修船基地——山东友联 …… 268

第八章　招商局海洋工程装备制造业务（招商重工）…… 271
第一节　招商重工总体情况 …… 271
第二节　海工业务的发源地——深圳重工 …… 272
第三节　海工业务的主力军——江苏重工 …… 279

第九章　招商局特种船舶制造业务（招商金陵）…… 286
第一节　招商金陵总体情况 …… 286
第二节　滚装船单项冠军——南京金陵 …… 286

第三节　客滚船单项冠军——威海金陵 …………………………… 297
　　第四节　灵便型化学品船单项冠军——扬州金陵 ………………… 302

第十章　招商局邮轮制造业务（招商邮轮） ………………………………… 307
　　第一节　邮轮制造总体情况 …………………………………………… 307
　　第二节　邮轮制造发展历史 …………………………………………… 307
　　第三节　邮轮制造发展现状 …………………………………………… 314

第十一章　招商局能源与物流装备制造业务（中集集团） ……………… 319
　　第一节　创立和发展 …………………………………………………… 320
　　第二节　公司特色 ……………………………………………………… 327
　　第三节　主营业务 ……………………………………………………… 333
　　第四节　国之重器 ……………………………………………………… 338
　　第五节　前景展望 ……………………………………………………… 342

第十二章　招商局船海配套业务（招商新材） …………………………… 345
　　第一节　起点：华益铝厂 ……………………………………………… 346
　　第二节　搬迁：招商铝业 ……………………………………………… 353
　　第三节　混改：招商新材 ……………………………………………… 357

第十三章　招商局工业与其他产业 ………………………………………… 359
　　第一节　招商局工业与金融业 ………………………………………… 359
　　第二节　招商局工业与房地产业 ……………………………………… 364
　　第三节　招商局工业与物流业 ………………………………………… 367
　　第四节　招商局工业参与"一带一路"建设 ………………………… 370

第十四章 招商局工业文化 ………………………………… 375
第一节 招商局企业文化 ………………………………… 376
第二节 招商局工业企业文化 …………………………… 390
第三节 招商工业企业文化案例 ………………………… 394

参考文献 …………………………………………………… 407
附录 招商局工业发展脉络 ………………………………… 415

序言　走向深蓝的工业力量

"国尚工则日新日智",工业历来是立国之本、强国之基。在工业革命的影响下,晚清洋务运动先后以"自强""求富"为目的,建立了近代军事工业和民用工业体系,拉开了中国近代工业发展的序幕。在此背景下,轮船招商局于1872年应运而生,孕育工业力量。

招商局带动了近代民用工业的起步。洋务运动后期提出"寓强于富、工商致富",开启兴办民用工业的浪潮。招商局在发展民族航运业的同时,陆续投资了中国近代最早的大型煤矿开采企业——开平矿务局,组建了中国近代第一家机器纺织企业——上海机器织布局,重组了中国近代第一家钢铁煤炭联合企业——汉冶萍煤铁厂矿公司,资助创办的北洋大学堂、南洋公学等新式教育机构培养了大批工科专业人才,积极推动了中国近代民用工业的起步。

招商局推动民族船舶修造业的进步。为支持航运主业的发展,招商局于1874年在上海开办了第一家民族修船企业——同茂铁厂,1914年又创办了内河机器厂,后更名为招商局机器造船厂。抗日战争时期,机器造船厂沿长江西迁至汉口、宜昌、重庆等地,在保障航运、转移资产、支持抗战等方面做出了突出贡献,也保存了民族修造船业的有生力量。抗战胜利后,招商局整合敌伪造修船资产并组建了中国四大船舶修造厂,发展壮大了中国民用船舶修造业。新中国成立后,招商局的船舶修造企业分别重组成立了上海船厂、天津大沽船厂,原招商局上海船舶修造厂在南京组建的船舶修理厂后来发展成为今天的南京金陵船厂,成为中国民用船舶工业的重要力量。1964年,为解决国家远洋船舶维修"卡脖子"问题,保障祖国远洋航运与经济建设,招商局又在香港创办了友联船厂,一度成为中国交通运输企业学习的典范，如今已演变成为世界修造船领域的"金字招牌"。

招商局率先引入国外先进工业并辐射内地。1979年，招商局以"敢为天下先"的勇气与智慧，设立发展部，1984年发展部扩充成立招商局发展有限公司，作为招商引资的投资主体，参股投资引入国外工业企业入驻蛇口工业区（中国第一个对外开放的工业园区），掀开了中国改革开放和经济特区建设的历史序幕。通过创新用人用工机制与管理制度等多种方式，在蛇口工业区内培育并发展了中集集团、南玻集团、中宏气体、华丝集团等100多家外向型工业企业。众多工业企业兴旺了蛇口工业区，丰富了"春天的故事"，参与创建了"蛇口模式"，后期又将部分产业辐射至漳州开发区，将玻璃、泰柏板、电缆、钢铁、机械、服装制作等先进生产技术辐射至内地，在祖国大地许多地方兴建一系列工业企业，促进了地方经济建设与行业技术管理水平提高。

招商局着力打造走向深蓝的工业力量。1997年，伴随香港回归，招商局整合了友联船厂有限公司和招商局发展有限公司，组建招商局工业集团有限公司，进行专业化的工业资产投资与业态管理，优化整合了原有工业企业与行业资源，积极践行国家海洋强国、制造强国战略，大力发展了海洋装备制造业，陆续建设了孖洲岛修造船基地、海门海工制造基地，重组了舟山东邦修船基地，兼并了中航船舶业务板块，整合了长航金陵船厂，打造了"友联船厂""招商重工""招商金陵""招商邮轮"等修造船品牌，目前已发展成为拥有七大修造船基地和三大设计公司的集团化企业，成为国家海洋装备制造业的骨干力量。建成交付了一系列海洋装备的"大国重器"，其中"天鲸"号荣获国家科学技术进步奖特等奖；首制且批量建造极地探险邮轮，开中国豪华邮轮建造的先河；高端滚装船系列产品获得国家级制造业单项冠军，并持续保持世界领先地位。"百年招商，蔚蓝梦想。"在新发展阶段，招商局秉持"实业强国、金融报国"的理念，继续书写发展工业的篇章，努力在海洋经济、海洋强国的建设道路上踏浪前行，成为走向深蓝的工业力量。

纵观招商局的工业发展史，我们能够清晰地看到一部爱国史、一部奉献史和一部奋斗史，可以深刻感受到"爱国奉献、艰苦奋斗、勤俭节约、踏实肯干"的工业精神。"落其实者思其树，饮其流者怀其源"，在招商局创办150年之际，招商局工业集团牵头编辑出版《招商局工业发展史》，回顾虽尘封但鲜活的工业发展历史，牢记工业人的事业情怀与奋斗精神，我认为恰逢其时、意义重大，提醒我们不忘过去的民族希望，督促我们不负未来的国家期盼，无论来时、不论去往，工业救国、实业强国，招商局应该也必须有所作为！

是为序，以此鼓励工业奋斗者！

缪建民

招商局集团董事长、党委书记

2022年5月11日

上 编

第一章　晚清时期的招商局工业
（1872—1911 年）

鸦片战争爆发后，中国从封建社会逐渐沦为半殖民地半封建社会，社会发生巨大动荡，传统经济模式、政治结构遭受前所未有的挑战。一场以"师夷长技以制夷""师夷长技以自强"为口号的引入西方军事装备、生产机器与科学技术的晚清自救运动——洋务运动应运而生。在此背景下，李鸿章督办创立的"轮船招商局"，成为迄今为止晚清洋务运动仅存的成果。招商局成立后，在大力发展航运业的基础上，实力不断壮大，相继进入相关产业领域：创立了中国第一家大型煤矿开采企业——开平矿务局，中国第一家大型钢铁煤炭联合企业——汉冶萍煤铁厂矿公司，中国第一家大型纺织企业——上海机器织布局，中国第一家保险公司——仁和保险公司，中国第一家自办银行——中国通商银行，等等。招商局的创立不仅是中国航运史上的一件大事，而且是中国工业史上的一件大事，它为中国工业的发展播下了第一把种子，培养了大批工业技术和工商管理人才，为近代中国工业发展做出了不可磨灭的贡献。

第一节　招商局的创办

鸦片战争以后，西方殖民主义者先后强迫清政府签订多个不平等条约，在中国沿海与沿江开放多处通商口岸，中国的江海航权开始丧失，原有的经济结构发生剧烈变动，传统生产方式逐渐退出历史舞台，新生产方式缓慢发展，中国轮船业也随之产生。作为中国最早自办的轮船航运企业，招商局是在中国社会性质与经济条件发生一系列重大变化，特别是在国外航运势力垄断中国江海航运的背景下诞生的。

一 招商局创办的历史背景

1. 殖民主义者掠夺中国航权

1835年9月，英国轮船"渣甸"号（Jardine）抵达广州海域，这是外国轮船首次进入中国海域。1840年，英国对中国发动了第一次鸦片战争，殖民主义者用炮舰轰开了中国大门。1842年，英国强迫清政府签订《南京条约》，其中规定开放广州、福州、厦门、宁波、上海等五处口岸，英国船只可以在五口以及五口之间自由出入，往返贩运。中国作为一个主权国家所拥有的沿海航行专有权开始丧失。

1856年，英法两国为了扩大在华利益，发动了第二次鸦片战争，胁迫清政府签订《天津条约》与《通商章程善后条约》，不仅"打开了上海以北一千五百英里的沿海贸易"，还把中国最大的内河长江变成了国外商船航行的"黄金水道"。

从第一次鸦片战争开始后的短短20年时间内，外国入侵者凭借坚船利炮，夺取了中国江海航权，用血和火构建起了连接中国江海并沟通外洋的完整水上运输网，为进一步扩大掠夺性航运活动做好了准备。[①]

2. 外国资本对中国航运业的入侵

中国沿海与长江航权逐步丧失的过程，也是外资轮船企业在中国相继创办与不断扩张的过程。1850年，外国人在中国创办第一家航运公司——省港航运公司。1859年，进入上海的外国洋行，如美国的琼记、英国的怡和与宝顺等已经开始在长江一线从事航运活动。

长江腹地航运业务的开展，使上海港的对外贸易迅速增长，外国船舶的进出口数量急剧上升。从1855年的589艘次157121总吨，上升到1860年的1979艘次593712总吨，1863年更是达到6947艘次1961199总吨，较1855年分别增长了近11倍和近11.5倍。

因此，专业的轮船公司在从事航运活动过程中攫取了巨额利润。商船是当时西方侵略者对中国进行商品输出的主要交通工具，外商从中国运出

[①] 张后铨主编《招商局史（近代部分）》，中国社会科学出版社，2007，第1—3页。

以丝绸、茶叶为主的土产和向中国倾销以棉织品为主的洋货，都依赖于商船。除了正常贸易外，外国侵略者还经常对中国进行强盗式掠夺，包括贩卖鸦片、买卖人口、走私逃税、非法交易、侵占土地房屋等。在所有这些违法活动中，轮船都成为侵略者大肆获取非法暴利的载体。

3. 中国旧航运业的衰落

殖民主义者对中国传统木船航运业发展造成了直接的影响，中国本土航运业急剧衰败。《南京条约》与《天津条约》签订后，中国旧式木帆船的经营范围受到侵略者的严重威胁。美国驻华公使列威廉认为，中国大部分的沿海贸易从本地船只转移到外国船只的手中。1860年以后，由于外国轮船急剧增加，中国沿海木帆船被迫从运输线上退出，而这使得外资航运业进一步发展。

外国航运势力入侵后，中国传统的漕粮运输业迅速衰败。清代主要从山东、河南、安徽、江苏、浙江、江西、湖北、湖南等八省征收漕粮，后由于黄河屡次决口，运河漕道淤塞，于1826年将江苏省的漕粮改为海运。随着海运运量增加与黄河决口的屡次发生，海运取代河运成为漕粮运输的主要形式。鸦片战争以后，美商琼记洋行与旗昌洋行企图包揽中国漕运，因为如能收揽京师全部漕运粮食业务，将会获取高额的利润。这一计划虽未能实现，但是琼记洋行得到了清政府租赁漕运特许船只的特权。因此，解决漕运困难成为中国新式航运业产生的背景之一。

二 招商局筹议与创办

经过数十年的探索，在经历数次挫折与失败后，洋务派终于探索出一条适合中国新式轮船的创办之路——轮船招商。至此，中国新式轮船的发展进入起步阶段。

1. 轮船招商的筹议

1869年，随着苏伊士运河开航，亚欧航程大大缩短，对中国航运业产生了巨大影响。更多的外商参与对华贸易，航行中国的外轮迅速增加，轮船逐渐取代木帆船，外国航运势力对中国江海航运的垄断程度进一步加深，所攫取的航运利润逐年增加。在国外资本的一步步入侵下，创办中国新式航运业的诉求更加迫切。

1872年，内阁学士宋晋奏请裁撤闽沪船局，引发了一场关于中国航运业前途的大辩论。江南制造局（以下简称"沪厂"）和福州船政局（以下简称"闽厂"）是洋务派在19世纪60年代创办的两家规模较大的军用造船企业。1868年，沪厂首先制造出兵船"恬吉"号，次年，闽厂的"万年青"号竣工，至1870年，两厂各制成兵船4艘。由于两家船厂自身耗费巨大，船成之后还要负担保养、训练费以及在船官兵的薪饷，加之管理不善，开支增大，单靠政府的经费已入不敷出。为了减轻经济负担，闽厂在1870年将"湄云"号拨给浙江省使用，相关一切经费均由浙江承担。1871年，福州将军兼闽浙总督文煜上奏清廷，将闽厂轮船"分派外省"。总理衙门与户部会衔上奏，除赞成文煜的主张外，又准备将闽厂船只分拨给广东、山东、奉天、直隶等省使用。1872年初，总理衙门准备将闽厂、沪厂的船只"招商雇买"。正当总理衙门与有关督抚大臣紧密协商如何解决闽厂财政困难时，顽固派官僚内阁学士宋晋奏请裁撤闽厂、沪厂。由于洋务派领军人物、闽沪两厂的创办人及主持者曾国藩、左宗棠、李鸿章等人认为裁撤两厂事关洋务运动成败和中国造船事业的兴废，清廷命曾国藩、文煜以及江苏巡抚何璟等筹议复奏。经过反复讨论，最终由于反对淘汰船局意见占上风，总理衙门奏请清廷：船政不应停止，应由李鸿章、沈葆桢妥筹办理。

经历这一轮大讨论，中国航运界认识到"轮船招商"是一条基本适合中国轮船业发展的路径。1872年，李鸿章成为筹办新式轮船运输企业的实际主持人。经过长达半年的商议，"轮船招商"的轮廓已清晰可见，轮船招商局的创立时机已经成熟。

2. 招商局的创办

李鸿章认为"非有大力者担当经营"，"恐难办到"。起初，李鸿章打算让自己的亲信幕僚盛宣怀出面主持创办招商局。盛宣怀出身官宦世家，中秀才后，屡试不第，1870年经杨宗濂推荐成为李鸿章幕僚，取得李鸿章的特殊信任后开始参与洋务运动。1872年，盛宣怀草拟《轮船章程》，提出了"委任宜专""商本宜充""公司宜立""轮船宜先后分领""租价宜酬定""海运宜分与装运"等六条纲领，但并未被李鸿章采纳。盛宣怀也不是主持招商局的理想人选，后经李鸿章"博访周密"，物色到一位理想人物——经办海运十余年的三品衔道员、海运局委员、浙江候补知府朱其昂。朱其昂是一个在沙船行业颇有影响的人物，在北京、天津、上海、广东等地设有华裕丰汇银票号，具有一定的经济实力。进入招商局之前，他就与洋行买办建立了个人联系，且愿以"身价做抵"来创办招商局。最初主持拟定招商局章程《轮船招商节略并各项条程》的主要是朱其昂，章程规定招商局的性质为"官商合办"。《轮船招商节略并各项条程》对招商局的日常管理、合订股份、租赁船只、参加保险、承运漕粮、选用水手、报关纳税乃至购用煤炭等问题都做出了详细的规定，李鸿章对此表示满意。[①]

为了筹集开局所需的巨额资金，李鸿章与天津海关道陈钦、天津道丁寿昌商议后，准照苏浙典商借领练饷制钱定章，于1872年8月15日报请户部拨借直隶练饷局存款制钱20万串作为借款，官方只取官利，不负盈亏责任。在朱其昂的努力下，招商局开局前的筹备工作加快了步伐。朱其昂等提出招商局应悬挂局旗，除悬挂三角龙旗外，另挂双鱼龙旗；自行镌刻了"总办轮船招商公局关防"；在上海洋泾浜南永安街租赁房屋一所，以备开局之用。

尽管招商局在筹备过程中不断受到顽固势力阻挠，但整体工作仍顺利进行。1872年12月23日，李鸿章致函总理衙门，转呈了朱其昂等拟定的条规，进一步强调，创办轮船商局的目的在于解决漕运困难，同时也是为了挽回部分航运利权，并指出招商局的管理体制是官督商办。同一天，李鸿章向清廷奏呈《设局招商试办轮船分运江浙漕粮由》（图1-1），内容与致总理衙门函大致相同。这份奏折报告了招商局的筹办情况，重申"分运漕米，兼揽客货"的旧议，再次强调该局借官款作为社会商本，而"所有盈亏，全归商认，与官无涉"。还特别指出"华商轮船，可期就绪，目前海运固不致竭蹶，若从此中外轮船畅行，闽沪各厂造成商船，亦得随时租领，庶使我内江外海之利，不致为洋人尽占，其关系于国计民生者，实非浅鲜"。三天后，即1872年12月26日，清廷批准李鸿章奏议。次年1月17日，轮船招商局在上海洋泾浜南永安街正式开门营业（图1-2），中国近代第一家大型轮船企业正式诞生。李鸿章的奏稿与信函，阐释了洋务

[①] 张后铨主编《招商局史（近代部分）》，第27—28页。

派创办轮船招商局的基本动机,提出了招商局官督商办的管理体制,规定了招商局"分运漕米,兼揽客货"的经营方针。整个晚清,招商局大体上按照上述原则管理和开展航运业务。①

图 1-1　李鸿章向清廷奏呈的《设局招商试办轮船分运江浙漕粮由》

图 1-2　油画《轮船招商公局开业庆典》(卢未闻绘)

---

① 王开玺:《论洋务派官督商办企业的经营形式——以轮船招商局及李鸿章为中心》,《河北学刊》2009 年第 3 期。

为了投入运行，招商局开始向外商购买轮船，分别从大英轮船公司购买了"伊敦"轮（图1-3），从利物浦购进"代勃来开"号（后改名"永清"号），经德商购买"利运"号，从苏格兰购入"其波利克有利"号（后改名"福星"号）。同时，从浙江省调拨"伏波"号轮船1艘，以备次年承运春漕之用。由此，中国首个民族商船队诞生。

图1-3 "伊敦"轮

第二节 招商局开办工业

近代军事工业建立并初步发展后，为了供应军事工业需要的原料，以及与外资在华经营的民用工业和交通运输行业争夺巨额利润，清政府洋务派开始创办资本主义工矿业与交通运输业以及部分轻工业企业。除了继续采取官办的经营方式外，主要采用官督商办和官商合办等形式。这些企业的出现，是中国资本主义现代工业的一个重要开端，构成了新兴资本主义近代工业的一个重要部分，同时，刺激和影响了新式工业的发展，培养了更多掌握机器生产的产业工人与技术人员，从而为民族资本主义工业的发展提供了条件。

一 招商局开办工业的历史背景

1. 世界工业的发展状况

18世纪60年代,第一次工业革命在英国兴起,开启了以机器代替手工劳动的新时代,引起经济社会的重大变革。到1800年,已经有500台左右的瓦特蒸汽机投入使用,英国的煤产量从1770年的60万吨提高至1800年的1200万吨,到1861年又提高至5700万吨。① 至此,人类进入钢铁时代。同期的中国正处在闭关锁国阶段,对世界的进步几乎一无所知。19世纪70年代,第二次工业革命促使人类社会进入"电气时代",新技术的广泛使用极大地推动了社会生产力的进步,对人类社会的经济、文化、军事、科技等方面的发展产生了比第一次工业革命更为深远的影响。第二次工业革命为世界市场的形成与发展提供了重要的技术支持,随着生产力的提高,西方资本主义国家需要在全球范围内抢占商品市场、原料市场与投资市场,中国就在这样的背景下成为西方国家商品倾销和战争掠夺的对象。

2. 洋务运动与中国工业萌芽

第一次工业革命期间,中国的资本主义萌芽得到短暂的发展。两次鸦片战争,列强用武力打开了中国的大门,迫切要求掠夺中国的工业原料,向中国倾销工业品。世界列强在走向中国,中国也被迫卷入资本主义世界,开始了近代工业化进程。19世纪60—90年代,在外商企业的刺激、示范、诱导下,洋务派掀起了一场"师夷长技以自强"的洋务运动,一些官僚、地主、商人开始投资新式工业,仿造坚船利炮的举措,拉开了民族工业发展的大幕,这标志着中国近代工业化的开始。②

1860年,曾国藩在奏章中称"将来师夷智以造炮制船,尤可期永远之利"。次年,曾国藩在安庆创办安庆内军械所,并在《复陈购买外洋船炮折》中提到,对内"剿发逆"与对外"勤远略"均须用到轮船等新式装备,故有必要自行制造此类装备。因此,中国的工业化是由国家战略诱发

---

① 〔美〕斯塔夫里阿诺斯:《全球通史:从史前史到21世纪》,吴象婴、梁赤民等译,北京大学出版社,2006,第492—493页。
② 严鹏:《简明中国工业史(1815—2015)》,电子工业出版社,2018,第49页。

的，在工业化的起始阶段主要集中于军事工业领域。

在洋务派创办的军工企业中，1865年成立的由李鸿章、曾国藩与丁日昌等人合办的江南制造局很具代表性。江南制造局的生产主要包括制造枪炮弹药与造船两大部分。在曾国藩的支持下，1868年，江南制造局造出第一艘轮船"恬吉"号。曾国藩奏称，"查制造轮船，以汽炉、机器、船壳三项为大宗。从前上海洋厂制造轮船，其汽炉、机器均系购自外洋，带至内地装配船壳，从未有自构式样造成重大机器、汽炉全具者"，"恬吉"号则不然，"其汽炉、船壳两项，均系厂中自造，机器则购买旧者整理参用"。曾国藩并不满足于像此前上海的外资企业那样只是组装进口零部件，而是要求江南制造局逐渐掌握完整的制造能力。更为可贵的是，曾国藩还认识到了科学原理与技术知识是制造能力的基础，积极促成江南制造局从事西书翻译活动。不过，江南制造局的造船活动在曾国藩去世后逐渐停止，直到20世纪初该局被拆分为兵工厂和造船厂两家企业后，才由造船厂重新启动了船舶制造。

1866年，左宗棠任闽浙总督时期，在福州成立了船政局。作为一个官营兵船修造厂，船政局的目标是仿造西洋舰船。左宗棠认为，"欲防海之害而收其利，非整理水师不可；欲整理水师，非设局监造轮船不可"。轮船这一工业品由列强带入中国，实为动摇国本之举。因应之道，则莫如认清形势，由中国自行制造轮船，变被动为主动。因此，左宗棠创办船政局也是出于战略目的。他举荐沈葆桢出任船政大臣，在沈葆桢的主持下，福州船政局稳步发展。1869年，该局制造的第一艘轮船下水，沈葆桢同时奏报第二艘轮船的施工情形，提到"匠作等驾轻就熟，工程较速"。1870年，到第三艘轮船下水而第四艘轮船正在制造时，沈葆桢称"匠作渐皆熟手"。后经过洋务派与顽固派宋晋等人的一系列关于"是否停办造船厂"的争论，清廷终未停止造船，福州船政局继续其生产活动。1875年沈葆桢离任后，船政局继续发展，开始建造铁、木合构船与早期的巡洋舰。中法战争（1883年12月至1885年4月）后，船政局于1886年5月建成鱼雷厂，却因资金限制无法批量生产鱼雷。在当时的时代背景下，中国发展工业是历史必然，但是单纯依靠国家力量推动军事工业的发展，不仅给财政上带来了较大的负担，而且对社会经济的外溢作用十分迟缓、有限。尽管如此，洋务派仍使中国工业缓慢迎来新的发展。

3. 实业救国的初衷

工业化塑造了现代社会的基本框架与特征，在生产力水平低下的时代，由于社会存在生产力迅速发展的需求，且工业天然能够作为生产力发展的龙头，发展实业往往被单向理解为发展工业。工业与实业均是在现代化过程中，脱离传统性，追求现代性，实现传统社会向现代社会转变的理论与实践现象。实业包含工业，工业是实业中最核心的产业部门。实业的发展先于工业产生，工业的萌发和成长得益于实业的思想体系，两者具有密切的内在联系。具体来说，实业和工业具有相同的历史背景；两者都是以科技进步为促进发展的引擎；两者均强调发展过程中的规则与秩序。

洋务运动开始后，重商主义开始逐渐取代重农抑商的思想，洋务派重视民用企业的创办，以"求富"致"求强"。甲午战争以后，清政府放宽对民间设厂的限制，社会上掀起一股实业救国的热潮。1872年，轮船招商局在这样的背景下创立。自那时起，招商局就以自强求富、实业救国为己任，围绕轮运业，先后创办修船厂——同茂铁厂、煤矿——开平矿务局、大型钢铁煤炭联合企业——汉冶萍煤铁厂矿公司以及第一家机器棉纺织工厂——上海机器织布局等企业，肩负起"经国宏谟"的历史寄望，开拓了民族航运业等诸多近代经济领域，揭开了中国现代化的大幕，尤其是在实业救国、工业化与现代企业生产方面有巨大的现实意义。

招商局的诞生标志着中国现代化工业有了第二种产生途径和第二种产业类型，而且更富有工业化的意义，这就是官督商办的民用企业。

二 招商局开办（投资）工业规模与分布

洋务派官僚在创办军用工业时，就有了一定的开辟民用工业的想法。而随着轮船招商局的诞生，民用工业的发展通道从此打开。从此，各类民用工业企业相继设立，不仅逐渐发展成为与洋务军用工业并驾齐驱的一翼，而且支持了军用工业的进一步发展，为洋务工业乃至中国早期工业化开辟了一条新的、比军用工业更为重要的发展路径。到1894年洋务运动结束时，先后开办的官督商办或官办民用企业共计达到48家，比军用企业多15家，产业种类涉及轮船航运、煤矿、金属矿、通信、纺织、铁路、冶炼诸业。①

洋务派创办的民用企业中，有不少是招商局创办的企业，其中，1874—1908年由招商局领衔（或招商局为实际控制人等）创办的工业企业如表1-1所示。

表1-1　1874—1908年招商局创办的工业企业状况

名　称	开办年份	停办年份	停办原因	经营方式	创办资本
同茂铁厂	1874	1879		官督商办	13.1万两
开平矿务局	1878			官督商办	20万两
开平铁路公司	1886	1887	改组	官督商办	25万两
湖北大冶铁矿	1890			官办	铁厂投资，数额不详
汉阳铁厂	1890			官办	583万两
上海机器织布局	1890	1893	焚后重建	官督商办	100万两
萍乡煤矿	1898			官办	200万两
汉冶萍公司	1908	1938		商办	1000万两

资料来源：虞和平、胡政主编《招商局与中国现代化》，中国社会科学出版社，2008，第16—18页。

第三节　修造船业肇始：同茂铁厂

招商局创办首个民族商船队后，为解决船舶修理问题，于1874年创立了同茂铁厂。尽管五年后同茂铁厂停止经营，但仍体现了招商局从事工业制造的起步与初心。同茂铁厂的创办是工业发展理念的萌芽，是解决中国船舶自修、解决"卡脖子"问题的开端，这在中国工业发展史上具有开创、实践、探索的重要意义。

一　同茂铁厂的创办

早在宋元时期中国就是航海大国，明朝初年郑和下西洋更将中国木帆船的远洋航行推向历史高峰。木帆船修造业在上海港早就具有相当规模。

---

① 虞和平、胡政主编《招商局与中国现代化》，第16页。

近代轮船进入中国后，1848年起就有外商在黄浦江两岸建造船厂。1850—1864年，上海共出现20家船舶修造厂，其中英商12家、美商8家。这些船厂大都十分简陋，其中耶松船厂和祥生船厂发展最快，其余船厂逐渐被这两家船厂购买或吞并。① 1872年招商局成立后，随着轮船数量的增加，招商局船舶修理问题日益凸显。当时上海港的修造船厂均为外商所垄断，起初招商局的船舶修理全部委托外商船厂代办。在修理过程中，招商局发现外商的修船厂存在乱加维修项目、多收费用、拖延时间等问题。

为摆脱外商束缚，唐廷枢（时任招商局总办，招商局第二任掌门）和徐润（时任招商局会办）议定在招商局内附设修船厂，以实现维修自有船舶、节省维修资金、培养人才队伍、承接外部修船业务的目的。1874年8月，招商局购买广源洋行位于虹口公和祥码头的铁栈房，投资规银1.2万两，设立同茂铁厂（图1-4）。这是国人在上海创办的第一家新式轮船修理厂。《汇报》报道称："招商局转运日广，船舶日多，然遇有修理船只事宜，尚需分托船厂代办。兹招商局总理，公集各绅商纠集巨款，在虹口自设船厂，厂名同茂，一切均用汽机，以备修葺船舶之用。以机器补人力之未逮，以火力速机器之运行，功速值廉，事易功倍。"《申报》载，同茂铁厂"机器厂一连数间，所有机器杂物俱全"。

图1-4 同茂铁厂

---

① 中华人民共和国交通运输部：《中国水运史（1840—1949）》，人民交通出版社，2021，第83—84页。

同茂铁厂成立之初"厂内全用华人",两年之后才聘请了一位外籍总工程师。据《英国领事报告（1876年）》记载,同茂铁厂"在不需要外国人帮助的情况下,厂区已经可以自己生产轮船锅炉、汽艇蒸汽锅炉以及螺旋桨推进器。只有在机械精密、工艺复杂的情况下,才需要外国人来监督制造"。可见同茂铁厂的船舶维修能力提高很快,已经基本达到同行业水平。

二 同茂铁厂的发展状况及意义

1. 同茂铁厂的发展状况

据《轮船招商局第四年账略》记载,从1876年8月底到1877年7月底,同茂铁厂盈利为规银12880两。同茂铁厂共经营了5年,到1879年拥有资本13.1万余两,但由于"督理未得其人,遂至工程停落"。①

1878年初,招商局整理局务,为节省经费,将该厂机器材料按原价售出,厂房对外租赁,各船修理另找洋商船厂承办,并宣布1879年1月1日关停同茂铁厂。尽管同茂铁厂停止经营,却是中国民用修船造船业"梦"开始的地方。

2. 同茂铁厂创办的意义

第一,同茂铁厂的成立体现了招商局自立自强的精神。同茂铁厂成立之前,上海港的船舶修造厂均由英美商人经营。随着招商局轮船数量的增加,船舶修理问题逐渐凸显,而英美垄断的船舶修理业并不利于招商局航运业的发展。同茂铁厂的成立不仅解决了修理自有船舶的问题,更解决了修船技术的"卡脖子"问题。同茂铁厂作为中国近代第一家民用轮船专业修理厂,虽然存在的时间不长,却开启了招商局独立自主修船之路。

第二,同茂铁厂的成立体现了招商局奋斗、勤俭的精神。同茂铁厂成立之前,招商局船舶修理主要依托外商企业,在维修过程中,出现了乱加维修项目、多收费用、拖延时间等问题。唐廷枢与徐润为摆脱外商束缚在招商局内设立同茂铁厂,一方面维修自有船舶以节省大量维修费用,另一

---

① 孙波、高国香:《领异标新二月花——招商局中国近代创建的百项第一》,澳门:中国艺术出版社,2020,第56—57页。

方面培养专业人才以减少聘用外籍工程师的高昂费用。同茂铁厂的成立不仅体现了招商局在外商垄断行业中的开辟、奋斗精神，更体现了在困难时期的勤俭节约精神。

第三，同茂铁厂的成立体现了招商局不屈不挠的工业精神。在世界第一、二次工业革命的背景下，同茂铁厂的成立是招商局紧跟世界工业革命潮流而认真实践的产物，是招商局从事民用工业制造的尝试，更是工业理念与想法进一步发展的体现。同茂铁厂的开办、发展与歇业，为日后中国修船造船业务发展留下了宝贵的经验与教训。1914年招商局在上海重新设立内河机器厂，后更名为招商局机器造船厂，新中国成立后更名为招商局轮船股份有限公司船舶修理厂，1951年更名为上海船舶修造厂（1985年更名为上海船厂），分设南京修船厂并发展为金陵船厂。1964年招商局在香港创办友联船厂，21世纪友联修船已遍布中国沿海。从同茂铁厂开始，至招商局机器造船厂，再到上海船厂、金陵船厂、友联船厂，这就是招商局修船造船梦的延伸。同茂铁厂的成立体现了招商局不屈不挠的工业精神，具有重要的开创意义。

第四节 重工业肇始：开平矿务局与汉冶萍公司

创办工矿企业、发展重工业是招商局在晚清时期探索发展民族工业最为重要的内容，这一时期创办的代表性工矿企业有开平矿务局和汉冶萍公司，这是国人发展重工业开展早期探索的重要组成部分。

一 开平矿务局

开平矿务局即开平煤矿（位于直隶唐山开平镇），创办于清光绪四年六月二十五日（1878年7月24日），是清末洋务运动开始后直隶总督李鸿章委派轮船招商局总办唐廷枢创建的官督商办的大型新式采煤企业。洋务开办之初，铁和煤炭消耗量激增，而煤炭几乎全部依赖进口，李鸿章、沈葆桢等人已经意识到要自强"非铁不能，非煤不济"，上书朝廷采用西法开办煤铁矿。1876年，李鸿章委派唐廷枢到滦州开平勘察，筹建煤铁矿。1878年7月24日，开平矿务总局在开平镇正式挂牌（图1-5）。经营轮船招商局是唐廷枢所熟悉的商业领域，开办煤矿则是他完全陌生的工业领域，而且要在中国工业基础为零的情况下建设，如果没有超人的魄力和开创精神，是不敢涉足的。①

图 1-5　开平矿务局

开平煤矿当时位于只有 18 户人家的小山村，那里贫瘠、偏僻而又落后，道路交通十分闭塞。对于仿照西法开办煤矿这样的庞大系统工程，除机械设备从国外购买外，所有煤矿零部件、建筑材料完全靠自己生产、自己解决，建矿所遇到的困难远远超乎常人的想象，建矿之难实属罕见。

工业化过程是一个大量资本不断投入和积累的过程，晚清时期的中国身处内忧外患之中，战争不断，割地赔款掏空了国库，海关也被洋人把持。在农业经济条件下，民间也没有足够的满足工业化大生产所需要的原始资本积累。唐廷枢最初预算建矿投资为 80 万两，到 1880 年只招得股金 30 万两。资金最困难时，唐廷枢向李鸿章提出由政府借款 5 万两，实际只借得 3 万两。幸好有轮船招商局和仁济和保险公司这些年经营所积累的资金，大大缓解了开平煤矿资金困难。

1881 年，唐山矿建成出煤。1884 年，产量达到 14 万吨，日本煤炭被挤出天津市场。到 1892 年唐廷枢去世时，开平煤矿的产量已达到 40.2 万吨。

作为招商局创办后的首次局外投资，开平煤矿的生产不仅为官办工业

---

① 陈绛：《唐廷枢与轮船招商局》，《近代史研究》1990 年第 2 期。

与北洋舰队提供了煤炭，还解决了招商局的轮船用煤困难。1912年，开平煤矿与滦州煤矿合并，改称"开滦煤矿"。

招商局创办开平矿务局，对中国近代煤矿开采业起到了巨大的推动作用，"招商局成立后，华煤用途增广，故该局实有促进中国煤矿事业之功"。

1. 开平矿务局的创办历程

招商局进行投资的第一家局外企业，是中国近代开办的最早的大型煤矿——开平矿务局。煤炭是轮船运行的主要燃料，洋务派在兴办新式航运企业过程中认识到开办煤矿的必要性和紧迫性。李鸿章在1872年上半年就提出制造轮船"非铁不成，非煤不济"，主张"遴派妥员，招觅商人，购买机器"，采用新式方式开采深层优质煤炭。朱其昂等在开局前拟定的章程节略中主张轮船所使用的煤炭，应由中国自行开采而非进口。为解燃眉之急，招商局从1873年下半年开始，陆续派轮船与夹板船前往日本长崎等地购煤，"每年数十万金，皆被东洋吮吸"，自办煤矿遂提上议事日程。

1875年，盛宣怀奉委督办湖北煤铁局，洋务派在台湾淡水、皖南贵池等地相继试行开办煤矿，但收效甚微，后奏准开办开平煤矿。1876年，李鸿章委派唐廷枢勘察开平镇煤铁矿，1878年设立开平矿务局，准备开采煤铁矿。该局原拟官办，后改为官督商办。计划招股80万两，后由于招股不顺，只筹得20余万两，决定只开采煤矿。

2. 开平矿务局的发展状况

1881年，在唐廷枢等人的不懈努力下，开平矿务局吸收了100万两私人资本。1882年，招商局向开平矿务局投资21万两，这是招商局1872年创办之后首次进行局外投资。此外，盛宣怀以个人名义认股2万余两。招商局这次局外投资取得显著成效，开平矿务局生产不断发展，1882年产煤3.8万吨，1883年日产量已经超过600吨，不仅为清政府的官办工业以及北洋舰队提供了大量煤炭，也为招商局解决了用煤困难，此外，还可向市场销售。为了便于运输煤炭，开平矿务局在1881年修成唐山到胥各庄铁路，是中国最早建成的专线铁路。开平矿务局由于经济效益好，1882年股票每股涨到280两。19世纪80年代后期，开平矿务局曾购置轮船在沿海承运煤炭，到1891年，矿局轮船达到4只，由徐润具体负责管理。1893

年，矿局派出轮船，与招商局轮船一起赴上海运米至天津，同招商局轮船一样由海关发给免税护照。

1892年，唐廷枢去世后，由江苏候补道张翼接任总办。因盲目扩建，耗资过巨，开平矿务局不得不大借外债，致使外国垄断势力渗入。1900年，张翼为避义和团联军战乱躲进天津英租界，英国人以他常放信鸽给义和团送信为由，将他逮捕。张翼向当时的天津海关税务司德国人德璀琳（Detring Gustav von）求助。德璀琳即与英国墨林公司代理人胡佛（Hebert C. Hoover，后任美国第31任总统）合谋设下圈套，以任命德璀琳为开平矿务局"总代理"全权处理开平煤矿事务为条件，搭救张翼，张翼被逼无奈只得应允。次年2月，张翼被洋人以极低价钱骗去开平矿务局所有资产，被迫与胡佛签订一份协议，"允将开平矿务总局所有之地亩、房屋、机器、货物，并所属、所受、执掌或应享之权利、利益，一并允准转付、卖予、移交、过割与该胡华，或其后嗣，或其所派办事掌业之人"（第一款）；待墨林按照英国公司法组织的"开平矿务有限公司"注册成立后，胡佛将其"转付、转交与有限公司"（第二款）；新公司资本定为100万英镑，分为100万股，每股1镑，开平旧股（每股100两）15000股，每股还给英国有限公司新股25股，作为移交给新公司一切财产和权益的完全赔偿（第三、五款）。这份合同后来被称为"卖约"。

张翼被释后，胡佛即以全权处理开平煤矿事务为由，于释放当日在上海与其签订租借开平矿务局合同。但张翼原无卖矿之意，也并不知道德璀琳与胡佛所签的合同的具体内容，因此当"卖约"呈现在张翼面前需要他签字时，他没想到这是一份将矿务局资产与权利全部移交给外国的合同。由于涉及重大的主权与国家利益，张翼自知无法承担责任，于是拒绝签字。但胡佛连续多天的威逼利诱终于使张翼妥协，以增订副约（张翼"仍为该公司驻华督办管理该公司各项事宜"）作为签字条件。同年，张翼将此事以"加招洋股、改为中外合办公司"含糊上报朝廷。开平矿务局产业被移交给英国，该公司的英属性质得以明确，中英政府间关于开平的主权交涉也由此引发。

开平矿务局被八国联军占领后，矿务局改隶英国商会，年产量增至136万吨。1906年，直隶总督札饬天津官银号筹办滦州煤矿公司，资本银为500万两。1912年开平矿务有限公司吞并滦州煤矿，合称开滦煤矿，名为中外合办，实为英国资本控制。1907—1936年，开滦煤矿所占全国产煤份额达到年均17%，1912年曾达到26%，是中国近代历史上赫赫有名的最早使用机器开采的大型煤矿企业。经过抗日战争、解放战争，新中国成立后开滦煤矿被收归国有，为新中国能源工业的发展做出了积极贡献。

3. 开平矿务局/开滦煤矿的业务状况

开滦煤矿是中国近代史上持续经营时间最长、产量最大的煤矿，对近代中国经济的贡献非常显著。从1881年到1912年，开滦煤矿的产量总体是平稳上升的（表1-2）。开平矿务局建立初期主要有两个矿——唐山矿与林西矿，投资建设过唐家庄矿，唐家庄矿开矿、投产时间均在民国时期，此处不再赘述。此外，开平矿务局还于1894年投资建设西北井矿，但该矿因透水于1920年关闭。滦州官矿有限公司时期主要有两个矿——马家沟矿与赵各庄矿（表1-3）。

表1-2　1881—1912年开滦煤矿产量

单位：万吨

年　份	产　量	年　份	产　量
1881	0.361	1897	56.6414
1882	3.8383	1898	80.0684
1883	7.5317	1899	80.9185
1884	17.9225	1900	—
1885	24.1385	1901	51.7
1886	13.087	1902	46.0015
1887	22.6525	1903	71.5322
1888	23.9113	1904	87.6725
1889	23.5467	1905	83.368
1890	27.846	1906	100.0201
1891	33.3275	1907	111.7571
1892	40.2707	1908	123.8717
1893	39.5796	1909	159.3474
1894	47.4	1910	138.6967
1895	39.636	1911	90.304
1896	48.9541	1912	236.236

资料来源：云妍《近代开滦煤矿研究》，人民出版社，2015，第197—198页。

表 1-3　开平矿务局与滦州官矿有限公司开矿、出煤与投产年份

矿名	开矿年份	出煤年份	投产年份
唐山矿	1879	1881	1882
林西矿	1887	1889	1892
马家沟矿	1908	1910	1910
赵各庄矿	1909	1910	1912

资料来源：云妍《近代开滦煤矿研究》，第 67 页。

唐山矿成立最早，1881 年开始出煤，日产量达到 300 吨，随后生产能力不断提高，1886 年日产量为 800—900 吨。唐山矿作为近代早期最重要的矿井之一，出产的煤供应了轮船招商局等企业。赵各庄矿于 1909 年兴建，是开滦煤矿中出煤最多的矿，具有年产 200 万吨的生产能力。[①]

开平矿务局在晚清时期的快速发展得益于自身强大的运输能力，一方面节省了运输费用，另一方面避免了因战乱交通受阻造成的损失。开平矿务局依靠运河、铁路与海运这三种方式运输煤炭。首先是运河运输。1880 年，开平矿务局修建了一条胥各庄通往芦台的长约 15 英里的运煤专用运河，这条运河使芦台与中国整个内陆运河系统连接起来，但由于运河的淤塞，于 19 世纪末被弃之不用。其次是铁路运输。1881 年，唐山至胥各庄铁路修建；1886 年，铁路由胥各庄延长到芦台；1887 年，开平铁路公司成立，承接从芦台至天津的铁路工程，1893 年津榆铁路建成通车，后逐步形成京奉铁路。开平矿务局的铁路运输以更低的成本进一步挤压了运河运输。最后是海运。海运是开平矿务局运输系统中最重要的部分，一方面自 1888 年起矿务局先后在天津、塘沽、广州、营口、上海、秦皇岛、烟台等地建立码头，另一方面矿务局自备运输轮船，专供运煤。

二　汉冶萍公司

招商局和汉冶萍公司是晚清洋务运动乃至近代中国企业中最耀眼的两颗明星，创立于 1908 年的汉冶萍公司是集汉阳铁厂、大冶铁矿和萍乡煤矿于一身的大型钢铁煤炭联合企业，是招商局创立早期对外投资最大的企

[①]　云妍：《近代开滦煤矿研究》，第 67—68 页。

业,也是近代中国第一家钢铁煤炭联营企业和当时中国资产规模最大的企业。招商局是汉冶萍公司最大的投资商与战略盟友,是汉冶萍公司辉煌的缔造者,在汉冶萍公司诞生和发展过程中发挥了极其重要的作用。鼎盛时期,汉冶萍公司一度成为亚洲最大的钢铁煤炭联合企业。自诞生之日起,汉冶萍公司便肩负起民族复兴的重任,在风雨飘摇的年代中跌跌撞撞地发展,既为近代中国觉醒播撒下了火种,也为后来中国工业的发展打下了坚实的基础。汉冶萍公司在中国近代史上留下浓墨重彩的一笔,其创立既是近代中国工业发展的探索,也是招商局工业建设的重要成就。

1. 汉冶萍公司的创办

招商局是近代中国涉足冶金煤炭业的第一家企业。1874 年,盛宣怀依李鸿章密谕勘察中国蕴藏煤铁区域,最终在湖北广济县等地发现煤、银、铁、铜等矿产资源,于 1886 年在广济盘塘成立湖北开采煤铁总局。湖北探矿最重大的成就是首次发现了当时举世罕见的特大型铁矿——大冶铁矿,开启了盛宣怀大规模开采煤铁矿的序幕,使中国近代冶金煤炭发展进入了新纪元。作为中国运用矿石协助探矿第一人,盛宣怀为日后经营管理大型钢铁煤炭联合企业积累了宝贵的经验。大冶铁矿也成为汉阳铁厂、汉冶萍公司最重要的矿石来源地,其开办为汉冶萍公司的成立奠定了基础。

(1) 大冶铁矿

大冶铁矿是盛宣怀委派外籍矿师郭师敦在寻找煤矿的过程中发现的。经勘探,郭师敦称"所看县北四十里至铁山,铁层平厚,毋庸打签[扦],可决其足供数十年采炼,且邻境俱属富有铁矿,机器熔炼必无矿少之患",后将其命名为"大冶铁矿"。李鸿章认为"目下煤铁势难兼营,似应收窄局面,专力开煤",盛宣怀与其矿师郭师敦却把寻找煤、铁矿放在同等重要的位置,经化验,郭师敦预言如将兴国锰矿"与大冶县铁山所产之矿两质合熔生铁,再炼熟铁及钢,足供中国各厂一切需铁之用,所冀外挖不完"。

在盛宣怀与郭师敦的努力下,大冶铁矿渐有新进展。1877 年,盘塘总局收到湖广总督李瀚章的批文,批准盛宣怀与郭师敦前往大冶复查铁矿。1878 年 1 月,盛宣怀向李鸿章禀报复勘大冶、武昌两县铁矿和筹划安炉基地情况,2 月得到李鸿章批复。至此,大冶铁山一带探矿、采矿、设炉炼铁步入正轨。为解决大冶铁矿开发的资金问题，盛宣怀采取与日本厂商以铁矿换煤焦的办法。1897年汉阳铁厂、大冶铁矿均归官督商办，张之洞批文将大冶县属铁矿归汉阳铁厂开采。1900年10月20日，盛宣怀认为大冶铁矿虽取用不竭，但苦于煤焦缺少，无法多设冶炉以炼出钢铁满足中国官民所需的数量，而如要购买焦煤，需要大量的资金。为解决大冶铁矿开发资金问题，1903年11月28日，盛宣怀与日本签订"大冶购运矿石预借矿价正合同"，以大冶的道湾矿山以及大冶矿局现有及将来接展之运矿铁路、矿山吊车并车辆房屋、修理机器厂为担保，暂时解决了资金问题，但也使得大冶铁矿的开发、冶炼成本居高不下。由于多种因素的制约，大冶铁矿同盘塘煤局、荆门煤局草草收场，大冶探铁、炼铁也归于沉寂。

总的来说，寻找大冶铁矿是以湖北开采煤铁总局的名义，使用直隶、湖北两省官款进行的，是19世纪70年代初到80年代初盛宣怀在湖北探矿活动的组成部分，更是招商局在中国冶金史上浓墨重彩的一笔。

（2）汉阳铁厂

汉阳铁厂是晚清洋务派领袖、湖广总督张之洞于1890年创办的，这是近代中国真正意义上的第一家钢铁厂。汉阳铁厂投产两年后发展步履维艰，改归商办。1896年张之洞委派招商局督办盛宣怀兼任铁厂督办，招商局帮办郑观应兼任铁厂总办，两家企业成为事实上的战略盟友。盛宣怀大力整顿汉阳铁厂，招商局先后投资或增资开发萍乡煤矿和大冶铁矿，三厂鼎立局面逐步形成。①

1894年6月，汉阳铁厂举行试产典礼，30日正式出铁，日产铁50余吨。汉阳铁厂的建立投产在中外引起巨大轰动，西方人士将此视为"中国觉醒的标志"。铁厂创办人张之洞踌躇满志："鄂省奉旨设厂炼铁，实为中国创办之举。"汉阳铁厂不仅是中国创举，是中国第一家采用西式机械设备进行近代化经营和管理的钢铁煤炭联合企业，是亚洲第一家，也一度是亚洲最大一家钢铁煤炭联合企业。汉阳铁厂开炉炼铁，标志着中国近代钢铁工业正式诞生。

汉阳铁厂在开工后不久就遇到了难以预料的困难，最为突出的问题是

---

① 代鲁：《再析汉阳铁厂的"招商承办"》，《近代史研究》1995年第4期。

焦炭供应不足。铁厂炼铁炼钢的焦炭均来自开平煤矿和英国，所需量大、运输费用高，导致汉阳铁厂成本居高不下，原本设想的两座化铁炉同时开工的计划变成只有一座化铁炉投入生产。1895 年，甲午战争中中国战败，同日本签订《马关条约》，需向日本支付巨额战争赔款。加之此前所耗费之庞大军费，清政府的财政困窘万分，实难再有财力支持官办企业。而 1894 年 10 月至 1895 年 8 月，"月需银约七万两"的汉阳铁厂在近一年内"皆系无米之炊，课虚责有，勉强腾挪支拄"。① 在焦炭与经费等诸多问题的困扰下，汉阳铁厂的化铁炉只能暂停冶炼。后依靠开平焦炭与马鞍山焦炭的使用，化铁炉重新开炼，但仅维持数月，又因焦炭供应不足而封炉。

除此之外，汉阳铁厂还面临如下问题：其一，官款支绌，债务缠身；其二，技术落后，选错设备；其三，焦炭短缺，停炉频繁；其四，选址不当，投资大增。因此，在内忧外患之时，张之洞将目光投向中国最大的民族企业招商局，投向在工商界有很大影响力的招商局督办盛宣怀，招商局同汉阳铁厂开始一次意义重大的战略合作。

1896 年 5 月，盛宣怀以督办身份正式接管汉阳铁厂、大冶铁矿、马鞍山煤矿等相关企业，并向北洋大臣和湖广总督推荐自己的挚友兼下属、招商局帮办郑观应为汉阳铁厂总办。郑观应经过调查，了解到萍乡煤矿煤质好，"可成上等焦炭"。② 萍乡煤的品质好，但炼焦技术不过关，质量不稳定，因此亟应速派得力人员前往认真整顿。他估计如果萍焦在化铁、炼钢上合用，按时价计比开平焦和英国焦每吨可便宜五六两之多，若能用萍焦取代开平焦和英国焦，则当时汉阳铁厂生铁成本每吨十八九两之数，将降至十二三两。生铁成本下降，制出钢铁料之成本亦可大幅下降。③

为解决铁厂的煤和焦炭问题，盛宣怀派人在安徽、湖南进行调查，最终决定在江西萍乡采煤炼焦。1898 年，张之洞、盛宣怀奏请清廷开采萍乡煤矿，其投资的 80% 来自招商局及其关系企业——汉阳铁厂和电报局。

从 1894 年到 1908 年，汉阳铁厂的钢铁产量呈逐年递增的态势，从

---

① 吴钊杰编著《张之洞年谱长编》（上），上海交通大学出版社，2009，第 451 页。
② 《致督办汉阳铁厂盛京卿书》，夏东元编《郑观应集》下册，上海人民出版社，1988，第 997 页。
③ 《上督办汉阳铁厂盛京卿条陈》，夏东元编《郑观应集》下册，第 1050 页。

5316 吨上升至 89036 吨，相当于 1896 年的 6 倍多，比接办时增长 5 倍多。汉阳铁厂投产后的 10 余年时间里，钢产量始终占全国的 100%。大冶铁矿原系盛宣怀出资购买，后盛氏捐给铁厂并由铁厂投资开发，所产矿石主要供给汉阳铁厂，因此大冶铁矿被视为汉阳铁厂的组成部分。盛宣怀担任铁厂督办后，对大冶铁矿进行重新勘探，开辟新产区，使其年开采能力增至 17 万—18 万吨。

（3）萍乡煤矿

萍乡煤矿虽在官办时期已被发现，但由于该地离汉阳铁厂较远，未进行大规模开采。1896 年盛宣怀担任汉阳铁厂督办后，为解决煤炭问题，对萍乡煤矿的依赖程度越来越高。1898 年 3 月，萍乡等处煤矿总局（简称"萍乡煤局"）成立，盛宣怀任督办，张赞宸任总办。4 月，张之洞、盛宣怀奏准开办萍乡煤矿并修筑一条运煤铁路。扩大煤炭生产能力和建设近代运输通道是萍乡煤矿亟待解决的两大问题。在招商局的牵头下，萍乡煤矿、汉阳铁厂和礼和洋行签订借款、运输、代售等合同，推动萍矿发展到鼎盛时期。

1903 年，萍乡各矿窿道逐步完工，近代炼焦炉也大体完工。《萍乡煤矿有限公司招股章程》称，萍乡煤矿创办两年有余，规模也已初具，矿务已见成效。1907 年，萍乡煤矿基建工程竣工。萍乡煤矿建成后，直井日出煤 300 多吨，上、东、西三条平巷日出煤 300—400 吨，近代炼焦炉日产焦 650 多吨，土炼焦炉月产焦 1 万多吨。当时社会上有"北有开平，南有萍乡"之说，且萍乡煤矿后来超越开平煤矿，成为中国人自办的最大的近代煤矿。

为了便于煤炭运输，继 1899 年修建萍安铁路后，萍乡煤矿分别于 1902 年和 1905 年建成萍乡至醴陵和醴陵至株洲段铁路。至此，萍乡煤矿成为当时中国近代化程度最高的一座煤矿，是中国近代最大的钢铁企业汉阳铁厂的煤、焦主要供应商，被中外人士誉为"中国第一之实业""东亚有数之大煤矿""江南煤都"。萍乡煤矿发展鼎盛期拥有工人近万人，德籍矿师、总管、工匠 20 余人，设有多个转运局，拥有钢驳 24 艘、木驳 165 艘，是中国较早采用机器采煤、洗煤、炼焦、运输煤焦的特大型煤矿之一。

（4）汉冶萍公司

19 世纪末 20 世纪初，汉阳铁厂和萍乡煤矿都出现了巨额亏损，截至

1907年，累计结亏240万余两。截至1904年11月，萍乡煤矿积欠各钱庄、招商局、德商礼和洋行库平银2047500.346两。铁厂与萍矿的关系也未理顺。两家企业虽都以盛宣怀为督办，但各为独立企业，互不隶属，很难联手合作，发挥各自优势，同克时艰，共渡难关。相反，两家企业很可能为了各自经济利益而相互竞争，给厂矿总体利益带来损害。①

为了解决汉阳铁厂、萍乡煤矿的资金短缺和体制不顺问题，盛宣怀开始思考如何把汉阳铁厂、大冶铁矿、萍乡煤矿进行合并，组成一家大的商办股份公司，赴农工商部注册，使之对投资者具有更大吸引力。诚如盛宣怀在致张之洞电文中所言："铁厂、煤矿相依为命，若仍前分作两公司，难免畛域，拟商并作一大公司，添集巨股，步步扩充。"②

此时，汉、冶、萍合并不仅具有必要性，而且具有可能性。此时汉阳铁厂六大厂四小厂的宏大局面已经形成，钢轨及其他钢铁产品具有广阔的市场空间。萍乡煤矿开辟了大量新煤井，近代炼焦炉日炼焦能力达650余吨，土法炼焦月达1万余吨，且已建成萍潭铁路，煤焦外运能力达到新的水平，煤矿的盈利能力也有大幅度增长。大冶铁矿开辟了新采区，1906年铁矿石产量达到18.56万吨。汉、冶、萍三家厂矿的各自发展，大大增强了投资者的信心，三厂矿的合并水到渠成。

早在1904年6月之前，盛宣怀就在上海静安寺路斜桥110号设立萍汉驻沪总公司。这一举动，与清廷推行新政的氛围是吻合的。汉、冶、萍三厂矿的功绩得到清廷的高度赞扬，1907年8月2日清廷颁旨嘉奖："凡有能办农工商矿，或独立经营或集合公司，其确有成效者，即从优奖励，果是一厂一局所用资本数逾千万，所用人工至数千名者，尤当破格优奖，即爵赏亦所不惜各等因，钦此。"③ 得到最高当局的嘉奖，盛宣怀进一步加快了将汉、冶、萍合并成一家公司的步伐。至此，成立汉冶萍公司的时机已完全成熟。

---

① 陈真编《中国近代工业史资料》第3辑，生活·读书·新知三联书店，1961。
② 陈旭麓、顾廷龙、汪熙主编《盛宣怀档案资料》第4卷《汉冶萍公司》（中），上海人民出版社，2016，第1268页。
③ 《盛宣怀奏折》（1907年9月3日），朱寿朋编《光绪朝东华录》（五），中华书局，1953，第5725页。

经过长时间的酝酿和磋商，驻于上海跑马厅斜桥的汉阳制铁厂萍乡大冶煤铁矿总公司于 1907 年 8 月 9 日发布公启，首次提出三家合并的问题："现值制铁新厂工竣，萍煤石榴打通，幸赖众擎，渐有成效。集众公议汉冶萍制铁采煤公司，本属一气呵成，亟待扩充商股，通力合作，以恢实业。"据目前所知，这是汉冶萍公司的名字首次见诸公众。

1907 年，清廷批准可以引进民间资金，将体制变为官督商办。《汉阳铁厂、萍乡煤矿、大冶铁矿筹议合并招股章程》颁布，筹办汉冶萍公司正式开启，主要内容如下：第一，三家合并可减少矛盾，使之融洽一气；第二，股商资本太少，集股应达到 1000 万元；第三，将旧股 250 万两折成商股 500 万元。① 此外，章程对于老股的优待、新股的入股办法、利息的计算等均做出了明确规定。1908 年，汉冶萍公司正式获清廷农工商部第 230 号执照（图 1-6）。

图 1-6 汉冶萍公司注册执照

---

① 张后铨：《汉冶萍公司史》，社会科学文献出版社，2014，第 149 页。

由于盛宣怀等人的努力,至 1909 年 3 月,汉冶萍公司 1000 万元股份已经招足。近代中国最大的钢铁冶金煤炭联合的股份制企业——汉冶萍煤铁厂矿有限公司就此诞生。其横跨两省,集两矿一厂于一身,"兼采矿、炼铁、开煤三大端,创地球东半面未有之局"。招商局在汉冶萍公司诞生和发展过程中发挥了极其重要的作用。招商局是汉冶萍公司最大的投资商,至 1908 年,招商局在汉冶萍公司累计投资 101.9 万余两,汉阳铁厂、萍乡煤矿创办资本的 95% 和 80% 来自招商局及其关联企业。

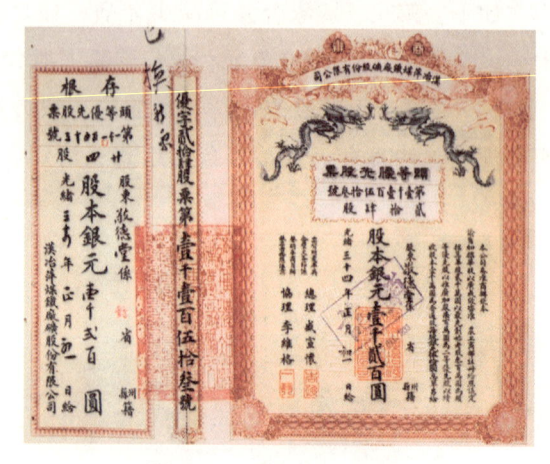

图 1-7　汉冶萍公司股票

表 1-4　官督商办汉阳铁厂初期资本构成

股　东	投资数额（库平银，两）	占总额的比例（%）
招商局	250000	25.0
电报局	222000	22.0
中国通商银行	328500	32.8
萍乡煤矿	100000	10.0
钢铁学堂	39000	3.9
南洋公学	6000	0.6
古陵记	36500	3.7
上海广仁堂	20000	2.0
总　计	1000000	100.0

注：古陵记是盛宣怀家族化名；广仁堂是盛宣怀所办慈善单位。总计数字与各数据加总不一致，此处依原书照录。

资料来源：《汉冶萍公司所存创始老股帐》，转引自汪敬虞主编《中国近代经济史（1895—1927）》下册，第 1716 页。

在盛宣怀、招商局及众多股东的共同努力下，汉冶萍公司招股工作步入正轨，其中有两个重要事实：一是股东会由招商局领衔；二是凡持有招商局在汉冶萍公司股份者皆属汉冶萍公司股商。此后，汉冶萍公司注册工作持续推进。一个按照近代企业制度建立和运转、企业发展人主体明确、管理较为规范、完全意义上的股份制企业——汉冶萍公司煤铁厂矿有限公司宣告诞生。

招商局督办盛宣怀担任汉阳铁厂与汉冶萍公司最高负责人长达20余年，招商局的管理体制和经营模式也常被汉冶萍公司借鉴。在招商局的助推和企业自身努力下，汉冶萍公司一度发展成为亚洲规模最大的钢铁煤炭联合企业。

2. 汉冶萍公司的发展

汉冶萍公司实现商办后，进入了一个短暂的繁荣时期。充实而完备的管理机构是企业发展的前提。汉冶萍公司基本的管理制度包括股东大会推举董事制度；总理、协理负责制；总公司分设汉口、上海两地的制度；等等。

经过较长时间的筹备，汉冶萍公司第一次股东大会于1909年5月在上海召开，出席代表近500人。会议由汉冶萍公司创办人之一杨学沂主持，他认为公司"总理、协理艰难困苦，不仅将全身精神贯注在厂矿之中，直以姓名与煤铁相搏，是真所谓商战"；公司真正做到了"出货多、成本轻、销路广"，"成就一中国独一无二之实业，使西国钢铁托拉斯知东方骤然出一个劲敌"。汉冶萍公司作为当时中国最大的股份制公司，主要通过动员个人入股、将与汉冶萍公司相关的官款改为公股、动员官方入股三个途径招足股份。

进入商办后，汉冶萍公司面对市场，更加注重产品质量，逐步赢得了国内外市场的主动权。汉阳钢厂所产钢材在国内外市场大受欢迎，1908年5月，汉阳铁厂与川汉铁路总公司签订订轨合同，主要内容如下。一是确保质量。合同规定"钢轨汉阳铁厂担保五年，如此五年内如有断裂，即以新轨易换"。二是先付款，后交货。合同规定，川路公司允于本年4月、5月、6月三个月内先付轨价，计汉口洋例银100万两。除国内市场外，汉冶萍公司业务也拓展到国际市场，公司钢铁产品销往美国、日本、澳大利亚、越南、中国香港等国家和地区，1909年海外销售收入达到113万余两，1910年海外销售收入增至142.8万余两，均比1908年有较大幅度增长。

随着国内外市场的不断扩大，铁厂的经济效益有所改善，铁厂自投产至1907年，由于煤焦价格过高和管理不善，连年亏损，自实现商办后，1908—1910年均实现扭亏为盈。汉阳铁厂钢铁产量在商办时期迅速增长，1910年达到169509吨，为1907年70686吨的2.4倍，占全国钢铁产量的100%。

表1-5 汉冶萍公司商办初期下属汉阳铁厂钢铁产量情况

单位：吨，%

年份	汉阳铁厂钢铁产量			全国钢铁产量	汉阳铁厂所占比重
	生铁	钢	合计		
1908	66410	22626	89036	89036	100
1909	74406	39000	113406	113406	100
1910	119396	50113	169509	169509	100
1911	93336	38640	131976	131976	100

资料来源：湖北省档案馆编《汉冶萍公司档案史料选编（1916—1948）》下册，中国社会科学出版社，1992，第444页。

汉阳铁厂的铁矿石主要来自大冶铁矿，1911年矿石产量达到359467吨，为1907年174630吨的2.06倍。

表1-6 汉冶萍公司商办初期下属大冶铁矿铁矿石产销情况

单位：吨

年份	产量	运销汉阳铁厂	运销日本
1908	171934	100159	127000
1909	309399	142142	95600
1910	343097	244359	96210
1911	359467	189465	121000

资料来源：湖北省档案馆编《汉冶萍公司档案史料选编（1916—1948）》下册，第678页。

汉阳铁厂所用的煤、焦大多来自萍乡煤矿，商办初期，萍乡煤矿煤炭产量达到1115614吨，焦炭产量为166062吨，分别为1907年煤402000吨、焦119000吨的2.78倍和1.4倍。

表1-7 汉冶萍公司商办初期下属萍乡煤矿煤、焦产量情况

单位：吨

年 份	煤炭产量	焦炭产量
1908	702447	105281
1909	1017843	118134
1910	332914	215765
1911	1115614	166062

资料来源：湖北省档案馆编《汉冶萍公司档案史料选编（1916—1948）》下册，第509页。

此时，汉冶萍公司除了拥有汉阳铁厂、大冶铁矿、萍乡煤矿三大厂矿外，还有众多附属厂矿和合资企业。总的来说，附属企业增强了汉冶萍公司的经济实力，也扩大了公司在全国的影响。

随着厂矿规模的扩大，职工人数逐年递增，1915年前后公司职工一度超过3万人，是近代中国最庞大的一支产业工人大军。但是，在汉冶萍公司黄金时代的背后，其仍被债务困扰。1911年，汉冶萍公司招收的股份总额累计1380.4万余元，但仍未达到盛宣怀预先设定的招股2000万元的目标。① 汉冶萍公司财务状况非常紧张，不得不依赖举借外债来维持公司的正常运转和扩大厂矿的生产规模。1908—1910年，公司举借外债多达11次；至1911年，汉冶萍公司共欠内外债务2200余万两，其中向日本借款达到1200余万元，且都附有苛刻的条件。日本正是利用这些借款，一步步向汉冶萍公司渗透。从官督商办之初到民国初年，汉冶萍公司支付给各银行、商号的利息及分配给股东的股息达到1000余万两，约占汉冶萍公司同期总支出的1/3。在此情况下，汉冶萍公司难以进行资本积累和扩大再生产，庞大的汉冶萍公司在革命暴风来临之时立即陷入重重危机中。

从欧战结束（1918年）到抗日战争全面爆发，在动荡的时局、运输通道的阻塞、劳资矛盾和日本处心积虑的干扰下，汉冶萍公司急剧衰败，汉冶两厂先后停产，萍矿脱离汉冶萍公司。北洋军阀统治时期，该公司又向日商借债17次，借款总额约3700万日元和262万两白银，

---

① 张后铨：《汉冶萍公司史》，第157页。

受日商控制更紧。到国民政府统治时期,该公司完全被日商把持,一直到 1945 年抗战胜利逐步由国民政府接收。1948 年,汉冶萍公司被国民政府清理委员会接收,中国近代史上赫赫有名的汉冶萍公司正式退出历史舞台。

第五节 轻工业肇始:上海机器织布局

上海机器织布局是中国第一家机器棉纺织工厂,由李鸿章于 1878 年主持筹建,经历亏损与火灾之后,于 1893 年重建并扩大规模。招商局通过投资上海机器织布局,在上海纺织业早期发展过程中起到了重要的推动作用。

一 上海机器织布局的创办

上海机器织布局(俗称"老洋布局")是一家与招商局有密切经济联系的近代企业。1878 年,郑观应受李鸿章的委托,参与筹建该局。1880 年,郑观应升任商总办。次年,郑观应"出太古,入招商兼营布局",两局之间在人事上有了密切的联系。在洋务派实业救国的背景下,郑观应提出要设立洋布厂,"自织洋布,以与之抗衡",并鲜明地提出要限制洋人设厂的问题。

1881 年,上海机器织布局开始建厂,于 1889 年 12 月建成,占地面积 300 余亩,近 20 万平方米,依照纺机 35000 锭、布机 530 台布置(图 1-8)。初拟招股 40 万两,1884 年实际招股 50 万两。招商局当时尚未对上海机器织布局直接投资,但两局之间的经济关系已经非同一般。1885 年,经元善表示"溯招商、开平股份,皆唐徐诸公因友转辗邀集,今之登报招徕,自愿送入者从此次始",足见上海机器织布局的招股同招商局不无关系。

这是中国棉纺织史上第一家由官督商办、规模颇大的棉纺织企业,是洋务运动的重要成果之一,其成立在一定程度上具有抵制外国资本主义经济侵略的作用,具有划时代的意义。

图 1-8　上海机器织布局车间

二　上海机器织布局的发展

1881年，上海织布局开始建厂，同时郑观应向李鸿章请求给予上海机器织布局专利权与出品免厘，李鸿章准予"十年内只准华商附股搭办，不准另行设局"的专利和在上海本地零售免交税厘的特权。但郑观应挪用上海机器织布局股本进行股票投资，在1883年金融危机中亏损失败，后李鸿章于1889年改派招商局会办之一马建忠办上海机器织布局。马建忠接办后，垫付旧款，购买新设备，兴建厂房，于1890年正式开始生产，投产后利润丰厚。

1891年，李鸿章令招商局从备用资金中提取银10万两，附入上海机器织布局股份，其股票分给各股商收执。1893年，招商局在上海机器织布局的投资达到22.2万两，仁济和保险公司在上海机器织布局还有长期存款8万两，这两笔资金占上海机器织布局长短期负债总额的27.5%。同年，上海机器织布局投产经营三年后因清花车间火灾被焚毁，投产不足四年的上海机器织布局全被焚毁，"全厂房屋货物用具等等，靡有孑遗"，全部损失不下70万银两，损失惨重，教训深刻。上海《申报》载："机器织布所以挽回固有之利，关系绝大，经营缔造，煞费苦心，乃已成之功，竟致毁于一旦，有心时事者能不扼腕咨嗟哉！"

上海机器织布局被焚毁后，李鸿章急图恢复，派盛宣怀会同上海海关道聂缉椝负责恢复机器织布局。1894 年，盛宣怀禀请李鸿章奏准，募集资本 100 万两，重新开办该厂，改名华盛纺织总厂。建成的总厂拥有纺锭 6.4556 万枚、织机 750 台，规模更大，还在上海、宁波、镇江等处设立 10 个分厂。同时该厂不断新建、扩建，以棉纺织工业为主体的近代纺织工业规模初具，形成了官办、官督商办、官商合办和商办的格局，迅速发展成为近代纺织工业的主体。华盛纺织总厂积极引进西方先进设备，广泛利用现代化生产方式，规模相较于上海机器织布局更大，织布机达到 750 台。

1901 年以后，盛宣怀通过出售、转租、更改厂名等方式，逐步将华盛纺织总厂占为己有。1931 年，华盛纺织总厂被卖给汇丰银行，地基归美商大来运输公司，机器被卖给申新纺织公司。申新在原址开工两年后，将机器运至沪西，称为申新九厂。上海机器织布局开创了中国近代动力机器纺织工业的新纪元，带动了各个加工工业，包括印染、针织、毛巾被单、制线织带，以及毛纺织印染和丝织业等产业链的拓展，为中国近代纺织工业的初步发展奠定了基础，在中国近代史上具有重要的意义和作用。

第六节 晚清时期招商局工业的特点与贡献

早期招商局工业的发展，充分体现了洋务运动派"自强"、"求富"和"实业救国"思想，播下了近代中国工业的第一波种子。首先，招商局的工业发展最初主要围绕航运业展开，后来相继创办的各类附属企业与轮船招商局组成了密不可分的有机整体。其次，招商局及其附属企业明确以变革促进近代工业的现代化发展，具有明显的工业萌芽特征。最后，官督商办的管理体系利弊分明，行之有效。

招商局采用官督商办甚至完全商办方式经营管理工业企业，对中国工业企业发展是一种积极的制度探索。与此同时，招商局还创办了高等实业学堂，不仅培养大量航运业人才，也培养了相关工业技术与管理人才，为中国工业发展提供了早期人才支持。

一 晚清时期招商局工业的特点

1. 围绕航运主业展开

轮船招商局的创办开民族航运业的先河,打破了外国航运业对中国江海航运的垄断,颁布了中国近代航海章程、条例、航规。随后,招商局将业务范围逐步扩大到众多经济领域,包括为了船舶修理的需要而创办的同茂铁厂,为轮船运行提供燃料而创办的近代第一家大型煤矿开平矿务局,为给航运业提供通信手段而成立的电报局,近代第一家钢铁煤炭联合企业汉冶萍公司,等等。招商局相继创办的船舶修理等附属企业,与轮船招商局组成了密不可分的航运有机整体;招商局对与航运息息相关的煤炭开采、钢铁冶炼等企业进行局外投资,不仅增强了招商局自身的经济活力,也扩大了招商局的横向经济联系。

2. 工业萌芽特征明显

招商局作为近代中国第一家具有资本主义性质的民族企业,不仅促使水运效率成倍提升,更使得管理方式和手段发生了前所未有的变化。招商局的轮船工业及其附属、投资的工业企业在洋务派的支持下,以变革促进近代工业的现代化发展,不论是煤炭挖掘、钢铁冶炼,还是电报局、上海机器织布局,均体现出明显的工业萌芽特征。因此,招商局的创办对近代中国工业和经济发展产生了极大的促进作用。

3. 股份制度初创与萌芽的局限性

招商局的官督商办机制创立了一套行之有效的管理体系,股份制的建立不仅推动了招商局的发展壮大,还帮助招商局克服了创办初期的资金困难。唐廷枢等人掌管招商局就是通过集资入股。1882年,招商局的股本达到了100万两,由于经营得当,收入显著,招商局的股票市场价格明显上涨。1876年,面额100两的股票市价仅为40—50两,到1882年上涨至200两,一度出现了"争相附股"的现象。

尽管如此,创办初期的招商局仍难免存在一些局限性。第一,报效制。1885—1895年,在轮船招商局资金的划拨中,清政府要求的轮船招商局报效占了很大额度。其中,直接报效部分在1873—1883年就已经存在,捐款额度有限,以扶持企业为主,但未形成定例。直至1885—1895年,清政府要求轮船招商局的捐款成为定例，资金被无偿划拨，数额巨大。变相报效逐渐成为招商局的沉重负担，主要包括承担军运、赈粮运输等。招商局创办初期，清政府对招商局实行漕粮运输补贴，后逐渐降低漕粮运价，导致这一扶持招商局的经济补贴政策逐渐变为国家财政负担转移给企业的变相报效方式。第二，官利制。李鸿章、张之洞在鼓励引进西方技术的同时，推动股份有限公司制度以及股市的发展，但是招商局依旧沿用了官利制。《轮船招商公局规条》第三条规定"每股官利，定以按年一分起息，逢闰不计，年终凭单按数支取，不准徇情预支"。次年，章程略有修改，"除提出一成作为利银外，如有盈余，以八成作为溢利分给股东，二成作为花红分给商总董事等人"。这里"利银"指的是官利，"溢利"为余利，"花红"为奖金。所以，轮船招商局每年的官利为10%。官利制的实行，使股东身份发生了变化，相较于企业的经营状况，他们更关心如何获取官利。这使得公司的经营活动得不到有效监督，最终导致企业管理体制存在一定的局限性。

二 晚清时期招商局工业发展的贡献

1. 践行实业救国的理念

招商局是洋务运动的产物。招商局无论是在创办还是在早期经营管理过程中，与众多洋务派代表人物如李鸿章、张之洞、沈葆桢、唐廷枢等有着千丝万缕的联系。洋务派主张学习西方的科学技术，打出"自强"和"求富"的旗帜，认为要富强，使中国"有备无患"，必须学习西方资产阶级的自然科学甚至社会政治学，因此提倡兴"西学"、提倡"洋务"，办军工厂生产新式武器，建立新式军队，达到"自强"目的。虽然洋务运动最终失败了，但洋务运动在客观上刺激中国资本主义发展，并在一定程度上抵制了外国资本主义的经济输入，尤其洋务运动派主张的"自强""求富"，特别是后期发展出来的"实业救国"思想，对招商局发展产生了重大影响。招商局重视采用新工艺、新技术，并且利用各种社会关系发展民间资本，在发展工业的同时，注重人才培养，以开办学堂作为发展工商业的前提。招商局切实做到了以振兴实业、兴办实业对抗设在中国的外国资本主义企业，并取得了一定的成效。

2. 播下中国未来发展的工业种子

招商局作为近代中国第一个民用企业，通过招商，动员了以商人为主要对象的社会资源，使近代中国开始驶入工业化轨道。如果在它之前产生的军用工业，从生产力的角度来看可以说是中国早期工业化的开端，那么轮船招商局的诞生，在中国早期工业化历程中具有转折性的价值和里程碑的意义。

在招商局及其实际控制人直接创办、与招商局相关的洋务派官员、投资人、管理者等相继创办的工业企业里，不少是后来大名鼎鼎的企业前身或重要资产来源方。比如，汉阳铁厂是重庆钢铁厂（重钢集团）的前身，开平矿务局是开滦煤矿和开滦（集团）有限责任公司的前身，等等。

以汉阳铁厂为例，在武汉生产经营近50年之际，日本帝国主义发动了全面侵华战争，汉阳铁厂被迫西迁至重庆大渡口，在面临敌机轰炸、异常严峻的条件下，始终坚持生产，为支持抗战胜利发挥了极其重要的作用。这座钢厂在重庆建成后（后改名重庆钢铁厂）鼎盛时期有员工15699人，是抗战时期后方最大的钢铁联合企业，最多时占全国钢铁产量的90%，被赞誉为"国之桢干""现代工业此其始基"。汉阳铁厂及重庆钢铁厂因为对民族工业发展、抗日战争胜利和新中国建设做出重要贡献，享有"北有鞍钢、南有重钢"和"三朝国企"的美誉，促进了当地钢铁、机械、煤炭等行业的恢复和发展，带动了当地经济的复苏和发展，多次获得领导人赞誉，毛泽东、邓小平、江泽民等党和国家领导人都曾在重钢留下足迹。

3. 开启了中国现代企业制度的探索

招商局是第一个采用股份制形式创办和改制的工业企业。企业的股份制改革不仅能够建立规范的公司治理结构，更能帮助企业筹集资金，优化资源配置。招商局在设立之初就采用股份制，并在此后对其投资兴办的多家工业企业进行多次股份制改造，由此现代企业制度开始萌芽。不可否认，股份制这种先进的管理理念与管理方式对招商局集团及其成员企业的长远发展发挥了十分重要的作用。

以招商局创办的汉冶萍公司为例，汉冶萍公司开启了公司化、集团化、民营化的现代企业制度在中国的初步实践，具有丰富的政治经济学意义。汉冶萍公司下属的大冶铁矿、萍乡煤矿和汉阳铁厂因地理位置和经营规模，适宜采取集团化管控的模式，这样能极大地提升经营管理效率，推动汉冶萍公司发展成为亚洲规模最大的钢铁煤炭联合企业。而股份制可以帮助汉冶萍公司最大限度地筹集资金，充分发挥社会资本的力量，从而使企业资产以较快的速度不断扩张。股份制和集团化不仅可以保证社会融资，还可以委托专人经营，促进所有权和经营权的分离，实现管理专业化，有利于企业的长期发展。汉冶萍公司对中国现代企业制度的探索为后来现代企业制度在新中国的实现提供了宝贵的借鉴经验。

4. 培养工业技术和管理人才

轮船招商局的创立，不仅破除了外来侵略者对中国航运业的窥视，也培养了相关工业技术与管理人才。

第一，挑选和资助留美幼童。轮船招商局挑选人才赴外国留学，专门学习专业技术，加速中国工业人才的培养，为中国近代工业发展做出了较大的贡献。清政府派出四批共 120 名学生赴美留学，招商局资助后三批幼童，他们被称为"留美幼童"（图 1-9）。① 1881 年，原定 15 年的幼童留美计划中途夭折，除先期因不守纪律被遣返的 9 名、执意不归及病故者 26 名外，其余 94 人分三批被遣送回国。第一批返回的 21 名学生均被送入电局学传电报，第二、三批学生除由中国当时的新式企业如福州船政局、上海机器局留用 23 名外，其余 50 名分赴天津水师、机器、电报、鱼雷局等处当差。这批留美幼童后来分散到政界、军界、实业界、知识界等各个领域。在他们中，有铁路工程师詹天佑、开滦煤矿矿冶工程师吴仰曾、北洋大学校长蔡绍基、清华大学校长唐国安、民初国务总理唐绍仪、交通总长梁敦彦，大都成为中国近代历史上的知名人物。总之，除早亡、留美不归和埋没故里者外，他们在不同的岗位上为中国的现代化做出了应有的贡献。

第二，创建高等实业学堂。为发展中国民族航运业，洋务派在 19 世纪

---

① 1872—1875 年，由容闳倡议，在曾国藩、李鸿章的支持下，清政府先后派出四批共 120 名学生赴美国留学。这是中国历史上最早的官派留学生，这批学生出洋时的平均年龄只有 12 岁，史称"留美幼童"。

图 1-9　留美幼童在轮船招商局牌匾前合影

就开始创办高等实业学堂、船商学堂、船政学堂等，设立船政科，专门用来培养高级航海、工业人才，以促进中国航运事业的发展，为轮船招商局带来更多的经济效益。为了引进西方先进的教学理念，盛宣怀 1895 年在天津创办北洋大学堂，作为培养高层次科学技术人才的基地。北洋大学堂参照美国大学模式，全面系统学习西学，是中国第一所现代大学。1949 年新中国成立后，北洋大学堂与河北工学院合并后更名为天津大学。1896 年盛宣怀又在上海开办南洋公学，参考西方学堂经费"半由商民所捐，半由官助者为公学"，办学之初以培养高端法政人才为目标，先设师范院、外院、中院、上院四院，继设铁路班、特班、政治班、译书院、东文学堂等。后南洋公学更名为南洋大学堂，民国后改名为交通大学，是上海交通大学和西安交通大学的前身。

第二章　民国时期的招商局工业
（1912—1949 年）

辛亥革命推翻了腐朽的清王朝统治，结束了两千多年的封建帝制，1912年1月，中华民国正式建立。本来这非常有利于民族资本主义发展，但是，后来的军阀混战，尤其是日本侵华战争的步步紧逼，使民族资本主义工商业发展无从谈起。这期间，中国半殖民地半封建社会的社会性质依旧，压在中国人民头上的三座大山（帝国主义、封建主义、官僚资本主义）依旧，在此情形下，招商局艰难前行。尽管招商局及其工业不时停滞和亏损，却全力以赴支持抗战，尤其是在解放战争后期，在中共地下党人坚决而机智的斗争下，在辛一心等爱国人士的坚持下，招商局的工业资产和人才等家底最终留在了大陆，为日后新中国航运业和工业的发展做出了积极贡献。

第一节　民国初期的招商局工业

民国初期，因帝国主义国家忙于第一次世界大战，在夹缝中生存的中国民族工业遇到第一次发展的"黄金时期"，并一直持续到1923年前后。在此期间，中国新建厂矿600余家，其中发展最快的是纺织业与面粉业。采煤、冶金、水泥等重工业方面也出现了较大的民族企业，但是基础较为薄弱。1928年以后，国民政府推进国民经济建设运动，鼓励发展工农业、交通运输业，广大群众抵制洋货、提倡国货的行动，为民族工业提供了发展的机会。但是，由于国民政府逐步从金融和重工业两个方面入手建立起对国民经济的全面统治，民营企业发展空间日渐狭窄，不可避免走上萧条之路。

一 民国初期的招商局

1. 临时政府时期与北洋政府时期的招商局

1912年1月初,南京临时政府为缓解新政权成立初期财政困难的局面,拟定以招商局局产向日本抵押借款,临时政府要求用招商局"抵押一千万两,暂借于中央政府以充军用",由政府"分年偿还利息",但是这一借款要求遭到招商局的抵制。为了解决借款事宜,总统府与招商局多次协商,最终招商局通过临时股东大会,同意将局产押借给政府。随后,招商局与临时政府多次派出轮船支持临时政府北伐,二者关系逐渐改善。

辛亥革命的爆发,为招商局旧体制变革和完全实现商办奠定了基础。1912年3月,招商局召开第二次股东常会,会议决定选举董事会正副主席、董事、查账员,其他"办事董事"改为经理。新董事会的成立,是招商局进入完全商办的重要标志。招商局改为"商办招商局轮船公司",后又称为"商办招商轮船有限公司"。

新董事会不仅加强了对企业的管理以抵御外来势力的干预,还进行了业务经营方面的改革,对局务进行重新整理。股东在一定程度上取得了对企业的支配权,招商局从早期官僚资本主义企业转化为民族资本主义企业,内部暂时较为安稳的局面为招商局航运业的发展奠定了基础。

随着北洋政府的成立,袁世凯力求将招商局收归国有,遭到招商局的强烈反对,最终一场闹剧匆匆收场。招商局在经营管理方面所暴露的问题,促使招商局股东建议实施改组,于1912年7月"召人承任另组织新公司"。同年12月,宋教仁、于右任、曹锡圭、张鸿禄等15人在大多数股东的支持下正式发起组织新公司。北洋政府从经济上对新公司施加压力,要求新公司在四个星期内交付现银800万两并承担偿还招商局旧债300余万两的义务,否则新公司要"先尽政府组织"。新公司无法接受该条件,因此始终未能取得对招商局局务的支配权,招商局暂时出现了新公司与董事会两套管理机构并存的局面,实权掌握在少数股东的手中。

由于北洋政府的干预与招商局内部的分裂,招商局陷入了"金融竭蹶""东移西应、罗掘俱穷"的境地，只好"变更旧股增加新票"，以渡过难关。为改变这一状况，新公司提出四条改革议案，但遭到董事的反对。此后，新公司虽未解散，但具体活动已经锐减，直至1913年6月招商局组成新董事会后，新公司自行停止活动。招商局新公司虽然始终未能真正成为招商局的职能机关，但新公司的成立集中反映了股商维护招商局商办性质的决心，是商办时期具有积极意义的事件。

第一次世界大战时期，招商局船舶艘数及总吨位不仅没有增长，反而不断下降。1914年，招商局拥有江海大轮29艘，总计51702总吨；到1918年，下降至25艘，47455总吨。

纵观整个商办时期，招商局同国外侵略势力进行了长期、持续与反复的斗争，资金与技术两个关键问题作为招商局的软肋，使其不得不继续依赖国外，这使招商局在与国外势力的斗争过程中处于非常无力的状态。商办时期的最后几年，招商局每年债息高达数十万两，完全无力支付，船舶破旧，栈房失修，已经到了濒临破产的边缘。

2. 国民政府成立初期的招商局

国民政府成立后，招商局被纳入国民党官僚买办资本体系，成为国家垄断资本主义企业，这在招商局的发展史上是一次重大变化。国民政府建立了理事会、监事会以及总经理制度，公布了《招商局暂行组织章程》《监事会暂行章程》《理事会暂行章程》，这三个章程相辅相成，对招商局的管理体制做了完整的总体规划。同时，规定交由交通部委派，保证了国民政府对招商局的直接统治。1932年11月，全体理事会、监事会以及总经理就职，接收商办招商局，正式更名为国营招商局。国民政府以航业股2股、产业股1股为一套，按一套现银50两的价格，以极小的代价把招商局收为国有。到1934年，收购结束，共用银212634.45两。而这时招商局的资本金为840万两，资产实值如按1928年招商局第55届账略记载，资产总计达到25288062两。由此，国民政府利用政府权力以不到百分之一的代价把中国最大的轮船企业收归手中。

二 内河机器厂/机器造船厂的创办

1879年上海同茂铁厂关停后，招商局的船舶和栈房码头维修完全靠局外的各家机器厂承担,每年付出修理费达10余万两。各机器厂将招商局视为"肥羊",每当该局为修理工程招标时,各机器厂相互商量,均按最高限额投标,然后将所得利益进行均分,使招商局蒙受极大损失。要降低维修费用,必须自办机器厂。为此,1914年,招商局在上海创办内河机器厂,解决船舶与设施维修的"卡脖子"问题,这是招商局继同茂铁厂之后第二次向修造船业进军。

1914年,招商局为扩大营收,把"招收民股"改为"官督商办",并拨出3.76万两白银,在上海浦东陆家嘴租地约7亩创办招商局内河机器厂,拥有职工约100人,厂址与总局隔河相望,地理位置极为优越。内河机器厂专门修理招商局的大小船只以及栈房码头等,扭转了招商局船舶和栈房码头维修完全靠局外各家机器厂的局面。创办初期,资金微薄,设备简陋,规模也比较小,但由于该厂承修的多系大宗项目,收入较稳定,几年时间资本便扩大了一倍。

内河机器厂创办之后,每年营业额20余万两,除去各项开支,每年盈余1万至1.2万两,即年平均利润率只有5%—10%。

1928年,内河机器厂在原址更名为招商局机器造船厂(简称"招商局造船厂"),除船舶维修外,进行铁壳子船、码头设施等的制造业务。1937年,奉命将机器、设备、材料迁至招商局汉口分局四号仓库装置开业。1939年在重庆龙门浩设厂,改名"国营招商局机器厂",有职工约200人。

图2-1 2005年上海陆家嘴工地施工时挖出的"招商局造船厂"石墩

第二节　全面抗战时期的招商局工业

　　1937年卢沟桥事变爆发，日本帝国主义发动了全面侵华战争。其间，沦陷区的工业受到严重摧残，非沦陷区的工业日益凋敝。为侵略中国，日本军国主义者动员了各种资源和力量，其中，轮船航运被日本政府视为与飞机同等重要的工具和利器，成为运输人员与物资进而达成所谓"大东亚一体化"的重要手段。这种情形下，招商局遭受重大损失，实力大减，1941年最低谷时只有江海轮船8艘共22713吨。到抗战胜利之时，也仅"残存大小船舶28艘，凡25500余吨"。① 这一时期，招商局及其工业部分艰难维持，为阻挡日军的进攻，不惜在长江要塞沉船，为抗日战争做出巨大贡献。

一　全面抗战时期的招商局

　　抗战全面爆发后，侵华日军为了破坏中国战时经济基础，掐断战时军事运输的动脉，以招商局的庞大船只与仓库码头设施为打击目标。随着战争的升级，招商局船队面临被彻底摧毁的危险。为保存实力，招商局将船只撤入长江腹地，这对战时运输业务的开展发挥了积极作用。沪战前夕，为延缓日军的进攻，国民政府各部门联合召开紧急军事会议，决定采取堵塞的办法征用各类船只沉于港口要塞，同时布下水雷，进行消极防御。军事当局经过研究，选择地势险要、巷道狭窄的江阴港口作为长江第一道御敌工程。招商局副总经理兼上海轮船同业公会执行委员会主席沈仲毅参与征船封江的筹划过程，并向各轮船公司紧急传达。先后调集江阴执行沉船封江任务的商轮23艘43963吨，其中属于国营招商局的7艘13706吨，约占执行任务船只总量的1/3。② 长江沉船的第二个要塞是江西马当，12月21日国民政府征用大量船只，执行马当沉船任务的船只18艘24995吨，其中属于招商局的4艘8791吨，约占马当沉船总吨位的1/3。③ 此后，招商局还在上海、镇海口、龙潭口以及宜昌等地沉船御敌。

---

① 金立成：《招商局史料》，《学术月刊》1962年第8期，第22页。
② 江天凤主编《长江航运史（近代部分）》，人民交通出版社，1992，第485—486页。
③ 张后铨主编《招商局史（近代部分）》，第415页。

1937年7月至1939年初，招商局在要塞共沉船24艘，其中江海大轮以及趸船18艘，共计34520吨，占招商局江海船舶总吨位的40%；塞港的江海大轮共计23520吨，占江海大轮总吨位的34%。在国家兴亡之际，招商局为拯救中华民族，以巨大牺牲英勇迎战，要塞沉船不仅延缓了日军的进攻速度，更为中国军民后撤赢得了时间，具有重大的战略意义。

表2-1 1937—1939年招商局要塞沉船概况

沉船地址	船　名	总吨位（吨）	沉船日期
江阴	"新铭""同华""泰顺""广利""嘉禾""遇顺""公平"	13706	1937年8月
上海十六铺	"海晏"	1378	1937年8月
镇海	"新江天"	3645	1937年8月
龙潭	南京"永清"趸船、镇江"定海"趸船	4000	1937年11月
马当	"江裕"、"新丰"、刘家庙趸船、安庆趸船	8791	1938年4月
宜昌	汉口1、2、3号方趸船	3000	1939年
合　计	18艘	34520	

资料来源：《招商局战前与抗战时期轮船状况》（1946年）、《国营招商局船舶损失表》（1947年）、《招商局展示船舶损失一览表》（1947年），招商局档案馆藏。

在日军的步步紧逼下，招商局加强同其他华商航运企业的相互配合，加快各类军工物资入川的速度。汉口战区附近集中了金陵、汉阳、巩县兵工厂以及汉阳钢铁厂等准备内迁的工厂256家，占全国内迁工厂总数的55%，各种设备器材总计10.8万吨。为抢运这批物资，招商局和其他航运公司在汉口成立"长江航业联合办事处"，并在宜昌设立分处，以资策应。① 至1938年10月武汉失守前，所有器材转运完毕。从沪战开始到武汉沦陷，招商局江海大轮抢运军民94万余人，抢运军工物资以及商货47万余吨。与招商局巨大的贡献相比，招商局在抗战时期遭敌机轰炸损失船舶共计13艘，计20290吨；损失大小轮船、趸船、驳船73艘，计88952吨，其中江海轮船27艘，计51912吨。

抗战全面爆发后，招商局新设重庆、万县两个分局，后又设立宜宾、泸县分局，在衡阳、渌口、安乡等地开设办事处，在益阳、茶陵两地设立

---

① 张后铨主编《招商局史（近代部分）》，第419页。

代理处。至 1943 年 4 月，抗战处于相持阶段，交通部令招商局在重庆恢复总局，撤销长江业务办事处。抗战后期，招商局为紧缩编制，撤销财务处。招商局管理机构的重新组建与不断加强，对川江战时运输的开展起了一定的保证和推动作用。

二　招商局机器造船厂西迁

日军的侵略打碎了招商局试图发展壮大修造船业务的梦想，招商局机器造船厂与招商局总部一起被迫转移。1937 年 4 月，招商局机器造船厂奉令将全部机器、设备材料迁往招商局汉口分局四号仓库装配开工。1938 年 10 月，又因日军沿长江入侵，船厂被迫迁至宜昌。同年 11 月，船厂迁往四川重庆。1939 年，招商局机器造船厂在重庆龙门浩设厂，租下唐家沱亚细亚火油公司原址，利用原有石墙自行添造房屋开启业务，并更名为国营招商局机器造船厂。几番迁移使得招商局的修造船业务实力大减，国营招商局机器造船厂余下职工约 200 人。船厂除修理招商局自有船只以外，还接受外来任务，其间修理了重庆轮渡公司 1—12 号轮渡和英、美舰等 20 余艘。1939 年 8 月，机器造船厂又被移交给国民政府交通部船舶修理厂管理。

1943 年 4 月，招商局在重庆恢复办公，同年 7 月，招商局机器造船厂因设备过于简陋，被迫停工整修。招商局拨出资金赶修厂房，增加锯木和翻砂设备，并在重庆唐家沱设置工厂，于 1944 年复工，同时改归招商局船务处管理。同年，招商局新任总经理徐学禹从西北工学院聘来该院机械系主任、曾在英国皇家海军大学深造的造船学家辛一心[①]担任船务处副处长，

---

① 辛一心（1912—1957），中国著名造船学者。1936 年赴英国研修造船学，取得硕士学位后在英国皇家海军学院进修两年，获得造船师资格，1940 年回国。曾在西北工学院和重庆、上海交通大学任教，培养了大批造船骨干和领军人物。1944 年，在重庆招商局任工程课课长，负责并完成了 6 艘载重四五千吨江轮的修复工程。上海解放前夕，辛一心不顾生命危险坚决留在上海，这对稳定造船界人士等待解放起到了关键作用。1949 年 5 月，上海解放后，辛一心负责打捞黄浦江沉船和建造大批拖船、驳船，为解决上海物资运输困难做出重要贡献。辛一心毕生致力于船舶设计、科研、教学与学术交流。他创建了中国第一个船舶设计机构和第一个船舶科研机构，创建了中国第一座船模试验池，创办了中国的造船学术期刊《中国造船》。他以深厚的学术理论功底，在忙碌的工作中出版《船之阻力》等六部著作和《船舶兴波阻力的数学分析》等十数篇论文，这些都是造船领域的经典著作。

并兼任国营招商局机器造船厂厂长,负责全局船舶技术改造和技术管理工作。

抗日战争后期,在辛一心的主持下,国营招商局机器造船厂工作重心是抢修"江民""江安""江新""江汉""江华""江建"六大江轮和建造三艘小轮。这六大江轮是当年第一流大客轮,设有大餐厅,头、二、三等客房,分建于上、中、下三层甲板,可谓富丽堂皇。六大江轮原本定期航行于长江下游,自上海至汉口。抗战爆发后,技术人员动了许多脑筋,冒着危险,经过泄滩、青滩、崆岭这三大险滩,才将其驶入川江。冲滩场面惊心动魄,绞滩时还常发生钢丝绳断裂事件,不得不进行技术革新,采用机器绞滩的新方法,才使除"江建"轮外的载重四五千吨五大江轮,经过将近一年的艰难航行,于1939年10月经宜昌直达重庆。在中国航运史上,从未有这类大船驶过宜昌以上水域的记录。"江华"轮于1941年8月30日在万县遭日机轰炸,舱面全部被焚毁,只剩下一个钢壳。而留泊在宜昌的"江建"轮则于1940年9月12日被日机轰炸后沉没,直至1943年7月才打捞出水。

六大江轮的修建,是当时重庆的最大工程之一,国民政府特拨专款6.2亿元。交通部对此也很重视,因为这六大江轮被计划用来承担抗战胜利后的复员疏运任务,以利于对日伪资产的早日接收,必须在1945年枯水期前修竣下驶,工期异常紧迫。而抗战时期的重庆,物资异常匮乏,修船工厂几无机器工具设备,配件与物件的供应亦甚缺乏。要修船,既无船坞,又无船台设备,载重四五千吨的六大江轮,均依赖旧时的霸王车,靠人力拖曳,使之移搁于浅滩上。在极度简陋贫乏的环境下,招商局机器造船厂在辛一心的带领下,凭着强烈的责任心和出色的规划、管理、技术能力,将六大江轮全部如期修复,实属难得。

第三节 解放战争时期的招商局工业

经过十四年的热血抗战,中国人民终于取得了抗日战争的完全胜利。但是,由于国民党推行内战、独裁的方针,国内并没有迎来和平。在国民党反动派的进逼下,为推翻国民党统治、解放全中国,中国人民解放军在中国共产党的领导下和广大人民群众的支援下，进行了解放战争并最终取得胜利。

抗日战争结束后的一段时间内，招商局重返上海，开始了历史上第二次资本大规模扩充，但是，招商局工业仅限于自修船业务。随着解放战争的发展，招商局工业随同招商局命运一起沉浮。

一 解放战争时期的招商局

这一时期招商局的地位与作用发生了重大变化，企业实力得到极大加强。抗日战争结束后不久，招商局各分支机构，如宜昌、汉口、南京等沿江各分局、沿海各埠各分局与办事处等迅即恢复，1945年10月招商局正式迁沪办公（图2-2）。这一时期，在国民政府的全力支持下，招商局接收了大量敌伪船舶，并在国外购买了大批二战剩余船舶。

图 2-2　招商局上海分公司（原招商局总公司）

1937年，招商局资产额为2973902元（法币，下同），抗战胜利前夕，因国民政府拨出大量经费赶修船只，招商局1944年资产额达到174118107元。抗战一结束，该局资产额便急剧增长，1945年为1669514933元，相当于1937年的561倍、1944年的9.6倍，1946年资产额又比上年增加1亿元。

1946年起，招商局不仅接收与留用大量敌伪船舶，还接收和收回了一批码头、仓库、地产以及造船厂等，除此之外，为了迅速提升船只运输能力，招商局还大量购买美国、加拿大剩余船舶。至1948年6月，招商局拥有大小船舶490艘，计409200总吨，其中江海大轮108艘315184总吨，达到招商局成立以来船舶拥有量的最高点，其船舶总吨位相当于抗战前夕（1937年上半年）的3.74倍，相当于抗战胜利前夕（1945年上半年）的16.2倍，其江海大轮总吨位相当于抗战前夕的4.76倍，相当于抗战胜利前夕的12.8倍。在490艘船只中，江海大轮及大型油轮、远洋拖轮共有125艘，总吨位合计达324684吨，占招商局船舶总吨位的79.3%；其余365艘是拖轮、特种机船、铁驳、木驳等小型船只，合计总吨位84516吨，占招商局船舶总吨位的20.7%，即具有较大运载能力的江海大轮构成了招商局船舶的主体。

招商局1948年6月拥有的490艘船舶，主要由国外购买的船只、接收敌伪的船只和在川原有的船只三大部分组成，三部分所占比例分别为73.8%、19.9%和6.3%；战后购买的外国船只与接收的敌伪船只合计总吨位383569吨，占船舶总吨位的93.7%。可见，接收敌伪船舶和大量购进外国剩余船舶是招商局船舶总吨位迅速增长的最根本原因。

二 接收改造船舶修造厂

抗战胜利后，招商局迁回上海，工厂人员返沪，接收闸北潘家湾内河轮船造船厂、南市机厂街中央造船厂（前身为民办合资机器制造厂）和浦东秦同栈黄埔造船厂三大船舶修造厂，招商局将其分别改名为国营招商局上海第一船舶修理所、国营招商局上海第二船舶修理所、国营招商局上海第三船舶修理所。其中，国营招商局上海第一船舶修理所有职工205人，能维修大小船舶；国营招商局上海第二船舶修理所有职工343人，能维修三四千吨的轮船；国营招商局上海第三船舶修理所有职工470人，能维修中小型船只。同时，将招商局天津分局接收的天津觧船大沽修船厂改名为招商局天津分局大沽修船厂。招商局接收和留用的四大船舶修造厂的概况如表2-2所示。

表 2-2　招商局接收和留用的四大船舶修造厂概况（1946年10月）

接收时厂名	内河轮船造船厂	中央造船所	黄埔造船所	天津艀船大沽东修船厂
更名	国营招商局上海第一船舶修理所	国营招商局上海第二船舶修理所	国营招商局上海第三船舶修理所	招商局天津分局大沽修船厂
地点	上海闸北光复路	上海南市机厂街	上海浦东秦同码头	大沽小码头
负责人	吴延明	王志涛	陈绍焕	未详
修船能力	大小船舶均能修理，但缺少船坞设备，船舶不能进坞，最高造船能力为100吨	可修三四千吨巨轮，但无船坞设备，仅能造300—400吨小船	无船坞设备，除较大船壳不能修理外，其他各种船只均能修理	可修理800吨左右的轮船，可造800吨左右的驳船
员工人数	职员15人、工人142人、临时工48人，合计205人	职员24人、工人168人、临时工151人，合计343人	职员16人、工人224人、临时工230人，合计470人	职员14人、工人187人，合计201人
接收后所修船只	修理大小船舶102艘，码头6座，吊车3座	修理大小船舶329艘	修理大小船舶147艘	大修拖轮驳船47艘，小修拖轮驳船425艘

资料来源：《招商局船舶修造厂现况调查表》（1946年10月31日）及其他有关资料，转引自张后铨主编《招商局史（近代部分）》，第459页。

1947年10月，招商局将第一、第二、第三船舶修理所合并，再次改称招商局机器造船厂。图2-3为1947年6月国营招商局上海第三船舶修理所全体员工合影。

图 2-3　1947年国营招商局上海第三船舶修理所全体员工合影

1949年5月29日，上海市军事管制委员会航运管理处接管招商局机器造船厂，改称为招商局轮船股份有限公司船舶修造厂。1951年10月，该厂由中央人民政府交通部接管，11月改称中央人民政府交通部海运管理总局上海船舶修造厂。1951年4月，招商局天津大沽修理厂划归天津港务局,更名为天津港务局第一修船厂。1952年10月,划归天津市塘沽区管辖,更名为天津大沽船厂。1954年,军管英联船厂(起源于1862年英商建立的祥生船厂)并入上海船舶修造厂。1985年,上海船舶修造厂更名为上海船厂。招商局机器造船厂为解放后上海的修船、造船业务的迅速发展做出了积极贡献,成为中国现代造船业的摇篮,而1951年派驻南京的修船力量则逐步演变为后来颇负盛名的金陵船厂。

三 招商局分散大陆、台湾、香港三地

1948年,国民党统治面临全面崩溃,国民党开始策划撤退活动。为了适应招商局迁往台湾的需要,国民党着手改组招商局管理机构,主要是协调上海、台湾两方面的业务、财务以及人事关系。1949年4月,招商局董事会决定在台湾设立总管理处,并制定了《成立总管理处后本公司业务处理暂行办法》。从4月开始,招商局大规模迁往台湾。由此,招商局分散到大陆、台湾与香港三地。

1950年,香港招商局举行起义,宣告脱离国民党的统治,投入新中国怀抱,这是招商局在新旧历史交汇期做出的具有革命意义的历史性选择。同年,上海招商局总公司改组为国营轮船总公司,1951年2月又更名为中国人民轮船总公司,并与交通部航务总局合并,招商局在内地各分支机构也逐渐演变为各省市港航管理机构,成为新中国航运业和港口业发展的基石。1951年,台湾招商局与台湾中国邮轮公司合并,1972年,以台湾招商局的资产为基础,成立了阳明海运公司。1995年,阳明海运合并台湾招商局,台湾招商局退出历史舞台。最终,仅有香港招商局承袭了解放前的招商局体系,并发展壮大成为当前的招商局集团有限公司。

第四节 民国时期招商局工业的特点与贡献

民国时期,招商局在较为长期的战争夹缝中艰难生存,但始终坚持以挽救国家兴亡为己任,尤其是在抗日战争中,做出了巨大的牺牲英勇迎战,要塞沉船的壮举不仅显著延缓了日军进攻速度,还为军民后撤、物资

保护转运赢得了时间。这一时期，招商局在环境显著恶化的背景下，全力以赴支持抗战，把工业家底留在大陆，并在以辛一心为代表的爱国人士的努力下，坚持发展造船业，为造船业发展储备知识与人才，为新中国成立后造船业的发展奠定了坚实的物质基础与人才基础。

一 民国时期招商局工业的特点

1. 工业发展的环境显著恶化

民国时期多数时间处于战乱状态，不断的内战和日本帝国主义的侵略，使招商局深受其害，除主业轮船航运业受到明显影响外，还对招商局所属的工业企业产生了重大影响，总体呈现衰败凋敝景象。

抗战胜利后，曾经出现一个短暂的和平时期，此时尽管有识之士提出要自主建造船舶，但战后从美国及其他国家接受和购买了大量剩余船舶，严重地冲击了中国的造船市场。当时有关人士就建厂地点、船厂规模、船舶标准、人才培养等问题发表见解，甚至向国民政府提出建议，力主船舶"应谋自造，不宜购买外轮"。国民政府也曾提出战后十年内造船350万吨计划。但实际上，国民政府当局购买外轮的工作正在加紧进行。尤其是给予美国剩余船只的进口以"免税特惠"，使中国成为美国在远东推销剩余船只的绝好市场。根据美国《海军援华法案》，国民政府还从美国接收剩余舰艇271艘，计20余万吨。此外，联合国救济总署1948年3月一次性向中国市场出售船只60艘，每艘售价从3万至12万美元不等。由此造成百万吨船舶从太平洋彼岸蜂拥而至，大大冲击了中国的造船市场。国民政府及其交通部的种种计划被他们自己弃之不顾，有识之士设厂造船之憧憬终成镜花水月。

2. 招商局工业发展趋于平缓

民国初期，招商局创办和运行了一些附属公司，主要有内河招商局、积余产业公司、仁济和保险公司和内河机器厂等。其中，内河招商局是从事内河航行的运输公司，积余产业公司是房地产公司，仁济和保险公司是以从事航运保险为主的保险公司，内河机器厂则属于从事修船业务的工业企业。与其他招商局所属企业相比，内河机器厂是规模较小的一家。实际上，内河机器厂还隶属内河招商局。与晚清洋务运动时期招商局大量创办新式工业企业相比,这一时期,招商局工业发展明显趋于平缓。

3. 机器造船厂在战争中艰难成长

这一时期招商局代表性工业企业甚至说唯一的工业企业,就是机器造船厂。但是,机器造船厂时运不济、命运多舛,在民国初期甚至成为企业间套利的工具。在抗日战争时期,业务难以推进。抗战胜利后,尽管接收大量敌伪修造船厂,却实际上沦落为以"拆船"为主业的"拆船厂"。

民国初期,招商局并不真正重视修造船业务,而是把机器造船厂的修造船业务作为内部利益输送的管道。1927年国民政府在一份清查整理招商局的报告书中指出:

> 招商机厂历年盈余,拨归内河招商局,作为新收。此款自民国四年起,至十五年七月止,共计为数十五万一千二百余两。
>
> ……内河招商局,结至民国元年至十五年七月底止,亏折当在银三十五万两以上。
>
> ……
>
> 查招商机厂为内河招商局,于民国三年十月起拨款设办,并无股本,亦非独立,当然隶属于内河招商局。厂内工作,起初仅为该局自身修理轮船,但后亦兼他局修理船只。盈余之由来,大半为代招商总局修理船只机件之故。最近机厂年有二万余两之盈余。此项盈余,逐年拨给内河局。是赚招商总局之款,补内河轮局之亏,无形中招商总局年助内河轮局二万余两,共事甚可注意。
>
> 内河招商局亏折,不外开支太大,措理不善,收入不敷之故。① ……

在抗日战争时期,招商局机器造船厂被迫西迁,业务难以推进,一度将船厂租给个人经营,后又被移交给国民政府交通部船舶修理厂管理。

抗战胜利后,通过接收敌伪船舶修造厂,招商局机器造船厂实力有所增强,本应有大好的发展势头,但由于战后招商局超龄旧船过多,如果投入运营则必亏损,不如趁着物价暴涨,拆卖材料、设备,反而盈利更多,

---

① 陈玉庆整理《国民政府清查整理招商局委员会报告书》,社会科学文献出版社,2013,第124—125页。报告书中的"招商机厂"即为内河机器厂/机器造船厂。

因此，招商局所属的修造船厂一时被称为"拆船厂"。

招商局机器造船厂的命运是那一时期中国修造船工业的一个缩影。旧中国的船舶工业，就这样以修船开始，以修船、拆船告终。这段历史，是由帝国主义的侵略、封建主义的阻碍、官僚资本主义的压榨共同造成的，是百年来半殖民地半封建社会制度的必然结果。尽管如此，招商局机器造船厂在新中国成立后正式由上海军事管治委员会接管，后与英联船厂合并成为后来颇具盛名的上海船厂。因此，招商局机器造船厂为解放后上海的修船、造船业务的迅速发展做出了积极贡献，成为中国现代造船业的摇篮。

二 民国时期招商局工业发展的贡献

1. 全力以赴支持抗战

1937年，抗日战争全面爆发。在民族存亡之际，招商局员工踊跃参战，做出了重大牺牲，发挥了重要作用。一方面，招商局将最好的海轮撤退到香港，将轮船撤入长江腹地以保全招商局的实力；另一方面，招商局采取沉船于港口要塞、布下水雷等办法，进行消极防御。这一举措虽未能完全阻挡日军的进攻，但起到了延缓的作用，同时避免了大量轮船落入敌军之手。尽管要塞沉船属于一种消极的防御措施，但仍表现了全民同仇敌忾、共赴国难的精神。此外，招商局设法开展多种形式的联运协作，营运活动始终没有停止，还承担了输送军队和接济军需物品、抢运战略物资、抢运军民等任务，对沟通后方物资交流与军事运输做出了一定贡献。

2. 把工业家底留在大陆

1948年，国民党的统治面临崩溃，开始策划撤退工作。同年7月，招商局总经理拟定撤往台湾的计划，包括：第一，将原来在长江行驶的大型江轮以及可以出海的拖轮、铁驳、修理船、仓库船等，全部撤往台湾；第二，海轮照常在海外行驶，必要时全部集中去台湾接受调配；第三，普通修船厂的全部机器、用具、器材、物料连同职工全部撤往台湾；第四，建造中的"伯先"号客货轮在完工后开往台湾，如届时未完工，则用拖轮将其拖至台湾；第五，各类卷宗、档案、账册等整理装箱，全部运往台湾。只有修造船、冶铁、采掘等工业部门未能撤走仍留在大陆，这也为新中国造船工业的初步发展奠定了一定的基础。比如，招商局机器造船厂继续留在上海，日后成为上海船厂的前身之一。

特别值得一提的是辛一心等人为把招商局工业家底留在大陆所做的贡献。上海解放前夕，埋头著述的辛一心逐渐看清了国民党政府的反动本质。在他的学生、招商局技术人员、中共地下党员朱谷人的策动之下，毅然拒绝跟随国民党政府迁往台湾。在他的影响下，一大批技术人员留在了上海。不仅如此，他还积极设法阻止国民党政府将上海的造船设备运往台湾。当时，招商局最精良的设备是修理船，它相当于一座修造工厂，国民党政府企图将其拖到台湾。朱谷人得知这一情况后，立即找到辛一心等人商量对策。大家一致认为，要避免修理船被拖走，最好的办法是将修理船拖进船坞修理，因为一进坞，修理船的命运就掌握在工人手里，再也没有人能够拖它出坞了。辛一心果断、大胆地行使自己的职权，批准将修理船送进船坞，使国民党政府的拖船企图没有得逞。

3. 为造船业发展储备知识和人才

首先，招商局设立航海学校，培养中国海员以取代外国高级船员。1923年9月，招商局首次创办航海专科学校，教授天文、航海术、造船、装货方法、无线电收发、罗经差、操艇术以及急救法等，以"华甲"号练习舰预定航行全球实习以培养船长人才。1924年1月，"华甲"号从上海起锚北上青岛、大连，转赴日本横滨，启程美洲。后因产权纠纷，于当年10月被收编在北洋政府的海军渤海舰队，该校宣告解散。1928年7月，招商局创立招商局航务员养成所，施行就业前的实船教育。同时，赵铁桥改组1918年创办的招商公学，在该校增开航海专修科，即招商公学航海专修科，施行轮船驾驶员的专业教育。该校于1928年10月正式开学，1932年"一·二八"淞沪会战后，招商局航海专修科的肄业生转入吴淞商船专科学校继续学习，直至1933年该校停办。①

其次，招商局资助交通大学学生出国深造。招商局与交通大学的渊源一直延续到战争时期，两者都经历了无数困难与变迁。抗日战争时期，两者均迁至重庆。招商局不仅开启了创办中国新式企业的浪潮，还是最早支

---

① 史春林：《轮船招商局与中国近代航海教育》，《交通高教研究》2004年第5期。

持中国高校选派留学生出国的企业之一。

最后，辛一心等爱国人士的努力为日后新中国造船业发展储备了技术和人才。辛一心留学归国后先在国立西北工学院任教，1944年同时接受招商局和交通大学的邀请，经协商，辛一心大部分时间在招商局工作，同时担任交通大学造船系的教授。至此，辛一心的造船生涯开启。他不仅亲自承担造船的工作，还承担了培育造船业技术人才的工作。抗日战争胜利后，他仍在招商局和交通大学两处任职，并升任招商局船务处处长兼总工程师。不久，他倡议恢复抗战期间在重庆成立的中国造船工程学会，并被选为常务理事和总干事。1948年9月，辛一心创办中国造船工程学会会刊《中国造船》并亲任主编。为挽回中国的船舶检验权，他大声疾呼：中国必须组织自己的验船机构。之后他亲自筹建中国验船学会并任秘书长。辛一心创办造船和验船领域的杂志和学会，为新中国成立后造船业的发展储备了技术知识；通过招商局、交通大学、学会等平台，培养和带领一大批造船界的工程师，为新中国成立后造船业的发展奠定了坚实的人才基础。

第三章 新中国成立至改革开放前的招商局工业（1949—1978 年）

1949 年，国民党集团撤到台湾，结束了在大陆的反动统治，招商局部分资产撤往台湾。五星红旗下的招商局人，立即投入反劫运、反南逃的斗争，以实际行动做好护产工作，使招商局迁台计划严重受挫。此时，招商局实际上一分为三：部分船只和人员被迫迁往台湾，仓库、码头等不动产留在了大陆以及香港招商局。① 台湾招商局在继续发展了一段时期后，最终走向了衰亡。留在大陆的招商局上海总局及各地分局先后由人民政府接管，先是易名为中国人民轮船总公司及各地人民轮船公司，后逐步改组并入上海海运局、广州海运局和长江航运局，由交通部统一管理。经过改组和社会主义改造，留在大陆的招商局逐渐不再作为一个经济实体而存在。香港招商局于 1949 年 2 月 10 日改名为"招商局轮船股份有限公司"，新中国成立后，全体员工及在港 13 艘船舶响应中国共产党和中央人民政府的号召，高举爱国主义的伟大旗帜，于 1950 年 1 月 15 日毅然宣布起义，开展护产斗争，投入新中国怀抱，并由此获得了新生。此后，香港招商局不仅成为交通部驻香港的代表机构，而且成为交通部直属航运企业包括广州海运局、上海海运局和中国远洋运输总公司及其所属广州、上海、天津、大连、青岛五家远洋运输公司在香港的总代理。

自新中国成立至改革开放前，招商局首先经过社会主义改造，资产被拆分为其他国有企业的资产，为新中国包括修造船工业在内的工商业发展

---

① 上海解放前夕，招商局迁台的船只为 92 艘，航联会总计保护下来的大小船舶有 400 多艘。随同船舶迁台的招商局员工总数为 5356 人（岸上人员 721 人、船上人员 4635 人），约占当时全局员工人数的 1/3。

播下了一些宝贵的种子，原招商局变成了沿江沿海的港航单位。部分原来含有招商局资产和人员成分的企业，在离开招商局若干年后又重新回到招商局怀抱，典型代表如金陵船厂（2015年12月，随母公司中国外运长航集团整体并入而回归招商局）。这一时期，香港成为招商局发展重点和主战场，香港招商局创建的友联船厂，打破了被外资船厂垄断香港坞修船的局面，成为当时重要的修造船基地，为中国修造船事业赢得了主动权。这一时期，招商局秉承实业报国理念，展现了爱国爱港的优秀品质，为招商局保存了历史血脉和招牌，更为日后中国改革开放事业和中国工业大发展奠定了重要基础。

第一节　招商局的社会主义改造

新中国成立后，招商局红心向党，面对其他势力的威胁，主动开展了一系列护产保产行动。同时，招商局积极迎接社会主义的改造，其产业被划分至各沿江沿海的港航单位，为中国建设发光发热，成为后来一些大型国企发展伊始的星星之火。

一　招商局的新生与改组（1949—1951年）

招商局在新中国成立之初展现出来的爱国护产精神，为招商局的新生奠定了基础。随着国家体制的逐渐完善，招商局响应国家要求，改组并入航运体系，其内地分支也逐渐演变成为沿海和沿长江的港航单位。

1. 招商局的新生

1949年，招商局部分资产随国民党集团撤往台湾后，上海招商局的13条船与香港招商局一同起义，开启了反劫运、反南逃的斗争，以实际行动做好保产护产工作。1949年5月27日，上海解放，次日，招商局轮船股份有限公司被上海市军事管制委员会接管，从此回到人民手中，在中国近代社会里蹒跚前行77年的招商局获得了新生，成为新中国航运事业和工业事业的生气勃勃的主力军。

2. 招商局的改组

1950年初，中央人民政府交通部设立航务总局。同年4月，招商局

（上海总公司）改为国营轮船总公司。1951年2月易名为中国人民轮船总公司，并迁至北京，与交通局航务总局合署办公，下设上海、天津、青岛、广州和汉口等5个区人民轮船公司，原设在沿海和长江的招商局各分支机构也随之分别并入上述航运体系。

1951年8月1日，交通局水运管理体制实行海运与河运分立。交通部内设海运管理总局和河运管理总局，撤销东北航务总局和中国人民轮船总公司及其分支机构的建制，并对全国海运和河运机构进行了改组和合并，对接收过来的旧航运企业进行了彻底的改造，使之走上了社会主义性质的人民航运企业新的发展道路。随着交通部水运体系的修订，招商局的修造船业务被安排进入相应的单位继续发挥作用。

二 招商局工业企业的演变

招商局工业企业经过社会主义改造，成为后来某些工业领域央企的基础。招商局在内地的总分支在1951年8月前后演变为沿海和沿长江的港航单位，招商局修造船业务机构为新中国修造船业务的迅速发展贡献了不可或缺的力量。

1. 招商局资产移交概况

新中国成立初期，招商局向国家移交了大量的人员和资产（表3-1），这些人员和资产逐渐流向机构所在地的港航单位，为新中国的港航工业事业奠定了基础。

表3-1 新中国成立初期招商局人员和资产移交情况

类　别	明　细
职工	共计9305人
船舶	客货轮176艘 拖船17艘 驳船152艘 登陆艇3艘 起重机船、趸船87艘 共计435艘

续表

类别	明细
房地产	房产 541 处 地产 5172.2 亩
仓码资产	仓库 214 座 码头 67 座 运输车辆 96 台
资金	黄金 1246.664 两（总公司移交） 金圆券 245869237 元（总公司和南京、武汉分公司移交） 银元 61668 枚（招商局总公司和南京分公司移交） 港元 1266252 元（广州分公司移交）

注：以上数据不含葫芦岛、秦皇岛、烟台、福州、厦门等公司。

2. 招商局机器造船厂的演变

1949 年 5 月 29 日，上海市军事管制委员会航运管理处接管招商局机器造船厂，改名为招商局轮船股份有限公司船舶修造厂。当时全厂有职工 699 人，工厂总面积 7.6 万平方米，岸线 413 米，拥有金属切削机床 129 台、锻压设备 21 台、焊接设备 36 台，厂房建筑面积 3300 余平方米。1951 年 2 月改称中国人民轮船公司船舶修造厂，10 月由中央人民政府交通部接管，11 月改称中央人民政府交通部海运管理总局上海船舶修造厂（见图 3-1，简称"上海船舶修造厂"）。1951 年 5 月 21 日，上海船舶修造厂拨出"和110"号（原招商局船舶）木质工作船 1 艘［作价 25000 万元（旧币①）］，连同船上的旧机床 4 台和 15 名工人前往南京，建立长航第三船舶修理厂，后逐渐发展成为金陵船厂。

3. 招商局汉口分公司船舶修理厂的演变

1949 年武汉解放后，由招商局汉口分公司组织停修船上的 6 名船员，以 180 万元（旧币）购买了一些工具，组成一个修船小组。这个修船小组

---

① 旧币是指 1951 年中国人民银行发行的第一套人民币，1955 年发行第二套货币后不再使用。1 万元旧币等于第二套人民币 1 元。

图 3-1　交通部海运管理总局上海船舶修造厂纪念钢板（位于吴淞口杨树浦区域）

设立在汉口二码头，背依江堤，面朝长江，搭盖了一个上铺瓦口铁，四周用芦席加围的简易工地，内建一座打铁红炉。以"一盘红炉"起家，开展修船拆船业务。

1950年6、7月间，武汉市私营建国工业社无力偿还所欠招商局之煤款，以其所属的小型修理厂的工具折价抵偿所欠之债务。招商局又购置一部分机具后，于同年7月正式成立了招商局汉口分公司修理厂。全厂有职工29人，机具有车、钻床及龙门、牛头刨床共7台，当年完成工业总产值90300万元（旧币）。

1951年10月5日，长江航务管理局正式成立工厂筹备处。长江航务管理局以15亿元（旧币）购买了私营三北轮埠公司船舶修理厂，经交通部批准，于同年10月将招商局汉口修理厂和三北机器厂合并，在三北厂原址成立长江航务管理局第一船舶修理厂（简称"长航一厂"）。1951年全厂共有职工184人、机械设备23台及800吨浮船坞1艘，全年完成工业总产值693000万元（旧币）。

1951年底至1952年，长航一厂又相继购买中华锅炉铁工厂、邹义泰锅炉铁工厂、群昌机器厂、荣汉电焊厂、荣昌锅炉铁工厂、华中机器厂等6家私营小厂，吸收了经劳动局介绍入厂的人员，至1952年末，全厂共有职工445人、机器动力设备57台、固定资产1010000万元（旧币），完成工业总产值1102000万元（旧币），修船完工28艘。

1957年3月21日，长江航务管理局为提高长航一厂修造船能力，将汉口航道船舶修理厂并入长航一厂，组建长江航运管理局汉口船厂。截至1957年底，汉口船厂人员达到1188人，拥有各类设备119台，工业总产值461.4万元。其中修船375.3万元，造船68.6万元，备件2.2万元。修船完工76艘（其中木质船33艘），造船27艘（其中木质船14艘）。

1958年至1960年12月，交通部和长江航运管理局在汉口船厂的基础上，迁地新建了大型船厂青山船厂。1960年10月10日，汉口船厂开始迁往青山新厂。1965年，船台滑道正式投产，青山船厂作为长江上一座大型修造船企业，逐渐发挥了骨干船厂的作用。青山船厂自行设计建造了大型上游客货轮东方红38号轮，在当时被列为全国8种优秀民用船舶之一，随后青山船厂逐步发展成为国家大型修造船基地。

4. 招商局天津大沽修理厂的演变

招商局天津大沽修理厂原是招商局天津分局从海军手中接收的敌伪船厂，该分局同时接收了天津艀船大沽东修船厂。接收之时，该修船厂可修800吨左右的轮船，可造800吨左右的驳船；有员工201人，其中职员12人、工人187人；大修拖轮、驳船47艘，小修拖轮、驳船425艘。天津艀船大沽东修船厂后改名国营招商局天津分局大沽修船厂，1951年4月，该厂划归天津港务局，更名为天津港务局第一修船厂。1952年10月划归天津市塘沽区管辖，更名为天津大沽船厂。

第二节　金陵船厂的创立与发展

金陵船厂是招商局这一时期工业发展的代表，主要从事修造船业务。金陵船厂的前身为1951年成立的长航第三船舶修理厂，源于招商局的15名员工和一艘木质小船。金陵船厂专注于修造船业，历经半个多世纪的岁月洪流，极大地解决了当时国内航运船舶损耗修理难题，培养了自主造船能力，壮大了国轮队伍，为中国船舶工业发展奠定了坚实基础。金陵船厂于2015年随着招商局战略重组又回到了招商局的大家庭，成为招商工业不可或缺的重要组成部分，并已发展成为世界滚装船制造领域的知名品牌和单项冠军。①

一　筚路蓝缕（1951—1957 年）

民国时期修造船工业基础很薄弱，长江沿岸的修造船工业发展也很落后。据 1947 年全国船厂调查统计，在南京、芜湖、重庆、宜昌、镇江、汉口等地共有 43 家船舶修造机械厂，而其中 500 人以上的厂仅私营民生机器厂、原国民党军队联勤总部船舶修造总厂、湖北省机械厂 3 家；百人以上的厂也仅有原国民党海军浦口工厂和联勤总部船舶修造第二厂、交通部船舶修配厂重庆工厂及私营恒顺机器股份有限公司汉口厂等 4 家；其余均为数十人乃至数人的小厂，这数十家工厂中，属于航运机构的仅民生厂和民生宜昌厂、三北机器厂等寥寥数家。

新中国成立后的三年恢复时期（1949—1952 年），长江航运亟待恢复和发展，大量老旧船舶和打捞起来的沉船亟须修理，同时航道条件差，导致海损事故频发，船舶损害率高，亟须维修，修造船业务的恢复也逐渐提上日程。随着交通局水运管理体制的进一步完善，长江航务管理局第三船舶修理厂应运而生，并在成立后发展迅速，在修船量、产值和上缴利税方面均取得优异成绩，为国家经济事业做出了重要贡献。

1. 长航第三船舶修理厂成立（1951 年）

长航南京分局为缓和船舶亟须修理的状况，于 1951 年 5 月 21 日从上海船舶修造厂以 25000 万元（旧币）价拨"和 110"号木质工作趸船 1 艘（图 3-2），船上有旧机床 4 台及招商局第三船舶修理厂的钳、铜、车、电、锻和电焊等技术工人 15 名。

这艘修理船停泊在南京港二号码头，并在江边搭起两间工棚，开始了

---

① 经国务院批准，2015 年 12 月 29 日，招商局集团有限公司与中国外运长航集团有限公司（简称"中国外运长航"）实施战略重组，中国外运长航整体并入招商局。金陵船厂作为中国外运长航子公司，一同回归招商局大家庭。新中国成立后，为了统一港政和航政，交通部提出"长江区有关航务、港务方面的工作，除海军及铁路车辆之码头仓库外，应统一由长江航务管理局及其所属之分局办事处分别管理"的意见。根据这一意见，招商局沿长江的分支机构的人员、资产大部分并入长江航运局，于 1950 年组建的长江航运局，始称"长航"。1984 年，长江航运实行管理体制改革，成立了交通部长江轮船总公司，7 年后改名为中国长江轮船总公司。1993 年，以中国长江轮船总公司为核心组建了中国长江航运集团。2009 年，与中国对外贸易运输（集团）总公司重组成立中国外运长航。

图 3-2　"和 110"号工作船（局部，原有二层生活区）

对过往船舶的小修小补。同年9月，长航南京分局又购买了濒临倒闭的私营三兴轮船局机器厂。厂址位于南京市下关三汊河，占地面积6亩8分，收购时全厂共有机器房和仓库8间，全副天轴工作母机11台、3力电动机1台、钳台1张、虎钳4台。1952年1月，"和110"号工作船移泊三汊河，船上机具设备及人员迁入厂内。同年又购买南京私营华昌铁工厂、镇江船厂、浦口轮渡修理所等，提高了修船能力。1952年5月时三汊河修船工地共有职工63名，开业以来已先后承修300吨"航368"驳和120马力的"国福""国波""国泰"木壳拖轮。

1952年9月，经长江航务管理局机务会议决定，三汊河修船厂工地归属长航局直接领导，定名为长江航务管理局第三船舶修理厂（简称"长航三厂"），生产任务由长航局统一下达，经营管理实行统一价格和修船合同制。至年末，全厂有职工161人，金属切削机床6台、锻压设备1台，固定资产达110000元（旧币），全年完成工业总产值386200万元（旧币），修船完工24艘。长航三厂这时已能承担300吨级和120马力蒸汽机拖轮的小修，为解决南京地区修船难的问题起了一定作用。

长航三厂经过漫长的发展和不断的改革，从成立之初的5个股室和2个车间，逐渐发展成为1957年的10个股室、3个车间。总体规模更大，组织结构分工更细，功能更加完善。其中包括的行政、政工、技术、医务、勤杂等的管理人员人数约占总职工人数的1/4。

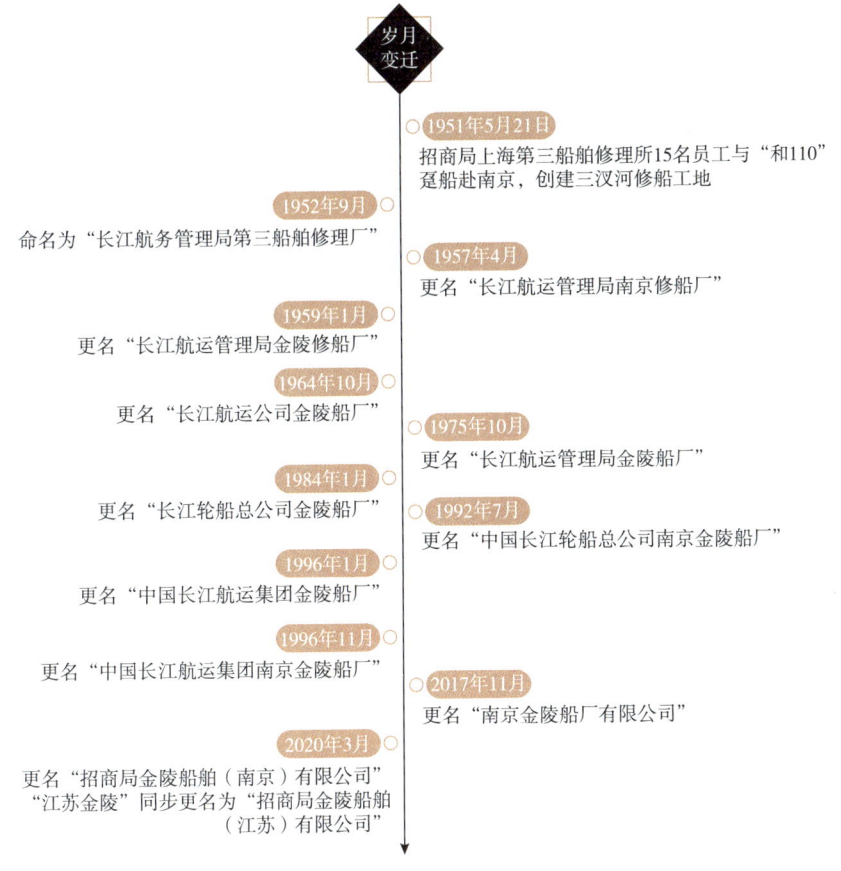

岁月变迁

- **1951年5月21日** 招商局上海第三船舶修理所15名员工与"和110"趸船赴南京,创建三汊河修船工地
- **1952年9月** 命名为"长江航务管理局第三船舶修理厂"
- **1957年4月** 更名"长江航运管理局南京修船厂"
- **1959年1月** 更名"长江航运管理局金陵修船厂"
- **1964年10月** 更名"长江航运公司金陵船厂"
- **1975年10月** 更名"长江航运管理局金陵船厂"
- **1984年1月** 更名"长江轮船总公司金陵船厂"
- **1992年7月** 更名"中国长江轮船总公司南京金陵船厂"
- **1996年1月** 更名"中国长江航运集团金陵船厂"
- **1996年11月** 更名"中国长江航运集团南京金陵船厂"
- **2017年11月** 更名"南京金陵船厂有限公司"
- **2020年3月** 更名"招商局金陵船舶(南京)有限公司","江苏金陵"同步更名为"招商局金陵船舶(江苏)有限公司"

图3-3 金陵船厂更名历程

2. 长航三厂进步迅速(1952—1957年)

"一五"计划期间,长航三厂在多个方面(硬实力如职工人数、厂房面积、机械设备数量种类;软实力如修造船技术、修船作业计划、劳动工资制度;业绩如承修船舶及总产值、上缴利税)都有了非常大的进步,为后续修造船业务的发展壮大奠定了坚实基础。

职工人数增加。1952—1957年,随着工厂规模的逐渐扩大,需要的职工人数也在增加。1953年第一季度,经长航局批准,长航三厂63名临时工、学徒工转为正式工。长航三厂又从镇江船厂和浦口港务所船舶修理室调入职工120名。1954—1957年,上级调派、社会招工、部队转业复员、大中专院校分配进厂的职工有 463 名。至 1957 年底,职工人数已达 740 名。

  厂房面积增加。船舶上下坡是修船生产的第一道工序。坡地的大小和能力的高低,直接影响生产的速度。为解决坡地不足和大吨位船舶不能上坡修理的问题,1954 年,长航三厂经长航局和南京市下关区政府批准,征用了大同村土地,厂区面积由 4530 平方米扩大为 18800 平方米,修船坡地扩展 50 米。1955 年,在改造旧厂房、修建生产车间的同时,新建了物资仓库、职工食堂、办公室、简易工作间等辅助设施,占地 2945 平方米。1957 年,又征用北新河村土地 7440 平方米,修船坡地扩展 150 米,厂区面积增至 30000 平方米,与 1952 年相比,扩大 5 倍多。同年,还在二仙桥工地新建厂房 4560 平方米。

  机械设备增加。随着职工人数的增加,厂区作业面积的扩大,部分设备的更新、添置,为进一步发展生产提供了必要条件。至 1957 年,长航三厂拥有的各类机械设备总共达 77 台,其中新购入的设备超过 40 台,占一半以上(表 3-2)。

表 3-2　1957 年长航三厂机械设备一览

设备名称	拥有量	其　　中	
		原有和并入	购入新设备
各类机床	21 台	17 台	4 台
各类电焊机	22 台	2 台	20 台
空气压缩机	3 台	1 台	2 台
四吨载重汽车	2 台	—	2 台
蒸汽卷扬机	4 台	—	—
电动卷扬机	1 台	—	1 台
锅炉	2 台	—	—
履带起重机	1 台	—	1 台
电瓶载重车	2 台	—	2 台
化铁炉	2 座	—	2 座
电动气锤	1 台	—	1 台
三用剪冲机	1 台	—	—
电焊机船	2 艘	—	—

续表

设备名称	拥有量	其　中	
		原有和并入	购入新设备
工作汽艇	1 艘	—	—
泵船	2 艘	—	—
鼓风机	8 台	—	5 台
其他	2 台	—	2 台
共　计	77 台/座/艘	—	—

技术革新活动积极。这期间，长航三厂由修理锅炉、拆换船板全靠手工操作到自制了压板机、全面采用焊接新工艺。同时，为了克服当时生产工具上的不足，广大员工集思广益，争取用"点子"开启新局面，因此群众性的技术革新活动开展得十分活跃。车间主任和工长等先后革新成功"卸船滑板千斤钩""钢质固定地龙""高强度铆钉枪头和弹子""风动弯板机""木工开榫机""压板机""别桩制作新工艺"等，切实解决了诸多生产难题，节约了物料，大大降低了工人的劳动强度，提升了工作效率。

修船作业计划逐步完善。1954 年 3 月，交通部颁发《修船条例》。苏联专家格里森科在上海船厂讲授企业管理《修船作业计划》，长航三厂工程师梅琴生等两人赴沪学习。同年第四季度，格里森科应长航邀请，在武汉讲课，长航三厂厂长赵沱赴武汉听课。1955 年初，长航局下发《修船作业计划》课本（包括企业主管工程师、生产调度员、工长职责和作用等附件），为长航三厂领导和有关职能部门提供了借鉴。长航三厂对此高度重视，加强了船舶送修准备工作管理，提高了船舶修理单编制质量，确保了修理单送厂时间，明确了修理工程类别和修期。从此，长航三厂的生产管理，从传统的作坊式管理向现代化大生产方式的管理前进了一大步。

劳动工资制度逐步健全。1956 年，长航三厂职工总数超过 500 人。为健全劳动工资制度，深化工时定额管理，同年 5 月，长航三厂设立了劳动工资股，先后制定了《内部劳动管理规章实施细则（草案）》《职工考勤制度》《生产奖励办法》等。5 月，按长航统一部署，长航三厂进行了全面工资改革,统一了技术工人的工资标准,改变了同级别工人所得工资报酬不同的状况。改革后,职工标准工资年平均提高11.02%。

承修船舶及总产值增加。此阶段,长航三厂在贯彻执行"以修为主"的生产方针过程中,承修的船舶由小到大,由少到多。1952年,主要修理小吨位和小马力船舶,1957年,已能上坡修理千吨级铁驳、百米趸船、300马力机动船等。

这一时期,长航三厂共修船374艘,从1952年的24艘,增加到1957年的99艘,提高了3倍多,年平均递增38%。工业总产值由1952年的38.62万元,上升到1957年的267.23万元,增长近6倍,年平均递增47.4%（表3-3）。

表3-3　1952—1957年长航三厂修船量与总产值增长情况

年 份	修船艘数	比上年增长率	工业总产值（万元）	比上年增长率
1952	24	—	38.62	—
1953	40	67%	60.33	56%
1954	47	18%	86.58	44%
1955	89	89%	119.46	38%
1956	75	-16%	174.38	46%
1957	99	32%	267.23	53%
年平均递增	—	38%	—	47.4%

注:1956年修船艘数较上年低16%,原因是中修船舶多于上年,故修船艘数少,工程量大,产值仍较上年增长。

上缴利税增加。1952—1957年,长航三厂共向国家缴纳利润和税金145.21万元,除了还清基本建设投资93.05万元外,还有52万多元的结余,超额56%（表3-4）。

表3-4　1952—1957年长航三厂上缴利税情况

单位:万元

年 份	利 润	税 金	合 计
1952	5.9	0.92	6.82
1953	12.4	1.79	14.19
1954	14.93	2.48	17.41

续表

年　份	利　润	税　金	合　计
1955	24.7	5.47	30.17
1956	23.2	7.23	30.43
1957	36.3	9.89	46.19
合　计	117.43	27.78	145.21

长航三厂取得这些成绩的原因主要有两点：一是广大职工摒弃"等靠要"的依赖思想，想尽一切办法克服困难，出色地完成生产任务，为国家发展做出了突出贡献；二是以抓修期为重点，修船有计划，出厂有期限，为"快修船，修好船，多修船"创造了条件，修船多，周期短，收入大，成本低，效率高。

二　从修船到造船（1958—1978 年）

长航三厂 1951 年从修船起家，1957 年 4 月更名为"长江航运管理局南京修船厂"，1959 年 1 月更名为"长江航运管理局金陵修船厂"（简称"金陵船厂"），开始扩建并涉足造船，正式进入修造并举时期，并逐渐向批量造船时期迈进。

1. 从迁址扩建到修造并举（1958—1966 年）

新中国成立以后，随着长江中下游航运事业的日益发展和运输船舶的不断增加，需在南京地区停航修理的船只日渐增多。然而至 50 年代中后期，长航三厂场地狭小，岸线很短，修船坡地不足，所备零部件与原材料也无地建库存放，更无法原地扩建。为解决维修场地问题，船厂在三汊河口之外先后辟有大昌工地、晏公庙、浦口、江心洲、二仙桥和厂前坡地等多处生产工地，但由此又造成分散作业、难以管理的问题，运送生产物资、职工上下班也存在不便，加之设备简陋等诸多不利因素，极大地限制了船厂修船生产能力的发展。为解决修船发展问题，长江航运管理局决定将长航三厂建成一个主修 700 载重吨铁驳和 500 马力拖轮的专业工厂。因此，长航局曾于 1955 年 11 月 24 日和 1956 年 7 月 20 日两次编制《长江航运管理局第三船舶修理厂迁设任务书》，这份任务书预计到第二个五年计划末期，干线营运船舶（包括港口作业船舶）比第一个五年计划末期有较大的增加，而第三船厂将承担其中11%的船舶修理任务。全年总产值也随之增加到约630万元，为1955年的3.2倍。

迁址扩建。1957年4月长航三厂再次更名为"长江航运管理局南京修船厂"。这年厂长率领技术人员和管理干部察看了从上新河到栖霞山的南京市沿江几十里地段，又沿江勘察了芜湖、镇江、仪征等地，对新厂址的交通条件、岸线水情、纵深腹地、职工生活等问题进行反复论证。时值南京海军学校即将撤迁外地，南京修船厂在上级部门支持下与海军学校顺利沟通，定于1958年迁往南京草鞋峡。草鞋峡位于长江南岸，南京长江大桥东侧，岸线长900多米，岸坡平整，水域宽阔，有利于码头、船台兴建和船舶上下坡作业。距南京市区约3公里，东西走向有燕子矶至下关公路贯通，南北走向有中央门至上元里公路连接。厂区自然标高6—8米，地形四周高、中间低。江边堤岸及海军学校场地标高9米左右，岸边无冲刷及坍塌现象。历史最高洪水位10.22米，枯水位3.5米，历年一般水位差7米，流速每秒1—2米，能保证全年船舶上下坡作业。地质情况主要是黄褐色黏土、淤泥质砂黏土和细砂土三层，属第四纪冲积层，土壤耐压力每平方米9—12吨，能满足船台和厂房建设要求。新厂址纵深腹地宽广，能在厂区附近集中建造工人住宅区。5月，南京修船厂开始陆续由三汊河迁入草鞋峡海军学校营地。其时，船厂职工已达740人，有金属切削机床、锻压、铆焊、起运等设备72台，固定资产175万元。7月，正在长江沿线视察水运工业情况的国家计划委员会工作组在对南京修船厂扩建新址进行实地考察后，认为草鞋峡有利于兴建码头和船台，是迁址扩建的理想地段。它可充分利用海军学校的现有房舍立即迁址，一面生产，一面有计划地进行新厂的基本建设。8月30日，交通部同意南京修船厂迁往草鞋峡投资扩建，并批示其生产规模仍按原任务书的规定，年总产值为600万元。据统计，该年共修船舶85艘（其中机动船14艘），造船3艘，工业总产值完成477.62万元，比1957年增加38.18%。

1959年1月，经上级批准，南京修船厂更名为"长江航运管理局金陵修船厂"。在"大跃进"中，金陵船厂扩建设计任务书几经修改，并由交通部海河总局局长王宝善、长江航运管理局局长张明主持了对金陵船厂平面图方案、船台数量和车间规模的设计审查会。同年 12 月 2 日至 16 日，交通部海河总局、长江航运管理局、长航上海分局、金陵船厂和第九设计院的有关人员会审通过了修改后的金陵船厂扩建总体设计。1960 年初，金陵船厂续征了大庙乡土地 87000 平方米，厂区形成东西 1000 米、南北 380—420 米，总面积约 260000 平方米的基建工地。新厂修建过程中，金陵船厂采取边扩建边投产的方针，在 10 月开工兴建船台滑道，由上海水下工程队施工。新厂率先使用了一系列新工艺，除大幅提高坡修能力的船台滑道工程外，还采用铆焊混合作业，综合使用电焊焊接工艺与铆接生产工艺，广泛采用龙门剪板机和风动工具，大幅提高了钢材剪切和冷弯生产作业效率。

1960 年 7 月 8 日，国家计划委员会批复了这个总体设计。此后，金陵船厂便有计划、分期、按年度投资实施扩建。

船台建设是整个扩建工作的主体工程，堪称全厂生产的"咽喉"。船厂分两个阶段进行船台滑道建造，第一阶段是水下施工。整个滑道水下部分共有 10 对钢轨，伸入江中 92 米，末端标高达到吴淞零点 -1.75 米，最枯水位时需保证有 5 米水深才能满足船舶作业需要。为了抢在洪水之前完工，现场指挥部果断采用高低桩施工和整体轨道沉放新工艺，整个水下工程共挖土方 10000 立方米，回填砂石 30000 立方米，修砌护坡石 200 米，最终在 1962 年 12 月完成了施工项目。第二阶段就是解决配套技术设备。船台设备技术标准要求高、品种多、数量多，金陵船厂跑遍上海才解决了薄壁无缝钢管订货问题。按照设计，船舶上下坡的动力来自在岸的自动拉车，金陵船厂派技术人员进驻拉车制造厂跟进解决技术问题，经 7 个月的努力终于试车成功。截至 1963 年 3 月 20 日，船台滑道工程已完工横向梳式滑道 8800 平方米，一号船台横移区 11000 平方米。设备完成有 150 吨斜船架 7 台、7.5 吨拉力电动绞车 7 台、80 吨船台小车 12 台、电缆拖车 5 台、拉力 3 吨电动绞盘 2 台。

1963 年 3 月 27 日，国家验收委员会对船台滑道进行了鉴定，认为"整个滑道、一号船台及横移区工程基本符合设计要求，同意验收"，船台滑道正式投入生产（图 3-4）。1963 年 12 月，又有铸造车间、轮机车间和锻工车间相继建成投产。这些项目的陆续完成基本满足了船厂修理 800

图 3-4　金陵船厂建成投产的梳式滑道

吨铁驳和 700 马力拖轮需要。梳式船台滑道的投产，使得工效提高了 11 倍，船舶修理不再受季节水位涨落影响，工人也不用再夏浸洪流、冬涉寒江，配备的照明设备还使得船厂具备夜间作业能力。

1965—1966 年，该厂先后又完成了船台车间、木工车间、中央锅炉房、空压机房、乙炔站、船棚、汽（铲）车库、大小五金库、产品材料试验室和能源供应系统及 3 座作业码头建设，安装了 1 台 15 吨吊车等大小工程。至此，长航南京金陵船厂已基本上完成扩建规划。

1958—1966 年，金陵船厂共完成扩建投资 1298.90 万元。固定资产从 1958 年的 196 万元，增加到 1966 年的 1466.02 万元，增长 6.48 倍。工业总产值累计完成 5113 万元，上缴利税 622.82 万元，比建厂初期年平均增长 299.96%。至此，厂区面积扩大到 26 万平方米。全厂职工发扬艰苦创业精神，边扩建边生产，出色地完成了扩建工程和船舶修理任务。

修船能力提高。从 1958 年开始，金陵船厂采用铆焊混合作业，用先进的电焊焊接工艺代替了落后的铆接生产工艺。由于龙门剪板机的投产和风动工具的广泛采用，钢材剪切和冷弯生产作业提高工效数倍。这一时期，金陵船厂的修船品种增加，能承修矿砂驳、煤驳、甲板驳、油驳、趸船等各种尺度的非机动船，而且修期短、价格低，1 艘 800 吨左右的驳船，修期仅 7—10 天。由于质量好，出厂船舶无一返修，受到长航系统的普遍好评。

1961 年初，金陵船厂开始承接"长江 501"轮大修任务，揭开了机动船大修工程的序幕。"长江 501"轮是一艘旧拖轮，船长 32.6 米，型宽 6.86 米，型深 3.35 米，主机为三涨式蒸汽机，配置火管式锅炉，马力为 533 匹。施工过程中，广大职工群策群力，到现场测试数据，制定了大修整体方案，采取了多种办法，克服了一个又一个修理难关。但"长江 501"轮修期仍长达三年。为了改进修船工作，提高修船质量，缩短修船周期，金陵船厂采取了三条措施：一是加强培训，选派一部分工人到上海学习，利用业余时间举办技术讲座；二是充实骨干力量，从上海港机厂等单位调入一批有机动船修理经验的钳工、船电工；三是提高施工的组织和管理水平，组建了专为修理机动船配套备件的中间仓库。采取上述措施后，"长江 501"轮胜利完工。

1964 年，金陵船厂承修了长江中下游运输线上有"主力军"之称的 700 马力拖轮"长江 715"轮的修理任务。该船主机为单偏心传动半单流式蒸汽机，主要修理主机敲缸、安全阀泄漏等问题。有了"长江 501"轮的经验，"长江 715"轮在 120 天内就完工出厂，但对比上海地区船厂修期仍显较长。为此金陵船厂派人到上海中华船厂购买了 700 马力拖轮全套图纸，组织技术人员和工人展开学习，同时购进主机缸套、活塞环及辅机备件作为样板，方便工人掌握制造技术。时隔一年，金陵船厂 700 马力拖轮修理能力便大大提高，1965—1966 年，年平均修理 8 艘，其间一般中修 30 天左右，小修 25 天之内，1 艘 700 马力拖轮的最短修期，只有 22 天。由于金陵船厂的设备、技术和管理水平都有提高，1966 年以后，金陵船厂成为长航定点修理 700 马力拖轮的厂家。

1964 年 7 月，金陵船厂承修了中型客班"江和"轮。该船 1937 年由上海江南船厂建造，主机 2800 马力，排水量 1400 吨。从小型机动船到中型客班轮，对船厂来说在技术、设备、管理能力上都是一次严峻的考验。船台承受能力首先遇到考验，"江和"轮锅炉舱与机舱负荷较为集中，作为承载的两台斜船架承受力不够。船厂对此采取了两条措施：一是增加胎架，扩大斜船架承受面，使负荷更均匀分布；二是在船舶上坡前将锅炉舱与机舱中的较重部件拆下。采取措施后,"江和"轮得以上坡成功。"江和"轮整个修费 19.5 万元,原计划修期 135 天,实际只有 108 天,提前 27 天完工出厂。不久,金陵船厂又相继承修了较大型客班轮"民来""民权"和货轮"人民 12 号",出色地完成了修理任务。

据统计,1958—1966 年,共修各种船舶 1038 艘(表 3-5),为长江航运事业做出了重大贡献。

表 3-5　1958—1966 年金陵船厂修船情况

年　份	机动船数	非机动船数	修船总艘数
1958	14	71	85
1959	7	64	71
1960	11	133	144
1961	14	104	118
1962	6	102	108
1963	14	106	120
1964	16	101	117
1965	23	124	147
1966	不详	不详	128
总　计	—	—	1038

从"以修为主"向"修造并举"迈进。1958—1966 年,金陵船厂共计造船 31 艘,其中拖轮 13 艘、驳船 18 艘。

1958 年 10 月,金陵船厂建造千吨级矿砂驳"矿字 1049"驳,这是金陵船厂从"以修为主"向"修造并举"发展的转折点。"矿字 1049"驳,全长 75 米,能承运矿石 1000 吨。虽然有上海 708 所提供建造图纸,但当时的船厂没有放样间与放样工,无法完成头道放样工序。在哈尔滨船厂代培两名放样工的帮助下,终于在 1957 年下半年完成了船舶放样工作。缺乏起重设备,工人们就靠肩扛人抬解决吊装困难,最终在 1958 年 10 月完成了全部建造任务,揭开了金陵船厂造船史上新的一页。

1958 年,金陵船厂组织力量进行了小马力拖轮"85"型拖轮的设计和建造。由于首次建造机动船,困难很多,铸造技术难度大,特别是主机汽缸、曲轴、缸套加工,既复杂又关键。由于缺乏设备,技术不成熟,船厂仍采取以焊代铸的办法建造主机机座。整船设计由金陵船厂梅琴生、谢如松、饶裕生、彭守成等人负责,主机选用往复式蒸汽机,工作马力103匹,饱和蒸汽工作压力105公斤/平方厘米。"85"型拖轮建成后,经试泵、试拉力,主机达到106马力。这种拖轮,系木质船壳,具有造价低、性能可靠、耐用等优点,很受地方运输部门欢迎。因此,金陵船厂连续建造了7艘。

1959年,金陵船厂建造了3艘千吨级矿砂驳,并交付使用。1959年,5艘"85"型拖轮也先后完工。造船生产累计完成14700综合吨,为建厂以来前所未有。在拖轮建造方面,金陵船厂主打产品为"85"型拖轮,其他产品则包括矿砂驳、千吨甲板驳、水泥船、500吨雪橇型煤驳及20米至40米趸船等品种。至1966年,金陵船厂总计造拖轮13艘,总排水量780吨;造驳船18艘,总载重达到12150吨,造船业务粗具规模,为长江中下游航运事业做出了显著贡献。

表3-6 1958—1966年金陵船厂造船情况

年 份	拖轮(艘)	满载排水量(吨)	马力	驳船(艘)	载重吨
1958	2	120	170	3	3050
1959	6	360	510	6	4500
1960	5	300	545	5	4000
1966	—	—	—	4	600
总 计	13	780	1225	18	12150

注:表中拖轮建造均为"85"型拖轮,驳船产品除矿砂驳外,还有千吨甲板驳、水泥船、500吨雪橇型煤驳及20米至40米趸船等品种。

2. 从经营亏损到批量造船(1966—1978年)

"文化大革命"初期产生亏损。在"文化大革命"初期,金陵船厂曾连续三年经营亏损。1966年8月,金陵船厂受到"文化大革命"的冲击,利润持续下降至亏损。1968年亏损最大,为-124.5万元。1969年有所缓解。

生产总值回升。"文化大革命"的头三年,长江航运事业受到严重的干扰和破坏,新的运力增加甚少,原有船只不能及时保养和维修,技术状况逐渐恶化，运力大幅度下降。为此，长航迫切要求所辖船厂恢复正常生产，改善船舶技术状况，为长江航运事业增添运力。金陵船厂的广大职工坚守了岗位，抓生产、抓管理，使船厂的生产得到回升。1969年，工业总产值比上一年增加534.21万元，利润比上一年少亏损15.8万元，修船数比上一年增加55艘。

经济总体上行。金陵船厂在"文化大革命"十年里，除1967—1969年生产严重亏损外，1969年后又开始回升。1976年，金陵船厂对各项工作进行了整顿，生产随之上升，生产总值完成了1759.38万元，比1966年增长了169.18%。"文革"十年中，金陵船厂共向国家缴纳利润2711.81万元，是这一时期国家给工厂投资额的1336.02万元的2倍，占全厂固定资产原值的88.8%。

表3-7 1966—1978年金陵船厂运行情况

年 份	工业总产值（万元）	利润（万元）	职工（人）	修船（艘）	造船（艘）	造船总吨数
1966	653.61	34.70	1230	128	4	400
1967	418.85	-11.60	1324	50	7	1100
1968	301.27	-124.50	1581	25	2	800
1969	835.48	-108.70	1736	80	4	1400
1970	1496.74	112.80	1796	74	8	9550
1971	2278.23	551.80	2042	73	28	33700
1972	2130.21	358.80	2067	92	12	22330
1973	1886.97	551.36	2142	80	23	23400
1974	1302.81	356.84	2147	74	16	16600
1975	1818.71	596.90	2200	78	10	31550
1976	1759.38	393.41	2429	70	22	29200
1977	2200.58	411.31	2633	91	9	22600
1978	2668.09	585.12	2731	80	13	33100
总 计	19750.93	3708.24	26058	995	158	225730

生产设施面积增加。1966—1976年，金陵船厂共增加生产厂房面积33758.1平方米。加上前期扩建厂房，全厂已拥有50000多平方米厂房规模。1970年上半年，船体车间厂房按原设计恢复扩建为10000平方米，并

为采用分段造船新工艺,提供了足够的作业场地。同年8月,交通部领导从"战备"考虑,批复同意金陵船厂扩建投资增至4426万元(报批为4570万元),并要求1972年达到新造驳船40000—60000吨位,年修船产值1100万元,年修造船总产值3600万元。1972年,为解决建造3000吨原油驳所需大批阀门外购订货困难,经上级同意,新建了阀门车间。后由于油驳建造任务停建,车间改作他用。新建成的生产设施和辅助生产设施,减少了工人露天作业,实现了乙炔气供应管道化,改善了工人的劳动条件,补偿了供电不足,提高了设备利用率和船舶放样速度,节约了工时和物料消耗,缩短了造船周期。

表3-8　1966—1976年金陵船厂新增厂房设施情况

名　称	建造面积(平方米)	造价(万元)	投产时间
船体车间	14064	220.22	1966—1973年
锻工车间	1900	37.37	1966年5月
船棚三跨	7238	79.49	1966年12月
放样间	2350	34.80	1972年11月
舾装车间	2340	22.29	1973年11月
塑料车间	540	9.05	1974年11月
阀门车间	900	11.42	1976年
铸钢车间	977	11.05	1976年
水压机房	1510	22.26	1976年
锯木车间	713.18	1.29	1968年
乙炔站	147	3.32	1966年
发电机房	407.92	4.18	1976年
船体生活间	671	19.34	1966—1970年
总　计	33758.1	476.08	—

生产设备增加。大起重量吊车是船厂采用分段造船新工艺,提高大型船舶修理能力的关键设备。1969年,金陵船厂和上海沪东造船厂协作,成功制造了40吨吊车1台,于1970年12月安装投产。1970—1974年,又自制和购置了不同类型、不同功率的起重吊装设备7台,起吊能力达到147吨。

表 3-9　1970—1974 年金陵船厂起重吊装设备增加情况

类　型	增添年份	增加量	起吊能力（每台）	主要用途
轨道高架吊车	1970	1 台	40 吨	造船分段吊装
悬臂伸杆轮胎自行（日本制）吊车	1971	1 台	25 吨	修造船
悬臂轮胎自行吊车	—	2 台	16 吨	修造船
悬臂伸杆轮胎自行（日本制）吊车	1974	1 台	30 吨	修造船
轨道龙门吊车	—	2 台	10 吨	吊装钢材源木

首承大型客班轮锅炉改造。1969 年 10 月 9 日，金陵船厂首次承担了大型客班轮"东方红 8 号"轮（原名"江亚"轮）的锅炉改造任务。广大技术人员和工人为了用实际行动挽回"文化大革命"造成的损失，同心协力，日夜奋战，终于保质保量地完成了"东方红 8 号"轮的锅炉改造任务。

"四大产品"会战告捷。1970 年，金陵船厂为向长航提供新的运力，开展了"四大产品"会战——首次建造 1500 吨级甲板驳，首次建造长江下游区间客货轮"东方红 410"轮，首次自造 40 吨高架吊车，首次批量建造预制品组装式钢筋水泥趸船。"四大产品"会战中，尤以建造长江下游区间客货轮难度大。其间，还建成了万吨级浮船坞"华山号"、2600 马力推轮等。1970 年，金陵船厂"四大产品"会战取得胜利，生产总值突破千万元大关，达到 1496.7 万元，创造了建厂以来最高纪录，为批量造船生产能力的形成奠定了基础。

批量建造驳船。1970 年，金陵船厂承接了 1500 吨和 1000 吨级甲板驳、600 吨级工程方驳、3000 吨级油驳等建造任务。批量建造驳船，是在贯彻"以修为主，修造并举"的经营方针前提下进行的。1970—1976 年，金陵船厂累计完成修理船舶 541 艘，修船总产值 3142.83 万元，年平均修船 77 艘，年修船产值 449 万元。修船生产品种比 1970 年前增多，除承修千吨级钢质驳船、500 马力、700 马力蒸汽机拖轮外，还承修了内燃机拖轮、2600 马力大型拖轮等。

1971 年建成 17 艘 1500 吨甲板驳后，金陵船厂还首次建造了 3000 吨级油驳。这类驳船的建造成功，标志着金陵船厂建造驳船的能力发展到一个新的水平。1973 年，交通部决定，将 3000 吨油驳交由金陵船厂批量建造。从此，金陵船厂以每年建造 5—10 艘的速度，批量建造 3000 吨油驳。1971—1976 年，共造 25 艘，计 75000 吨位。截至 1978 年，全厂共建造 3000 吨油驳 42 艘，计 126000 吨位，为长江中下游万吨级油运主力船队，提供了大批运力。1966—1978 年，金陵船厂在努力完成修船任务的同时，先后建造了甲板驳、油驳、方驳、趸船等 119 艘，计综合总吨位 204100 吨。

表 3-10　1966—1978 年金陵船厂建造驳船一览

建造年份	船舶名称	委托（使用）单位	艘数	单船造价（万元）	综合总吨位
1966	100 吨驳	长航局	4	0.716	400
1967	100 吨驳	长航局	5	0.716	500
1967	300 吨驳	长航局	2	1.432	600
1968	300 吨驳	长航局	1	1.432	300
1969	300 吨驳	长航局	2	1.432	600
1970	1500 吨甲板驳	长航局	1	55	1500
1970	1500 吨甲板驳	长航局	4	66	6000
1971	1500 吨甲板驳	长航局	17	60	25500
1971	3000 吨油驳	长航局	2	126	6000
1972	3000 吨油驳	长航局	7	126	21000
1972	500 吨煤驳	上钢三厂	2	35	1000
1973	3000 吨方驳	长航局	4	126	12000
1973	300 吨方驳	天津一航局	19	31.52	5700
1974	3000 吨油驳	长航局	5	126	15000
1975	3000 吨油驳	长航局	7	126	21000
1976	3000 吨油驳	长航局	4	126	12000
1976	1500 吨重型甲板驳	长航局	16	52	24000
1977	3000 吨油驳	长航局	7	126	21000
1978	3000 吨油驳	长航局	10	126	30000
总计	—	—	119	—	204100

建造客货轮和大马力推轮。1974 年下半年，金陵船厂开始建造"东方红 411"轮，这是一艘航行于上海至高港的客货轮。1975 年 12 月 26 日，"东方红 411"轮试航成功，投入上海至高港航线营运。"东方红 411"轮造型美观，乘坐舒适，投入营运后，很受旅客欢迎。"东方红 411"轮的建

造成功，标志着金陵船厂在技术工艺、造船质量、造船周期、物资供应和安全操作等方面，都达到批量建造客货轮的条件。因此，长航决定，将长江下游区间客货轮交由金陵船厂定点生产。1978年，金陵船厂又相继建造了"东方红417"轮和"东方红418"轮。1974年，为适应长航顶推运输船队的需要，金陵船厂承担了3艘2640马力推轮的建造任务并达到设计要求。此外，该时期金陵船厂还先后建造了300马力以下快艇、渔轮、拖轮和其他工作船共7艘。

建造万吨级浮船坞"华山号"。1975年12月26日，南京金陵船厂建成浮船坞"华山号"，总长164米、宽37.7米，空坞吃水1米、最大下沉吃水12.1米，配有1300米/小时水泵6台、10吨起重机2台、440千瓦发电机2台，自重5000吨，举力9000吨。"华山号"浮船坞是金陵船厂建造的最大型船坞。1975年第一季度，浮坞正式开工。在建造过程中，金陵船厂采用立体分段建造、水上焊接合拢施工工艺，克服了船坞大、无法下水的困难。同时，用30吨、25吨、16吨吊车联合作业，解决了高架吊车"鞭长莫及"问题。分段建成后，下水又遇到负荷与滑道尺寸不够的困难，金陵船厂采取了两条措施：一是改造加宽斜船架，扩大承载面；二是在斜船架上增高抬梁，将拉车轨道向江边延伸，使浮箱顺利下水。下水后的江面焊接合拢是金陵船厂建厂以来从未有过的巨大考验。船厂在岸上挖了5个固定系缆的地桩，并利用在厂的4艘3000吨油驳停靠在船坞外，加强浮坞的稳定性。合拢时，先将坞墙焊成整体，用两只浮箱托起一个整体坞墙，再下水两个浮箱置于坞墙两端定位，浮箱逐个压水下沉以此定位焊接。坞墙一侧吊装完毕后，另一侧坞墙无法吊装，浮坞必须调头，船台车间起重工段长王允明提出"一锚定位，原地转圈"方案，并取得成功。"华山号"浮船坞建成后，交荻港船厂使用。"大庆27号"轮和"安源"轮先后进坞修理。其自重分别为8000吨和9000吨，载重量16000吨。1977年，"华山号"浮船坞获上海市"水上合拢和水上焊接新工艺"科技成果奖。

"文革"后企业整顿进步。1976年10月，"文革"结束。金陵船厂通过拨乱反正，正本清源，落实党的各项政策，调动了广大职工的积极性。1977年初，金陵船厂开始进行企业整顿，包括思想整顿、劳动纪律整顿、经营管理整顿、运用经济手段管理企业等。经过整顿,金陵船厂加强了党的领导,开始建立健全各项规章制度,恢复和发展了企业民主管理,使企业重新焕发了生机,为1978年迎接党的十一届三中全会胜利召开做好了必要准备。

第三节 香港招商局的工业发展与友联船厂创建

新中国成立后,香港招商局经过光荣起义,投向新中国的怀抱,为国家航运事业添砖加瓦。香港招商局先后由中国人民轮船总公司、交通部华南区海运管理局、远洋运输局领导。这一时期,为符合港英当局规定、杜绝法律纠纷,香港招商局以"招商局轮船股份有限公司"身份从事经营活动,香港招商局也因此成为当时背景下招商局仅存之血脉。时代变迁,香港招商局抓住国际形势变化机遇,逆势上扬,一举成为重要的修造船基地。创办友联船厂就是其工业历史上浓墨重彩的一笔。

一 香港招商局变迁(1949—1956年)

1949年新中国成立后,香港招商局光荣起义,摆脱了招商局台湾管理处的控制。此后香港招商局推动南船北归,停靠在香港的船只驶向内地。

1. 香港分局成立和"海辽"轮首义(1949年)

1949年2月10日,香港分局(分公司)以招商局轮船股份有限公司名义向港英当局办理了注册手续。1949年9月19—28日,香港招商局"海辽"轮在新中国成立前夕,冲破国民党的海上封锁,历经8天9夜,从香港辗转海外开回大连港。"海辽"轮是国民党统治区起义的第一艘海轮,也是中华人民共和国第一艘挂起五星红旗的海轮(图3-5)。1949年10月1日,中华人民共和国宣告成立,但香港招商局此时仍由英国管治,不能与招商局设于内地的机构一样由中国人民解放军接管。从上海迁到台北的招商局台湾管理处又施展种种手段,力图继续维持对香港招商局的控制。在这一决定企业前途与命运的关键时刻,香港招商局果断地做出了历史性的抉择——起义。

图 3-5　1949 年 9 月，"海辽"轮在驶往大连港途中升起了五星红旗

2. 香港招商局起义回归（1950 年）

1950 年 1 月 15 日，经过周密策划，香港招商局及聚集在香港的全部 13 艘招商局海轮（"教仁""海康""海厦""登禹""邓铿""鸿章""蔡锷""海汉""林森""民 302""民 312""中 106""成功"）升起五星红旗，共 600 多人庄严宣布起义。招商局在香港的办公楼、码头、仓库同时升起五星红旗，宣告香港招商局从此回到祖国人民的怀抱，香港招商局企业性质发生根本性变化，从官僚资本主义变成社会主义性质，转属人民所有，一个凋零衰落的老企业从此获得了新生。香港招商局原来是招商局的分公司，只承担招商局在香港地区的船务代理业务，业务量小，资产也少，在香港地区的地位微不足道。随着新中国外贸运输业务的迅速发展，特别是中国远洋运输事业的崛起，香港招商局的航运业务于 50 年代末起大步迈进，成为中国航运机构在香港的总代理，其地位也日益提高。

3. 业务恢复时期（1951—1956 年）

帝国主义的封锁。1950 年 6 月，朝鲜战争爆发，美国操纵联合国对新中国实施"禁运"政策，禁止军需物资输入中国。若干重要的海运国家，对使用该国船只进行对华贸易均规定了管制办法。美国、英国、法国、加拿大、希腊等国规定，禁止在其国注册的船只同中国进行贸易运输和在中国港口停泊。香港在英国管治下不得不执行"禁运"，香港转口航运业受到打击。1950—1956年，中国内地同香港地区的贸易总额，除1951年因进口骤增而达到6.1亿美元外，其余各年均只在2亿美元左右的低位徘徊。

航运设施亟待重建。在全国解放前夕，中国的海运事业遭到空前严重的破坏，国民党政府将70%的轮船劫往台湾，来不及劫走的船只，几乎全被炸毁或凿沉。以上海、天津、广州等港口为例，上海港原拥有的船舶吨位，占当时全国船舶总吨位（120万总吨）的80%以上，而上海解放时接收的船舶仅162艘，约8万载重吨，仅为解放前上海港船舶总吨位的8%左右，其中可以航行的船舶119艘，仅3万—4万载重吨。天津港的损失更为严重，所有海轮均被劫掠一空。当时广州也仅有船舶3.2万载重吨。此外，航道、港口、码头、船厂在全国解放前夕均遭到极为严重的破坏。内河航道内布有大量沉船，造成航道严重梗阻，仅黄浦江就有沉船59艘，长江中则有沉船300艘之多。主要的灯塔、航标等导航、助航设备均被破坏无遗。港口码头亦因年久失修，日渐塌陷，各项设施，破烂不堪。

推动"南船北归"。帝国主义的封锁禁运政策及美国和台湾当局的军事挑衅，造成了中国南北海域隔离的状态。新中国成立前，大量私营航商的船舶滞留香港。新中国成立后，交通部把"巩固北船并争取南船北归"作为中心任务，以适应国民经济迅速恢复和发展的需要。从1949年底至1951年下半年，北归的南船计21艘，86941总吨，130377载重吨，加上民生公司驶返上海、广州的23艘船舶，驶返祖国的私营公司船舶共达44艘，共约14万总吨。这些船舶投入新中国怀抱后，大都参加了华南和北洋航线的运输。少数船舶北归后参加了对外运输。由于这些船舶大多悬挂外国旗，可以减轻来自台湾当局的迫害。因此这支运力成了新中国成立初期突破帝国主义封锁、承接新中国外贸运输的重要力量。"南船北归"的壮举，是华航商、侨商愿以船舶为国效力的具体表现，也是船员高度的爱国主义热情的生动体现。香港招商局亦为此做出了重要贡献。

调整管理机构恢复业务。香港招商局起义后，管理机构做了过渡性调整，难以有效行使职权，难以发挥领导作用。1951—1952年，香港招商局管理机构及其隶属关系又发生调整和变动,此时其领导机构仍较为松散。受当时国内外环境局势的制约,招商局业务难以开展,正常业务几乎停顿。即便如此,香港招商局员工仍然坚守岗位,保护局产。该机构的保留为之后的业务恢复提供了铺垫。1956年香港招商局原有航运设施产值约500万港元,为此后的业务恢复提供了一定的物质条件。国际形势逐渐和缓,业务由暂时停顿到恢复,至1956年逐渐有转机和起色,国内亦投资65.7万港元,修理香港原有码头。

二 蓄势待发(1957—1964年)

香港航运市场以其得天独厚的地理优势,在国际航运市场萧条之际逆势上扬,一举成为中国远洋运输公司船舶检验维修的首选地,这为香港招商局此后创办友联船厂提供了良好的物质基础。

1. 国内外经济与航运形势变化

香港航运逆势上扬。1957年资本主义世界爆发经济危机,贸易量剧减,货源匮乏,国际航运市场步入萧条。而与之相对,此时香港却呈现一片繁荣兴旺的景象。其中"英国政府关闭海军船坞"的决定更是其中的"天时"。1957年11月29日,香港本地报章皆报道了英国决定关闭香港海军船坞的消息,指出当局将分阶段关闭船坞,并于1959年11月30日完成计划,受影响雇员达4000人。关闭船坞的决定有效解决了困扰港岛近百年的交通樽颈①问题,并可释放更多土地。自60年代起,香港推行出口导向型战略,重点发展劳动密集型的加工产业,在短时间内实现了经济的腾飞,一跃成为全亚洲发达富裕的地区之一,和中国台湾地区、韩国、新加坡并称为"亚洲四小龙",此为"地利"。与此同时,"人和"在于中国国民经济的健康发展,国家第一个五年计划(1953—1957年)顺利实施,货源充足,但运力奇缺。至此,聚齐天时地利人和,国际形势对中国有利,航商要求和中国发展贸易经济航运关系,远洋运输事业走上独立自主发展的道路。

中国远洋运输公司成立。1961年4月27日,中国远洋运输公司成立,

---

① 容易塞车的道路,被称为"交通瓶颈"或"交通樽颈"。

一个完全独立自主的中国远洋运输事业就此起锚。组建时中国远洋运输公司的船舶全部是从国外购买的二手"万国船"。因船舶配件获取及通过国际船级社认证困难等原因，以当时国内的修造船能力无法满足这些船舶维修和国际船级社认证的需求，只能以高昂的成本为代价把船舶驶往欧洲、日本、新加坡和中国香港等地进行维修和检验。

香港成为船舶首选检修地。新中国成立后，香港作为毗邻祖国内地且拥有天然良港的著名国际自由贸易港，以其得天独厚的政策优势和天然条件成为国家重要的国际经济贸易基地及进出口货物的中转站。地理、语言及自由贸易港的优势，使香港成为中国远洋运输公司船舶检验维修的首选地。

2. 航运业发展为工业发展提供条件

该时期，招商局的业务范围主要包括远洋运输、船舶代理、货物中转、仓库出租、货物储存、拖驳运输、码头装卸、船舶修理、船用物品供应、代理及其他相关业务。招商局此时开展了一系列活动，包括调整管理机构、兴改建码头仓库、争取自主运价、开展代理及中转业务、贷款买船业务等。招商局作为中华人民共和国交通部设在香港的正式机构，承担了国轮在香港全部代理与中转业务。此外，国家批准交通部利用中国银行的贷款购买远洋船舶，由中国远洋运输总公司具体负责，委托招商局利用香港的便利条件，在香港和海外接洽办理，计划修建中国"海上铁路"，使中国远洋船队迅速发展，从无到有，从小到大。

船队逐渐壮大，随之面临的是修船造船上的短缺。截至20世纪80年代，香港的修船业一直由英资太古及怡和财团旗下黄埔、太古两家船厂把持。当时的国际经济环境与今天不同，市场供求关系不是"供大于求"而是"供小于求"，中国远洋运输公司船舶到香港维修需要联系太古、黄埔船坞（后来这两家船厂合并为联合船坞），外资船厂对中国远洋运输公司的船舶采取歧视政策，往往把中国远洋运输公司船舶安排到最后维修，有时甚至拒绝维修，中国远洋运输公司船舶来香港维修经常一等就是几个月乃至半年时间，严重影响船舶使用效率，拖累国家经济建设。

此时，拥有自己的香港修船基地成为交通部的迫切愿望。交通部及中国远洋运输总公司曾多次提出，要在香港建立修船后勤基地，以充分利用香港的修造船能力为中国远洋事业服务，打破在修船造船上受制于人的被动局面。

三 创办友联船厂，与香港一起腾飞（1964—1978年）

考虑到该时期香港航运市场的兴旺发展和交通部及中国远洋运输总公司对于修船的迫切需求，香港招商局组织创办了船舶修理厂。1964年10月27日，委托爱国华侨程丽川以私人名义在香港注册成立"友联机器修理厂有限公司"，从事修船业务，后于1984年7月27日更名为"友联船厂有限公司"。到1978年，友联船厂已初具修船规模，打破了坞修被英国人垄断的局面，之后更逐渐发展成为中国交通行业的一面鲜明旗帜。香港招商局乘着时代的东风，与香港一起腾飞。

1. 友联船厂的诞生

注册成立香港友联机器修理厂。友联船厂的创办来自当时国情和时代背景的需要。20世纪60年代香港政治环境错综复杂，港英当局的立场暧昧不明。在此背景下，为了便于开展工作，经与中国远洋运输公司共同研究，招商局决定以"灰色"公司面目出现。经过一段时间的策划，香港招商局委托爱国华侨程丽川先生采用信托的方式，以私人名义于1964年10月27日在香港北角注册成立"友联机器修理厂有限公司"，注册资金60万港元。

合并侨利船厂。香港友联机器修理厂成立之初承修能力甚小，仅有小机床7台。1965年6月14日，中国远洋运输公司将位于香港北角渣华道的"香港益丰船务公司"所属侨利船厂和香港远洋运输公司修船组的人员与机器设备一起并入，增强了友联机器修理厂的实力，可以承担香港船公司的船舶及来港国轮的修理任务。7月22日即着手修理益丰船务公司的"北冰洋"轮，这是友联机器修理厂成立后的第一艘岁修船。1965年底，友联机器修理厂从北角搬到香港九龙长沙湾道748号鸿昌大厦地铺（图3-6），自置厂房379平方米，这就是今天的友联船厂有限公司前身。友联机器修理厂虽然名义上归属私人所有，但实际控制权一直在香港招商局手中，业务上接受中国远洋运输公司指导。

初具修船规模。随着生产的发展，友联机器修理厂于1966年3月又向基华置业公司购买了九龙长沙湾荔枝角道855号有海权的厂址（即老厂

第三章　新中国成立至改革开放前的招商局工业（1949—1978年） | 87

图 3-6　友联机器修理厂

址），面积达 5503 平方米。该处前临港湾，有泊位可靠泊小型船舶，另有 9 米宽的船台 1 座，可修造小轮。至此友联船厂形成了初步的修船规模（仅能进行厂修和航修）。1965—1967 年，友联机器修理厂修理岁修船舶达 75 艘，其中国轮 25 艘、本港船 50 艘，航修船舶 121 艘。70 年代初，香港经济起飞，中国航运事业蓬勃发展，友联机器修理厂也随即得到快速发展。友联机器修理厂自行建造了"友联四号"和"友联五号"工作趸船，相当于多了两间海上工厂，并创建了"锚地修船法"且推广至全国各主要港口。为适应工厂发展需要，在修船的同时，友联还自己建造拖轮和交通船。1976 年中，友联机器修理厂建造的第一条拖轮"友联 18 号"在长沙湾船厂下水，该拖轮是当时香港最先进的港口作业拖轮。此后香港友联共建造拖轮等各类船舶 50 艘。

2. 友联船厂规模扩大

扩大作业面积。随着修理业务的逐步扩大，厂房、设备又感不足，船厂坚持"勤俭办工厂"的方针，利用修船拆卸下来的废钢材，增建两层楼的工棚 1 座，作为铁工、木工作业场所；建车间 1 座，以供维修设备、造船放样及浇铸白合金之用。又将靠泊小轮的泊位向外延伸填海 10 米，扩大了泊位使用面积；将厂房两侧搭起架子，架上堆放修理机件和物料，架下则作为修理水泵、分油机、热交换器的场所。厂房与泊位都达到较高的利用率。

节约修理费用。友联机器修理厂厂房狭小，海岸线短，修造船能力受到空间与水域的限制，难以进一步扩大。招商局代管的船公司仍有不少船舶需要委托香港其他船厂修理，来港国轮也有一部分被迫安排到其他船厂，其修理费标准远远高于友联机器修理厂。仅据1974年1—10月的不完全统计，由当地其他船厂代修船舶的费用即达1469万港元。从1971年4月至1974年10月，外厂修理费用合计要比友联机器修理厂高出113%，其中外资船厂开价比友联机器修理厂高出122%，华资厂开价也比友联厂高出31%—38%。同样的修理项目，如交友联机器修理厂承办，则可少付一半甚至一半以上的费用。截至1974年10月，友联机器修理厂为香港船公司和国内船公司共修理船舶832艘（次）；建造交通船、拖轮等22艘，历年营业额总计达1.5亿余港元。1974年全年营业额4100万港元，比1973年增加40.48%，1975年营业额又增至4488万港元。

表3-11 友联机器修理厂与当地船厂开价比较

单位：港元

工程类别	友联机器修理厂	英资船坞	当地华资船厂
主机工程	100	227	127
副机泵浦	100	316	202
锅炉	100	373	116
钳工工程	100	257	148
铜工工程	100	227	122
电工工程	100	270	146
铁板换新	100	168	—
铁工工程	100	190	136
铁工修理	100	178	—
木工工程	100	190	110
焊工工程	100	—	150
全船平均	100	222	136

打破坞修垄断局面。由于友联机器修理厂当时没有船坞，香港修船市场坞修价格和坞修工程全部被联合船坞英国人控制，中国船要排队10天才能进坞修理。为了结束这一历史，经中国交通部批准，1976年友联机器修

理厂向日本石川岛播磨重工业公司（简称"IHI 船厂"）订造 2.5 万吨级浮船坞 1 座，于 1977 年 7 月 15 日投产，命名为"友联一号"浮坞，首次置坞于青衣海域，将修船作业地点拓展到青衣。浮船坞及其锚泊、拖运等，共耗资 6200 万港元，一号浮船坞长 190 米，内宽 25.8 米，举力 1.15 万吨，配备有 5 吨及 25 吨自行式起重机，设计要求可入坞维修 2.5 万吨级船舶，实际上可进泊 3.5 万吨级船舶，大大超过设计能力。浮船坞采用了一系列先进技术，可供应 AC440V/60Hz、380V/50Hz、DC220V、110V 等各种电源；采用高压水枪进行船体除锈和高压无气喷漆，并采用蒸汽加热液压拆装螺旋桨；舱系和轴系均由机械就地拆装加工修理；边墩采用气动自动定位。坞修期通常为 3—4 天，进坞排水时间为 45 分钟。一号浮坞投产后，友联机器修理厂可自行完成水下工程的配套项目，终于打破香港修船只能进入香港联合船坞浮坞修理，被外资船厂垄断坞修船的局面。1977 年 7 月 15 日"友联一号"浮船坞开门接客，迎来第一位客人——中国远洋运输公司"柳林"号散货船，友联人翘首期盼拥有自己的浮船坞梦终于实现了，友联修理船舶依赖香港太古、和记黄埔船坞进行坞修的历史宣告结束。

为扩大坞修能力，1977 年友联机器修理厂还向 IHI 船厂订造了另一艘与"友联一号"浮坞同型的"友联二号"浮坞。考虑到日后船舶发展的需要，二号坞宽度比原来浮坞增加 2 米（190 米长、27.8 米宽），以增加坞修操作空间，其举浮能力相应提升，一跃具备 3 万吨级的船舶坞修能力。该浮船坞及锚泊、拖运等共计耗资 5300 万港元。二号浮坞举力为 1.2 万吨，设计要求为入坞维修 2.5 万吨级船舶，实际上可进泊 4 万吨级船舶。二号浮坞除配备 5 吨及 25 吨自行式起重机，并采用与一号浮坞同样先进的除锈、喷漆、拆装、加工及定位等技术外，还配备有回转半径为 10.5 米的坞壁式液压传动自行脚手架。二号坞于 1979 年 5 月在青衣投产，友联机器修理厂的坞修能力得到进一步加强。

筹建青衣岛新厂。随着中国远洋船队及中远租船队的不断壮大，船舶维修量日渐增加。由于中国当时船舶机型复杂、配件型号各异，内地寻求零配件或进口外国零配件困难重重。而香港是一个自由港，购买设备、零件、物料都很方便，且技术先进、信息灵通，费用也比国外便宜，故内地船舶到友联机器修理厂修理者越来越多。为满足日益增加的维修需要，1972 年 8 月 4

日，招商局向交通部递呈《关于建造船坞的请示报告》，提出在青衣岛或大屿山兴建船坞的设想。1974年11月30日，又向交通部与中国远洋运输总公司提交《关于扩建友联修船厂设想方案建议报告》，其内容包括：

（1）贯彻勤俭办工厂的方针，边建厂边生产，以厂养厂，以厂建厂。

（2）扩建规模：增建浮坞1座；购买地皮1块，以建造简易厂房4间；添置大拖轮2艘及其他设备。计划三年建成，力争两年半投产。

（3）投资金额及来源：整个扩建工程共约需资金9000万港元，不要国家直接投资，而是拟从招商局系统内的流动资金中调拨，各船公司提前一季度或半年预支船舶修理费，友联机器修理厂则在一段时间内酌收修船附加费，这样，友联机器修理厂可自筹一笔资金。所需投资的不足部分设法向银行贷款。

友联机器修理厂自开办以来，由于厂内没有码头，修船作业一直在海上进行，待修船舶停泊于海上浮筒，工人上下班需乘交通艇往返，耗费工时甚多，如泊在离岸较远的船上作业，每日往返需耗费3小时之多。工具、物料来回搬动，亦非常不便，因而，拟兴建之新厂亟须建造码头泊位，以提高修船工效，降低成本。在得到交通部批准后，1977年友联机器修理厂向港英当局申请购买青衣南湾一块约10万平方米的滨海土地，与既有的新贸公司地皮连成一片，共计11.6公顷，约12万平方米，设计建设具有码头、车间、仓库、办公楼、食堂和宿舍设施的友联机器修理厂青衣岛新厂，其位置正好邻近一号浮船坞。友联船厂新厂、老厂地理位置见图3-7。

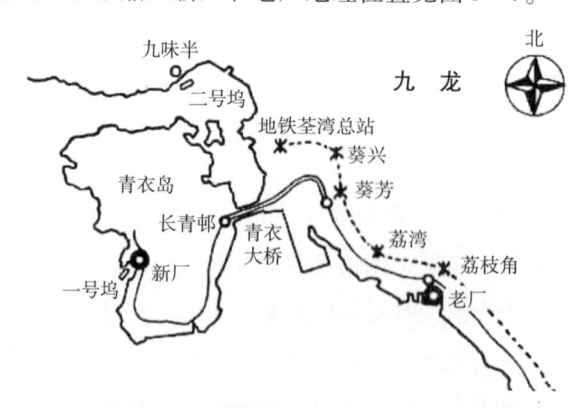

图3-7 友联船厂新厂、老厂地理位置

资料来源：朱士秀主编（代）《招商局史（现代部分）》，人民交通出版社，1995，第168页。

1978年7月,友联机器修理厂青衣岛新厂基建工程破土动工,到1981年底顺利完成,时任集团常务副董事长袁庚题词"基石与山河永固"(图3-8)。新厂占地面积约12万平方米,建有大型维修车间1.3万平方米,有岸线600多米,深水码头3个,可以停靠万吨级船舶3—4艘同时修理,加上已投产的"友联一号"浮坞和"友联二号"浮坞,友联一举成为香港最大的修船厂,为香港随后发展成为亚洲航运中心发挥了重要作用。

图3-8 袁庚题词"基石与山河永固"

3. 友联船厂成为业界标杆

从1964年以60万港元(资本金50万港元加股东垫款10万港元)投资开始,经过12年的发展,至1976年底,友联机器修理厂总资产增加到7400万港元。友联机器修理厂经营的这12年间,资产共增长了122倍。友联机器修理厂主要从事修船业务,同时自己建造拖轮和交通船。回望1874年以来近百年,这是招商局第三度挺进船舶修造业务。友联机器修理厂坚持"为祖国远洋船队(包括租船队)服务"的宗旨,为中外各船公司维修船只,做到开价低、修理质量好、速度快,为国家节省开支,同时博得当地船商好评。1978年交通部发文号召全国交通系统船厂向香港友联机器修理厂学习，香港友联机器修理厂一度成为全国交通修船行业的一面旗帜。

表3-12 1965—1978年友联机器修理厂（香港）历年修造船统计

单位：艘次

年 份	厂修			航修	坞修	造船	合 计	备 注
	内地	香港	合计					
1965—1967	25	50	75	121	—	—	196	—
1968	11	31	42	64	—	—	106	—
1969	9	35	44	44	—	—	88	—
1970	7	38	45	33	—	—	78	—
1971	9	30	39	45	—	4	88	—
1972	16	43	59	45	—	4	108	—
1973	23	57	80	19	—	5	104	—
1974	25	83	108	24	—	5	137	—
1975	42	76	118	15	—	4	137	—
1976	54	64	118	27	—	1	146	—
1977	74	53	127	44	35	6	212	一号浮船坞7月15日投产
1978	99	57	156	28	117	6	307	
合 计	394	617	1011	509	152	35	1707	—

自1965年承办修船业务到1978年，友联机器修理厂共为内地和香港船公司承接厂修船1011艘次，其中国内船舶394艘次、香港船舶617艘次，另承修航修船509艘次。1977年一号浮船坞投产后，截至1978年底，坞修船舶达到152艘次。

从1971年起，友联机器修理厂根据来船不均、本厂劳动力时有余缺的实际情况，对主营业务进行了调整，除修船外亦兼造小船。1976年，友联机器修理厂自己建造的第一条拖轮"友联18号"在长沙湾船厂下水，该拖轮是当时香港最先进的港口作业拖轮。1971—1978年，共造各类小船35艘，其中包括拖轮、交通船、航修船、工作船等机动船和焊趸、驳船等非机动船。这样，不仅充分挖掘了工厂设备与员工的潜力，保证了业务工作的平衡发展，增加了营业收入，也为香港各船公司提供了各类适用的小型船只。

70年代友联机器修理厂的修造业务一直呈稳定发展的趋势，到1978年底在厂工人达1400人，修船业务上到一个全新的台阶。这一年，来船均衡，任务饱满，全年共修船307艘次，其中一号浮坞的坞修船舶达117艘次，除去假日、台风空坞损失外，坞修效率平均为2.9天/艘。

第四节 新中国成立至改革开放前招商局工业的特点与贡献

改革开放前的招商局因热爱祖国而回到人民手中，为新中国远洋运输业提供修船技术服务，为招商局后来在改革开放新时代的发展壮大积蓄力量，打下基础。招商局工业人的爱国、实干、创新的精神长存。

一 这一时期招商局工业的特点

新中国成立至改革开放前的招商局工业特点表现为留在内地的招商局接受社会主义改造成为新中国造船业的摇篮，改名后逐渐演变成其他的修造船企业；香港招商局抓住机遇，逆势奋发，逐渐壮大。无论是在内地的招商局，还是在香港的招商局，其相同且始终不变的是根植于招商血脉的"实业救国"情怀和"爱国爱港"红色基因。

1. 新中国造船业的摇篮

新中国红旗下的招商局，接受社会主义工商业改造，回归到人民手中，其绝大多数业务根据社会工业结构的调整并入其他机构。如招商局沿长江的机构与长江航运局合并，成立中央人民政府交通部长江航运管理局，形成长江航运政企合一的体制，招商局沿长江的机构逐渐演变成为长江航务管理局的直属港口单位。再如上海招商局机器造船厂和修理所、招商局汉口分公司船舶修理厂等，之后分别变为上海船厂和武汉青山船厂。招商局的资产和技术滋养了新中国成立初期造船工业的种子。

2. 香港招商局成为主力军

与此同时，前往香港的招商局如火如荼地前进着。香港地理位置优越,处于国际开放的前沿。香港招商局抓住机遇,勇敢起义,接受新中国的管理。招商局经过一段艰苦的岁月,艰苦创业,国轮自修,实业报国。香港友联机器修理厂作为仅有7000平方米的小厂,每年为国家检修上百艘远洋船舶,不仅保障了刚刚起步的国家航运事业,还节省了大量资金,缓解了受制于人的窘状。十分关心香港发展的周恩来总理听到汇报后,由衷地赞叹"友联小厂办大事"。20世纪70年代,香港友联蓬勃发展,受到国家和行业的认可,陈官作为香港友联船厂工人代表,还曾光荣地登上北京天安门城楼参加国庆观礼(图3-9)。

图3-9 香港友联工人代表陈官参加天安门观礼回归欢迎会(1973年)

3. 形成"爱国爱港"红色基因

招商局的拳拳爱国之心在其工业历史上留下了深刻的印记。除解放之初招商局反劫运、反南逃的保产护产行动、香港招商局"海辽"轮首义和13艘海轮起义回归行动,招商局还陆续经历了"印尼接侨"和"反英抗暴"事件等。1961年印尼排华期间,招商局"光华"轮先后13次往返印度尼西亚,将数万名印尼难侨接回祖国(图3-10),这也是招商局第一次让五星红旗飘扬在国际海域,宣扬了国威。1967年,香港工联会为反抗英国统治,组建了"港九各界同胞反对港英迫害斗争委员会"(简称"斗委会")。香港修船业太古船厂、黄埔船厂多数工人参加活动,友联机器修理厂工人也积极参与并悬挂五星红旗(图3-11),参与罢工的左派工人均获左派工会发放的斗争经费作为生活津贴。到1968年,因上万名罢工人员工作无着造成斗委会的沉重负担,斗委会决定以复工、转厂、改行结束罢工。此时,友联机器修理厂接收了大部分太古船厂、黄埔船厂的"反英抗暴"积极分子,这是友联船厂以切实行动支持"反英抗暴"斗争,彰显了招商局的"爱国爱港"精神。接收过来的不少"反英抗暴"积极分子,有精湛的修船技术和高度的政治觉悟,他们根据各自业务能力进入友联机器修理厂的各个部门,有的甚至走上领导岗位,为友联的发展积累了良好养分。

图 3-10 1961 年"光华"轮首航印尼接侨

图 3-11 反英抗暴,香港友联挂起五星红旗

二 该时期招商局工业发展的贡献

由于改革开放前的特殊历史因素,招商局工业发展主要集中在金陵船

厂和香港友联船厂。对内，为招商局日后的发展保留了其历史血脉和招牌，延续了招商局的爱国情怀和创新发展基因；对外，为新中国的远洋运输事业贡献了力量，推动了新中国的修造船工业发展。

1. 为招商局保留血脉和招牌

上海解放后，留在内地的招商局被军事接管。1950年4月1日，中央人民政府政务院决定对招商局进行管理体制调整，将招商局改名为国营轮船总公司，但上级党组织仍沿用招商局名称行文。1951年2月1日，经中央人民政府政务院财政经济委员会批准，交通部决定：国营轮船总公司改组为中国人民轮船总公司，总公司设于北京。1951年2月14日，香港招商局因所处地理环境与内地不同，为方便向港英当局办理注册手续和避免产权过户等方面带来的不便及纠葛，专门致函中国人民轮船公司，要求"暂时仍沿用原名，以杜纠纷"。3月15日，中国人民轮船总公司复函，表示同意。1951年以后，招商局在内地的公司均不再使用"招商局"的名称，只有香港招商局继续使用"招商局轮船股份有限公司"的名称。1951年8月1日，招商局在内地的总分支前后演变为沿海和沿长江的港航单位。至此，招商的血脉实际上完全由香港招商局承袭下来。而香港招商局抓住机遇，修造船事业飞速发展，为招商局日后成长积累了实力。

2. 为新中国港航事业贡献力量

留在内地的招商局，在1951年解体后逐渐成为新中国港航事业的基础，迁往北京的部分与交通部航务总局合并办公，留沪的部分机构和人员组成中国人民轮船总公司上海区公司，1956年10月改名为交通部上海区海运管理局，均由交通部管理，为新中国港航事业留下宝贵的船舶、仓库等物质基础、修造船的技术支持、船舶企业管理经验和爱国卫国的精神财富。留在香港的招商局抓住时局优势，克服重重困难，逐渐摸索出诸多修船方法，积极为内地修造船事业解决难题，反哺内地修造船事业。如友联机器修理厂结合自身厂区面积及码头性质情况摸索出来的"锚地修船法"，大大缩减了修船时间，提升了修船效率；采用"看工程"的方法与船东、船级社共同研究制定每艘船舶年度检验和维修方案，提高了中国远洋运输公司船舶运行效率；为中国远洋运输公司打造具有自航能力的"航修船"，有效解决了远洋船舶在这些祖国内地港口停泊期间临时应急性航次修理事宜。

20世纪70年代，中国恢复在联合国的合法席位，国际地位不断提升，对外经贸往来与日俱增。香港背靠内地，面对世界，有着特殊的区位优势，成为不可替代的金融中心乃至航运中心、贸易中心。此时，中国远洋运输公司敏锐地捕捉到国际金融市场资金泛滥、贷款利率低的机会，适时向中央提出利用德国和日本等发达国家资金与技术优势"贷款买船"，发展壮大中国远洋运输公司自营船队的建议。① 友联机器修理厂为满足中国远洋运输公司飞速增长的船舶检修需求，向中央提交了一份利用香港国际航运中心和金融中心地位，以国际融资的方式在香港打造一座现代化中国远洋运输公司船舶检修基地的方案。借助国际金融市场的资金及技术优势，经过对德国和日本等先进国家的贷款利率、建造成本、建造技术、建成后的拖带成本及风险等因素的分析，友联机器修理厂最终与日本IHI公司及其相关金融财团先后签署三条代表当时国际最先进技术浮船坞的融资建造"一揽子"合同。三条浮船坞中除前述"友联一号""友联二号"外，还有一条是应中国远洋运输公司要求代为建造，建造费用在修船费用中一并结算。这条名为"白云山号"的浮船坞，建成后先被拖带到广州黄埔服务于广州远洋运输公司航修站，后被交通部调往位于上海黄浦江的起源于招商局机器造船厂的上海船厂承担船舶坞修任务。相比干船坞和船排，浮船坞有建造周期短、拖带移动便利以及船舶进出坞效率高的优势，在当时内地修船界还是个稀罕物，一时间"白云山号"浮船坞被内地船厂争相参观学习，催生了内地船厂建造浮船坞的一轮热潮，大大提升了内地修船业的船舶修理效率，为中国的修船事业做出了重大贡献。

3. 为实现"江船江修、江船江造"贡献力量

20世纪70年代，交通部决定在长江建立"小而全"的水运工业体系，以实现"长江船舶在长江修造"的目标，改变中上游客货运力日显不足的状况。起源于招商局的金陵船厂、青山船厂成为这一时期长航水运工业较有实力的骨干企业。随着干线水运工业能力的提高，这些水运工业单位已基本上能修理各种类型的大小船舶，修船技术也有一定程度的提高。青山

---

① 招商局档案馆编印《新中国第一位远洋船长——陈宏泽（友联篇）》，第37—38页。

船厂在修理"江蓉""荆门""人民13号""夔门"和2000马力的推轮的基础上，1969年5月20日，又对长江下游大型客班轮"东方红7号"轮进行修理。"东方红7号"轮（原名"江平"轮）全长109.9米，宽17.07米，深4.27米。"东方红7号"轮上船台修理，不仅检验了新建船台的承受能力，而且标志着青山船厂的生产能力与修船技术进入了一个新阶段。从此，长江大型客班轮只能远驶上海修理的历史结束，"江船江修"的战略目标开始实现。青山船厂还于1970年4月试制成功8300ZC型1500马力柴油机，而制造船用柴油机是"江船江造"的重要组成部分，船用柴油机的小批量生产，为新船配套和旧机更新创造了条件。

第四章　改革开放初至20世纪末的招商局工业（1979—1999年）

1978年12月18—22日，党的十一届三中全会在北京举行。全会冲破长期"左"的错误和严重束缚，彻底否定"两个凡是"的错误方针，高度评价关于真理标准问题的讨论，重新确立了党的实事求是的思想路线。全会停止使用"以阶级斗争为纲"的口号，做出把党和国家工作重点转移到经济建设上来、实行改革开放的历史性决策，动员全党全国各族人民为社会主义现代化建设进行新的长征。党的十一届三中全会是新中国成立以来中国共产党历史上具有深远意义的伟大转折，揭开了党和国家历史的新篇章，全面开启了改革开放和社会主义现代化建设新时期。

顺应时代潮流，抓住改革开放历史性机遇，招商局率先将业务从香港拓展到改革开放前沿阵地，确立了"立足港澳、背靠内地、面向海外、多种经营、工商结合、买卖结合"的经营方针。改革开放伊始，招商局率先在深圳蛇口创办中国第一家外向型工业园区——蛇口工业区，比深圳经济特区的成立还要早1年零7个月。蛇口工业区的成功创办和工业大发展，不仅成就招商局历史上的"第二次辉煌"，诞生了"蛇口基因"企业文化和"敢为天下先"的工业创新精神，而且在引领当时中国思想解放和推动体制机制改革上功不可没。

这一时期，为推进蛇口工业区建设发展和招商引资工作，招商局专门成立了发展部，后在此基础上成立招商局发展有限公司，进一步增强为蛇口工业区提供招商引资、企业管理、配套服务的能力。招商局发展有限公司发挥了蛇口工业区招商引资平台公司的功能，为工业区产业发展和后来招商局集团走出亚洲金融危机都做出了应有的历史性贡献。

这一时期，香港友联船厂进一步发展，经济效益大幅度提高。兴建青衣岛新厂后，友联船厂很快发展成为香港最大的修船厂，逐步介入海工装备修理市场、组建拖轮船队、开展固定资产租赁业务，业务多元化取得突破。1989年以后友联船厂业务重心逐步从香港转移到了蛇口，创立蛇口友联，并进一步扩展到漳州，创立漳州友联，友联品牌向内地拓展和布局取得重要进展。

这一时期，为更好统筹工业产业发展，1997年11月26日，在友联船厂有限公司、招商局发展有限公司和海通公司部分工业业务的基础上成立了招商局工业集团有限公司，成为招商局集团直属一级子公司。1999年，招商局工业集团有限公司将旗下的友联重工（深圳）有限公司（简称"友联重工"）、江海重型机械工程（深圳）有限公司（简称"江海重工"）、深圳招商局机械工程有限公司（简称"招商机械"）三家重工企业合并，组建成立招商局重工（深圳）有限公司，充分发挥规模化经营与专业化发展优势，最终在21世纪初发展成为高端海工装备制造商。

这一时期，在改革开放伟大时代召唤下，金陵船厂进行了改革探索，并取得长足发展，从单纯的修造江船发展到造江船、造海船、造出口船并举，并在20世纪末发展到以建造出口机动船为主的阶段。

第一节　蛇口工业区的工业发展

当改革开放春风吹遍神州大地之时，得风气之先，"中国改革开放第一炮"在南海之滨的蛇口打响，由招商局主导建设运营的中国第一家外向型工业园区——蛇口工业区宣告诞生。蛇口工业区的设立，表明招商局工业发展拥有了一个全新的业态，即通过发展工业园区的形式来发展工业。

一　蛇口工业区的孕育和诞生

1978年，极左路线所支配的高度指令性计划经济的各种病症集中表现了出来，国民经济濒临崩溃。中国经济百废待兴，工业企业效益低下，普遍处于生产停滞状态。流通领域衰竭不振，一方面是民众所需要的商品奇缺，限量购买的票证品类繁多；另一方面是民众不需要的或品质低劣的产品大量库存积压。农业经济更是每况愈下，相当一部分农民还处于未得温饱状态。全国上下，无论是农民、工人还是知识分子，劳动积极性普遍低落。

从国际上看，1978年我国的GDP只有1495.41亿美元，排在全球第11位的位置，占全球的比重只有1.74%，总量比荷兰、西班牙、巴西、加拿大都要低，更别提意大利、英国、法国、德国、日本等。1978年我国人均GDP只有156美元，排名全球第134位，属于极度贫困的国家，甚至比撒哈拉以南非洲某些国家还要低。1978年，我国工业增加值只有713.46亿美元，位列美国、日本、德国、英国、法国之后，位居全球第六。

在内外交困的形势下，全国上下渴望拨乱反正，全党上下期待新的领导层的诞生和推行新的路线。"实践是检验真理的唯一标准"的讨论带来了新的曙光，对"两个凡是"形成了一定的冲击。改革开放的思想像火花一样第一次在部分人的脑海里闪现。农业联产承包责任制初步尝试极大地鼓舞了有识之士改革的勇气。中国经济怎样才能腾飞，人民生活怎样才能摆脱贫困，工商业的出路何在，这一系列问题也正在考验以袁庚为代表的招商局人。

"穷则变，变则通，通则久。"招商局虽身处香港，却时刻关注内地的发展。同时，招商局敏锐地感觉到二战以后全球第三次产业转移正在拉开帷幕，而内地正是首选之地。[①] 当改革开放春风即将吹醒神州大地之时，招商局抓住时代发展的机遇，"以实现中华民族复兴为己任"，决定从香港出发返回内地谋求发展，其中首选发展工业。

1978年6月，交通部派袁庚到香港招商局调研。袁庚敏锐地发现招商局当时的问题和机遇所在，指出香港寸土寸金，有必要到一水之隔的蛇口发展工业，这样才可以充分利用内地成本低、人力资源丰富的优势。袁庚随即起草了一份关于充分利用香港招商局问题的请示报告（图4-1），10月9日交通部党组向中央提交了这份具有历史意义的请示报告。这份报告

---

① 二战结束后，全球产业链大致经历过三次转移：第一次产业转移（20世纪50~70年代），美国转出，日本、德国转入；第二次产业转移（20世纪70~80年代），日本、德国转出，亚洲"四小龙"及部分拉美国家转入；第三次产业转移（自20世纪80年代开始），欧美日发达国家、亚洲"四小龙"转出，中国内地等转入。

为招商局制定了日后发展的方针，也为招商局向中央求得了扩大企业自主经营权。这个方针就是“立足港澳、背靠内地、面向海外、多种经营、买卖结合、工商结合”。扩大企业自主权包括建议中央批准从1979年起，招商局留用本企业的利润5年，不上交国家财政，用以扩大业务，授予招商局就地独立处理问题的机动权，可以无需向上级报批便一次动用不多于500万美元货款从事业务活动，简化驻港干部出国洽谈业务的审批手续，等等，以使招商局能“冲破束缚放手大干、争取时间、加快速度”，“争取在5年至8年内发展成为综合性大企业”。

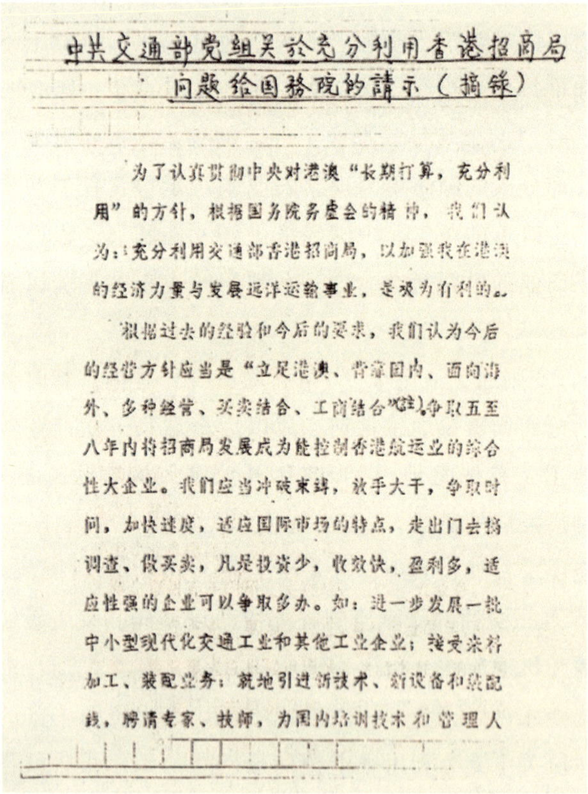

中共交通部党组关於充分利用香港招商局问题给国务院的請示（摘錄）

为了认真贯彻中央对港澳“长期打算，充分利用”的方针，根据国务院务虚会的精神，我们认为：充分利用交通部香港招商局，以加强我在港澳的经济力量与发展远洋运输事业，是很为有利的。

根据过去的经验和今后的要求，我们认为今后的经营方针应当是“立足港澳、背靠国内、面向海外、多种经营、买卖结合、工商结合”（注）。争取五至八年内将招商局发展成为能控制香港航运业的综合性大企业。我们应当冲破束缚，放手大干，争取时间，加快速度，适应国际市场的特点，走出门去搞调查、做买卖，凡是投资少，收效快，盈利多，适应性强的企业可以争取多办。如：进一步发展一批中小型现代化交通工业和其他工业企业；接受来料加工、装配业务；就地引进新技术、新设备和装配线，聘请专家、技师，为国内培训技术和管理人

图4-1　1978年交通部党组关于充分利用香港招商局问题给国务院的请示

这样的方针和建议，在现在看来也许没有太特别之处，但在党的十一届三中全会之前，如此鲜明地提出发展工业、申请给企业放权，是颇具进取性的，而授权之大也是具有突破性的。这是给招商局松绑，恢复其企业

本位功能和活力，让它在竞争中迅速发展壮大的重要措施。这"二十四字方针"在招商局的发展史上是具里程碑意义的。它标志着长期徘徊不振状态的结束和重新振作起飞时代的开始。而这个方针的鲜明特点在于突破了单一行业经营的框架，建立了向多元化发展的战略。正是依据这样的发展方针，招商局在后来短短的10多年便发展成为一个包含航运、工业、商业、银行、保险、旅游、酒店和海洋石油后勤服务等多元化的综合性集团；也正是依据这样的发展方针，招商局才创办了全国第一个对外开放的工业园区——蛇口工业区。

如何贯彻落实这样一个方针？招商局决策层首先萌发的构想是建立一个工业区，开办一些与航运相关的工业。经过对香港工业、土地和人力资源的分析研究，觉得香港寸土寸金、人力短缺，创办大规模工业实不易为。又经过对东起大鹏湾、西至珠江口的宝安县紧靠香港的地区进行实地考察，发现蛇口这一带依山傍水、风光秀丽，可惜荒山野岭一片，古老的土地一直处于沉睡状态，有待开发。当时正值偷渡盛行，那里的一些景象实在令人惨不忍睹。参与考察的招商局领导成员感触良多，有的甚至潜然泪下。大家一致认为，如果在蛇口一带创办工业区，不但可以发挥内地土地和人力资源充足的优势，成本比香港低廉，而且可以繁荣地方经济，改变那里贫穷落后的面貌，收一举多得之利。再结合中国香港、中国台湾、新加坡和韩国"四小龙"经济起飞的经验，特别是对裕廊、高雄、马山、巴丹等加工出口区的作用进行调查研究，觉得他们引进外资办企业、发展出口导向工业的路子甚有可取之处，于是改变了原来仅由自己办与航运有关工业项目的计划，大胆地提出了也吸引外资到区内来办企业，建立外向型工业区的设想。

当时正值党的十一届三中全会召开，具有天时、地利、人和的环境，是推出一个大胆计划的良机。当招商局提出在蛇口创办一个外向型工业区的构想时，很快便得到了广东省和交通部领导层的认可和支持。1979年1月3日，招商局代广东省革命委员会和交通部起草了一份联名致国务院的《关于我驻香港招商局在广东宝安建立工业区的报告》，经广东省和交通部领导人刘田夫、曾定石、叶飞、曾生等会签后于1月下旬呈报国务院。报告提出，由香港招商局在广东宝安县境内临近香港的地方即蛇口公社设立工业区,蛇口工业区可作为宝安市区的一部分,但其建设和经营管理由招商局负责,招商局按照"参照香港特点,照顾国内情况"的原则进行管理。对工业区有关人员的出入境签证手续请求从简,对有关建设、生产使用的物资的进口区产品的出口拟参照国务院有关规定免税放行。

1979年1月31日,中共中央副主席、国务院副总理李先念和国务院副总理谷牧在中南海李先念办公室接见交通部副部长彭德清、香港招商局副董事长袁庚,专门听取关于招商局建立蛇口工业区问题的汇报。袁庚从灰色的文件夹中拿出一张香港出版的《香港明细全图》,细心地指着地图请李先念副主席看,讲解香港与内地边界线上的情况,并请示说:"我们想请中央大力支持,在宝安县的蛇口划出一块地段作为招商局工业用地。"李先念看着这幅香港地图,用红铅笔在地图上南头半岛的根部用力画了粗粗的两根线条,说道:"就给你们这个半岛(指南头以南的半岛)吧!"基于当时招商局财力,最后袁庚和李先念商定将南头半岛尖上一块名为蛇口(面积2.14平方公里)的地方作为先期开发之地。由此,李先念在《关于我驻香港招商局在广东宝安建立工业区的报告》上做了批示:"拟同意,请谷牧同志召集有关同志议一下,就照此办理。"①

紧接着2月2日,谷牧召集国务院有关部委负责人开会,落实李先念批示。谷牧指出:要在靠近香港的内地一边的蛇口地区开设工厂,当然得要一点特殊待遇,除地方行政按内地一套办法外,在经济上要闹点"特殊化"。并强调说:"原则已定,大家要支持。交通部先走一步,试一下,现在就这样'照此'办理起来。"这便是我国第一个外向型工业区的孕育和诞生过程。②

蛇口工业区是新中国成立后30年来第一次容许外商投资企业的地方,也是中共十一届三中全会后首先体现国家实行对外开放政策的地方,它的诞生比深圳、珠海、汕头、厦门四个经济特区的成立早1年零7个月。在我国经济特区和沿海经济开发区的发展中起了领头羊作用。而它在建设和

---

① 钟坚编著《改革开放梦工场——招商局蛇口工业区开发建设40年纪实(1978—2018)》,科学出版社,2018,第45—47页。
② 钟坚编著《改革开放梦工场——招商局蛇口工业区开发建设40年纪实(1978—2018)》,第51—55页。

管理过程中采取的一些大胆的革新措施（或者说所形成的"模式"）对其他地区的改革开放也产生了一定的影响。诚然，蛇口工业区的诞生是一个时代的产物。然而，正是在这个改革开放的大时代刚刚来临的时候，招商局便站在风口浪尖上，以独家创办和经营一个外向型工业区的大行动充当了一个先驱者的角色，不能不令人钦佩决策者的勇气和魄力。

1979年7月2日，蛇口公社水湾村的咀头山响起轰隆隆的开山炮，蛇口工业区基础工程正式破土动工（图4-2）。这轰隆隆的开山炮炸醒了沉睡的蛇口，它既是蛇口工业区的第一炮、深圳特区的第一炮，也是中国改革开放的第一炮，意义重大、影响深远。隆隆的开山炮声汇成一曲中国开放史上空前嘹亮的乐章，一个崭新的外向型工业区在中国对外开放的前沿阵地宣告诞生，中国改革开放和经济特区建设的历史大幕正徐徐拉开。

图4-2　1979年7月蛇口工业区开山爆破，打响改革开放"第一炮"

二　蛇口工业区"招商引资"与工业发展

根据《关于我驻香港招商局在广东宝安建立工业区的报告》，最初确定的工业区拟办工厂仅有货箱（集装箱）制造厂、钢丝绳厂、玻璃纤维厂、拆船厂和氧气厂五个工厂。

由于国家的大力支持、招商局高度重视，蛇口工业区基础设施建设和招商引资工作同步进行。1979年3月，招商局专门成立发展部全力筹建蛇口工业区，5月成立蛇口工业区筹建指挥部负责工业区"五通一平"基础设施建设，发展部则大力推进招商引资工作。发展部通过各种渠道向港澳财团、厂商广为宣传，发动和欢迎他们来蛇口与招商局合资办厂或独资办厂。随着工业区软硬环境的逐步改善，蛇口工业区各个产业部门如火如荼发展起来了，很快工业区就提出了"三个为主"和"五个不引进"方针。

蛇口工业区建设开发伊始，就明确提出"以发展工业为主"及"五不引进"（指来料加工、补偿贸易、技术落后、污染环境、占用国家出口配额的项目不引进）的方针。1981年12月，进一步明确规定工业区实行以工业为主，外销为主，积极引进，内外结合，综合发展的经营方针。以后又更完整地提出"产业结构以工业为主、企业投资以外资为主、产品市场以外销为主"的"三个为主"方针，从而稳步地建立起外向型的经济结构，使工业区具有一定的先进水平。

蛇口工业区从1979年7月开山炮到1981年5月第一期基础工程建设完成时，不到两年时间共引进企业项目14个，总投资额达5亿港元，包括集装箱厂、轧钢厂、铝材厂、船用油漆厂、制氧厂、机械翻修厂、游艇厂、拆船厂、面粉厂、饼干厂、饲料厂及标准厂房等，取得了可喜的成绩。

从1981年下半年到1985年，工业区投资建设继续保持良好势头，不仅原定协议投资项目相继投产，一批新的工业项目亦先后动工兴建或投入生产。这批已投产（或已动工兴建）的企业包括蛇口集装箱厂、海虹船舶油漆厂、江辉船舶公司、开源企业有限公司、中美电子（中国）、华美钢铁厂、远东饼干厂、申港家私厂、三洋电机（蛇口）有限公司、环球电机公司、华丝企业股份有限公司、广东浮法玻璃有限公司、南方玻璃有限公司、中国科健公司、开发科技公司等。

截至1988年，工业区外引内联投资项目共321个，其中工业项目182个，当年协议投资总额36.5亿港元，累计达到122.3亿港元。截至1988年，工业总产值累计达53.31亿元人民币。其中，1988年工业总产值达17.56亿元人民币，产品出口值11.08亿元，占工业总产值的63.1%。蛇口工业区十年发展成就详见表4-1。

图 4-3　1981 年 1 月 24 日中国国际海运集装箱股份有限公司举行奠基仪式

表 4-1　蛇口工业区十年发展成就概况

年　份	引进项目			工业总产值		
	总数（个）	工业（个）	协议投资额（万港元）	总产值（万元）	出口值（万元）	出口值所占比例（%）
1979	2	2	2000			
1980	10	8	33540			
1981	12	7	10850			
1982	15	4	11076.6	1603	1106	69.0
1983	35	16	26185	13863	9704	70.0
1984	74	32	79165	54760	38880	71.0
1985	58	29	92726	76050	54969	72.3
1986	46	28	282000	83100	57800	69.6
1987	32	28	320400	128100	92800	72.4
1988	37	28	365100	175600	110800	63.1
合　计	321	182	1223042.6	533076	—	—

资料来源：朱士秀主编（代）《招商局史（现代部分）》，第 204、207、385 页。

蛇口工业区早期产业发展主要是由招商局作为投资载体进行招商引资，营造良好的营商环境，并与加入的投资商共担风险，尤其是招商局发展有限公司、蛇口工业区在招商引资的过程中，均采用合资入股的形式与投资商风险共担、利益共享，直到三洋电机入驻，才出现第一家全日资企业。另外，招商局还特别注重发挥管理优势，通过增资扩股、承包经营等多种方式，帮助不少园区企业走出困境、扭亏为盈。比如，华美钢铁厂是工业区最早创办的合资企业之一，由于初期经营管理不善，工厂曾一度处于半瘫痪状态。1986年9月，华美钢铁厂调整了管理体制，由招商局集团全权承包经营，确立了新的经营方针，钢厂面貌从此大为改观。1986年至1987年度钢产量首次达到6万吨，1987年开始向海外出口方钢和圆钢，1988年首次大批量出口螺纹钢就出口创汇2000多万港元。又如，蛇口集装箱厂原由招商局与丹麦宝隆洋行合资兴办，1982年投产，由于国际航运不景气和自身管理不善等原因致使企业连年亏损，到1986年8月，工厂已濒于倒闭，被迫宣布停产转业。1987年，招商局集团成功引入集装箱用户中远公司入股中集公司，招商局集团持股降至45%，中远总公司参股45%，外方持股降为10%，并决定由中方（即招商局集团与中远总公司）负责经营管理，从此出现转机，1987年7月工厂开工复产，11月正式恢复集装箱批量生产。由于产品质量明显提高，出口大增，1987年首次盈利100万美元。①

在招商局发展部和招商局发展有限公司全力推动下，蛇口工业区坚持用市场经济原则发展产业，率先建立起外向型经济的格局，并具有如下特点。

1. 引进项目以工业项目为主

招商局创办蛇口工业区的根本目的，是探索加快中国社会主义现代化建设的道路。引进外资，引进国外某些先进的技术、设备和管理，不仅为了壮大工业区自身的经济实力，也是为了给国家"四化"建设加砖添瓦，给国家工业化和改革开放大业做试验。为达此目的，决不能急功近利，无限制地去发展见效快、利润丰厚的投机商业和房地产业，而是要着眼于工业区的长远发展，优先发展工业，首先是发展与交通航运有关的工业（如集装箱、油漆、氧气、拆船、游艇、炼钢等），然后发展其他工业及与之相适应的第三产业。

在蛇口工业区引进的项目及其协议投资总额中，工业项目及其投资额均占较大比重，工业总产值始终以较高速度稳定增长。比如，1984年工业总产值占工业区总产值的71%，其他各业的产值只占29%；截至1985年底，蛇口工业区工业总产值已达7.605亿元，相当于1982年的47.44倍。② 截至

---

① 朱士秀主编（代）《招商局史（现代部分）》，第389—390页。
② 朱士秀主编（代）《招商局史（现代部分）》，第203—204页。

1988年，蛇口工业区外引内联投资项目共321个，其中工业项目182个，工业总产值达17.56亿元人民币，其中产品出口值11.08亿元，占工业总产值的63.1%。①

2. 产业选择追求先进性

蛇口工业区始终坚持"三个为主"和"五个不引进"方针，坚持有所筛选、择优而取原则，努力引进技术先进型企业，积极引导辖区内企业朝高科技方向发展。由于土地使用日趋饱和，从1987年起，工业区开始调整产业结构，又增加了"不引进劳动密集型工业项目"一条（变成"六个不引进"），工业区产业结构进一步向资金密集和技术密集型的高层次转变。②由此，在20世纪90年代初蛇口工业区制造业已基本形成五大支柱产业：一是以计算机部件与配制系统为代表的电子产品加工业；二是以平板玻璃及其深加工为代表的建材加工业；三是在世界市场占有一席之地的丝绸印染服装业；四是以技术先进、吞吐量大为特色的临港粮油食品加工业；五是拥有承造大型装置和设备能力的金属加工工业。此外，电器、电材、自行车、钟表、鞋类、药品、饲料、化工制品等也占有一定的比重。

与此同时，蛇口工业区也利用资金、技术、管理等方面的优势发展第三产业，除兴建一批酒家、餐厅、宾馆和商场，开设中资和外资企业，开办水陆运输公司和旅游公司，发展旅游业和房地产业外，还在产权经营、金融信贷、信息咨询等多个领域重点拓展。

3. 资金来源以利用外资为主

在蛇口工业区早期的招商引资项目中，外资企业（包括外商独资企业和中外合资企业）占有较大比重。截至1985年底，工业区协议投资项目206个，其中外资企业141个，占68%；开业项目153个，其中外资企业102个，占67%。在蛇口工业区三资企业中，外商所投入的资金占有较大比重。据1985年6月的统计分析，在工业区192项协议投资中，中外合资102项，占53%；外商独资27项，占14%；中外合作20项，占10%；内联43项，占22%。协议投资共25亿多港元，其中外资14.5亿港元，占

---

① 朱士秀主编（代）《招商局史（现代部分）》，第385页。
② 钟坚编著《改革开放梦工场——招商局蛇口工业区开发建设40年纪实（1978—2018）》，第365页。

58%。几家规模较大的合资或独资企业的投资额分别为浮法玻璃厂投资 8 亿港元，华美钢铁厂投资 6500 万港元，集装箱厂投资 3600 万港元，华益铝厂投资 7000 万港元，三洋电机厂投资近 1 亿港元，海虹油漆厂投资 1600 万港元，中美电子厂投资 1500 万港元，等等。① 1986—1988 年，外资企业在累计协议项目中所占比例每年分别为 67%、70% 和 72%；在已开业项目中，外资企业所占比例每年分别为 68%、68% 和 70%。投资商人来自美国、英国、法国、日本、丹麦、泰国、新加坡、中国香港、中国台湾等 20 多个国家和地区。②

在吸引外资方面，招商局发挥自身特有优势，帮助相关企业融资。招商局是交通部驻港代表机构，历史悠久，信誉卓著，用这块金字招牌向银行贷款可以得到较为优惠的条件。招商局充分运用这一特有优势，始终坚持做到慎借、善用、能还。截至 1988 年底，蛇口工业区工商企业协议投资总额 36.5 亿港元，其中外引内联的投资额占 86%，不少项目融资是通过招商局出面担保、垫资、代借等方式获得外部资金。

4. 产品销售以出口创汇为主

经过 10 年努力，工业区形成以玻璃、电子、机械、金属加工、新型材料、石油化工、轻工、食品加工为主体的工业结构，建成了广东浮法玻璃厂、中国南方玻璃有限公司、三洋电机厂、陆氏电子厂、开发科技公司、凯达玩具厂、海虹油漆厂、华益铝厂、华美钢铁厂、中宏工业气体公司、中国国际集装箱厂、华丝企业公司等一批外向型骨干企业。

如图 4-4 所示，1990 年度，招商局发展公司在蛇口参资企业 37 家，其中在建材、轻纺、电子、机械加工、船舶制造等 23 家外向型企业生产总值达 14.7 亿元。

据统计，1986—1988 年，外商独资企业工业产品出口比例每年分别为 75%、83% 和 64%，中外合资企业每年分别为 63%、64% 和 70%（表 4-2）。当然，外商独资企业与中外合资企业的产品出口比重较大，远高于内联企业，较明显地反映了工业区经济的外向型特征。③

---

① 朱士秀主编（代）《招商局史（现代部分）》，第 206—207 页。
② 朱士秀主编（代）《招商局史（现代部分）》，第 385 页。
③ 朱士秀主编（代）《招商局史（现代部分）》，第 385 页。

图 4-4　关于 1990 年度招商局发展有限公司参资企业出口情况的总结

表 4-2　1986—1988 年蛇口工业区各类企业出口统计

单位：万元，%

年　份	外商独资企业			中外合资企业			内联企业		
	产值	出口值	出口比例	产值	出口值	出口比例	产值	出口值	出口比例
1986	47946	35945	75	31576	20003	63	3573	1232	34
1987	69220	57611	83	52527	33384	64	6367	757	12
1988	95414	61046	64	69422	48873	70	10783	932	9

资料来源：朱士秀主编（代）《招商局史（现代部分）》，第 386 页。

5. 获得良好的经济效益和社会效益

蛇口工业区在保持较快工业生产增长速度的同时，取得了可观的经济效益。截至 1988 年,仅仅是开发的头 10 年,蛇口工业区就已累计回收资金 4.49 亿元,占基本建设投资和区属企业投资总额的 52.2%。这说明资金回笼速度非常快,经济效益非常好。①

事实上,与深圳市平均水平相比,蛇口工业区的表现也是非常优异的。从表 4-3 可以看出,蛇口工业区大多数经济指标如人均国民生产总值、按净产值测算工业全员劳动生产率、经济效益综合指标等都显著高于深圳市平均水平。

与此同时,社会效益非常显著。截至 1988 年,中央和地方三级财政从蛇口(绝大部分是从蛇口工业区)累计收入 6.78 亿元,相当于蛇口工业区回收资金的 1.5 倍,即工业区每回收 1 元资金的同时,即向国家缴税 1.5 元。其中,中央从蛇口海关得到的关税为 3.26 亿元,深圳市从蛇口海关得到的代征工商统一税为 1.76 亿元,蛇口区地方财政收入为 1.76 亿元(其中拨回工业区市政建设费 9200 万元)。②

表 4-3 1993 年蛇口工业区与深圳市若干经济指标对比

指　标	蛇口工业区	深圳市
人均国民生产总值(万元)	5.10	1.49
工业产品销售率(%)	96.80	97.00
资金利税率(%)	13.99	11.95
净资产率(%)	31.68	28.50
流动资金周转次数	1.94	1.93
按净产值测算工业全员劳动生产率(万元/人)	6.85	3.08
经济效益综合指标	158	112

资料来源:根据招商局蛇口工业区总经理办公室编《招商局蛇口工业区文件资料汇编》第十四集(1995 年 5 月)提供数据汇总整理。

三 蛇口工业区工业发展的重要意义

蛇口工业区的成功创办和工业发展取得巨大成功,具有划时代标志性意义,使得蛇口成为演绎改革开放"春天的故事"的重要场景地。

---

① 朱士秀主编(代)《招商局史(现代部分)》,第 397 页。
② 朱士秀主编(代)《招商局史(现代部分)》,第 398 页。

第一，蛇口工业区工业发展大大拓展了招商局工业业态和发展路径。自蛇口工业区创办伊始，从形式上看，招商局多了一个发展工业的业态和路径，即通过建设工业园区的方式发展工业；从内容上看，自此招商局得以在更广范围和更深程度上发展工业，进入了一个新的、多元化发展的历史阶段。1978年底招商局计划开发蛇口工业区时，原打算只兴办一些同航运相关的配套工业。随着国家经济建设与改革开放形势的迅猛发展，以及外商投资的广泛兴趣，工业区兴办的工业项目已涉及许多门类。截至1985年底，投资蛇口工业区的工业项目已达97个，协议投资额20.7亿港元，占工业区累计投资总额的79.4%，全年工业产品出口金额已达5.3亿元人民币外汇，占工业总产值的70.3%。[1] 招商局参资兴办的工业项目不仅包括船舶工业，而且广泛涉及机械工业、电子工业、建筑材料、钢铁工业、有色金属、化学工业、纺织工业、食品工业和饲料工业等。据统计，蛇口工业区开辟了24项全国第一，其中多项是全国工业的"第一"。

第二，工业发展为蛇口工业区赢得普遍赞誉，引起了高层关注和全球瞩目。改革开放总设计师邓小平同志曾说："特区是个窗口，是技术的窗口，管理的窗口，知识的窗口，也是对外政策的窗口。"[2] 蛇口工业区作为中国第一家对外开放的工业区，无异于"窗口中的窗口"。仅蛇口开发的第二年，1980年就有18个国家的1300多名客商、政要访问了蛇口。后来有很长一段时间，蛇口每年都要接待上千名外国人士访问，其中不乏各国领导人。这些人访问蛇口后，大都对中国的改革开放政策有了更深入的认识，并对中国的前景有了新的信心。[3] 党和国家领导人邓小平、叶剑英、邓颖超、谷牧、王震、杨尚昆、习仲勋、胡乔木、万里、李鹏等，以及时任国家进出口管理委员会副主任的江泽民（1981年前后）、时任国家经委副主任的朱镕基（1985年），在改革开放初期就曾到访蛇口工业区，大力支持蛇口工业区工业发展。特别值得铭记的是，1984年1月26日，中共

---

[1] 朱士秀主编（代）《招商局史（现代部分）》，第306页。
[2] 钟坚编著《邓小平经济特区思想的丰富内容和时代意义》，《人民日报》2004年9月16日，第9版。
[3] 秦晓：《国家现代化的推进：一个企业的视角——兼议招商局历史上的几度辉煌》，虞和平、胡政主编《招商局与中国现代化》，中国社会科学出版社，2008，第1—11页。

中央政治局常委、中共中央顾问委员会主任邓小平，在中共中央政治局委员、中央军委副主席杨尚昆及中央政治局委员王震等人陪同下视察蛇口工业区，充分肯定了蛇口工业区的发展成绩，并为"海上世界"题字。同年2月24日，邓小平在与中央领导谈话时有这样一段寓意深刻的话："深圳的建设速度相当快……深圳的蛇口工业区更快，原因是给了他们一点权利，500万美元以下的开支可以自己做主，他们的口号是'时间就是金钱，效率就是生命'。"① 得到小平同志的肯定和赞许，"时间就是金钱，效率就是生命"的口号从此传遍中华大地，逐步成为人们的共识和行为准则，被誉为"冲破思想禁锢的第一声春雷"。由此，在盛大的国庆35周年庆典活动上（1984年10月1日），写着"时间就是金钱，效率就是生命"的蛇口大型彩车驶过天安门广场，接受党和国家领导人检阅。

第三，蛇口工业区的工业发展为中国改革开放和现代化建设积累了宝贵经验。为促进工业发展，蛇口工业区率先喊响"时间就是金钱，效率就是生命""空谈误国，实干兴邦"等口号，大胆在管理体制、基建体制、用工制度、分配制度、干部人事制度、住房制度、企业制度、社会保障体系、金融改革等方面进行一系列改革试验，创下二十多项当时全国第一，对于推动我国从计划经济体制向社会主义市场经济体制转变发挥了重要试验探路作用。蛇口工业区率先做出的许多探索、试验和创新，所取得的成果被深圳和全国各地广泛借鉴并利用，成为中国社会整体走向的历史选择。可以说，蛇口工业区的工业发展为中国改革开放和现代化建设积累了宝贵经验，蛇口工业区因此被誉为中国改革的"试管"、开放的"窗口"，成为"中国改革开放的排头兵"和中国现代化建设的"希望之窗"。

第四，工业发展成就"蛇口模式"。在特区的改革发展过程中，"蛇口模式"是一个常常与"深圳速度"相提并论的话题。20世纪80年代初，蛇口工业区创办以来所取得的瞩目成就，开始在国内外产生了巨大而深远的影响，并被各大媒体争相宣传报道。1981年6月6日，新华社播发题为《蛇口工业区建设速度快》的电讯。第二天，《人民日报》全文刊登新华社

---

① 钟坚编著《改革开放梦工场——招商局蛇口工业区开发建设40年纪实（1978—2018）》，第290页。

的电讯稿,并强调指出,蛇口工业区由于"充分发挥企业自主权,运用经济办法建设","不到两年在荒滩上完成了整个工业区的基础工程和公用设施建设,开始了一系列工厂企业建设,'蛇口方式'已引起人们广泛注意"。中央人民广播电台在用英文播发这篇稿件时,将方式译为"model"(意即模式)。在 1981 年 11 月 23 日召开的五届人大常委会第二十一次会议上,时任国家进出口管委会副主任的江泽民向常委们"特别介绍"了蛇口工业区。他强调指出:"蛇口的管理方式,为改革现行的管理体制提供了有益的经验。"① "蛇口模式"一经提出,反响巨大。1982 年,有关方面曾对蛇口模式进行过总结,将其概括为五个方面的内容:①从艰苦的基础工程做起,为外商创造良好的投资环境;②按经济规律办事,为投资者提供优惠条件,用经济手段与科学方法从事建设和经营管理;③加强领导,精简机构,政企分开,官商分开,官办官事,商办商事,权力下放,企业拥有充分自主权,政府不干预企业内部事务;④依法办事,按照国际商业惯例行事,重合同,守信用;⑤内外结合,善于利用香港和外国的充裕资金和先进技术,积极引进外资,结合国内丰富的人力和土地资源,发挥优势,扬长避短,发展外向型经济。随着蛇口产业转型和国内外宏观形势的发展,"蛇口模式"不断得以阐释和嬗变,今天"蛇口模式"一般是指"前港－中区－后城"模式(PPC 模式),即招商局以自身拥有和创造的物质力量,独立开发、建设、经营和管理一个相对独立的区域(蛇口),从以港口建设为重点的"五通一平"基础工程建设开始,到大规模招商引资,大力发展外向型工业园区(蛇口工业区)及其配套产业,随着产业升级和园区发展,最终发展成为产城融合、宜居宜业的城市。这里,"前港－中区－后城"不仅是空间概念,也是时间概念。前面是港口,中间是工业园区,后面是城市发展;前期主要是港口建设,中期是工业园区建设发展,最后是产业升级和城市发展。"前港－中区－后城"的核心是"中区","蛇口模式"把产业和城市综合起来开发,以港口先行,产业园区跟进,再配套城市新区开发,实现港、产、城联动,将政府、企业和各类资

---

① 钟坚编著《改革开放梦工场——招商局蛇口工业区开发建设 40 年纪实(1978—2018)》,第 302 页。

源协同起来,从而最终实现区域的整体发展。后来,"蛇口模式"成功在福建漳州开发区复制,并已在全国部分城市得到推广。同时,"蛇口模式"随着招商局参与"一带一路"建设,在"一带一路"沿线部分国家和地区得到复制和推广。

四 "蛇口基因":敢为天下先

蛇口工业区的成功创办和工业蓬勃发展,诞生了最为宝贵的"蛇口基因",贡献到招商局企业文化宝库中,"蛇口基因"就是"敢为天下先"的创新精神,而"创新"也是招商工业发展的"灵魂"。

"蛇口基因"的诞生是思想解放引领和工业发展驱动相互作用的结果。就解放思想而言,就是要冲破传统思想的枷锁,提出适应改革开放新时代的效率精神、创新精神等,其中最著名的两句口号就是"时间就是金钱,效率就是生命"和"空谈误国,实干兴邦"。就发展工业而言,必须突破计划经济的束缚,以"敢为天下先"的勇气与智慧,充分运用中央赋予的自主权,大胆创新实践,蛇口工业区才能获得工业发展所必需的人财物等资源、才能实现产供销等再生产顺畅运行。

2010年3月,深圳经济特区建立30周年之际,举办了深圳最有影响力的十大观念评选活动,其中"时间就是金钱,效率就是生命"和"空谈误国,实干兴邦"入选深圳十大观念前两位。这些在今天看来稀松平常的一句话,可在20世纪80年代经蛇口工业区提出,却释放出一个强劲的思想冲击波,犹如"冲破旧观念的一声春雷""划过长空的第一道闪电",成为改革开放思想解放的重要标志。

"时间就是金钱,效率就是生命"最早由蛇口工业区在1981年提出,1984年10月1日出现在庆祝中华人民共和国成立35周年盛大庆典的游行队伍中,从此在全国广泛传播。它折射出"发展是硬道理"和"效率优先"这两个核心理念,直接催生了蛇口速度、深圳速度,成为最有代表性、最能反映特区成立早期深圳精神的观念。这一观念的出现也是中国社会主义市场经济破壳的标志之一,是深圳精神的逻辑起点。20世纪90年代初,一场"姓资姓社"的争论在全国出现。1992年,招商局掌舵人袁庚果断指示,在蛇口工业大道联合医院门口(现南海大道和工业七路路口)

竖起了"空谈误国,实干兴邦"的标语牌(后移至南海大道和工业六路路口)。这块醒目标牌对于摆脱"姓社姓资"的无谓争论起到重要作用。"空谈误国,实干兴邦"旗帜鲜明地倡导一种新的价值观和发展观,减少争论,多干实事,呼应了"发展才是硬道理"的时代主题,为排除思想上的干扰、推进改革开放的探索与实践发挥了重要作用。

现在,"蛇口基因"早已刻在招商人的骨子里,不仅造就了招商局的再次辉煌,而且成为推动社会进步的因子,推动了思想、制度和生产力层面的解放,对于社会主义市场经济体制的形成和发展发挥了不可替代的重要作用。百年招商局之所以能够成功,不仅是因为其传承了"谋商情、筹国计"的"招商血脉",而且是因为其结合时代新的要求,注入了新的"蛇口基因"。

第二节 招商局发展有限公司的创立与发展

招商局创办蛇口工业区打响了中国改革开放第一炮。为全力探索和推动蛇口工业区建设,招商局在1979年3月专门组建发展部服务工业区建设,代表招商局进行招商引资,并以招商局为主体参与合资公司的投资,参与投资公司的企业治理。随着蛇口工业区的发展壮大,发展部的人员架构与规模体量逐渐难以适应工业区发展要求。1984年,招商局在发展部基础上扩充成立招商局发展有限公司(简称"招商局发展公司"),使得为工业区提供招商引资、企业管理、配套服务的能力进一步增强。发展部和招商局发展公司为蛇口工业区引入了大量企业,大力支持了工业区的早期发展。1997年,随着招商局工业集团有限公司的成立,招商局发展公司成为招商局工业集团的下属子公司,融入工业集团的发展轨道。在1984—1997年短短十余年时间,招商局发展公司发挥了招商局招商引资平台公司的功能,对蛇口工业区招商引资、产业发展等贡献巨大,并且在经济发展、社会效益、制度建设等方面对推进我国改革开放伟大事业做出了历史性贡献。

一 招商发展部扩充为招商局发展有限公司

1979年1月,国务院正式批准了交通部和广东省联名上报的《关于我驻香港招商局在广东宝安建立工业区的报告》。经过一段时间的酝酿与准备,招商局成立了蛇口工业区筹建指挥部，同时于1979年3月正式成立了一个专门部门，负责蛇口工业区贸易采购、联系外商、筹建合资企业等业务，称为发展部。

发展部一经成立，首要的任务便是策划设立蛇口工业区筹建指挥部，全力推进蛇口工业区通水、通电、通信、水路通航、公路交通、平整土地的"五通一平"基建施工。在招商引资方面，发展部更是在外引内联两个方向同时发挥联络发展作用。对内，发展部积极联系广东省和深圳市，签订了多项协议，对工业区的土地使用费和使用年限、税收、职工来源和工资、外汇管理、供水供电以及外籍人士入境手续等做出了明文规定；对外，发展部积极联络外商，通过各种渠道向港澳财团、境外厂商宣传工业区，同时收集了各国有关加工区、自由贸易区的条例法令和合资经营办法，结合外商意见与内部协议，拟定了蛇口工业区《外商投资简介》等招商引资指导性文件。

发展部成立后的外引内联工作起到了明显效果，蛇口工业区建设不到一年时间，先后有加拿大、美国、日本、丹麦、英国、挪威、瑞典、马来西亚、新加坡等多个国家的外商代表团，共计600多人次来蛇口实地考察。外商尤其看重香港与蛇口便利的交通条件，以及与招商局合资办厂的可靠性。经过洽谈，1979年底已签协议或准备签协议的工厂共有8家，包括制氧厂、货箱厂、机器翻新厂、轧钢厂、螺母厂、海虹油漆厂等，协议投资港币2.24亿元。此外，还有汽车装配或制造厂、钢管货仓、轮胎厂、钢缆厂、化工厂等20多项意愿项目。1980年，在工业区与发展部积极推进下，"五通一平"建设基本完成，投资项目也陆续完成注册及建成投产。这便是蛇口工业区最早的一批投资企业，其中如中宏制氧厂、中集股份、海虹油漆厂等企业更是获得了巨大的发展，若干年后相继发展成为各行业领军企业。

最初的两年，蛇口工业区陆陆续续签订并动工了十多个工厂项目。但由于改革开放伊始，工业区未成规模、外商信心尚未建立，发展部1981年引入项目相对较少。随着1982年赤湾深水港和南海石油基地项目得以落实，蛇口工业区招商引资取得突破性进展，陆续引进华英石油、华威近海船舶等石油相关企业落户蛇口。1983年，发展部认真贯彻"以工业为主，积极引进，内外结合，综合发展"的方针，积极与客商洽谈投资项目和签订投资合同，引进先进技术。一年下来，发展部的外引内联工作有了更大突破，当年新签合同35项，其中包括外资项目30项，投资总额达到

2.8185亿港元。包括南海酒店、三洋电机等较大项目都是在这一年进入蛇口工业区。对于已经投产、试产或正在筹建的工厂企业，发展部为其提供了各种配套服务，包括参加或协助企业的经营管理工作，为企业采购机器设备、原材料、日用品等。除这些工作外，发展部还在这一年推动了香港—蛇口客轮航线的正式通航，日客流量逐渐增至1200人次，大大促进了香港、蛇口、内地之间的联系。

自成立以来，发展部配合蛇口工业区的建立主要做了三个方面的工作。第一，与客商就投资或合资新建工厂进行洽谈；第二，在港采购各种建筑机械、材料及职工生活必需品；第三，与客商及国内有关部门合作经营工业机械、港湾工程代理及汽车客运运输等业务。随着蛇口工业区的发展壮大，投资项目越来越多，发展部除了负担原有工作，还抽出人力参加新厂筹建、处理部分外汇结算、为外商办理护照签证和出入境手续等工作，原有的人员架构与规模体量日显不足。1981年，发展部开始筹备成立招商局发展有限公司（图4-5），扩充原有架构，专门负责园区基建、招

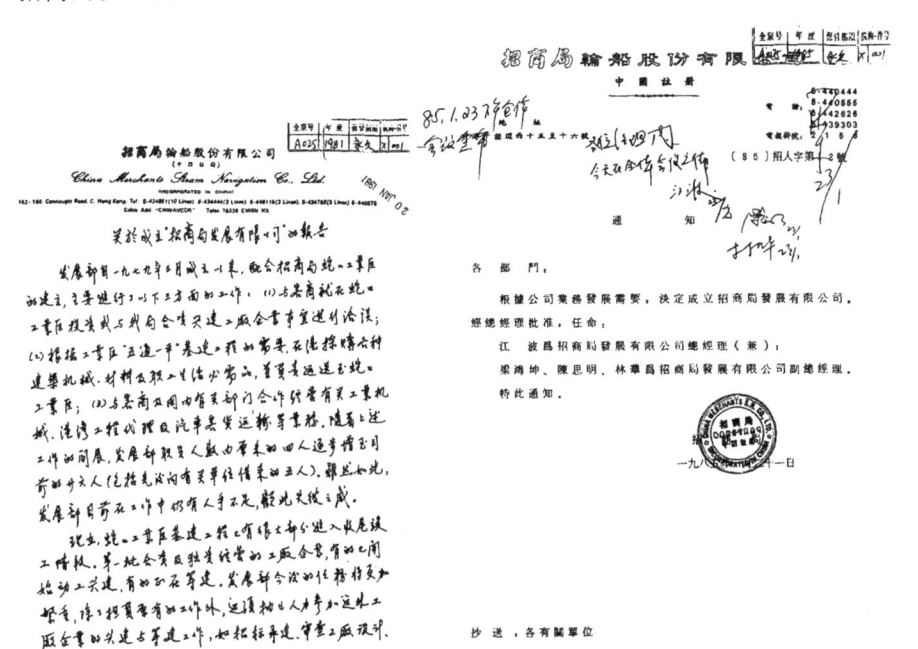

图4-5　招商局发展有限公司成立相关文件资料（左：成立请示，右：成立通知）

商、贸易、配套服务等工作。1984年10月30日,招商局发展有限公司在香港正式注册,初始注册资本为100万港元(1995年增加到5000万港元),招商局以早前已投入工业区的资金入股,总投资约1亿港元。招商局发展公司最初设五个部门,分别是总经理室、工业部、贸易部、财务部、旅游部。招商局发展公司成立后,与招商局蛇口工业区分设独立账本,各自向招商局财务部直接对接。原招商局发展部投资的合资企业由招商局发展公司管理并负责经营,蛇口工业区投资的企业由工业区自管。在招商局统一领导下,招商局发展公司与蛇口工业区内外配合,统筹整个蛇口工业区协调发展。招商局发展公司、蛇口工业区负责管理的企业参见图4-6。

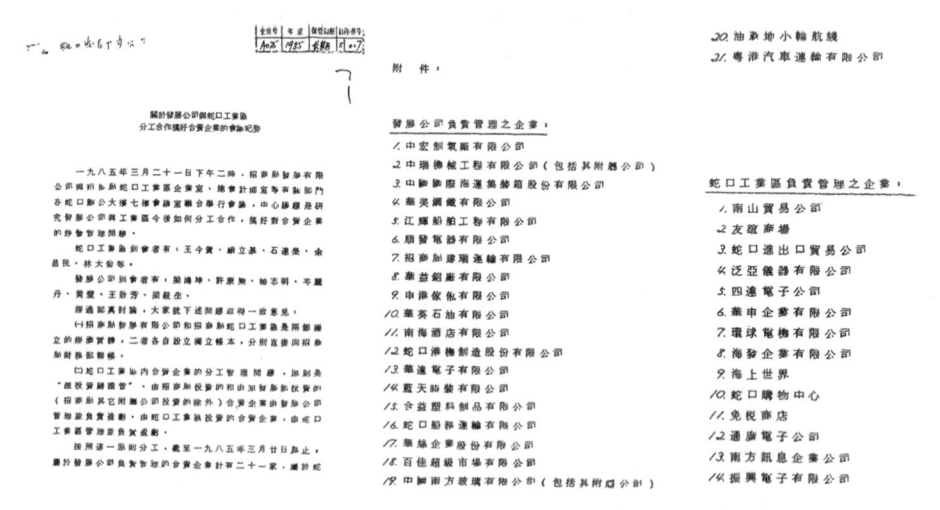

图4-6 1985年3月招商局发展有限公司和蛇口工业区专题研究合资企业管理会议纪要

二 招商局发展有限公司为蛇口工业区"招商引资"

蛇口工业区的招商引资大致可分为三个阶段。从1979年成立发展部到1984年成立招商局发展公司是第一阶段,招商局发展部一直拼搏在蛇口工业区外引内联工作的第一线。1985年到1993年是第二阶段,1993年招商局集团将1988年创立的国际招商局贸易投资有限公司(简称"国投公司")并入招商局发展公司,招商局发展公司旗下的企业数量随之大幅增加。第三阶段则是从1994年到1997年招商局工业集团的成立,招商局发展公司开始收缩战线,优化资产。在历年引入蛇口工业区的企业中,出现了一大批对招商局集团发展、国家产业发展、改革开放事业做出了重要贡献的企业。

1. 发展部在工业区建设初期引进首批企业（1979—1984年）

1979年、1980年这两年，发展部先后与十余家外商达成建厂协议。一方面，这十余家工厂的顺利建设与投产为其他外商起到了良好的示范效应，为其他外商陆续入驻蛇口工业区奠定了重要基础；另一方面，发展部需要在这些工厂的建设与经营过程中协助处理施工、采购、运输、贸易、用人等大量问题，这迅速带动了蛇口工业区的全面工作。

中宏制氧厂是发展部引进蛇口工业区的首家企业。1979年9月5日，发展部与香港宏德机器厂签订投资协议，初始总投资1000万港元，招商局占股75%，香港宏德机器厂参股25%。预计初期年产值750万港元，日产氧气600瓶以上，8年时间可以收回成本。中宏制氧厂作为工业区首家合资企业，于1981年5月建成投产，不仅保证了其他工厂所需工业气体的供应，自身也取得较好的效益回报，为引进其他外商起到了良好的示范效应。1987年，世界知名气体公司美国APCI增资成为中宏制氧厂控股股东，中宏规模和效益持续增长。1997年招商局委托复旦大学研究工业气体行业发展战略，希望扩大投资做大做强，但在1998年亚洲金融危机时无奈转股退出。该厂后来成为美国APCI独资企业，至今发展良好，是粤港澳大湾区首屈一指的工业气体供应商。

中瑞机械工程有限公司则是首批引进企业中第一家建成投产的。1979年12月12日，由发展部、瑞士大昌洋行、港商张晖三方签订合资协议，初始注册资本400万港元，三方分别占股60%、15%、25%。1980年初，工厂基建工程首次在国内采取工程招标模式，不仅大幅降低工程造价，也因其创新突破而被列入中国改革开放史册。1980年10月工厂建成投产，为深圳特区建设发展做出了贡献。1994年招商局发展公司为回笼资金，转股退出了中瑞机械。

当今世界领先的物流和能源装备供应商中集集团，最早便是在蛇口工业区开展集装箱制造业务。1980年1月14日，由发展部与丹麦宝隆洋行签订合资协议，双方各占50%股权，初始注册资本300万美元，于1982年9月投产。集装箱当时还是新生事物，由于早期市场不成熟及经营不完

图 4-7　20 世纪 80 年代中宏制氧厂车间内景

善,中集 1986 年曾因持续亏损而濒临破产,被迫转产自保。1987 年,招商局成功邀请中国远洋运输(集团)总公司增资入股 45%,招商局和宝隆洋行持股降为 45% 和 10%。有了中远自用集装箱的市场加持和管理提升,中集经营逐步走上正轨,几年之内就发展成为世界第一的集装箱制造商。1994 年,中集集团在深交所发行 A+B 股公开上市,新兴的证券市场助推中集从此进入兼并收购和加速发展的快车道。目前中集拥有 20 多项制造业冠军和多家上市公司,招商局至今仍为中集第二大股东(下编第十一章另有详述)。

华美钢铁厂是深圳第一家钢铁厂,1980 年 3 月 14 日发展部与含有香港和印尼资本的森发实业公司签订合资协议,注册资本 6000 万港元,招商局和森发分别占股 40% 和 60%,设计规模年产 15 万吨螺纹钢,设备从意大利引进,1983 年 1 月 26 日产出第一炉钢,为蛇口工业区和深圳特区的建设做出了重要贡献。1994 年招商局发展公司为回笼资金及收缩战线,以较好的价格对外转让了华美钢铁厂股权。随着 21 世纪蛇口工业区产业升级,华美钢铁厂 2009 年搬迁到了宝安松岗。

华益铝厂是中国第一家中外合资铝加工厂,1980 年 7 月 3 日由发展部与香港益大金属厂签订合资协议,各占 50% 股份,注册资本 3000 万港元。该厂 1983 年建成投产,精美铝加工产品曾远销欧美。1984 年邓小平到华益视察，对华益生产的圆片产品赞不绝口。1992年以前由于经营不力，华益曾持续亏损，乃至滑落到破产的边缘。1992年招商局发展公司对其债转股，增持其股权至90%，改派总经理加强管理，逐渐发展成为铝加工著名品牌（下编第十二章另有详述）。2005年，随着蛇口工业区产业升级，华益铝厂开始酝酿对外搬迁。2009年4月华益停产，设备搬迁至招商局铝业（重庆）有限公司。2011年11月，华益铝厂标志性烟囱拆除，2012年完成清算注销。华益铝厂在工业区的原厂址现已重建为蛇口网谷"万融大厦"，成为工业区新时代的标志性现代化厂房。

江辉船舶工程有限公司是中国第一家合资游艇厂，1980年7月31日由香港江维逊、英辉船厂、发展部三方签订合资协议，分别占股60%、25%、15%，注册资本900万港元，1981年3月开工建设。江辉第一艘游艇于1982年4月14日下水，随后创造了诸多业内第一。江辉靠制造出口游艇起家，又成功开发出客船和快艇建造业务，逐渐发展成中国最具规模的玻璃钢船舶生产企业，累计生产500多艘游艇、200多艘客船和100多艘快艇。但由于股东间矛盾和经营管理等诸多问题，江辉总体经营业绩不良，协议土地到期后于2007年停业清算，2010年完成注销。1993年11月，深圳江辉还和招商局发展公司一起发起设立苏州江辉船舶工程有限公司（简称"苏州江辉"），注册资本1000万元，深圳江辉占股40%。苏州江辉设立的初衷为吸纳深圳江辉多余的游艇订单至成本较低的苏州太仓地区，以形成"前店后厂"的玻璃钢造船战略布局。但由于各种原因，苏州江辉投产后并没有从深圳江辉取得实质性订单，而其自身市场开拓工作又一直未能取得成效，截至2001年10月仅生产3艘游艇和1艘交通艇，因而经济效益很不理想，八年累计亏损逾400万元，故2001年底工业集团决定苏州江辉停业整顿，最终在2006年完成转股退出。

海虹船舶油漆有限公司是招商局海通公司投资的全资企业。1980年8月9日发展部与海通公司签订协议，将原有海虹油漆厂从香港搬迁到蛇口。蛇口厂于1981年10月24日建成投产，海虹"老人牌"油漆产销两旺。1992年2月15日，海虹油漆作为招商局集团优质工业企业在香港港交所挂牌上市，也是第一家中资企业到港交所成功上市的红筹股（港股代码0144）。后来，该上市公司逐步发展成为招商局集团最主要的上市融资和资本运作平台。随着蛇口工业区转型升级,海虹油漆在2000年后搬出蛇口工业区。

临港食品加工业方面,发展部成功引入香港远东集团的面粉、饼干、饲料制造工厂,招商局发展公司成功引入南海油脂等项目。远东面粉厂于1980年4月25日签订协议,由远东集团在蛇口工业区独资经营。1990年该厂被台湾大成集团收购改组为大成面粉厂,此时招商局跟随投资占股40%。土地合同到期后于2010年停产,2013年完成清盘注销,但其标志性面粉筒仓仍作为工业遗存项目得以保留。远东饼干厂于1980年10月3日签订协议,注册资本800万港元,为香港远东饼干独资厂,2008年搬出蛇口。金钱饲料厂于1980年10月25日签订协议,注册资本2600万港元,最初由香港远东集团独资经营,1991年股权重组,招商局发展公司和蛇口工业区各入股约20%。金钱饲料厂于2010年土地到期后停产清算,2012年完成清算注销。1988年招商局发展公司成功引入华侨郭鹤年来蛇口投资食品加工业,南海油脂工业(赤湾)有限公司于1988年注册成立,至今仍是深圳知名企业,其培育的"金龙鱼"食用油已是中国家喻户晓和最具价值的粮油品牌。

1982年,随着赤湾深水港投入建设及中央决定在赤湾建设南海石油服务基地,招商局于1982年6月14日发起设立中国第一家股份制混合所有制企业——中国南山开发股份有限公司,注册资本高达1.4亿港元,招商局持股38%;于1982年8月8日参股注册深圳华威近海船舶运输公司,这是与挪威资本合资的油服公司,注册资本1000万元;于1982年12月8日参股设立华英石油有限公司,是荷兰壳牌参资40%的中外合资石油供应公司。1982年发展部引进的中国最早玩具厂——凯达玩具厂于2月8日试投产,注册资本1500万港元,该厂2010年搬迁到宝安。此外,第一家日本独资企业——三洋电机厂于1983年3月12日签约,注册资本3000万港元,主要生产收音机、录音机等设备,固定员工最多时曾达5000人,"三洋妹"成为中国最早一代打工人的美丽标签。三洋蛇口厂经营期满后于2005年搬到宝安沙井,原厂房已改建为南海意库,成为上市公司招商蛇口的新总部。

蛇口工业区最大的工业项目——广东浮法玻璃(GFG),于1983年7

月12日签订合资协议，注册资本2000万美元，中外各持50%股权，总投资1亿美元，引进当时世界最先进的浮法玻璃生产设备和管理体系。为支持该项目的发展，中方由招商局、深圳建材、北方公司、广东信托四家股东共同注册中国南方玻璃有限公司（简称南玻），由南玻持有GFG的50%股权，招商局在南玻占股28%，进而在GFG占股14%。1985年4月12日，GFG举行奠基仪式（图4-8）。1987年9月2日，GFG项目正式投产，是当时中国第二家大型浮法玻璃厂，也是当时中国技术和管理最先进的玻璃厂。南玻最初主要是负责在国内销售GFG玻璃原片，南玻管理层全部由招商局发展公司委派，极具进取精神。在销售浮法玻璃过程中发现了玻璃深加工的商机，申请中方股东投资50万美元设立宏达镜业有限公司和伟光镀膜玻璃有限公司，引进国际先进技术，对浮法玻璃进行深加工，将产品大部分出口，取得非常好的投资回报，其经营业绩逐渐超过GFG，1992年于深交所发行A股和B股公开上市，成为中国第一家上市玻璃企业。GFG在南玻上市后独立发展，但由于债务过于沉重、设备急需大修、外方股东率先退出、中方股东难以追加投资等原因，中方股东在1998年收购外方股权后于2001年转股给上海耀皮玻璃公司，集体退出了GFG。耀皮玻璃接手后于2009年5月25日将GFG蛇口厂停业外迁，蛇口原厂地变身旅游景点——价值工厂，继续对无数后来者讲述招商局早期工业故事。

图4-8　1985年4月广东浮法玻璃有限公司举行奠基仪式

招商局持有的南玻股权曾在 1994 年注入香港上市公司海虹集团，2000 年转回工业集团，2001 年开始从股票市场公开出售，累计变现资金约 7.4 亿元，对缓解当时集团财务压力做出较大贡献。招商局退出南玻后，南玻集团在招商局委派的创业团队管理下仍取得持续快速发展，2015 年被民营资本——宝能集团收购。

南海酒店是深圳第一家中外合资经营的五星级酒店，1983 年 7 月注册，注册资本 6000 万港元，四家股东招商局、中国银行、汇丰银行、香港美丽华酒店管理公司各占 25% 股份，是为完善蛇口工业区投资环境而专门设立的豪华酒店。南海酒店由美丽华负责管理，曾为深圳接待中外国家元首的首选酒店，也为中国培养了一大批优秀酒店管理人员。酒店经营期满后，2008 年招商局发展公司作为中方股东无偿收回外方（汇丰、美丽华）所持 50% 股份，工业集团将 75% 南海酒店股份全部划拨给蛇口工业区。酒店曾停业改造提升，后来成为希尔顿南海酒店的一部分，至今仍是蛇口最好的五星级酒店之一。

从 1979 年蛇口工业区成立到 1984 年招商局发展公司成立前的五年时间里，发展部为蛇口工业区招商引资的签约项目累计达到 148 项，累计投资达 16.2818 亿港元，大力推动了蛇口工业区的发展。1983 年底时的统计资料显示，外资、招商局、内地企业的投入占比分别为 63.89%、19.4%、16.71%。在招商引资工作中，发展部坚持"以工业为主""以出口为主"的方针，1984 年工业投资占全年总投资的 83.7%。发展部尤其注重引进比较先进的技术密集型项目，如太阳油、西南电子、四远电子、三华电脑等企业，开拓了高级润滑油、微型电脑、集成电路等多个先进领域。

2. 招商局发展有限公司成立后为工业区继续引进大批企业（1985—1993 年）

1984 年 10 月 30 日，招商局发展有限公司在香港正式注册，初始注册资本 100 万港元，1995 年增加到 5000 万港元，注册经营范围包括实业投资和贸易。独立成为企业的招商局发展公司在人员架构与规模体量上有较大突破，无疑更加适应蛇口工业区的发展。招商局将其早前已注入参资企业的投资及少量现金合计约 1 亿港元作为集团对招商局发展公司的注资。招商局发展公司作为自负盈亏的独立法人，自然也要关注所投企业的投资回报。招商局发展公司成立的前两年,陆续投资了建材、纺织、科技创新等领域的企业。

华南建材于 1985 年 2 月在蛇口成立,最初由中瑞机械工程独家发起设立,注册资本 1600 万港元,主要生产泰柏板等建筑材料。1990 年 8 月招商局发展公司收购华南建材 100% 股权,由于当时看好其投资前景,1992 年至 1995 年先后投资设立了上海泰柏、海南泰柏、武汉泰柏、四川泰柏和鞍山泰柏等五家建材公司,很快将泰柏板材生产技术辐射到内地,但总体经营业绩未达预期,随后几年又对五小泰柏逐步进行了清理。东南亚金融危机后的 2002 年,工业集团将华南建材全部股权转让给南山集团的下属公司,随后在南山集团管理下转型为船舶配套材料和轻型组合房屋供应商。

深圳华丝企业股份有限公司于 1985 年 9 月 24 日注册成立,招商局发展公司参股 15%,注册资本 250 万美元,控股股东为浙江省丝绸集团。该企业经营业绩良好,是蛇口丝绸纺织板块最佳公司。华丝股份的注册资本在 1990 年通过利润转增资增至 650 万美元,招商局发展公司在 2005 年资产优化过程中转股退出,取得了非常好的总体投资回报。目前该企业仍在蛇口正常经营,成为工业区存续经营、业绩良好的蛇口早期企业标本。

在高科技领域,招商局发展公司成功引入中国科健有限公司(简称"科健公司")和开发科技两大项目,得益于蛇口独特的创新氛围,这两家公司很快发展成为深圳第一批高科技上市公司。科健公司是中国科学院所属的开发、生产高档医疗电子仪器设备和高级计算机系统的高科技公司,1984 年 12 月在蛇口工业区注册成立,中国科学院是其唯一股东。科健公司早期研发的康发系列 CAE 工作站获 1989 年度中科院科技进步一等奖和国家科技进步三等奖。1986 年科健公司与美国 Analogic 公司合资成立安科公司,很快发展成为中国医疗设备领域的"黄埔军校"。安科研发的超声检测和 MRI 成像系统填补了国内空白,其 MRI 专用永磁体、超导磁体、MRI 系统等产品曾相继获中科院科技进步一等奖和国家科技进步二等奖。科健公司得益于医疗设备销售的良好业绩于 1994 年在深交所成功上市,随后在民用 VCD 和手机生产领域都进行过一定的尝试。安科公司培养的众多高端人才先后创立迈瑞医疗、理邦仪器、开立医疗、宝莱特等高科技公司,并且都顺利发展成为医疗设备行业上市公司,尤其是迈瑞医疗曾到美国纳斯达克上市，随后转到深圳创业板上市，现已发展成为蜚声中外的蓝筹绩优上市公司。蛇口工业区很早就发起设立了医疗器械产业园，对医疗设备企业的孵化作用功不可没。开发科技则是电子工业部在蛇口工业区投资的多个企业之一。1984—1986年电子部相关企业在蛇口先后投资了振兴电子、南方信息、西南电子等高科技公司，其中开发科技（蛇口）有限公司是其中的佼佼者，1985年7月4日在蛇口工业区注册成立，主要研发和生产磁记录技术为基础的高科技产品，1992年被认定为深圳市高新技术企业，1994年在深交所挂牌上市，至今依然是深交所蓝筹高科技上市公司之一。招商局发展公司曾是开发科技原始股东，最多持有10%的股份。

20世纪80年代末90年代初，招商局发展公司在蛇口工业区的招商引资进入一个相对缓慢的阶段。其原因是多方面的，80年代世界经济陷入以滞胀为主要特征的低速增长；与此同时，西方阵营国家采取巴统清单等方式对社会主义国家实行贸易封锁，国家对特区政策也有所调整，大幅收紧外商独资企业的审批。这段时期，招商局发展公司投资的企业大多是以全资或与港资合资的形式成立。

在工业企业方面，招商人造板新技术有限公司于1989年12月8日注册成立，最初是国际招商局贸易投资有限公司（简称"国投公司"）发起投资的一家高技术企业，与中国科学技术交流中心合作开发人造板新技术，注册资本700万元。但由于技术不过关，人造板产品一直未能批量生产，最终合作方退出。在国投公司与招商局发展公司合并后，该公司成为招商局发展公司独资企业，并随后终止了人造板业务。1991年在蛇口购买土地建造了招商局发展中心16层写字楼，建筑面积约1万平方米。目前招商局发展中心大楼作为招商工业深圳办公大楼（也对外出租部分楼层），在寸土寸金的现代蛇口具有较高的价值。

招达食品有限公司是国投公司1990年3月在澳大利亚墨尔本投资设立的食品贸易公司，最初国投公司和招商局发展公司各持股25%，澳大利亚姚先生持股50%，注册资本50万澳元。1995年进行股本重组，招商局发展公司合并持股75%、姚氏持股25%，逐渐发展成为澳大利亚著名的亚洲食品进口和分销公司。工业集团1997年成立后，将招达股权在招商局集团内部划转给招商海通持有，目前仍是招商海通最好的盈利企业之一。海通最新持股已增至92.5%，主营业务已从澳大利亚拓展到欧洲、加拿大、日本等地，2021年营收逾27亿元，净利润1.9亿元。

深圳招商局机械工程有限公司于1993年6月25日注册，由招商局发展公司全资持有，注册资本2000万港元，经营管理和业绩较好，1999年吸收合并江海重工，接收香港友联重工人员和业务，实现三家重工合并，2006年转型海工制造，逐步发展成为颇负盛名的招商局重工（深圳）有限公司（见下编第八章详述）。

除工业企业外，还包括一些铁路和零售企业，包括中国第一家民营铁路公司——1991年9月23日注册成立的深圳平南铁路有限公司，招商局发展公司名义持股25%，初始资本1.7亿元，招商局发展公司的部分股份是替蛇口工业区代持。铁路业务是资本和市场密集型业务，由于货源和资金所限，该企业经营持续亏损，后深圳市政府介入重组，1998年股权转让给蛇口工业区，2015年全部转给深圳地铁集团，目前仍正常经营。深圳百佳有限公司于1991年12月注册成立，香港百佳、招商局发展公司和宝丰公司分别持股50%、25%、25%，注册资本2500万港元，经营零售业务。1998年招商局发展公司转股退出，目前仍正常经营。

图4-9 1994年招商局发展公司在蛇口工业区参资企业情况

3. 合并国投公司后，招商局发展公司旗下企业数量大幅增长（1994—1997年）

1988年成立的国投公司是招商局集团针对国际投资与国际贸易业务专门成立的投资管理公司。1988年7月15日，国投公司在香港注册，招商局集团全资拥有，注册资本5000万港元。

1993年3月，集团将国投公司的业务、人员、投资企业全部并入招商局发展公司，因此招商局发展公司持股经营的企业数量有了明显增长。新划入招商局发展公司的企业中，工业领域包括江海重型机械工程（深圳）有限公司、文登威力工具（集团）有限公司、淮安招商电缆有限公司、乳山招商机械工业有限公司、江海金属结构有限公司、华商丝绸服装（深圳）有限公司等；贸易与房地产领域包括上海通商房地产有限公司、威海通商投资开发有限公司、招商局贸易实业（蛇口）有限公司、深圳招商安居物业管理有限公司、浙江通商贸易公司等。

1992年邓小平南方谈话后，改革开放进入新阶段，规模庞大的基础设施建设为工程机械和建筑钢结构带来巨大的市场需求。这一时期，招商局发展公司更加注重投资企业的技术先进性以及产业带动效应，新投资企业重点发展机械工程、建筑钢结构及铝加工等支柱行业，以骨干企业带动全行业的发展。

机械工程方面，1995年初在香港成立了招发机械控股有限公司，作为监督、管理所有机械工程企业和项目的机构，为招商局发展公司机械工程及建筑钢结构业务全面发展创造了条件。凭借市场信息、客户沟通和市场开拓的优势，招商局发展公司以总包外协制造的模式承揽了广深高速公路建设工程28台各型架桥机、模板台车、澳门机场钢管桩等特种工程机械和建筑钢结构项目。这些项目均取得了很好的市场效应和经济效益，在招商局发展公司的各业务板块中一枝独秀，也促使了招商局发展公司投资建设自己的制造工厂，进一步开拓工程机械和建筑钢结构业务。1994年底，深圳招商局机械工程有限公司（简称"招商机械"）东角头工厂全面投产。公司业务定位一是以起重运输机械为主要方向的工程机械装备研发、制造业务，二是以香港建筑钢结构为主要方向的钢结构制造业务。东角头工厂钢结构年产能约一万吨，同时具备制造安装15台（套）中型起重运输机械设备的年生产能力。在工程机械装备领域，招商机械联合科研院所和高校共同开发产品。与交通部水运科学研究所联合开发的新型 40 吨 40 英尺集装箱正面吊运机，关键的动力系统、传动系统、液压控制系统都采用了与当时国际主流产品同等水平的配置，是首台国产性能参数基本达到国际同等水平的流动集装箱搬运设备，改变了国内广泛使用的集装箱正面吊运机完全依赖进口的状况。与铁道部设计院联合开发的 50—100 吨液压自行式架桥机，是具有自行行走定位、正侧面双向取梁功能的大起重量桥梁架设机械，其机械化、自动化作业能力居同期国内领先水平，在广深高速公路建设工程、虎门大桥建设工程等重大交通建设工程中均发挥了重要作用。与武汉水运工程学院港机系共同开发的新型 40 吨单臂架多功能门座起重机，是国内首创的针对中小型港口的多功能码头、集装箱码头装卸作业特点而专门研发的新型单臂架门座起重机，结构先进、起重量大、作业效率高、适用范围广，尤其适合在当时珠三角和长三角正蓬勃发展建设的众多中小港口充当码头前沿主力装卸设备的角色，推向市场后受到广泛好评。招商机械自行研发的集装箱空箱堆高机是国产第一台专门用于集装箱空箱作业的流动设备，堆垛高度达到 7 层标准集装箱，性能参数基本达到国际同期同等水平。招商机械还根据客户需要成功研发了一批特种工程设备，如为虎门大桥建设施工专门研制的恒张力摩擦式液压卷扬机，承担了牵引虎门大桥主悬索桥施工第一根缆索过江的重任。虎门大桥主悬索桥是当时为打破国外悬索桥技术封锁，由中国自行设计建造的第一座特大型大跨度钢箱梁悬索桥，铺设第一根过江缆索是重要的工程节点，而且这次施工需要封锁珠江口航道，由招商机械研发制造的恒张力摩擦式液压卷扬机完全达到了设计要求，在预定的封江时间内顺利将第一根缆索牵引过江，为虎门大桥主悬索桥的建设做出了重要贡献。

在建筑钢结构业务方面，香港回归前后，在香港市场上先后承接了汀九桥、三号干线、西九龙快速路、荔枝角、落马洲支线上的路牌、栏杆、隔音屏等主要交通干线上的钢结构制造和安装业务。此外还承担了西铁屯门站、兆康站、天水围站、迪士尼酒店、机场会展中心、亚洲空运中心等大型基建的钢结构制造和安装业务，为香港的基础设施建设、为香港的繁荣稳定做出了较大贡献。

在铝业加工方面，1995 年初在香港成立了招发铝业控股有限公司，作为监管国内所有铝业加工企业和项目的组织机构。1995 年 7 月 12 日注册招发金属幕墙（深圳）有限公司，招商局发展公司占股 100%，注册资本

500万港元，主要承担宝安铝业深加工项目，从事铝合金幕墙和铝质天花吊顶材料的生产，设计能力为年产彩色金属铝合金幕墙10万平方米。

随着招商局集团在国内其他地区陆续开展工业区、开发区建设，招商局发展公司的投资企业范围进一步拓展，并扩展到更多城市。如宁波三鼎钢管工程有限公司于1994年12月31日注册，与浙江省电力建设公司共同发起，招商机械持股51%，注册资本2000万元，主要生产各种螺旋焊管、钢管桩，效益较好。在随后的资产优化过程中，2007年6月工业集团将三鼎股权挂牌出售，取得较好投资回报。该企业后续经营正常，曾参加东海大桥等长三角诸多重大项目建设。诺尔起重设备（中国）有限公司（简称"诺尔中国"）是招商局发展公司在漳州开发区投资的港机设备制造厂，于1995年12月21日注册，初始注册资本2400万马克，德国诺尔占股70%，招商局发展公司占股30%，该项目是漳州开发区最大的外商投资项目，公司合资合同在北京人民大会堂签署。诺尔中国专业制造港口装卸设备，其产品主要包括各种规格的岸边集装箱起重机（STS）、轮胎式集装箱龙门起重机（RTG）、轨道式集装箱龙门起重机（RMG）、正面吊（RS）和空箱堆高机（ECHL）等，于1998年正式投产。由于工厂投产后业绩不佳，2000年增资重组，德国股东退出，意大利Fantuzzi入主，但经营仍未有起色。随后诺尔中国控股权屡屡换手，美国Terex、芬兰Kone相继入主，但都没有形成长期经营优势。2019年漳州开发区最终收购诺尔中国70%股权，诺尔中国遂成为招商局集团全资拥有的公司，最终决定将原有港机制造业务停业清理，转而经营厂房出租业务。2020年诺尔中国厂房已与中信重工签订长期租约，中信重工借此经营海上风电装备制造业务，成为漳州开发区新的重点企业。

招商局发展公司从1993年接管国投公司下属企业，1995年开始在财务报表上进行合并，招商局发展公司以1港元象征价格收购国投公司100%股权。同年4月招商局发展公司注册资本从100万港元增加到5000万港元。2005年招商局集团资产优化工作加速推进，工业集团将国投公司所有剩余债权债务都转到招商局发展公司名下，国投公司开始清盘，并最终于2009年8月28日完成公司注销法律手续。

到1997年底招商局工业集团成立前夕，招商局发展公司投资企业情况如表4-4所示。

表 4-4 招商局工业集团成立前招商局发展公司投资企业情况

类别	行业	占股	企业名称	占股	企业名称	占股	企业名称
制造业	建筑材料	100.00%	华南建材（蛇口）有限公司				
		55.00%	海南泰柏建材有限公司				
		55.00%	上海泰柏建材有限公司				
		55.00%	四川泰柏建材有限公司				
		55.00%	武汉泰柏建材有限公司				
		51.00%	鞍山泰柏建材有限公司				
		50.00%	蛇口招商无胶人造板新技术有限公司				
		14.00%	广东浮法玻璃有限公司				
	机械工业	100.00%	深圳招商局机械工程有限公司				
		51.00%	宁波三鼎钢管工程有限公司				
		30.00%	漳州普鲁士格·诺尔招商局港口机械工程有限公司				
		29.45%	中国国际海运集装箱（集团）股份有限公司	100.00%	中国国际海运集装箱（香港）有限公司		
				100.00%	深圳南方中集集装箱制造有限公司		
				100.00%	南京金鹏房地产开发有限公司		
				51.80%	南通顺达集装箱有限公司		
				51.17%	大连集装箱制造有限公司		
				80.00%	新会中集集装箱有限公司		
				51.00%	深圳天达空港设备有限公司		
				70.00%	上海中集冷藏箱有限公司		
				73.00%	上海中集内燃发电设备有限公司		
				70.00%	上海中集国贸储运有限公司		
				70.00%	顺侨发展有限公司		
				30.00%	金源行控股有限公司		
				15.00%	新世纪实业（远东）有限公司		
				80.00%	深圳宝安鸿宇工业有限公司		
				12.50%	深圳金科特种材料有限公司		
	船舶工业	60.00%	苏州江辉船舶工程有限公司				
		35.00%	深圳江辉船舶工程有限公司				

续表

类别	行业	占股	企业名称	占股	企业名称	占股	企业名称
制造业	电子工业	21.00%	华达电子有限公司				
		12.50%	蛇口顺发电器有限公司				
	有色金属	100.00%	招发铝业控股有限公司				
		90.00%	华益铝厂有限公司				
	化学工业	37.50%	中宏工业气体（香港）有限公司				
		37.50%	中宏工业气体有限公司				
	纺织工业	15.00%	华丝企业股份有限公司				
		5.00%	高雅丝绸制品有限公司				
	食品工业	20.00%	环力公司	100.00%	大成食品（蛇口）有限公司		
	饲料工业	20.27%	GC INVESTMENTS (BVI) LTD	74.00%	金钱饲料（中国）有限公司		
商业	商业	75.00%	招达食品有限公司	75.00%	悉尼海富有限公司		
		75.00%	钜资有限公司				
		30.00%	华英石油联营有限公司				
		25.00%	深圳百佳超级市场有限公司				
贸易	贸易	100.00%	招发贸易公司				
		55.00%	南宝实业有限公司				
运输	铁路运输	4.41%	深圳平南铁路有限公司				
	公路运输	19.00%	粤港汽车运输联营有限公司				
酒店	酒店	40.00%	苏州鹿河山庄有限公司				
		25.00%	南海酒店有限公司				
		15.00%	蛇口酒店业容咨询培训服务有限公司				
		8.50%	招商局会所（中山）有限公司				
房地产	房地产	65.00%	招商局金山工业区（上海）联合发展有限公司				
投资控股	投资控股	100.00%	国际招商局贸易投资有限公司	35.30%	淮安招商电缆有限公司		
				30.00%	乳山招商机械工业有限公司		
				25.00%	江海金属结构有限公司		
				100.00%	上海通商房地产有限公司		
				100.00%	威海通商投资开发有限公司		
				100.00%	华商丝绸服装（深圳）有限公司		
				100.00%	临顺有限公司		
				100.00%	招商局贸易实业（蛇口）有限公司	100.00%	深圳招商安居物业管理有限公司
						50.00%	浙江通商贸易公司

续表

类别	行业	占股	企业名称	占股	企业名称	占股	企业名称
投资控股	投资控股	100.00%	招发机械工程控股有限公司				
		100.00%	招商局货柜工业有限公司				
		100.00%	银川有限公司				
		100.00%	招发铝业控股有限公司	100.00%	招发金属幕墙（深圳）有限公司		
其他	其他	50.00%	大连顺发汽车服务有限公司				

4. 突出主业，清理整顿不良资产

合并国投公司是招商局集团对前期投资企业开始进行清理整顿与专门化经营的战略决策。根据集团要求，招商局发展公司自身的投资和贸易规模也逐年精简。从1993年开始对现有企业进行清理整顿，理顺投资结构、优化资源配置，突出发展主导行业，改变以往投资面广、资金分散、无法深入的经营方式。为了便于日后进行资产买卖，招商局发展公司成立了若干控股公司，并注入骨干企业资产。在招商局集团指导下，招商局发展公司1993年完成华洛、西山、蓝天、敦煌等企业转股工作，1994年又清理华美钢铁厂、南方玻璃、申港家私、中瑞汽车、中瑞工程、力达实业等参资企业，坚固塑料、海产开发、招发海安等企业完成转股。1995年的企业清理工作报告显示，1993年以后招商局发展公司共清理了20多家企业。通过清理，公司资产结构得以优化，企业组织结构更趋合理。1996年继续清理了八家企业，其中文登威力工具、文登高档工具、蛇口港机、联合经销、兴华实业、招商顾问六家完成转股，振兴电子、杭丝服装两家完成清盘。

三 招商局发展公司的历史贡献

在并入招商局工业集团之前的十余年时间里，招商局发展公司发挥了招商局所属工业区招商引资平台公司的功能，做出了应有的历史性贡献。1984—1997年招商局发展公司为蛇口工业区引进了大量企业，并广泛提供生产、贸易、运输等配套服务，促进工业区与区内企业发展，通过投资诸多企业和项目而获利颇丰，这为后来招商局集团渡过亚洲金融危机创造了条件。站在历史发展的高度去看，招商局发展公司还在经济增长发展、社会示范效应、制度引进建设等方面大力推动了中国改革开放事业的发展。

机密

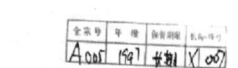

关于发展公司调查情况汇报及研究
组建工业总公司工作会议纪要

一九九七年十月二十三日上午，交通部副部长、集团常务副董事长刘松金在蛇口现场办公，听取了发展公司汇报、研究了组建工业总公司有关事宜，并就有关问题做了指示。李寅飞总裁、袁武副总裁、赵沪湘总裁助理、总裁事务部、人事部、企业部、发展公司、发联船厂总经理参加了会议。现纪要如下：

一、听取了发展公司情况汇报。

企业部孙巨总经理汇报了对发展公司开展的调查情况，赵沪湘总裁助理、发展公司联全总经理就有关情况做了补充说明。

发展公司是在集团原发展部的基础上，为配合蛇口工业区的早期开发和招商引资，于一九八四年十月，投资一亿港元成立的。一九九三年，发展公司与集团一九八八年投资5000万港元成立的国际招商局贸易投资公司（下称

工业气体和食品经销业等方面进行发展。

二、听取了集团工业总公司组建方案的汇报。

赵沪湘总裁助理汇报了集团工业总公司组建方案。方案根据集团多元化、公司专业化、工业与贸易分开、靠经济手段重组几个原则提出。方案就工业总公司行业结构、管理架构提出意见，以建材业务、机械重工业务、船舶修造业务、工业气体业务作为工业总公司四项主营业务，工业总公司为集团下属的全资子公司。方案还就四项主营业务的管理方式及与集团其它行业交叉的业务处理等提出了意见。

三、在与会有关人员讨论提出意见后，刘松金常务副董事长就发展公司和组建工业总公司的工作做出了明确指示。

（一）、尽管这些年来发展公司由于投资分散，行业跨度大，管理不善等原因，造成了现在的困难状况，但应该明确几点：一是发展公司在为蛇口工业区的早期开发建设配套引进外资中是做了贡献的；二是经过清理，发展公司选出了一些优质企业，这是今后发展的基础；三是发展公司在这一年多来清理家底工作的基础上，提出了资产重组、走规模经营道路的初步意见。

（二）、对于组建工业总公司的问题，首先必须统一认识、统一思想。根据集团上半年几次会议所做出的战略

图 4–10 1997 年招商局时任常务副董事长、原交通部副部长刘松金对招商局
发展公司的贡献和工业总公司组建的意见

1. 招商局发展公司对蛇口工业区的贡献

蛇口工业区是新中国第一次允许外资投资企业的地方，也是党的十一届三中全会后首先体现对外开放政策的地方，其诞生比深圳、珠海、汕头、厦门四个经济特区的成立还早一年零七个月。1979 年国务院批准《关于我驻香港招商局在广东宝安建立工业区的报告》之后，招商局便设立了专门的发展部，统筹管理蛇口工业区的建设与发展工作。从发展部到招商局发展公司，其对蛇口工业区的贡献可以归纳为几个方面。第一，蛇口工业区的硬件与软件建设。硬件方面，发展部从创建之初就协助工业区完成通水、通电、通信、水路通航、公路交通、平整土地的"五通一平"基建施工，后期则参与了港口码头、公路街道、水厂电站、通信设施、工厂住宅等建设。软件方面，发展部一方面与广东省和深圳市签订了多项协议，为工业区的招商引资工作提供了政策帮助；另一方面，发展部积极联络外商，收集各国加工区、

自贸区的条例法令和合资经营办法，拟定了蛇口工业区外商投资简介，并在工业区推行了一系列改革措施。第二，为蛇口工业区引进了大批企业。1979—1996年，招商局发展公司为蛇口工业区引进了建筑材料、机械工业、船舶工业、电子工业、有色金属、化学工业、纺织工业、食品工业、饲料工业、商业、贸易、铁路运输、公路运输、酒店、房地产等领域的大批企业，大力支撑了蛇口工业区发展。第三，为工业区企业提供一系列配套服务工作。招商局发展公司作为蛇口工业区人员赴港的专门接待机构，负责赴港人员在港安全、宣贯外事纪律注意事项以及日常接待等工作。招商局发展公司为引进的企业提供了工程施工、贸易运输、外汇结算等一系列配套服务，包括建设劳动力市场、为外商与工业区有关人员办理出入境签证手续、利用政策优惠为进口物资及出口产品提供贸易渠道、为内地与香港来往人员运营航线专班等，有效促进了工业区企业发展经营。

2. 招商局发展公司对招商局集团的贡献

招商局发展公司对招商局集团的贡献首先体现在创造利润上。1984年招商局发展公司成立后，为蛇口工业区的招商引资工作打开了新局面。根据统计，招商局发展有限公司直接参股投资经营的企业数量从1985年的25家发展到1996年的51家，通过其他公司控股的企业数量更多。控股企业为招商局发展公司带来了大额的利润分成，加之招商局发展公司自身对贸易、运输等业务的经营，90年代公司年利润超过2000万港元，1992年最多时单年为招商局集团创造了4743万港元的利润。企业为招商局发展公司带来大额利润分成的同时，也造成了大笔的企业管理费用支出，加之部分企业经营不善，招商局发展公司在一些年份里也出现了亏损。1993年之后，为解决企业数量大、行业多、性质杂所导致的经营问题，招商局发展公司逐步开始了投资企业的清理整顿工作。

招商局发展公司对招商局集团的贡献还表现在为集团积累了大量优质资产，为招商局集团度过亚洲金融危机提供了现金支持。招商局集团在1998年发生的亚洲金融风暴中陷入财务危机，为解决财务危机，招商局集团施行"集团经营多元化，行业专业化，以工业企业经营为导向，生产经营为基础"的决策，清理整顿大量不良资产。且早在1994年、1997年招商局发展公司就分别向海虹集团出售南方玻璃与中集股份的股票，回笼资金 2 亿港元和 3.2 亿港元，为集团缓解财务危机做出了重要贡献。

3. 招商局发展公司对改革开放事业的贡献

蛇口工业区曾经是中国改革开放的前沿和试验区，是深圳特区的先行者。当时招商局全权负责蛇口的开发与建设，具有投资、审批、经营和管理的各项权限。招商局发展公司作为执行人和践行者，为蛇口工业区的发展壮大做出了巨大的贡献，见证了改革开放事业的各项重大成果。

招商局发展公司成立于改革开放之初，为中国引进了外国资金与先进技术，推动了蛇口工业区的开发与建设。对于改革开放事业而言，招商局发展公司不仅仅起到了促进经济发展的作用，更重要的是为社会起到了重要的示范效应，突破了端铁饭碗、吃大锅饭、坐铁交椅的老旧观念，革除了束缚生产力发展的陈规陋习，充分调动和发挥人们的劳动积极性和创造性，在经营体制与管理制度等方面以市场经济为导向推行了系统性改革。

在基建工作方面，在发展部帮助下，中瑞机械在 1980 年初首次采用了竞争机制的工程招标法，很快便推广到全国各地，成了工业区工程建设和商业贸易中常用的措施。在管理体制方面，蛇口工业区进行了全面的干部制度改革、劳动保险制度改革、工资制度改革、住房制度改革，以及企业经营管理机制改革等。由于一系列改革是同步配套进行的，各种出台的新措施相互关联、环环相扣，为广大职工普遍接受，大大消除了长期以来人们对市场经济的强烈恐惧感，保证了改革开放的顺利进行。

作为一个驻港企业，招商局发展公司一方面严格按照香港的游戏规则，重诺守信、专注实业、积极进取、增强实力，另一方面充分利用香港的良好经济条件，积极引进外资，竭力运用自身资源参与内地投资，为祖国的社会主义建设做出了应有贡献。随着自身实力的壮大，招商局发展公司还陆续参与了众多内地重大项目的投资，包括漳州经济开发区的建设开发等。

第三节　友联船厂的进一步发展

通过创造性地运用锚地修船法、看工程法、沉箱法等修船方法，友联船厂以区区 7000 平方米的厂区面积在建厂十余年时间里每年为国家检修上百艘远洋船舶，不仅保障了刚刚起步的国家远洋航运事业，还节省了大量资金，缓解了我国航运航修受制于人的窘状。与此同时，友联船厂的实力也大大增强，到 1976 年底时，企业总资产达 7400 万港元，和建厂初期相比资产增长了上百倍。香港友联还为修船行业培育了一大批人才，发展成为香港最大的修船厂。

1978 年党的十一届三中全会拉开了改革开放的大幕，友联船厂也进入了发展的新阶段。总的来说，从改革开放到 20 世纪末，友联船厂在扩建青衣岛厂区增强修船能力、拓展海工装备与拖轮业务、品牌布局向内地拓展、取得良好经营效益帮助集团发展等方面取得了进一步发展。

一　兴建青衣岛新厂极大增强修船能力

为进一步利用香港区位优势、提高地区航运修造保障能力，在交通部大力支持下，友联船厂展开了青衣岛新厂建设项目。1978 年 7 月，青衣岛新厂正式开工建设，1981 年 7 月香港《大公报》曾报道友联新厂投资情况（图 4 - 11），1981 年底基本完成基础设施建设工程。新厂总投资约 2 亿港元，占地面积达 12 万平方米，建有大型维修车间 1.3 万平方米、岸线 600 多米、深水码头 3 个，可以同时停靠修理 3—4 艘万吨级船舶。青衣岛新厂的建设标志着友联船厂进入了新的发展阶段。值得一提的是，在兴建青衣岛新厂的过程中友联船厂得到了中远集团的大力支持。在 1980—1981 两年时间内中远船来厂修理，除了支付正常修船费用，再附加 15% 费用，作为对兴建青衣岛新厂的援助。

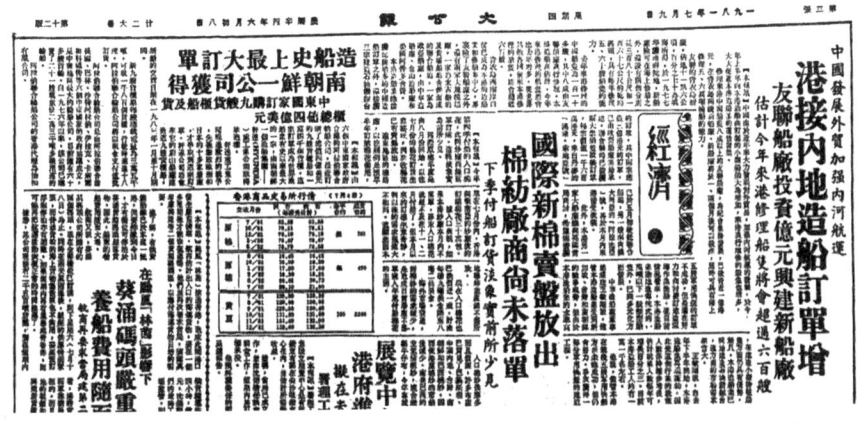

图 4 - 11　1981 年 7 月 9 日《大公报》报道友联船厂投资亿元兴建新船厂情况

到 1984 年底，友联船厂总资产达港币 53176 万元，比 1976 年末增长了 6.2 倍。友联船厂终于发展成为香港最大的修船厂，为香港建成亚洲航运中心发挥了重要作用。1986 年，友联船厂维修船舶达 607 艘，其中航修 240 艘、坞修 217 艘、厂修 150 艘，最多时有 17 艘船同时在厂修理，厂内生产人员超过 1700 人。

1984 年 7 月 27 日，香港友联机器修理厂有限公司正式更名为友联船厂有限公司（图 4-12），明确以船舶修理作为公司主要业务。此时的友联船厂法律意义上依旧在私人名下，一直到 1988 年 1 月 25 日，友联船厂由六位私人股东名义持有的股份正式转为招商局集团完全所有，结束了友联船厂"灰色"公司的历史，公开成为香港中资企业。

图 4-12　1984 年 7 月 27 日友联机器修理厂有限公司正式更名为友联船厂有限公司

1988 年香港友联以 1.35 亿港元的自筹资金从美国购入"友联三号"浮坞，由美国拖往新加坡进坞改造，出坞后由新加坡拖到香港锚泊大屿山北阴澳水域，1989 年 6 月 16 日投入使用。该浮坞长 252 米，内宽 47 米，举力达 36000 吨，是当时东南亚最大的浮船坞。该船坞的投产使香港友联首次拥有进坞承修大型集装箱船舶的施工能力。1992 年，友联船厂从原苏联购入的"友联四号"浮坞被拖到香港锚泊荃湾水域。该浮坞长 155 米，宽 32.4 米，举力 8500 吨，再一次提高了香港友联的坞修能力。

图 4-13　1989 年 4 月时任招商局第二掌门人袁庚，交通部部长、招商局集团董事长钱永昌，招商局集团总经理江波等领导视察"友联三号"坞

图 4-14　20 世纪 80 年代青衣岛船厂落成投产鸟瞰图

1992年，友联船厂与港英当局关于新界荔枝角道855号厂地契合约届满，港英当局收地用于其他用途，同时将大屿山阴澳土地批予船厂以作补偿。船厂于1992年至1994年将新界旧厂转移至大屿山阴澳地区，保留原有厂房配置，厂区面积为8000平方米，码头岸线200米，主厂房建筑面积4850平方米，并在当地以3000万港元自主建造了"友联五号"浮坞，长82米，宽24米，举力1800吨。

1993年5月底，香港友联应港英当局发展规划要求，将老厂全部员工及生产机器由荔枝角道855号老厂房搬到青衣厂房。搬迁期间，香港友联对职工队伍进行了优化，从1000多人精简到500人，减轻了人工成本偏高与长期经济负担重的压力。在人员优化过程中，香港友联没有忘记老员工对船厂的贡献，前后共支出6000万港元的遣散费用。

船坞与厂区的增加，使得友联船厂修船能力和修船规模都得到了大幅度的提高，财务数据能够明显体现出这一点。1985—1988年，友联船厂的总资产、净资产、净利润规模分别为5亿港元、4亿港元、3000万港元。从1989年开始船厂资产进入快速上升阶段，1989—1993年总资产规模分别为9.95亿、10.58亿、11.54亿、13.76亿、16.96亿港元，1994年时总资产已经达到17.18亿港元的规模，净资产达到12亿港元左右，净利润也达到了6600余万港元。友联船厂不仅成长为香港最大的修船厂，年修船艘数方面在亚洲乃至世界范围都排名前列。同一时期，友联船厂在钻井平台修理、船舶建造、拖轮业务等方面都取得了重大发展。1994年，友联船厂利用水上船首分段翻身坞内合拢的技术完成"平河"轮船头翻新工程，这标志着友联船厂在修船技术上也跨上了新的高度。

二　介入海工装备市场和组建拖轮船队

进入1980年代中后期，世界修造船业面临巨大变局。一方面，世界经济长期滞胀情况下，欧美国家经济复苏乏力，世界贸易需求持续低迷，修造船市场需求处于极低水平；另一方面，以中国为代表的发展中国家和地区迅速发展，海洋工程和修造船市场开始走向繁荣。面对世界行业局势的变化，香港友联决定对自身产品结构进行战略调整，开展海工装备维修改装业务。

1983年，友联机器修理厂第一次承接自升式钻井平台"南海一号"修理。由于香港及华南其他地区都没有适合平台进坞的大宽度船坞,此前华南的平台要进坞检修都必须去新加坡或日本。中国南海石油开发当时方兴未艾,香港友联船厂急石油公司之所急,面对没有大船坞的难题,友联船厂创造性地采用"沉箱法",利用铁架和趸船替代桩腿支撑平台,开创了没有坞也可以修理自升式钻井平台水下部分的历史,也帮助石油公司解决了平台难以就近修理的困难。1984年香港友联再接再厉,承接"南海二号"半潜式钻井平台的修理工作,竭力为中国南海石油开发提供全方位保障服务,为中国新兴的海洋石油开发业务做出了重大贡献。1984年3月,《大公报》曾就沉箱法修平台进行相关报道(图4-15)。

图4-15　1984年3月29日《大公报》关于友联船厂"沉箱法"的报道

1987年,香港友联投资成立了友联重工有限公司,为船厂拓展海工装备与大型船舶维修改装业务提供配套的钢结构加工支持。友联重工的主要业务包括钢结构工程、机电设备工程、隔音工程和铝结构工程等，是香港开展钢结构制造业务较早的公司之一。友联重工一经成立，友联船厂海工装备与大型船舶维修改装业务能力大大提升，继"南海一号""南海二号"维修施工后，1986年又夺得了"南海202"三用工作船改装为守护船的工程项目；1987年承修"南海四号""南海五号"钻井平台；1988年又夺得渤海石油公司"滨海109"轮的改造工程，"滨海109"轮是中国唯一的海底铺管船，友联船厂仅用3个月时间便顺利完成全部改造工程。这一系列成果标志着友联船厂在友联重工配套加工支持下实现了业务从常规修船向海工装备与大型船舶维修改装的拓展。

除了拓展钢结构加工、海工装备维修业务，友联船厂还进行了其他业务的拓展转型。1987年8月，友联船厂与招商船代合作投资，专门成立了友联拖轮部，对外承接港作拖带业务。拖轮部先在日本购买了海力、海山、海河3艘拖轮，后再购买海拔、海联2艘拖轮。拖轮除了用于协助本厂修理船舶进出浮坞，同时还对外提供拖轮服务，缓解船舶数大幅增加的香港码头拖带压力。随着香港航运业务的发展，友联船厂的拖轮业务产值不断提升，逐渐发展壮大为香港三大拖轮船队之一，与香港拖轮、华南拖轮齐名。在1990年代香港修船业务萎缩之时，拖轮业务成为香港友联的主要利润来源。

除修船主业与港口作业拖轮拖带业务之外，友联船厂还积极利用闲置的修船资源，对现有岸线、场地、厂房、物业及部分固定资产开展租赁业务，为公司维持整体盈利水平做出了重要贡献。1989年香港友联首次获得对外投资收益28万港元，标志着香港友联确立了以修船业务为主，拖轮、租赁业务为辅的三大主营业务架构。

友联船厂向内挖掘潜力，向管理要利润，向技术要效益。1997年3月，香港友联为争取南方石油钻井公司的"南海二号"半潜式钻井平台的维修订单做了大量技术攻关，在有限的船坞条件下提出采用双半潜驳替代大宽度浮坞，受到南油作业方的高度赞赏，并于4月完成了该平台水下部分浮体的维修。香港友联创造性提出的"双驳起浮法"在亚洲开创了半潜平台进坞新方法，填补了半潜式钻井平台在中国南方无法坞修的空白，使得友联船厂在香港乃至亚太地区修船业的影响力进一步提高。

三 成立蛇口友联和漳州友联

到 20 世纪 80 年代末，友联船厂已逐步成长为香港领先、亚洲一流、世界知名的船舶修理厂。然而随着修理业务的扩大，面向世界市场开放程度进一步提高，修船业的国际竞争日趋激烈，友联船厂的效益受到严重冲击。就需求侧而言，当时世界修船业竞争增大，国内修船能力、零配件铸造能力也日趋进步，友联船厂在国内外市场都面临激烈的市场竞争。就供给侧而言，随着香港经济发展，在港劳动力成本不断上升，各类要素成本居高不下，给友联船厂造成了巨大压力。为了改变这一局面，提高船厂的经营质量，同时出于响应国家建设经济特区的需要，增强国内船舶修理工艺水平，培植国内修造船产业供应链的考虑，友联船厂在 1989 年果断决策，利用本厂积累的 2.6 亿港元在深圳蛇口投资兴建友联船厂（蛇口）有限公司。厂址选在了深圳西部港区三突堤，珠江入海口东岸。该位置与香港一衣带水，与珠海、澳门隔海相望，地理环境非常优越。

1989 年 8 月 3 日，友联船厂（蛇口）有限公司正式注册，初始注册资本 500 万美元，是香港友联的全资子公司。蛇口厂区面积 9.43 万平方米，码头岸线 651 米，主厂房建筑面积 7000 平方米。兴建之初友联船厂对蛇口厂的定位是背靠国内充裕的劳动力、物料市场，面向全球船舶市场开展修理改造业务。

到了 20 世纪 90 年代中后期，东南亚金融危机正在酝酿，香港航运市场复杂多变，友联船厂的经营风险进一步扩大。友联船厂提出"以香港为窗口，蛇口为基地，修船重点向国内转移"的战略规划，为船厂的发展规划重新进行布局，同时进行内部业务调整，在各方面向蛇口倾斜，扩大蛇口厂的修船规模，提高其竞争能力。1995 年，香港友联将二号浮坞拖运至蛇口，开始建设其坞修能力。1998 年，友联船厂又以自有资金 900 万美元在香港购置举力两万吨的"友联蛇口三号"浮坞置于蛇口厂，迅速扩大了蛇口厂的规模，提高了其竞争力。在 1997 年友联船厂与招商局发展公司合并成立招商局工业集团之前，蛇口友联相当于香港友联的一个内地基地；在招商局工业集团成立后，蛇口友联晋级成为与香港友联同级别的兄弟企业，获得了更大的发展主动权。

到了世纪之交，中国由北到南的海岸线上，渤海湾、长三角、珠三角各自都形成了具有一定修船能力的船坞群，广州文冲船厂、广州远洋修船厂、中海菠萝庙船厂和深圳蛇口友联船厂组成了珠三角船坞群。2000年，深圳港集装箱吞吐量达399.3万标准箱，比上年增加33.8%，一跃成为全球第十大集装箱港。深圳港共拥有万吨级以上深水泊位39个、集装箱专用泊位10个，平均每月停靠集装箱班轮227艘次，居全国之首。一流的深港国际航运中心必会催生出一流的大型国际修船企业，这为工业集团统一整合发展蛇口友联修船业务创造了机遇。2000年，招商工业集团对蛇口友联增资至1700万美元。随着珠三角修船市场体量的扩张，蛇口友联进入发展的快车道，进一步扩大产能与经营规模，为之后蛇口友联确立华南海洋工程修理和改造的龙头地位以及后续搬迁扩建更大规模的孖洲岛修造船基地奠定了基础。

在"修船重点向国内转移"战略规划的持续落实下，同时为支持漳州工业区建设与发展，香港友联船厂在1995年决定筹建漳州分厂，将部分船坞设备移至漳州厂。新建的漳州厂坐落于厦门湾南岸的国家级开发区——漳州招商局经济技术开发区，海陆交通十分便捷，距离厦门高崎国际机场50分钟路程，距厦门旅游客运码头15分钟路程。

友联（漳州）修造船有限公司于1996年1月5日正式注册成立，最初是香港友联与黑龙江航运管理局和漳州开发区签署三方合资协议，协议总投资5000万元，注册资本2500万元。但由于种种原因，漳州开发区以土地入股30%的计划并未实施，黑龙江航运管理局也于1997年9月退出合资公司30%股份，漳州友联变成由香港友联独家经营的外商独资企业。1997年更名为友联船厂（漳州）有限公司，注册资本更改为1200万美元。当时友联船厂计划将漳州友联建成东南沿海最大的修造船基地，计划使用土地面积35万平方米，新建一座20万吨级干船坞、1000米码头岸线及相应造船滑道。

按照友联船厂的规划，将由漳州友联带动在闽南地区形成新的修船产业集群。但由于台湾海峡形势发生变化，漳州开发区实际上总体发展并不顺利，漳州友联一直是租用开发区临海土地，建设临时钢结构厂房进行修造船业务，其主要设备是香港友联二手设备——8500吨举力"友联四号"浮船坞及相关配套设备，浮坞安置在开发区内打石坑村北面深水区，漳州友联因此成为闽南地区有一定规模的修船和拖轮、特种船舶建造公司，扩大了友联修造船服务范围，进一步增强了友联船厂对国内修造船产业的辐射效能。与此同时，友联船厂在漳州开发区的投资起到了一定的示范作用，吸引了一些企业入驻漳州开发区，发挥了集团内部的协同优势。

漳州友联主营业务包括船舶建造、修理、改装，海上救生设备生产，拖轮拖带服务，金属结构件加工。主要高层管理人员由招商局工业集团委派，主要技术骨干从工业集团及下属公司调拨。公司下设七个部门，形成了以总经理室直接领导的生产管理体系。尽管在当时拥有了一定的设备基础，但漳州友联还存在一系列经营发展问题，闽南地区的修船市场远不如渤海湾、长三角、珠三角三大航修产业集群，同时漳州友联的设备能力有待提高，业务规模有待扩大，经营管理水平也有待提高，成本控制体系还不够完善，成立初期的漳州友联处于连年亏损状态。直到2002年，漳州友联修船业务获得历史性突破，首次扭亏为盈，实现净利润22万港元。

1995—1999年，友联船厂乃至整个招商局集团都在复杂局势的压力下进行战略调整，蛇口友联厂的扩建、漳州友联厂的兴建、工业集团的成立等调整都对友联船厂的发展产生了巨大的影响。这五年时间里，友联船厂的营业收入与利润发生了比较大的波动。1999年时营收约为3.2亿港元；1996—1998年利润不足2000万港元，直到1999年时才恢复到6668万港元的利润规模。香港友联的年修船数量从400艘次下降到了200余艘次，蛇口厂则逐渐增长到150艘次左右的规模。友联船厂已经积累起了可观的产值规模，在深圳、香港两地的修船市场具备一定的垄断优势，在各类石油钻井平台、特种船修理改装业务方面积累了关键技术经验，拖轮及租赁业务也为修船业务创造了宽松的经营环境。

四 参与创办及积极参股招商银行

招商银行创办于1987年，其前身为1984年成立的蛇口工业区内部结算中心。1984年1月邓小平视察蛇口并肯定深圳特区发展经验，国庆阅兵时蛇口标语"时间就是金钱、效率就是生命"亮相天安门，1984年因而成为蛇口和招商局的高光时刻。伴随着蛇口工业区的快速发展，1984年4月全国第一家企业内部结算中心在蛇口问世，主要是为工业区内企业提供存贷款及外汇服务，既增强资金安全，又节省资金成本。1985年9月在结算中心基础上成立了蛇口财务公司，开始为工业区以外的企业提供服务。当时招商局集团刚刚成立，已将金融业列入集团主营业务之一，因此开始了银行和保险业务的可行性研究。1986年5月招商局向中国人民银行申请创办招商银行，同时积极筹措1亿元资本金，请友联船厂向招商局集团上交外汇现金以筹措500万美元外汇资本金。作为招商局集团当时的现金大户，友联船厂积极支持集团创办招商银行，很快将相关外汇上交到集团。1987年3月31日，招商银行正式注册成立，招商局轮船股份有限公司为其唯一股东，总资本金为1亿元人民币（含外汇500万美元）。招商银行从此成为中国境内第一家完全由企业法人持股的商业银行，也是国家从体制外推动改革的第一家试点银行。1989年1月招商银行首次增资扩股，吸引中远、广海等6家企业入股，注册资本增加到4亿元人民币，招商局持股比例从100%降至45%。

1993年招商银行进行内部股份制改造，原股东所持权益共折股67272万股，1994年增资扩股45000万股，每股作价3.5元人民币，友联船厂以自有资金3500万元参股1000万股，正式成为招商银行股东。根据集团资本运作需要，友联船厂另代招商局集团持有5000万股，友联名下合计6000万股，占招商银行总股本112272万股的5.34%，友联船厂成为招商银行董事单位，参与招商银行的管理决策。1996年3月招商银行利用公积金转股，每10股送15股，友联船厂名下股份因此增加到15000万股。1998年招商银行进行了一次分红和配股，友联船厂名下股份增加到18206.8万股，占招商银行当时总股本约42亿股的4.33%，为第四大股东，其中友联船厂自持股份3373.325万股、代持股份14833.475万股。友联船厂1994年购股成本与1998年配股成本合计为4952万港元，这也是友联船厂该项长期投资的账面投资成本。

2002年4月招商银行在上海证券交易所IPO及公开上市，以7.3元价格发行15亿股，总股本增加到57.06818亿股，友联船厂名下持股从4.33%摊薄到3.19%，这部分股份性质为非流通法人股。为了推进招商局集团所持招商银行股份整合及配合进行股权分置改革，2004年招商局集团向国资委提交《关于招商局集团内部划转招商银行国有股的请示》（招企字〔2004〕173号）并获得国资委批准。友联船厂因此与招商局金融集团下属深圳市楚源投资发展有限公司签署《关于招商银行股份有限公司的股权转让协议书》，按账面投资总成本20674万港元将所持18206.8万股招商银行股份进行了内部划转，其中友联船厂转让自有3373.325万股，收取投资成本4952万港元。

友聯船廠有限公司
（轉讓方）

與

深圳市楚源投資發展有限公司

（受讓方）

之

關於招商銀行股份有限公司的
股權轉讓協議書

4.3　本協議正本一式六份，雙方各持一份，其餘正本由受讓方留存用作報批和辦理變更登記之用。本協議的所有正本具有同等法律效力。

此證雙方正式授權的代表已經于本協議文首所述日期簽署本協議。

代表　友聯船廠有限公司
法定代表人（或受權代表）：
簽字：

代表　深圳市楚源投資發展有限公司
法定代表人（或受權代表）：
簽字：

-4-

图 4－16　关于招商银行股份有限公司的股权转让协议书

招商局集團有限公司

招企字[2003]499號

簽發人：秦　曉

關於實施集團金融資產劃轉整合工作的通知

招商局金融集團有限公司、招商局蛇口工業區有限公司、招商局工業集團有限公司、香港海通有限公司：

為落實集團整合金融資產的要求，集團原則同意招商局金融集團有限公司所呈報的集團金融資產劃轉方案（詳見附件《集團金融資產劃轉整合實施方案》）。現就劃轉集團非金融企業所持招商銀行股份有限公司、招商証券股份有限公司股權的整合工作要點通知如下：

一、集團金融資產劃轉整合實施方案

集團金融資產整合的主要原則是在落實招商局金融集團有限公司歸口管理集團金融業務的基礎上，通過分步實施

香港干諾道中168-200號信德中心招商局大廈39樓
39th Floor, China Merchants Tower, Shun Tak Centre,
168-200 Connaught Road Central, Hong Kong
電話(Tel)　2542 8288
圖文(Fax)　2541 9709
電掛(Cable)　2156

由工業集團另行制定並報集團審批實施。

金融資產劃轉整合方案表

轉出股東	持股方式	股份名稱	股份數	帳面投資成本/劃轉價格	轉入股東
友聯船廠	代輪船持	招商銀行	148,334,750	HKD157,225,021.03	楚源公司
	自持	招商銀行	33,733,250	HKD49,515,280.72	楚源公司
海通公司	自持	招商銀行	35,733,250	HKD55,346,294.00	楚源公司
蛇口工業區	輪船代持	招商銀行	153,266,353	RMB149,153,506.18	輪船股份
	自持	招商銀行	37,935,786	RMB36,917,792.99	晏清公司
	自持	招商證券	192,022,451	RMB163,852,800.00	集盛公司

劃轉整合後集團持有招商銀行、招商證券股份情況

轉出股東	持股方式	股份名稱	劃轉後股份數	劃轉後股比
招商局輪船	自持	招商銀行	1,024,651,109	17.95%
金融集團	其中：楚源公司	招商銀行	217,801,250	3.82%
	晏清公司		55,256,436	0.97%
	小計		273,057,686	4.79%
招商局中國基金		招商銀行	68,081,175	1.19%
招商局輪船	名義持有	招商證券	311,556,426	12.98%
	其中：自持		192,022,451	8.00%
	代集盛持		107,103,975	4.46%
	代招商基金持		12,430,000	0.52%
金融集團	其中：招融公司	招商證券	359,368,914	14.97%
	集盛公司		192,022,451	8.00%
	小計		551,391,365	22.97%

二、劃轉方案的實施及相關事宜

1、實施責任單位：實施集團金融資產劃轉方案由金融集團為主負責，蛇口工業區、工業集團（友聯船廠）及海通公司應予以積極協助。

2、工作安排：本次劃轉整合工作按《集團金融資產劃

3

图 4－17　关于实施集团金融资产划转整合工作方案

招商银行的创立和发展是中国金融业的一大传奇，1987年一经创办即进入持续快速发展轨道，2002年在上海A股市场上市募集资金109.5亿元，2006年又到香港交易所H股上市，以8.55港元发行22亿股募集188.1亿港元，在招商基因加持下快速发展，2012年即成为世界500强企业，被业界评为中国最佳商业银行，2021年末总资产达到92500亿元，居世界500强第174位。据测算，友联船厂2004年转出的自有3373.325万股到2022年已滚存到7893.58万股，对应累计分红约8.28亿元，2022年市值约40亿元，对招商局集团的贡献非常大。

五 发展成就与突出贡献

从1978年到1999年，友联船厂实现了"三大突破"。首先是船厂规模的突破。1999年香港友联全年营收3.2亿港元，利润规模6668万港元，年修船数量最高达到400艘次，三大厂区综合修船产值达2.53亿港元。比照中国修船企业2000年产值排行榜，友联修船产值仅次于中海、南通中远、澄西船厂，排名香港第一、全国第四。其次是船厂业务的突破。这一时期的友联船厂积极拓展海工装备维修、拖轮服务、场地设备租赁等业务，逐渐形成了以航修、拖轮、租赁三大业务为主的多元业务结构，1999年航修、拖轮、租赁三大业务分别达到1.68亿、0.46亿、0.32亿港元的产值，结构大致为7∶2∶1。多元业务结构提供了稳定的收入与利润来源，在友联船厂日后抵御经济危机时起到了重要作用。与此同时，逐渐壮大的拖轮业务对香港航运和码头业务发展提供了保障，对香港海上急救、领海防务等方面做出了积极贡献。最后是品牌布局的突破。友联船厂1989投资兴建蛇口厂、1996年合资兴建漳州厂，战略布局珠三角和东南沿海地区，到1999年时蛇口厂年修船已达150艘次左右的规模，漳州厂也逐渐扭亏为盈，友联品牌向内地拓展的战略布局基本成型。

除上述三个方面的发展外，友联船厂作为招商局集团稳定的实体企业与利润来源，在招商局集团推动改革开放的过程中投资了大量的企业。据1999年审计报告显示，友联船厂1986年成为招商局集团全资子公司，至1998年底总资产14.4亿港元，净资产10.7亿港元，建厂35年累计创造利润11.89亿港元（其中2.24亿港元作为集团对友联的投资，2.78亿港元转作对友联的股东借款，账面未分配利润5.23亿港元），累计上缴利润4.8831亿港元，1999年时有全资子公司5家、合营公司8家。总的来看，自友联建厂以来，除了60万港元资本金，友联船厂没有向国家要一分钱，完全靠自身滚动积累发展壮大，为集团发展做出了积极贡献。另外，投资的企业中同属友联品牌的包括友联重工（1987年创立）、蛇口友联（1989年创立）、漳州友联（1996年创立），除此之外还有联达拖轮（1992年创立）、招商银行（1993年参股）等，其中联达拖轮和招商银行都为香港友联带来非常丰厚的投资回报。由于香港友联效益良好、现金流丰沛，因而也发展成为招商局集团在香港本地的现金牛。1985年招商局集团成立、1987年招商银行成立的资本金都有相当一部分来自香港友联。1994年招商银行增资时香港友联用自有资金参股约1000万股，对集团整体发展做出过突出贡献。

友聯船廠有限公司
發展概況

一九九九年四月六日

2、 負債結構

至1998年底，友聯船廠的總負債3.68億港元中，流動負債為港幣0.82億、長期負債為港幣2.78億(為上文所提由友聯船廠利潤轉作集團的股東墊款)、遞延稅項為港幣0.08億。

3、淨資產結構

至98年底，友聯船廠的淨資產港幣10.7億元中，股本為2.24億(為上文所提友聯船廠利潤轉作集團對友聯的投資)、資本公積為3.24億(青衣島土地重估增值部份)、未分配利潤為5.23億。

4、 友聯船廠歷年來總資產、淨資產、利潤、上交集團利潤和資產負債率等財務情況(集團墊款包括在淨資產中)

友聯船廠歷年財務狀況表

單位：港幣萬元

項目	85	86	87	88	89	90	91	92	93	94	95	96	97	98
總資產	40,017	46,582	50,078	53,952	99,523	105,736	115,373	137,628	169,609	171,765	147,471	145,669	144,708	143,876
總負債	2,224	8,258	11,016	11,271	18,170	21,165	27,292	43,592	53,725	51,401	14,631	12,705	10,065	9,033
淨資產	37,793	38,324	44,900	42,681	81,353	84,571	88,081	94,036	115,884	120,364	132,823	132,384	134,643	134,843
其中:														
集團資本金	496	496	22,400	22,400	22,400	22,400	22,400	22,400	22,400	22,400	22,400	22,400	22,400	22,400
集團墊款	-2,123	-2,123	-18,288	-22,927	-22,927	-22,927	-22,927	-22,927	-24,927	-22,927	27,765	27,763	27,765	27,763
資本公積					35,826	35,826	35,826	35,826	54,412	52,412	30,811	30,916	33,008	32,394
未分配利潤	39,420	39,951	40,688	43,208	46,054	49,272	52,782	58,737	63,999	68,479	51,847	51,283	51,470	52,282
資產負債率	6%	18%	22%	21%	18%	20%	24%	32%	32%	30%	10%	9%	7%	6%
淨利潤	1,120	531	2,654	3,706	4,402	4,862	5,504	6,232	6,503	6,622	21,789	1,936	1,773	1,602
上交集團利潤		700	950	950	950	1,750		3,035		1,746	551	2,500	1,630	1,600
上交管理費		100	100	100	138	250	250	250	500	525	551			

13

图4-18　1999年友联船厂有限公司发展概况

第四节　招商局工业集团有限公司的成立

1997年亚洲金融危机对香港经济造成了严重冲击,为应对危机冲击,招商局集团决定优化集团公司资产和业务布局,其中最重要的部分就是工业资产和业务布局。1997年集团公司第22次总裁办公会议决定合并友联船厂、招商局发展公司和海通公司部分工业业务,组建招商局工业集团有限公司(简称"招商工业"或"工业集团"),要求新组建的工业集团公司按照"集团经营多元化,行业专业化,以工业企业经营为导向,生产经营为基础"的原则,开展专业化的工业资产投资与业态管理。1997年11月26日,招商局工业集团有限公司在香港正式注册成立,初始注册资本为1亿港元。招商局工业集团有限公司负责招商局集团工业投资项目的经营管理,代表招商局集团参与重大工业投资项目的合资合作,为招商局集团直属一级子公司。

一　公司前身：招商局发展公司与友联船厂

1. 招商局发展有限公司

招商局发展有限公司(以下称"招商局发展公司")于1984年10月30日在香港注册成立,其前身是1979年为协助蛇口工业区建设而设立的招商局轮船股份有限公司发展部。1985年招商局集团成立招商局发展公司,是招商局集团一级子公司,袁庚同志亲任董事长、江波同志任副董事长兼任总经理,成立相关文件参见图4-19、图4-20。在蛇口工业区发展过程中,发展部以及其后的招商局发展公司与海内外客商广泛洽谈,引进资金和先进技术,陆续兴建了一批合资合作公司,逐渐形成一套成熟的招商模式。招商局发展公司成立时下设十个职能部门,在国内建有七个办事处。

招商局发展公司在蛇口工业区的创建和开发过程中形成了以实业投资为主,集大宗贸易、机械工程、物业开发、客运船务等于一身的多元化发展的综合性企业。公司立足香港、背靠内地、面向海外、开展多元化经营,取得了一定的成绩。招商局发展公司投资涉及集装箱、建材玻璃、铝加工业、交通运输、石油经销、玻璃钢船舶、工业气体、食品贸易等多个

图 4-19 招商局发展公司成立文件

图 4-20　招商局发展公司注册证书

领域。到 1993 年 6 月底,招商局发展公司共拥有 8 家全资公司,在内地和海外投资参建了 44 家合资企业,包括中集集团、南玻集团、浮法玻璃、南海酒店、华益铝厂、开发科技、江辉船舶、华南建材、澳洲招达食品、大成食品、深圳平南铁路、华丝股份等一大批知名企业。

机械工程是招商局发展公司的一项重要经营业务,公司拥有当时领先的计算机辅助设计网络和强大的结构制造生产能力,多年来先后参与过数十项重大的国内国际工程,产品远销东南亚、中东、非洲等地区。公司全资拥有深圳招商局机械工程有限公司及大型设备总装厂,并参资了深圳江海金属结构有限公司,主要经营范围包括机电专业工程的策划和承包,大型机电液一体化设备的设计和制造,代理和进出口各类工程机械设备和材料等。主要产品为大型工程和港口机械设备,如公路架构桥、正面搬运集装箱吊机、轮胎龙门吊、空箱叉车及各类港口岸边装卸机械、隧道模板台车及多种大型模板系统。公司参与过的重点工程项目有澳门垃圾焚化发电厂、蛇口集装箱码头轮胎龙门吊、港深珠及杭甬高速公路施工用架构桥、香港青马大桥桥塔横梁、武汉港、神龙汽车公司和广州花都港集装箱正面吊等。

1985—1993年，招商局发展公司投资额稳步增长、利润额大幅攀升，投资回报较好。1993年招商局集团将国际招商局贸易投资有限公司（简称"国投公司"）的业务、人员、投资企业并入招商局发展公司，公司所属合资企业数量进一步增加。招商局发展公司与国投公司合并时财务状况为（以1992年年终决算报表为准）：总资产112612万港元，净资产24961万港元，资产负债率77.88%。1996年，招商局发展公司为支持集团内上市公司业绩，将所持中集集团股份转让给招商局国际有限公司。1997年出售中集集团股份权益收入32000万港元（盈利26506万港元），财务状况为总资产69088万港元，净资产28628万港元，资产负债率58.56%。

自招商局发展公司成立以来一直到1997年，招商局集团对招商局发展公司（含国投公司）总投资15077万港元，累计上交集团管理费6650万港元，留存总权益31560万港元。自招商局集团做出清理整顿亏损企业的决策以来，招商局发展公司积极开展清理整顿、产业优化、严格管理等工作，在清理的44家企业中，已清理29家，回收资金6238万港元，追回应收款7087万港元，处理库存汽车回收7382万港元，并积极培育了拟发展的支柱产业和主导企业。当时的招商局发展公司存在负债较高的困难，财务成本每年达3000万港元，经营性盈利基础薄弱，处于亏损状态，现金缺口大。集团审计认为对招商局发展公司的改造与重组势在必行。有关招商局发展公司投资蛇口，详见本章第二节"招商局发展有限公司的创立与发展"。

2. 友联船厂有限公司

香港友联船厂成立于1964年10月27日，到1978年，香港友联船厂总资产达7400万港元，建厂十余年时间资产增长了上百倍。船厂以区区7000平方米的厂区面积每年为国家检修上百艘远洋船舶，不仅保障了刚刚起步的国家航运事业，同时节省了大量资金，缓解了航运航修受制于人的窘状。

改革开放之后，友联船厂的发展脚步进一步加快。从1978年到1997年，近20年的时间里友联船厂实现了船厂规模、业务结构、品牌布局的

"三大突破"。首先是船厂规模，1997年时，香港友联已经成为香港领先、亚洲一流、全球知名的船舶与海工平台维修企业；其次是船厂业务，友联船厂积极拓展海工装备维修、场地设备租赁、拖轮服务等业务，逐渐形成了以修船、租赁、拖轮三大业务为主的多元业务结构；最后是品牌布局，友联船厂通过投资兴建蛇口厂、漳州厂，战略布局珠三角和东南沿海地区，友联品牌向内地拓展的战略布局基本成型。

除上述船厂规模、业务结构、品牌布局三个方面的发展外，友联船厂也和招商局发展公司一样，在招商局集团推动改革开放的过程中投资了大量的企业。投资的企业中同属友联品牌的包括友联重工、蛇口友联、漳州友联，除此之外还有联达拖轮、招商银行等。据1999年审计报告显示，友联船厂1986年成为招商局集团全资子公司，1998年末总资产14.4亿港元、净资产10.7亿港元，1993—1998年累计盈利41481万港元，上缴利润48831万港元，1999年时有全资子公司5家、合营公司8家。

二 招商局工业集团有限公司正式成立

1997年是极不平凡的一年，香港在这一年终于回归祖国的怀抱。也是在这一年，以泰国为源头，席卷东南亚、日本、韩国的亚洲金融危机爆发，招商局所在的香港更是首当其冲。招商局集团当时在工业产业领域主要投资有船舶修理、机械加工、油漆化工、玻璃制造及加工、铝合金制品、工业气体六大行业，分别属招商局国际有限公司、香港海通有限公司、招商局发展公司、香港友联船厂和招商局蛇口工业区控股股份有限公司等企业管理。除油漆化工外，其他五大工业相对集中在蛇口、香港和漳州三地。在金融危机冲击下，这些工业企业更是暴露出规模较小、门类复杂、资产利用率低、集约经营管理程度弱、管理体系乱等一系列问题。

1997年上半年招商局集团专门为集中力量搞规模经营举行了几次会议，几次会议下来决定应结合集团实际情况，在工业领域应组建工业集团公司，拟组建的工业集团公司应实行"经营多元化，行业专业化，以工业企业经营为导向，生产经营为基础"的发展战略。与此同时，招商局集团对招商局发展公司业务情况展开清查，分析集团现有工业产业的资产、业务、企业等，认为组建招商局工业集团有限公司的条件已经成熟。

1997年底，招商局集团召开第22次总裁办公会议研究组建招商局工业集团有限公司。会议通过了工业集团公司组建方案，决定根据集团多元化、公司专业化、工业与贸易分开、经济手段重组等几个原则组建工业集团公司，将友联船厂与招商局发展公司合并，招商局发展公司、友联船厂整建制全部划入工业集团，并吸纳海通公司相关的工业项目（油漆化工除外）组建招商局工业集团公司。海通公司保留通信、油漆化工（已被招商局国际有限公司收购）、船舶物料配件供应三项业务，其他有关工业业务包括广州、南通、大连迪施等修船相关公司划入工业集团（图4-21）。工业集团公司以建材、机械重工、船舶修造、工业气体作为四项主营业务，统筹行业生产、经营、策划和发展。工业集团公司为招商局集团下属的全资子公司。组建招商局工业集团公司是招商局集团产业结构、经营组织调整，加强行业专业化、规模化的重要一步，同时对清理整顿、资产优化有较大的促进作用。

1997年12月23日，招商局工业集团有限公司成立大会隆重召开（图4-22）。会议指出，工业集团公司的组建是招商局集团在行业规范方面迈出的第一步，组建工业集团公司不是友联船厂与招商局发展公司简单的合并，而是招商局集团为整合力量、优化资产、实现工业业务专业化经营而采取的一项重大举措。这项调整既是招商局集团发展战略所决定的，也是集团产业自身发展所迫切需要的。1998年1月1日，招商局工业集团公司正式挂牌运作，在原友联船厂办公地点办公。

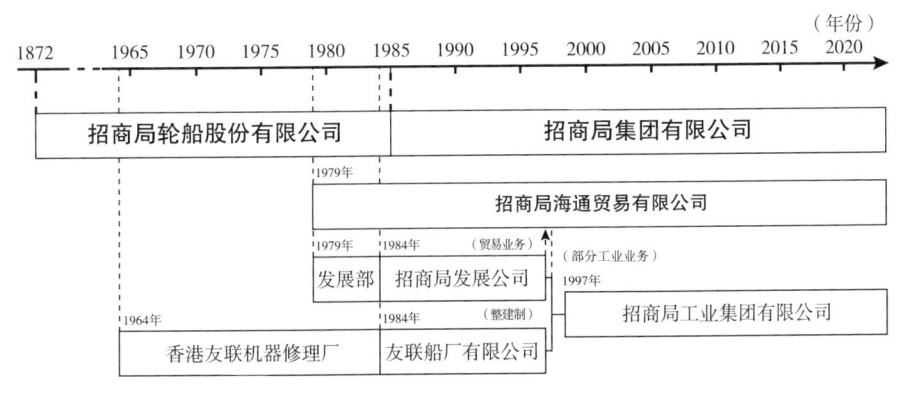

图4-21 招商工业集团的成立过程

图 4-22　1997 年 12 月招商局工业集团有限公司成立揭幕仪式

招商局工业集团公司成立后，作为招商局集团工业控股公司进行经营运作。招商局发展公司和友联船厂合并后名称仍保留，友联船厂有限公司、招商局铝业有限公司、招商局重工机械工程有限公司三家专业公司以及招商局发展公司都是招商工业集团直属企业，各设一名副总经理专门负责。招商局发展公司主要负责集团三大骨干企业之外的产权管理，包括原招商局发展公司和友联船厂跨行业投资管理和资产清理整顿工作；友联船厂有限公司主力经营香港、蛇口、漳州修船业务；招商局铝业有限公司主力经营和开发铝合金制品业务；招商局重工机械工程有限公司主力经营和开发港口起重设施和钢结构产品设计、制造与安装工作。

三　招商局组建工业集团的历史意义

1. 为招商局集团平稳度过金融危机提供了优质资产与充足流动性

在组建招商局工业集团之前，招商局发展公司与友联船厂都投资了一批优质企业，并通过一系列优化整顿工作进一步提升了资产质量。招商局发展公司成立后一直进行广泛的工业企业投资，在 1993 年合并国际招商局贸易投资有限公司的业务、人员、投资企业后，参股经营的企业数量再次明显增长。在招商局集团对投资企业进行清理整顿与专门化经营的战略决策下，招商局发展公司从1993年开始对现有企业进行清理整顿，自身投资和贸易规模也逐年精简，理顺投资结构、优化资源配置、突出发展主导行业，改变以往投资面广、资金分散、企业数量大、行业多、性质杂所导致的经营问题。

友联船厂陆续投资了包括同属友联品牌的友联重工、蛇口友联、漳州友联，以及联达拖轮、招商银行等，都取得了较好的回报，堪称优质投资的典范。同时由于修船产业发展的需要，船厂在香港和深圳储备了宝贵的土地资源：香港友联最初的长沙湾老厂土地5503平方米，于1994年以3.8亿港元出售给新鸿基地产，取得宝贵资金，改善了集团当时的财务状况；1977年购置的青衣岛新厂土地12万平方米、1994年申请的大屿山阴澳11000平方米土地、1989年友联蛇口厂购入蛇口港三突堤94000平米土地（2006年作价3.2亿元出售），为招商局集团储备了大量宝贵的土地资源。从1964年到1998年，香港友联累计创造净利润11.89亿港元，为集团安全度过财务危机提供了充足的流动性支持。

在金融危机爆发时，以友联船厂与招商局发展公司为主体组建而成的招商局工业集团有着非常优质的企业资产与利润留存，仅友联船厂一家总资产即达到14.4亿港元，净资产10.7亿港元（1998年末），1993—1998年累计盈利4.15亿港元，上缴利润4.88亿港元。招商局发展公司前期清理整顿了大量不良资产，且在1994年、1997年分别出售南方玻璃与中集股份的股票，回笼资金2亿港元和3.2亿港元。总的说来，招商局工业集团为招商局集团缓解财务危机、平稳度过亚洲金融危机做出了重要贡献。

2. 为招商局集团专门性工业资产投资与业态管理提供了发展经营主体

招商局工业集团成立后，优化整合了招商局集团旗下原有工业企业与行业资源，以招商局集团为坚实后盾，拥有雄厚的资金实力和高素质的人力资源。工业集团成立之时，公司资产总额约20亿港元，拥有香港最大修船企业、香港第二大拖轮船队和中国首家中外合资铝加工企业，业务涉及船舶修理、海洋工程、钢结构加工、港口机械、铝加工、豪华游艇和玻璃钢船等行业，合并管理友联船厂及招商局发展公司下属公司总数接近100家。

刚刚成立的工业集团旗下公司数量多、涉及行业广，但经营效益有待提升，合并年产值不到10亿元，亟须进行清理整顿、资产优化。在工业集团主营的机械加工、船舶修理、工业气体、铝合金和建材制品四大行业中，机械加工和船舶修理行业虽然在地区市场有一定占有率，但资产回报率较低；工业气体、铝合金和建材制品有一定效益，但规模和集约经营程度不高，市场占有率也有待提高。与此同时，四大主营行业之间的关联性较差，难以发挥协同优势。

在招商局集团"以资产优化为基本手段，全面推进产业结构调整"以及"合理配置资源，发展核心产业，形成规模效益，实行专业化管理"的工作方针和发展战略指导下，工业集团做出一系列调整，其中友联船厂集中资源经营修船业务，开拓修船市场，同时充分利用现有土地资源，积极拓展拖轮服务与出租业务，分散经营风险。此外，将友联船厂的招商货柜、友联货柜、友联仓库、新添运输划拨给运输集团，将友联重工划归工业集团统一经营，进行专业化管理。招商局发展公司则保留招商局重工控股、华益铝厂及其他零星参股投资业务。

工业集团以工业企业经营为导向、生产经营为基础、利用资产经营为手段，提出两步走发展规划。第一步是要重点培养船舶修理、钢结构工程和铝业制品三项主营业务，着手铝业、工业气体和新工业项目策划，进行工业项目资产经营策划并进行资产清理。第二步则是伺机投资铝业、工业气体和新工业项目，实施工业项目资产经营，配合招商局集团工业项目归口管理工作。自此，工业集团轻装上阵，开启了以修船和投资为主营业务的1.0阶段。

3. 为招商局集团积极践行海洋强国、制造强国战略提供了关键力量

"工业报国、实业强国"是招商人一直以来的信念。自1964年创建以来，香港友联为解决国家远洋船舶维修"卡脖子"问题，保障祖国远洋航运与经济建设做出了重要贡献，一度成为中国交通运输企业学习的典范。同时，香港友联为国内修船产业培育了一大批修船人才，从英资船厂吸纳了一大批熟练修船工人及管理人才为我所用，发展成为香港最大的修船厂。20世纪末，香港友联借青衣岛新厂投产之机，积极介入南海石油平台维修业务，为中国新兴的海洋石油开发业务保驾护航。除此之外，香港友联还在培育港作拖轮业务方面成效显著，1987年组建拖轮部对外经营港作拖带业务，在 1990 年代成为企业主要利润来源，为香港航运和码头业务提供保障服务，还对香港海上急救、香港领海防务等做出积极贡献。

组建招商局工业集团有限公司后，招商局集团优化整合了原有工业企业与行业资源，为进入海工装备制造市场、积极推动国家海洋强国、制造强国战略做了重要准备。

第五节　招商重工的成立

改革开放初期，东部沿海地区率先发展，珠三角地区很快掀起了基建热潮。在此背景下，招商局准确把握市场动向，通过香港友联、蛇口工业区、招商局发展公司等主体先后创设了友联重工、江海重工、招商机械三家重工企业，为招商局拓展钢结构与海工装备维修制造市场奠定了重要基础。随着招商局工业集团公司的成立，将已有业务重组整合、剥离低效产能、发展核心业务成为工作重点。1999 年，根据招商局集团总体布置，工业集团公司将旗下的友联重工、江海重工、招商机械三家工程机械企业进行合并，组建成立招商重工，以充分发挥规模化经营与专业化管理优势。

一　溯源：友联重工、江海重工与招商机械

1. 友联重工有限公司

友联重工有限公司（简称"友联重工"）成立于 1987 年，是香港友联船厂的合资企业，主要业务为钢结构工程、机电设备工程、隔音工程和铝结构工程等，是香港开展钢结构制造业务较早的公司之一。20 世纪 80 年代中期，全球修船行业相对低迷。在此情形下，1985 年友联船厂展开内部业务调整，开发了许多新的业务领域，从单一修船工程业务发展到承修海洋石油钻井平台以及承接大型船舶改造工程业务。1984—1985 年，香港友联完成了"南海一号""南海二号"钻井平台的修理改造业务，1986 年又夺得了"南海 202"三用工作船改装为守护船的工程项目。为更好地完成这些工程项目，充分挖掘公司业务潜力，友联船厂于 1987 年 12 月 18 日在香港创立友联重工有限公司，主要业务包括钢结构工程、钢管工程和机电设备工程等，为船厂拓展海工装备与大型船舶维修改装业务提供配套的钢

结构加工支持。

友联重工一经成立,友联船厂海工装备与大型船舶维修改装业务能力大大提升,1987年即承修"南海四号"与"南海五号"钻井平台;1988年又夺得渤海石油公司"滨海109"轮的改造工程,"滨海109"轮是中国唯一的海底铺管船,友联船厂仅用3个月时间便顺利完成全部改造工程。为扩大生产规模,友联船厂在1994年又于蛇口友联船厂内建立了友联重工(深圳)有限公司,开始在深圳地区拓展重工业务。1994年友联船厂利用水上船首分段翻身船坞内合拢的技术完成"平河"轮船头翻新工程等。这一系列成果标志着友联船厂在友联重工配套钢结构加工支持下,实现了海工装备与大型船舶维修改装能力的跨越。

友联重工于1993年和1995年分别获得港英当局工务局许可,成为专业的钢结构注册城建商,拥有屋宇署颁发的注册城建商资质,1998年又获香港特区政府工务局认可成为水务钢管制造商及供应商。经过十多年的经营,友联重工积累了丰富的市场营销和地区管理经验,熟悉香港市场营销、工程管理和法律法规,为成立招商重工后的香港业务发展提供了重要支撑。

2. 深圳江海重型机械工程公司

随着深圳经济特区的设立,招商局集团计划充分利用特区的优惠条件与资源优势,在深圳继续拓展钢结构加工业务。1988年,招商局集团研究决定,由国际招商局贸易投资有限公司、蛇口工业区及武汉冶金设备制造公司在蛇口工业区投资成立深圳江海重型机械工程公司(简称"江海重工")。公司注册资金1100万元,属于合资企业,于1990年2月正式投产。

此时的蛇口工业区,友联船厂(蛇口)有限公司的修船业务也刚刚开始发展,蛇口友联分厂为江海重工的成立提供了总计800万元的银行担保。人员方面,江海重工员工几乎全部从武汉冶金设备制造公司借调。成立之后的江海重工充分利用武钢集团现成的钢结构制作技术,吸收了大量专业技术人员与有经验的工人,从1989年时20余人的规模迅速发展形成了一支具有自己技术专长的队伍。从武汉到深圳,从国企到"港"企,80年代的蛇口如同一幅崭新的画卷,等待着创业者书写他们的精彩故事。

初创的江海重工最早的业务便是与香港方面合作,主要从事设计、制造、安装单重40吨以下的钢结构梁、柱和异型结构装置，承制安装100吨以下各类桥式吊机、大型建筑和公路模板，各类布袋式除尘器、各类槽罐及机座设备等。通过充分利用靠近港澳的地理优势，江海重工承接了大量港澳的工程。在成立后的十年时间里，先后完成了蛇口友联厂区的钢结构建设，香港公路、隧道等钢结构模板制造，香港公路路牌批量生产，香港青马大桥钢结构建设等基础设施建设，圆满完成了招商局集团对江海重工的定位任务。

经过近十年的发展壮大，江海重工已成为在深圳及香港具有一定影响的公司，1995年江海重工曾被深圳市评为经济效益500强企业。然而到1997年香港回归时，香港的基础设施建设业务也达到了一个高峰期，钢结构市场由于行业壁垒较低而受到追捧，短时间内成立了许多新厂小厂，导致行业竞争加大，江海重工的生产经营也陷入了低迷。此时的江海重工亟须找到未来的规划定位，谋求长远发展。

3. 深圳招商局机械工程公司

深圳招商局机械工程公司（简称"招商机械"）成立于1993年，注册资本为2000万港元。同江海重工一样，招商机械也是招商局为拓展深圳及珠三角地区钢结构加工行业市场所成立的子公司。成立初期，招商机械的业务主要是揽单贸易，1994年开始在蛇口东角头租赁土地兴建工厂，开始根据订单进行生产。该工厂原规划以设备总装为主，在建厂当年就组装了三台集装箱正面吊，但由于设备组装的业务量上不去，而逐步改为以钢结构和钢管生产为主。1994年在浙江宁波创立持股51%的宁波三鼎钢管工程有限公司专门经营螺旋钢管制造业务，这也是国内最早的钢管制造商。1997年前，钢结构产品以临时钢结构（如支架、模板、平台等）为主，月生产能力在800—1000吨。1997年后，业务调整为主要以永久性钢结构为主（如厂房、路牌、桥梁配件等），月生产能力在600—800吨。设备组装保持在年均3—4台正面吊的业务量。

1997年，招商机械根据盐田港二期工程的需要，在深圳投资建设了钢管厂，即盐田钢管厂，参照宁波三鼎进口设备自行制造了盐田钢管制造设备，主要承制盐田港二期工程钢管桩制作任务，形成了年制作螺旋钢管3万—5万吨生产能力。招商机械自1993年成立到1998年止，共创造利润

3378万港元，为原股东投资额的1.4倍，在4年内收回投资。到1999年合并重组前夕，招商机械主要有钢结构、机电设备、螺旋焊管三项主营业务，总资产额为8100多万元，净资产3700多万元，年收入为1亿港元，净利润为800万港元（1998年数据），净资产回报率达20%以上。

招商机械在成立的五年时间内，培养了一批熟悉香港钢结构市场和香港工程项目管理的管理技术人才。公司在不断的摸索过程中形成了具有特色的项目管理体系和文件化管理体系。合并前招商机械总人数为420人，其中管理人员近100人，具有研究生学历或高级职称的管理技术人员有近20人，职工队伍素质高，员工心态稳定、工作积极，是一支较强的人力资源队伍。

二 三家重工公司合并

1997年，招商局工业集团公司成立。为整合优化重工业务、发挥核心竞争优势，1999年工业集团将旗下的友联重工、江海重工、招商机械三家工程机械企业进行合并，组建成立招商重工。

1999年2月，招商重工合并重组进入实质阶段。基于复杂背景考虑，重组初期的招商重工并没有一次性将三家重工的生产、管理、人事、财务等部门统筹合并，而是先将三家重工香港部分的揽单业务合并到友联重工手里，蛇口生产基地则以江海重工和招商机械为主，友联重工（深圳）分解并入。1999年3—6月，招商机械将工厂从蛇口东角头搬到蛇口友联船厂内。5月，企管、人事和财务部门合并办公，但生产管理仍按江海重工和招商机械分开管理。9月，将生产系统按钢结构、机电设备和钢管进行划分合并，并实行三块业务专业管理。采取渐进的重组方式原本是符合香港刚刚回归祖国以及三家重工同时在香港、深圳开展业务等复杂客观条件的，但是在亚洲金融危机冲击下，回归之后的香港基建跌入低谷，加之钢结构业务占用资源大、竞争激烈、接单毛利率低，招商重工出现揽单量不足、人才流失、人心不稳等现象，暴露出场地分散、人员复杂、制度繁复等问题，此时面临严峻的生存危机。1999—2000年，是招商重工最困难的时期，承接的订单量、完工的工程量和结算收入及利润均不足合并前的50%。在2000年3月调整领导班子后，加上内部的磨合和市场好转等内外部因素，2000年下半年招商重工的订单大幅度增加，创历史新高。重工业务重组的效应逐步显现，招商重工跨入重组后的新发展阶段。

招商重工依托招商局的背景和资金支付保证，在香港的钢结构、铝合金结构、钢管、隔音工程等市场占有绝对的优势，合并后厂区面积共6万平方米，厂房面积1万平方米，自有场地年生产能力为1.2万—1.5万吨钢结构、2万—2.5万吨钢管，年产值达到2亿—2.5亿港元。

钢结构是招商重工的传统业务，也是招商重工最大的业务，月平均生产量近千吨。随着钢结构的快速发展，钢结构市场形势发生了很大变化，行业规模经济逐渐出现，市场向专业化方向发展，产品差异性增加，资本需求增加，产品转换成本提高。香港回归后，珠三角地区较大型的重型机械厂、船厂都已进入香港钢结构市场，竞争日趋激烈。招商重工计划向高层建筑钢结构细分市场转型，陆续签订香港东北大厦钢结构等订单。

机电设备方面，招商重工的优势在于非标准设备的设计制造能力，一般批量小、利润高、制作难度大，主要产品包括大跨度大吨位变频调速起重机等，在深圳周边地区有一定的区域优势，但非标设备的市场需求量难以预测，随机性较大。重工在集装箱正面吊和空箱堆高机两项产品有自主知识产权，具有维修时效和价格优势，在岸桥建造方面也有着良好业绩和信誉。

钢管业务方面，招商重工为盐田二期码头、香港南丫岛港灯电厂码头、荃湾码头、佐敦道码头及西北铁路等多个大型项目提供了3万多吨优质钢管。重工钢管市场以基建桩管为主，生产地点灵活、可搬迁，企业负担少、人员精干，产品范围面广。然而，招商重工还存在一些劣势，包括设备简陋、无完善的钢管生产配套设施、难以生产油气煤管线专用钢管、难以打入输水管线市场、生产线单一接单被动等。

招商重工的成立发展与工业集团公司的发展紧密联系。20世纪80年代香港友联出于业务战略调整的需要，投资成立了香港友联重工，而在友联船厂与招商局发展公司合并为招商局工业集团公司后，工业集团出于对重工业务战略重组的需要将友联重工、江海重工、招商机械三家工程机械企业合并成立招商重工。总体而言，重组后的招商重工融合了三家企业的原有优势，通过深化重组和业务整合，以一个品牌统一运作，共享资源和信息，扩大了招商重工的规模优势，增强了招商重工核心竞争力。进入 21 世纪，招商重工对业务进一步整合，剥离部分非核心业务，转型海洋装备制造，逐步成长为工业集团最重要的核心业务。

第六节　金陵船厂的改革发展

从改革开放之初到 20 世纪末，金陵船厂广大干部职工解放思想、抓住机遇、勇于探索、善于创新、攻坚克难，成功地推进企业实现三大根本性转变，即从完成计划任务向适应社会主义市场经济的转变、从努力抢占国内市场向争取国际市场转变、从修造江船向建造出口机动船转变，金陵船厂改革发展取得阶段性成功。

这一时期，金陵船厂发展大致可以划分为三个时期，即探索与改革时期（1978—1985 年）、造江船、造海船、造出口船并举时期（1986—1995 年）和重点建造出口机动船时期（1996—1999 年）。

一　探索与改革时期（1978—1985 年）

改革开放初期，围绕整顿企业、恢复健全规章制度、"扩权"试点、推行技术革新和全面质量管理等，金陵船厂进行了一系列探索、改革，企业生产经营秩序迅速恢复，经济效益明显好转。在制度方面，金陵船厂推行多项经济、管理制度改革。在生产方面，金陵船厂采取改进工艺，开展技术革新，消化、吸收和改进国外造船新技术，增加设备，调整船台生产布局等一系列调整改革活动。

1. 企业经营管理制度改革

"文化大革命"结束后，金陵船厂开始了企业内部经营管理整顿工作。整顿分两个阶段进行，第一阶段是建立了以岗位责任制为中心的各项基础管理制度，包括 47 种工人岗位责任制和 60 余种干部岗位责任制。整体管理做到"季有大纲、月有计划、旬有安排、日有检查"。第二阶段是推行多种形式的经济责任制。在 1978 年恢复了月度综合奖制度，1979 年实行"百分计奖"责任制，1982 年又改进为"两包两奖"责任制，即包生产任务、安全质量，包车间费用、完成利润，以此提取奖金。此外，还分别在合拢焊缝、运输节油、滑道除泥等业务上推行奖励。一系列经济制度改革克服了"吃大锅饭"的平均主义，调动了职工的积极性，促进了生产的发展。1979年起，金陵船厂上缴的国家利税逐年增加。1984年利润突破800万元，创造了历史最高水平。1979年至1984年，金陵船厂共上缴国家利税1480万元，职工奖金也从人均79元提高到150余元。

在外部，金陵船厂成为交通部扩权试点企业。1979年1月，交通部文件确定金陵船厂拥有人、财、物、产、供、销的经营自主权，利润留成率16%，三年不变。此后，金陵船厂的生产由单一的指令性计划转向计划为主、市场为辅。据统计，从1980年到1982年，金陵船厂开拓市场共获得收入237万元，获利55万元，国家多收46万元，厂里多得9万元。扩大自主权后，金陵船厂得以处理大批积压物资，职工集体福利也得到明显改善。1985年1月，金陵船厂成立了大江实业开发股份公司，并承接了扬子石化6艘工程船舶，产值计720万元，全厂计划任务缺口得到补充。1977年至1985年，金陵船厂在开拓市场经济中共创产值764.28万元。

2. 企业生产与技术革新

1981年前，700马力拖轮是长江航运主力船型，也一直是金陵船厂占比最大的维修产品。针对该船型存在的安全阀泄漏、活塞敲缸、发电机调速器和减压阀灵敏度低等问题，船厂组织技术攻关，在1978年将平均修期缩短10—15天。1979年，金陵船厂首次承修了"长江2051"轮。之后，金陵船厂每年平均承修8—10艘这类推轮，成为定点修理厂之一。船厂工人成功攻克减速齿轮箱加装难题，使该类推轮推进3000吨油驳的能力从原来3艘增至4艘。此外，金陵船厂还设计制造了新型尾轴密封装置，在缩短修船周期的同时避免了该类船漏油的问题。1985年，金陵船厂在建造"江申115号"客货轮时首次采用了先进的氩弧焊接新技术。

无人分节驳顶推运输是20世纪七八十年代美苏欧广泛使用的先进运输方式。为引入这一运输模式，1979年9月7日，长航局向美国德拉孚公司购买了6000马力推轮4艘，并将组装30艘2000吨带盖分节驳的建造任务交给金陵船厂。金陵船厂随即派出团队赴美学习组装技术，美方也派出一个五人监造小组到船厂协助。船厂对国外造船新技术大胆消化、吸收和改进，创造性地利用"水上平台"等办法，在几个月的时间里就完成了30

艘2000吨分节驳的全部组装工作。1981年9月，长航调集推轮、分节驳船队，在南京长江大桥成功上下水试航。11月船队正式投入长江营运。在其后的建造中，船厂对分节驳原设计进行了修改，使其更适应长江航运港口条件和航道特点。1981—1984年，金陵船厂累计建造了2000吨分节驳120艘，提供运力24万吨。

长期以来，金陵船厂的装焊作业一直沿用20世纪五六十年代的手工操作方式，1978年船厂与中国船舶工业总公司第十一研究所共同研制建成了我国第一条半机械自动化3000吨级造船平面分段流水线，与国外的流水线相比，具有适应性强、占地小、投资少的优点。1979—1983年投产4年时间里先后建造了油驳、甲板驳、趸船、客货轮、分节驳等103艘船舶的共2818个分段，工效提高了一倍，达到预期效果。1984年该平面分段流水线先后获得交通部、南京市科技成果二等奖。此外，金陵船厂调整了船台生产布局，西船台从4股道改为6股道，东船台由6股道改为8股道，并安装了两台60吨门式吊车，中心作业场地逐步向东船台转移。金陵船厂还引进了钢材预处理流水线和数控切割机设备，与日本岩井公司和抛丸机公司、田中制作所等签订引进合同，扩大了处理钢材规格的范围，大大提高了切割作业自动化水平，进一步提高了工程质量。

这一时期，金陵船厂获得的荣誉有：1978年，长航全线科学技术大会授予了金陵船厂先进集体标兵称号；1984年，"白鳍豚"牌2000吨分节驳获江苏省年度优质产品证书；同年，交通部授予金陵船厂交通系统经济效益先进单位称号。

二 造江船、造海船、造出口船并举时期（1986—1995年）

在80年代中后期计划经济批量造船结束，企业逐步进入市场转换经营机制的过程中，金陵船厂主动调整产品结构，提出"立足长江、面向海洋、多种经营、积极出口"的指导思想与造江船、造海船、造出口船并举的经营战略。1986年与南京港务局的造船合同迈出了向市场经济进发的重要一步，1987年与天津海监局的1750吨大型航标工作船订单标志着船厂开始进入海船市场，同年7月承接香港志成三益缆业与南亚运输公司的货驳委造合同则标志着船厂成为江苏省第一家船舶出口厂家。随着业务规模的扩大，金陵船厂顺利完成了建造中大型机动船的关键产品转型，陆续承造 4200 吨油轮、"飞龙山" 35000 吨浮船坞，标志着金陵船厂建造大型机动船的能力迈上新的台阶。

1. 初次进入市场和承接境外订单

随着改革的持续推进，到 80 年代中后期，计划经济批量造船的年代宣告结束，金陵船厂无法再获得长江轮船总公司的内部计划修造船订单。当时江船制造面临剧烈的市场竞争，整个长江下游地区有江阴、镇江谏壁、澄西等多个船厂，金陵船厂在地方企业惨烈的价格竞争下丢失了不少市场份额，可以说走到了发展的关键节点，船厂必须能够适应多品种、单船订单的复杂经营局面才能生存下去。不过，"六五"计划时期延续下来的造船订单给了金陵船厂喘息的机会。金陵船厂保质保量按期完成了前期计划安排的 16 艘 1500 吨甲板驳、13 艘 3000 吨分节驳和 2 艘 3000 吨油驳订单建造任务。随后，又受南京长江油运公司委托，建造了 5000 吨原油驳；受上海长江轮船公司委托，陆续设计建造江申号系列（115—118）轮、1600 客位客货轮（该船型被列为江苏省计经委新产品开发项目）。

完成计划内造船任务以及其他船厂的委造任务后，1986 年船厂成立了经营领导小组，迈出了向市场经济进发的第一步，与南京港务局、南京市木材公司签订了 465 万元的造船合同，标志着金陵船厂开始摆脱计划经济年代"等、靠、要"的生产模式，走上了自己找市场的经营道路。刚开始的几年，船厂主要在江船市场承接包括扬子石化的趸船，南京港务局的 3000 吨分节驳、趸船与 300 马力交通艇以及交通部的公路浮箱，淮安船厂联营出口驳船等，首次在内河船舶、钢结构市场方面拓展业务。

1987 年 1 月，金陵船厂与天津海监局签订了 1750 吨大型航标工作船的建造合同，标志着金陵船厂开始进入海船建造市场。该船长 72.3 米，型宽 11.8 米，型深 6 米，是当时国内排水量最大的海上航标工作船。该船 1988 年 12 月开工建造，施工工人第一次造海船，包括复合岩棉板装修、木甲板、安装中央空调、海船通导设备、外购特种设备等多项工程都是第一次接触。船厂干部职工勇于面对，大胆创新，整个建造周期只用了 133 天，于 1989 年 8 月 21 日顺利下水，1990 年 4 月 30 日完工交船。

1987 年 7 月，金陵船厂通过中国机械进出口上海分公司承接了香港志成三益缆业与南亚运输公司委造的 2 艘 138 英尺舱口货驳建造任务，当年 9 月 12 日两艘船举行了隆重的下水仪式，10 月 1 日抵达香港。金陵船厂成为江苏省第一家船舶出口厂家，金陵品牌在境外引起了强烈反响。第一次承造外商船，是金陵船厂发展史上的又一个重大转折。香港回归前夕，港英当局填海建机场需要大量的抛石驳，金陵船厂抓住机遇，通过多家中间公司等为港商建造了 43 艘尺寸各异的系列驳船。1990 年，金陵船厂开始为新加坡客商建造 25 艘各型驳船，并首次获得美国 ABS 船级社入级证书。1992 年，金陵船厂驳船市场先后扩展到我国台湾、日本。1995 年又打开美国市场，出口大小油驳 8 艘、矿驳 7 艘。

随着出口业务量的增加，船厂提出"以造出口船为突破口，以'短、平、快'产品为生产经营中心"的经营策略，强化质量管理，跟踪服务。1990 年，国务院机电产品出口办公室、对外经济贸易部正式批准金陵船厂为扩大外贸自主权企业。1991 年，国务院机电出口办公室批准金陵船厂为机电产品出口基地企业，有权直接对外承接船舶产品。为适应出口业务，1993 年金陵船厂决定组建一条新的驳船生产线，将东船台三号船棚划归旧料加工车间，加上东船台一、二、三号船棚以东的区域均作为驳船生产线，承担主体下料、预制艏艉分段、双层底分段、搭跳、刮水等工作。

2. 从"驳船大王"转型为中大型机动船建造商

造驳船对于人称"驳船大王"的金陵船厂来说算得上得心应手，但驳船附加值低、建造场地面积大、耗钢量大，光造驳船无法支撑船厂进一步发展，调整产品结构、承接中大型机动船是金陵船厂必然要走的转型道路。

1989 年 11 月，金陵船厂与南京长江油运公司签约承造 4200 吨油轮。该船系江海直达成品油轮，船长 106.68 米，型宽 17.6 米，型深 7.05 米，设计吃水 5.07 米，航速 11.9 海里/小时，续航力 5000 海里，载重量 5000 吨级，设备先进，质量要求高，需入 ZCA 及 ZCM 级。该轮 1990 年 4 月开工建设，1992 年 11 月完工出厂。继承接"大庆 434"这样的高附加值机动船后，1990 年 8 月又承接了广州燃料总公司的 5000 吨级油轮"埔油 10 号"。1991 年，船台工地上共有 4200 吨油轮、5000 吨油轮、2000 吨化品船三条机动船生产线。1992 年，又敲定长江燃料供应总站的两艘 5000

吨级油轮"源深"轮和"源长"轮的建造合同。金陵船厂已经达到年均建造1—1.5艘大型机动船的业务规模。

1992年1月，金陵船厂与广州海运局签订了"飞龙山"号35000吨浮船坞建造合同。该坞是交通部计划在南方设立的修船基地之一，坞长199.68米，宽47米，高16.5米，设计举力1.6万吨，适应坞修35000—50000吨级远洋船舶，1992年5月25日开工建造。此前金陵船厂虽有建造"华山号"万吨级浮船坞的经验，但此次建造工程依旧对船厂的硬件设施与管理能力提出了巨大考验。船厂运用分段建造、岸上预合拢新工艺，将该坞主体划分为八个分段在岸上建造，每个分段连着下坞墙整体建造；在船台上划出场地，将相邻两个分段在岸上预合拢；自制"水下通道"，实施相邻分段间的水上大合拢，水下焊接新工艺；焊接过程中推广应用了陶瓷衬垫焊接技术。

造船过程并非一帆风顺。1993年9月12日凌晨2点，四号码头发生206分段严重倾斜下沉事故。究其原因，是206分段在实施与207、208分段整体对接时，当夜值班电工擅离岗位，致使"水下通道"内自然渗漏的积水未及时抽排，已经搭焊的焊缝失去浮力支撑而断裂，最终206分段倾斜下沉。该起事故造成直接经济损失30多万元，延误水上合拢工期两个月。船厂组织人力物力抢险、打捞、修复受损的206分段，提出"水上损失岸上补、实现目标不停步"激励口号，岸上周期缩短50多天，水上合拢周期缩短20多天。1994年5月，船厂又遭遇三次大风袭击，四号码头栈桥毁坏、水电中断，坞墙被戳了个大洞。船厂改从三号码头架了一座临时栈桥，并与岸边的"地垅"锚链连接，稳住浮坞，并组织工人进行紧急修复。1994年6月17日拖航离厂赴广州菠萝庙船厂，全厂100多名干部职工远离家乡连续苦战6个月，确保坞体工程质量，11月28日浮坞装载3.5万吨级"万寿山"号测试一次成功，12月8日完工顺利交付。"飞龙山"号浮船坞被国家科委列为国家级重点新产品。

1995年，金陵船厂承接江苏省远洋公司358TEU集装箱船（"吉和"号），这是船厂首次承接的集装箱船订单，开始涉足集装箱船市场。同年，船厂开始为德国船东建造两艘485TEU集装箱船，成为第一批进入德国市场的船厂。1995年共完成工业总产值21068.68万元，是1985年3760.59

万元的 5.6 倍，这样的成绩是全厂职工汗水与智慧的结晶，更是毅力与决心的体现。

三　重点建造出口机动船时期（1996—1999 年）

20 世纪 90 年代中期后，整个国际造船业面临着巨大的竞争压力，但在复杂困难的行业背景下，金陵船厂主动出击寻找市场，在以出口为导向的经营战略指导下，逐渐停止承接修船业务，重点建造出口机动船，形成了集装箱船、滚装船等系列产品线，与德国、瑞典、芬兰等国企业建立了长期合作关系。

1. 重点拓展集装箱船建造业务

1995 年，长航集团对所属船厂正式"断奶"，计划任务全面萎缩。国际市场上，冷战结束后美俄造船工业大力争夺民用市场，竞争激烈。国内此前又同时爆发了财政、金融、外汇三大赤字，正在实施宏观调控以控制信贷、压缩投资，造船业投入相应减少，市场供大于求。此时的金陵船厂正在"夹缝中求生存"，但在中国船舶总公司和地方船厂的双重夹击下，市场上连缝隙都不复存在。经过全厂上下的共同努力，市场不景气的困境终于出现转机。从 1995 年 10 月起，金陵船厂与新加坡和德国船东签订的 10 艘多用途集装箱船合同分批生效。从这批出口订单开始，金陵船厂在随后的十年里逐步确立了集装箱船、滚装船等系列产品的业务结构，完成了出口导向下产品结构与生产模式的转变。

为造好第一批出口船，1996 年起全厂实施中层以上干部全年无休、职工单休的制度，加班加点成为常态。全厂上下齐心协力、奋力拼搏，在建造关键时刻，为保证按期完工，"甲板作睡床，码头当饭桌，舍得一身汗，宁掉几斤肉"。第一批出口船建造过程培育了金陵船厂职工"吃苦、听话"的企业精神和对金陵船厂的深刻归属感。1996 年 10 月 28 日，第一艘出口机动船"司迪麦斯·费尔沃"号 350 箱集装箱船顺利下水；1997 年 4 月 10 日，第一艘 485 箱集装箱船"碧玉"号下水；1997 年 5 月 31 日，第一艘 650 箱集装箱船"繁荣"号下水。亚洲金融危机爆发后，金陵船厂开始着力开拓欧美市场，先后与德国、瑞典和加拿大客户签订 18 艘新船建造合同，合同总值 15 亿元。第一艘 502 箱集装箱船 1998 年 10 月开工，1999 年

12月按期交付，金陵船厂成为国内第一家按期完工交付502集装箱船的企业。

2. 进入滚装船尖端国际市场

如果说集装箱船撑起了船厂出口机动船的基本面，保证了船厂的工程体量与收入规模，那么滚装船就是船厂在国际市场上展现水平资质的尖端产品，同时还具备高附加值、高利润的特点。

1998年12月20日，金陵船厂为瑞典诺迪克公司建造的第一艘8050吨滚装船点火开工，开创了我国内河船厂建造滚装船的先例。建造过程中，全厂干部职工攻克了一道道技术难关。为减少自重，大量采用了高强度钢材，全厂开展焊工培训，严格控制工艺。为达到设计航速，船厂组织了三次船模试验和一次舵系试验。在攻克难关的过程中，再一次锻炼了队伍。该船1999年9月20日按期下水，2000年5月31日按期交付。在交船签字仪式上，船厂与诺迪克公司又续签了两艘10300吨滚装船建造合同。

表4-5 1996—1999年金陵船厂主要指标完成情况

年 份	总产值（万元）	出口创汇（万美元）	交船数量（艘）	造船综合吨位（吨）	利润（万元）
1996	35000	700	11	81500	200
1997	45000	3800	5	27800	501
1998	51300	5890	13	54900	301
1999	60600	5934	10	78000	386

资料来源：《当代金陵船厂发展史》，第162页。

总之，改革开放以后，金陵船厂走出"文化大革命"的影响，通过整顿企业、恢复健全规章制度、"扩权"试点等，迅速恢复了生产经营秩序，企业经济效益明显好转。在计划经济批量造船模式难以为继之时，金陵船厂主动调整产品结构，提出"造江船、造海船、造出口船并举"的经营战略，积极进入市场，转换经营机制，成功从"驳船大王"转型为中大型机动船建造商。20世纪90年代中后期，金陵船厂更是主动出击，逐渐形成了集装箱船、滚装船等系列产品线，与德国、瑞典、芬兰等国企业建立了长期合作关系，使金陵造船品牌走向世界。国内企业在技术水平劣势的情况下拓展出国外市场的成就来之不易，在承接建造国外船舶订单后，金陵船厂培育了职工"吃苦、听话"的企业精神,全厂上下齐心协力,在建造的关键时刻,"甲板作睡床,码头当饭桌,舍得一身汗,宁掉几斤肉"也要按期完工。职工无怨无悔,抱着对金陵船厂发展前景的信心才使得如期交付产品,打造了金陵船厂在国内外造船领域的优良口碑,为21世纪金陵船厂扩张布局奠定了坚实基础。

第七节 改革开放初至20世纪末招商局工业的特点与贡献

一 这一时期招商局工业的特点

1. 成立招商局工业集团,工业管理从分散管理走向专业归口管理

招商局工业在改革开放初期经历了一轮快速发展,为实现归口管理、提升工业发展的质量和效益,招商局工业集团有限公司正式组建(1997年11月26日于香港成立),从此,招商局工业发展进入了一个新的阶段。

工业集团的成立标志着以修船、重工机械、铝加工为主的招商局集团工业产业公司拥有了明确的经营主业、发展目标、统筹领导,工业集团代表招商局集团参与重大工业项目的合资合作,集中处置大批的参资股权筹集现金,工业集团旗下不同产业的公司各自专业化经营。工业集团一经成立,就进行了一系列调整优化、陆续退出一大批参股企业、出售资产回笼资金,帮助整个招商局集团顺利度过了亚洲金融风暴后的财务危机。此后,招商工业继续拓展海洋装备维修改装、海洋工程装备制造、特种船舶制造、邮轮制造、船海配套等"4+X"业务,形成同类多元、修造并举的业务组合,打造走向深蓝的招商工业力量。

2. 工业和工业园区的发展推动招商局再次创造辉煌

20世纪70年代末,招商局在香港一隅艰难经营,仅有总资产1.3亿港元,略显落寞。但是,当改革开放的春风吹来时,得风气之先的招商局又一次站在了历史的舞台上并再次创造了辉煌。这一切都得益于招商局抓住了历史机遇,通过创办蛇口工业园区,特别是起先的招商局发展部和后来的招商局发展有限公司大力招商引资,促进蛇口工业园成为当时中国工业园区发展的一面旗子。

招商局的再次辉煌是以大力发展工业和工业园区为肇始的，并以此为依托带动其他产业发展而成。工业区创办不仅实现了工业大发展，而且实现港口业务、地产业务、金融业务和工业业务协调发展。蛇口工业区也从昔日的小渔村发展成为现代化、国际化滨海城区。蛇口工业区的发展还带动了漳州开发区的开发。招商局则从一家以港口航运为主的企业，发展成为包括工业、交通运输、金融、地产、综合开发等核心主业在内的大型企业航母。

3. 多种形式发展工业，招商局发展公司为园区工业发展做出重要贡献

这一时期招商局多种形式发展工业，尤其是以创办工业园区为载体来发展工业，这与这一时期整个招商局集团业务开始多元化是一致的。这一时期，招商局除了继续办好修造船业务，还大力发展海工装备维修制造等业务；除了通过传统方式自办工业项目，更增加了通过大办产业园区（蛇口工业区、漳州开发区）搭建工业发展平台方式来发展工业，从而显著地彰显了招商局工业的赋能力量。以招商局蛇口工业区为例，原打算只办些同航运相关的配套工业，但随着国家经济建设与改革开放形势的迅猛发展，以及外商投资的广泛头趣，工业区兴办的工业项目已涉及许多门类，包括材料工业类、电子工业类、纺织制衣类、塑胶工业类、航运工业类等。

改革开放初期，蛇口工业区工业发展是非常不容易的，起先是招商局发展部，后来是招商局发展公司，在吸引国内外资金参与园区工业发展方面做出了重要贡献。在并入招商局工业集团之前的十余年时间里，招商局发展公司（前身招商局发展部）实际上发挥了招商局招商引资平台公司的功能。比如，1979—1996 年，招商局发展公司（招商局发展部）为蛇口工业区引进了包括建筑材料、机械工业、船舶工业、电子工业、有色金属、化学工业、纺织工业、食品工业、饲料工业、商业、贸易、铁路运输、公路运输、酒店、房地产等领域的大批企业，大力支撑了蛇口工业区发展。蛇口工业区早期创办的工业项目（企业），或者是招商局发展公司独资开办，或者是与招商局发展公司合资、合作、合伙开办，或者是招商局发展公司进行了参股，最少招商局发展公司也在"招商引资""牵线搭桥"中发挥了作用。

二 这一时期招商局工业发展的贡献

1. 工业和工业园区的发展为招商局赢得了"第二次辉煌"

改革开放初至 20 世纪末是招商局历史上大放异彩的时期，通过大力发展工业和工业园区，招商局迎来了"第二次辉煌"。在内地，招商局主要依托工业园区尤其是蛇口工业区来发展工业，招商局发展公司（前身为招商局发展部）通过发挥优势为蛇口工业区大力"招商引资"，成功将蛇口工业区打造成为中国第一个对外开放的工业区；在香港，主要依托友联船厂大力发展修造船业，既解决了中国远洋运输的船队维保问题，也增强了友联船厂和招商局的经济实力，成功塑造了"友联品牌"和"友联品格"。

2. 工业发展为招商局增添了宝贵的无形财富——"蛇口基因"和"蛇口模式"

这一时期，工业发展为招商局增添了宝贵的无形财富——"蛇口基因"和"蛇口模式"。"蛇口基因"即"敢为天下先"的创新精神，"蛇口模式"即"前港－中区－后城"（即 PPC 模式）的港口工业园区开发模式。

这一时期，招商局勇立潮头，以"敢为天下先"的勇气在改革开放伊始创办了我国第一个对外开放工业区——蛇口工业区。蛇口的一声炮响，开启了一场新的伟大革命。在滚滚的历史洪流中，蛇口工业区诸多探索虽是沧海一粟，但每一点革新尝试，都是中国改革开放事业前行的重要推动力。蛇口工业区的成功，不仅因为其传承了"爱国、自强、开拓、诚信"的"招商血脉"，而且因为在工业园区建设过程中，招商局和蛇口工业园区结合时代新的要求，孕育出"敢于创新、敢为人先"的"蛇口基因"。"招商血脉、蛇口基因"已积淀成为招商局企业文化的核心思想和企业品牌的核心内涵。

蛇口工业区工业发展成就了"前港－中区－后城"的"蛇口模式"。"蛇口模式"把产业和城市综合起来开发，以港口先行，产业园区跟进，再配套城市新区开发，实现港、产、城联动，将政府、企业和各类资源协同起来，从而最终实现成片区域的整体发展。其内涵是摆脱计划经济体制的束缚和行政的不合理干预，充分发挥企业自主权，按照经济规律办事，运用经济手段管理经济、搞活经济，促进产业的流动和升级，把区域经济盘活。目前，"前港－中区－后城"的"蛇口模式"不仅在全国部分城市得到复制和推广，还随着"一带一路"建设在海外得到复制推广。当前，把吉布提打造成"东非的蛇口"的计划已取得突破性进展；多哥、坦桑尼亚、斯里兰卡等多个项目也正在探索工业园区建设采用"蛇口模式"的可行性，争取"前港－中区－后城"发展模式可以在更多"一带一路"沿线国家得到推广。

3. 招商局工业发展促进了中国改革开放和社会主义建设事业

20世纪80年代初，当全国还在争论计划和市场关系时，为促进工业发展，招商局就充分运用中央赋予的自主权，勇于突破传统计划经济体制束缚，在蛇口工业区进行了一系列大胆、超前的改革探索和试验，为工业区开发建设和经济社会快速发展提供巨大动力，为全国城市经济体制改革做出了重要贡献。蛇口工业区率先进行以市场化为取向的改革，坚持把社会主义基本经济制度与发展市场经济结合起来，把公有制为主体与发展多种所有制经济结合起来，把按劳分配为主体与按生产要素分配结合起来，把推动经济基础变革同推动上层建筑改革结合起来，从单项改革突破到配套改革，从经济领域改革推进到其他领域改革，在全国率先建立起比较完善的社会主义市场经济体制和运行机制，为探索中国特色社会主义道路做出了重要贡献。

4. 招商局工业发展产生了"蒲公英效应"，从蛇口走向全国、走向世界

在蛇口工业区，招商局发展公司（前身为招商局发展部）通过大力"招商引资"发展工业和实体企业，不仅使招商局工业得到壮大发展，更主要的是在蛇口这块热土上催生了一批著名的中国企业。招商局在蛇口工业区发展工业和实体经济就像蒲公英一样，改革开放初期在蛇口播撒了一大批种子，这些种子随风到处飘荡，一旦寻找到合适的土壤就生根发芽、茁壮成长。据统计，蛇口累计投资成功孵化企业超过800家，可见招商局工业发展的"蒲公英效应"非常显著。[①]

[①] 钟坚编著《改革开放梦工场——招商局蛇口工业区开发建设40年纪实（1978—2018）》，第522页。

从蛇口工业区走出来的知名企业至少有：中国首家股份制银行——招商银行，首家股份制保险公司——平安保险，全球最大的集装箱企业——中集集团，中国首家中外合资股份制企业——南山开发，中国第一家物流行业上市企业——深基地，中国第一家港口行业上市企业——深赤湾，还有招商地产、招商蛇口、南玻集团等，这些企业都成长为国内外的标杆企业。除此之外，蛇口工业区还有华为、万科、金蝶、TCL、安科、科健、奥尊、迈瑞、海王集团、分众传媒等一批知名企业，它们从蛇口走向全国乃至世界。蛇口工业区因此被称为"单位面积培育知名企业最多的地方"，蛇口工业区成为现代企业成长的新"黄埔军校"，[1] 而以招商局发展公司为代表的招商引资平台公司则扮演了"培苗者"和"领航人"的角色。

---

[1] 钟坚编著《改革开放梦工场——招商局蛇口工业区开发建设 40 年纪实（1978—2018）》，第 522—523 页。

第五章　21世纪以来的招商局工业

进入21世纪，招商局工业集团（简称"招商工业"）成为招商局集团装备制造业务的资源整合和管理平台，坚持走产品差异化、高端化的发展道路，发展成为中国三大国有海洋装备造修集团之一。

第一节　招商工业优化布局与新版图

随着2001年底中国加入世界贸易组织（WTO），中国工业和对外贸易进入了深度融入经济全球化浪潮的新阶段。面对这一重大历史机遇，招商工业有计划地推动自身业务转型和整合，确立了做强做大修船和海洋工程业务、剥离非主营业务的战略安排。一是聚焦主业，大规模退出非主业资产，不仅使主业更加清晰，而且回笼了较多的资金，帮助解决招商局集团流动资金短缺问题。二是巩固优势产业，包括友联船厂的扩容提质，招商重工向高端海工迈进，铝加工业务搬迁扩建，积极培育装备制造配套业务。三是拓展新业务，依托"招商邮轮"，入局邮轮制造领域，并购重组"招商金陵"，重点发展特种船舶制造业务。四是推进科技创新与国际化合作。通过业务聚焦和加强科技创新，招商工业最终确立将业务重点聚焦在高端、绿色、经济、科技型海洋装备制造，实行差异化竞争和多品牌发展战略，形成了海洋装备修理改装、海洋工程装备制造、特种船舶制造、豪华邮轮制造等"4+X"有限相关的海洋装备制造业务格局，打造走向深蓝的工业力量。

一 "瘦身健体",聚焦主业,助力集团度过金融危机

招商局工业集团公司成立初期,友联船厂和招商局发展公司合并的下属企业总数接近 100 家。由于企业数量太多,涉及行业过多,经营效益欠佳,公司总体经营状况较差,合并年产值不到 10 亿元,经常性利润不足 3000 万元。2000 年,招商工业根据招商局集团产业结构调整的总体要求,提出"逐步退出非主营业务和参资项目,集中力量强化主营业务经营管理,努力提高投资资本回报率"的战略构想。2001 年,招商工业成立了资产优化办公室,加快推动清理整顿和资产优化工作。通过股权转让、企业清算和吊销执照等多种方式,招商工业逐步将低端、无效资产退出,向海洋装备修理改装、海洋工程装备制造、特种船舶制造和豪华邮轮制造聚焦。

在 1997 年爆发的亚洲金融危机的冲击下,招商局陷入了流动性危机,左支右绌。而此时招商工业因大规模出售资产和优化资产而收回的大额资金正好助力集团解决流动性资金困窘问题。比如,2002 年成功将广东浮法玻璃(GFG)股权转让给上海耀皮,协同成果显著。一是基本上全额回收了历年投资及垫款共计 6172 万元;二是通过代收代扣的方式代招商局集团收回深圳建材借款本息共计 1032 万元;三是成功代招商地产收回深圳建材和北方两股东拖欠多年的 546 万元地租;四是解除了招商局集团 500 万美元的银行担保责任;五是避免了三方股东追加 2500 万美元巨额冷修技改投资后招商局面临的投资和担保风险。GFG 股权退出扣除所有股权转让成本及费用,该项目净回收资金 7750 万元,全额上交招商局集团。

据不完全统计,2000—2015 年,招商工业通过出售非主业资产而退出企业总计 55 家,回收资金累计约 17 亿元(表 5-1),多数上交给招商局集团,帮助集团摆脱流动性危机,助力集团再造招商局。其中有:2000 年招商工业处置了粤港汽车,回收资金 2634 万元;2001 年出售南玻 B 股回收资金 6.1 亿元,转让 GFG 股权回收资金 6172 万元;2002 年完成华南建材转股回收 760.5 万元,完成南玻法人股转让回收 4178 万元;2003 年完成招发幕墙转股,回收资金 1063.7 万元;2007 年转让三突堤蛇口友联土

地，回收资金3.2亿元；等等。尤其是2004年，友联船厂将持有的1.8亿股招商银行股票全部划转给金融集团。

表5-1 2000年以来招商工业主要退出企业数量及回收资金

年 份	退出企业数量（家）	回收资金（万元）
2000	6	6602
2001	5	67544
2002	5	6319
2003	6	11858
2004	6	1471
2005	8	6421
2006	4	10421
2007	2	34452
2008	1	648
2009	1	1035
2010	3	1951
2011	3	9667
2014	2	2474
2015	3	8619
合计	55	169482

二 积聚力量，巩固优势业务

进入21世纪，招商工业积聚力量巩固优势业务。一是"友联船厂"扩容再提质。蛇口友联搬迁扩建、精心打造孖洲岛修造船基地、收购舟山东邦船厂建设"浙江友联"，收购山东威海船厂打造"山东友联"，努力建设具有国际竞争力的友联修船高端品牌。二是"招商重工"向高端海洋工程装备制造业务转型，发展成为国内仅有的几家高端海工装备制造商之一。三是铝加工产能转移打造"招商新材"，进行混合所有制改革。

1. "友联船厂"扩容再提质

招商工业的修船业务起源于1874年的同茂铁厂，后因种种历史原因而中断。1964年，香港友联船厂成立并在以后的岁月里获得快速发展。1989年香港友联投资成立友联船厂（蛇口）有限公司，2017年招商工业收购浙江东邦船厂并更名为浙江友联修造船有限公司，2021年友联修船（山东）有限公司揭牌。这样招商工业已在香港、深圳、舟山、威海布局了四个"友联船厂"，并积极推动使"友联船厂"的技术和标准"走出去"（详见本章第二节和第七章）。

兴建孖洲岛基地。友联修船品牌始于香港，香港友联1980年代做到了香港修船市场第一，但随着中国改革开放后国际航运中心不断向中国沿海转移，香港修船业逐渐衰退和萎缩，中国沿海修船业强势崛起，友联修船向内地发展成大势所趋。1989年友联船厂开始在蛇口三突堤发展修船业务，到21世纪初蛇口友联已发展成为国内十大修船企业之一。随着深圳航运业不断发展壮大，蛇口友联三突堤修船资源已不能满足华南修船需要，因此2004年招商工业开始在珠江口建设孖洲岛修造船基地，2008年孖洲岛投产后蛇口友联修船产能大幅增长，很快发展成为中国单厂修船产能最大的船厂。蛇口友联修船产值和效益也随之增长到全国单厂第一的规模，友联修船终于发展成为中国修船的金字招牌，友联向长三角和环渤海地区发展也成为招商工业修船业务的重要发展战略。

收购"浙江友联"。2015年底国资委决定中外运长航集团整体并入招商局，招商局集团2016年开始策划将长航修造船业务转给招商工业管理。经过充分调研和相关准备，2017年上海长航将浙江东邦修造船有限公司的34%股权托管给招商局工业集团。2018年深圳市招商局海工投资有限公司通过两次司法拍卖，先后收购东邦20%+34%股权，并补缴原股东欠缴的740万美元注册资本，取得总计54%的控制股权。2018年4月，招商局工业集团组建新的管理团队，全面接管浙江东邦。2018年11月5日完成工商变更登记，将公司更名为浙江友联修造船有限公司。至此，浙江东邦修造船公司从"三国四方"合资企业转身成为招商局绝对控股的"国有"船企，全力打造世界一流的船舶修理改装企业。"浙江友联"作为招商工业在长三角的修船基地，与香港友联、蛇口友联统一以"友联"品牌经营，进一步强化了友联修船高端品牌。

打造"山东友联"。2019年国资委批准招商工业收购中航集团下属中航船舶相关资产，威海船厂、中航鼎衡并入招商工业版图。为了在环渤海地区发展修船业务，2019年12月，招商金陵威海船厂启动新的业务——

修船业务。在"招商金陵"的品牌下，再打造"山东友联"品牌，使之成为招商工业北方修船重要基地。山东友联是继香港友联、深圳孖洲岛、舟山友联之后，招商工业旗下的第四家修船企业。2021年10月8日，集团董事长缪建民出席了威海金陵研发楼竣工剪彩仪式，为招商局邮轮研究院威海分院、友联修船（山东）有限公司揭牌。至此，"友联"品牌在珠三角、长三角、环渤海地区成功布局了四大修船厂，实现了修船业务在国内重点经济区域的全面覆盖，为下一步健康快速发展奠定了基础。

2. "招商重工"高端再启航

作为招商工业核心主业之一的海洋工程装备制造，经营单位为招商局重工（深圳）公司（简称"深圳重工"）和招商局重工（江苏）公司（简称"江苏重工"）。深圳重工成立于1993年，最初从钢结构和港口设备制造起步，2006年转型海工装备制造，2008年搬迁到孖洲岛。江苏重工成立于2013年，主营业务是海工装备（含模块）的设计、制造和修理。2015年深圳重工顺利入围中国首批7家海工白名单企业，2016年江苏重工获国家发改委认定为"国家企业技术中心"（详见本章第三节和第九章）。

进入21世纪，招商重工基于对重工市场态势的研判，于2004年12月底正式向招商局工业集团提交了《招商重工战略目标研讨》报告，规划未来要在稳步发展钢管和铝结构业务的基础上，向海洋结构工程和港机工程业务转型，并形成一定的设计能力，最终向工程总承包发展。在得到招商局工业集团批准后，招商重工开始积极着手业务转型工作。一方面，逐步减少钢结构加工业务量，并开始加强国内港机设备和钢管市场的开拓力度。另一方面，招商重工积极拓展新的业务领域。2006年，招商重工积极介入海洋工程装备建造市场，参与多个海工产品的竞投标工作，并于当年12月成功与中海油服签订了两艘多功能工作平台LIFTBOAT的建造合同，产值达2.6亿元。随后又取得CJ46自升式钻井平台制造订单，为招商重工业务转型迈出了坚实的一步，同时填补了深圳市在石油钻井平台建造领域的空白。2009年，招商重工将自升式平台和特种船舶列为主要目标产品，计划在逐步完善孖洲岛海工配套资源的基础上向长三角地区拓展产能，以多功能平台的基本设计为突破口，研究半潜式平台建造方案，充分利用深水石油开发市场机遇，并建立符合海工业务特点的质量、安全、环境三合一的管理体系，实现与国际接轨的管理体系，为走向国际市场做准备。2012年，招商重工获批成为国家级高新技术企业。2013年，招商局工业集团收购江苏海新重工的船厂资产并将其改造升级为华东海工基地（现称"海门基地"），拥有国内最大的海工干坞。随着华东海工基地2014年全面投产，招商重工总体市场竞争力大幅提升，已发展成为国内仅有的几家海工装备高端制造商之一。

3. 从"华益铝厂"到"招商新材"的搬迁与混改之路

招商局新材料科技（重庆）有限公司前身为深圳华益铝业有限公司，筹建于1980年，是中国第一家中外合资的铝加工企业。2006年，招商工业收购重庆万江铝材有限公司，华益的设备随即搬迁至重庆永川区大安工业园，2009年万江铝材更名为招商局铝业（重庆）有限公司。2020年，招商局工业集团公司按照民营资本"进场摘牌"方案，成功引入民营企业河南中拓新材料有限公司入股，完成重庆招铝混合所有制改革，更名为招商局新材料科技（重庆）有限公司（简称"招商新材"）。招商新材的主要业务是培育海洋装备制造相关的新材料和关键系统设备等配套业务（详见第十二章）。

招商新材是招商工业响应国家"双循环"发展新格局，大力推进海洋装备新材料应用研究配套国产化的重要举措。招商新材确立了聚焦海洋装备主业，发展新材料应用配套，推进业务转型和产品升级，建设"立足招商、面向行业"的新材料工程应用领域综合服务商的战略定位。招商新材立足长远，将海洋装备新材料工程化应用确定为"十四五"科技创新的重点发展方向，重点依托七大造修船基地的应用场景优势，将招商局海洋装备研究院新材料分院打造为统一的科技创新平台，将招商局新材料科技公司建设成为集中的产业化平台，推进海洋装备轻量化材料的应用、高性能材料产业化等工作，推进海洋装备新材料工程化应用和产业化，提高我国海洋装备制造领域材料的国产化水平。

三 积极拓展新的业务领域

招商工业坚持"科技引领、创新驱动"的发展战略，积极拓展新业务方向。依托"招商邮轮"品牌，开拓邮轮制造业务，并购重组"招商金陵"和"中航船舶"开展特种船舶制造及拓展修船业务。

1. 勇摘"造船皇冠上的明珠"

早在20世纪八九十年代,招商局发展公司依托"深圳江辉"和"苏州江辉"尝试开展邮轮、游艇制造业务。江辉依靠加工出口游艇起家,随后又开发客船和快艇建造业务,逐渐发展成较具规模的玻璃钢船舶生产企业。但后来由于各种历史原因,游艇制造业务逐步萎缩并退出。2018年,招商工业成立招商局邮轮制造有限公司和招商局邮轮产业发展(江苏)有限公司,正式入局邮轮制造领域,依托"招商邮轮"品牌,致力于成为全球主要的邮轮制造商(详见第十章)。

实现邮轮的本土自主制造是"中国制造2025"的明确要求,也是支撑国内邮轮产业快速发展的迫切需要。在招商局集团"打造邮轮全产业链"的战略指引下,招商工业结合自身产业转型和产品升级的发展需求,认真谋划和布局邮轮制造产业。招商工业在充分借鉴国际领先的豪华邮轮制造企业生产流程的基础上,规划建设世界一流的邮轮智能制造基地。招商工业按照"从小到大、从易到难"的原则,以极地探险邮轮开工为起点,努力夯实邮轮制造能力,逐步积累经验向中大型邮轮建造迈进,分阶段、分层次打造滨海游船、内河游轮、极地邮轮、中小型邮轮等产品体系。

为推动国内邮轮配套产业的发展,构建豪华邮轮中国制造的生态圈,招商局集团发挥招商工业的制造业优势和招商蛇口的产业园区运营优势,打造邮轮配套产业园。招商工业成立上海邮轮研究院,引进高端设计人才,加大对材料国产化、智能制造等的技术攻关。通过收购国际一流的船舶设计公司芬兰德他马林设计集团(Deltamarin),招商工业快速获得概念设计、基础设计、详细设计和生产设计等全面能力,推动资源协同,逐步实现邮轮设计国产化。

2. 并购重组"招商金陵"

招商工业通过并购整合长航和中航的船舶业务,重点发展特种船舶制造业务,主要产品包括滚装船、化学品船、气体船等,重点打造"招商金陵"新品牌。目前拥有南京金陵(江苏金陵)、扬州金陵、威海金陵三大制造基地(详见本章第五节和第九章)。

2018年12月30日，招商工业与长航集团在深圳孖洲岛举行了南京金陵船厂（含芜湖公司）管理权托管仪式（图5-1）。从2019年1月1日起，南京金陵船厂正式由招商工业托管，南京金陵船厂也正式并入招商工业。2019年4月，招商工业签署了中航威海船厂的股权收购协议。2019年8月，招商金陵（威海）股权转让完成，正式加入招商工业。按照招商工业规划和部署，致力于打造以"招商金陵"为品牌的特种船舶制造业务，将原南京金陵船厂、中航威海和中航鼎衡船厂变更为招商局金陵船舶（南京）有限公司（简称"南京金陵"）、招商局金陵船舶（江苏）有限公司（简称"江苏金陵"）、威海金陵和招商局金陵鼎衡船舶（扬州）有限公司（简称"扬州金陵"），构建我国建造滚装船最早、门类最全、交付滚装船最多的特种船舶建造品牌。

图5-1 2018年12月30日金陵船厂管理权托管签字仪式

四 推进科技创新与国际化合作

进入21世纪，招商工业注重科技研发和创新能力，打造企业可持续健康发展的核心竞争力。一方面，持续加大科技研发投入，努力实现核心技术自主可控。另一方面，通过国际合作，实现境内制造基地与境外研发、设计主体的协同发展。

近年来，招商工业加大研发投入，集中力量建设国际一流、国内领先的先进海洋装备和邮轮制造商。2016年12月28日，江苏重工技术中心被国家发改委认定为"国家企业技术中心"。这既是对江苏重工研发能力和科技创新成果的肯定，又是对其技术中心建设的认可。2016年11月24日，深圳重工成立了深圳市首个自升式平台设计研发工程实验室，对提高招商工业的技术水平和产品档次、加快形成国内领先的海洋工程高端装备产业基地具有重要意义。2019年8月23日，招商工业成立招商局海洋装备研究院、招商局集团海洋工程技术中心、招商局工业集团公司产业发展研究中心三大科技创新平台。招商工业基于当时船厂整合的情况和内部技术资源协同的需要，优化调整了招商局海洋工程技术中心的组织架构，根据企业战略决策、投资分析以及市场经营的需要，做实做强了产业发展研究中心。三大科技创新平台是招商工业产业研究、产品研发、技术开发和科创投资"四位一体"科创体系的重要组成部分。

近年来，招商工业加快了国际化步伐，实现在意大利、新加坡、芬兰和波兰等8个国家或地区（香港除外）布局研发、设计中心和经营代表处。2013年，招商工业在维京群岛（BVI）注册成立了2个离岸公司Well Target One limited 和 Well Target Two limited，分别持有了海工平台资产。2016年，招商工业投资1999.68万美元与荷兰 Holding OOS International Group B. V、荷兰 HUISMAN Equipment B. V 合资组建半潜式起重平台运营公司，招商工业占股30%。2016年11月，招商工业、法国 GTT 公司和西班牙 GABADI 公司签署了三方战略合作，将促进各方借助各自的优势抢占市场先机，同时资源互补，强强联合，实现互利共赢新发展。2018年6月，招商工业在意大利拉文纳市成立了招商局工业科技（欧洲）有限公司（CMIT—Europe）。欧洲公司的成立是招商工业落实创新驱动战略和海外发展战略的重要举措，标志着招商工业开启了科技研发能力的全球化布局，为增强高端海工和豪华邮轮研发设计能力、培育核心竞争力奠定了坚实的基础。2018年6月，招商工业和欧洲最大的高端内河及海上游轮运营商 Viking Cruises 正式签署全面战略合作协议，双方同意建立长久稳固的合作关系，共同致力于在中国打造高品质的内河游轮和海上邮轮，为全球乘客提供游轮旅游的高端享受。2019年6月，招商工业与意大利博洛尼亚大学签署了战略合作框架协议，将发挥各自优势和强大影响力，服务于 LNGC、FPSO、FSU 等的上部模块设计与制造，并利用大学在海工、油气方面的学术能力对招商工业的油气部专业人才进行培训，创造互利共赢发展新格局。2019 年 11 月，招商工业正式并购芬兰德他马林设计集团，在原有招商局工业科技（欧洲）有限公司和招商局海洋工程技术中心基础上，拥有了世界一流的船舶设计和研发能力。

第二节　友联船厂深化发展与友联品牌拓展

进入 21 世纪，伴随着行业兴衰，友联船厂积极进行发展调整，坚持差异化竞争策略，大力拓展海工平台和大型船舶的改装修理业务，同时全面推行单船预算管理，强化成本管控，向精细化经营管理要效益。三个厂区（香港友联、蛇口友联、漳州友联）中，香港友联全力发展集装箱船修理业务获得显著成效，并依托多元的业务结构平稳度过了全球金融危机，利润结构向拖轮与租赁倾斜，修船主业成为友联品牌文化的重要载体。蛇口友联聚焦超大型油轮（VLCC）等大型船舶与钻井平台修理改装业务，在搬迁孖洲岛后基本确立了华南海工装备修理和改造的龙头地位。漳州友联 2005 年转型拖轮建造业务，2013 年开始向江苏重工转移产能，2015 年完成停业清算。

友联品牌历经 60 年的发展，根植香港，兴于湾区，在珠三角、长三角、渤海湾的多个城市开枝散叶，产品面向世界，品牌享誉全球。面向未来，友联船厂将在招商工业的领导下，继续做强海洋装备维修改装业务，成为中国领先的海洋装备维修改装服务商。

一　友联品牌的接续深化发展（2000—2008 年）

21 世纪的前十年，友联品牌整体上实现了跨越式发展，三大船厂分别找准了自身的市场定位并成长为具备较高市场地位的头部企业。

1. 香港友联凭差异化优势实现高质量发展

进入 21 世纪，香港友联同时面临机遇与危机。随着中国加入世贸组织，香港船舶维修业务将有一段时期的繁荣发展，但友联船厂面临与联合船坞的激烈竞争。同时，香港友联还面临周边地区特别是新加坡、中国沿海等地修船厂的激烈竞争。香港修船厂在设备规模、技术工艺、材料供应、政府支持等方面，尤其是劳动力数量、质量和修船价格上难与周边船厂相比，在竞争中处于不利地位。

香港友联实施差异化发展，不断提升友联品牌地位，企业竞争力显著增强。2002年，招商工业在认真研究市场环境后对香港友联提出了精简机构人员、加强香港蛇口修船业务协同、加快三号坞加长改造技术可行性研究等一系列对策。2004年，香港友联正式展开了三号坞加长改造项目，改造工程主要交给漳州友联实施。三号坞完成加长改造后，长度从250米增加到300米，香港友联具备了第四、五代集装箱船舶修理能力，形成与内地船厂的差异化竞争，整体竞争能力有较大提高。凭借加长坞，2004年底香港厂便承接了中远280米长的第五代集装箱船修理订单，成为名副其实的香港最大修船厂，全年修船营业收入达到1.56亿元，实现修船毛利612万元，成功实现修船业务扭亏为盈。2005年香港友联的加长坞优势发挥更加充分，全年共承修10艘超巴拿马型集装箱船舶，全年修船营收达到1.83亿元，实现修船毛利1063万元。2006年香港友联抓住内地船厂争夺散货和油轮市场的机遇，进一步扩大和内地船厂的竞争差异，将经营重点集中放在超巴拿马型集装箱船上。香港友联集装箱船订单100%按期交付，进一步提高了友联的品牌地位，和全球20大集装箱班轮船东中的18家建立了长期战略合作伙伴关系。2007年，香港友联完成三号坞搬迁，将浮坞从阴澳搬迁到青衣厂内，修船成本显著降低。2008年修船收入达到2.15亿元，实现修船利润4580万元，达到青衣厂修船历史最高水平。

2000—2008年，香港友联保持了以修船、拖轮、租赁为三大支柱的业务结构。在前四年陆续与联合船坞垄断竞争、与周边小厂竞争、与SARS病毒斗争以及香港地区要素成本走高的艰难背景下，香港友联坚持开展修船业务，并不断向内发力，改革公司管理架构，改造现有设备以适应集装箱船市场，提高产品质量与业务竞争力，不但在2004年成功使修船业务扭亏为盈，并在之后的五年时间里将修船年收入提升到2亿元左右，年均贡献近2400万元修船利润。在金融危机来临后，香港友联依托多元的业务结构,保证了业绩的稳定,表现出十年来船厂高质量发展所获得的风险抵御能力。

2. 蛇口友联逐步确立了华南地区海洋工程修理和改造的龙头地位

世纪之交,中国由北到南的海岸线上,渤海湾、长三角、珠三角地区各自都形成了具有一定修船能力的船坞群,广州文冲船厂、广州远洋修船厂、中海菠萝庙船厂和深圳蛇口友联船厂组成了珠三角船坞群。2000年,深圳港集装箱吞吐量达399.3万标准箱,比上年增加33.8%,一跃成为全球第十大集装箱港。深圳港共拥有万吨级以上深水泊位39个,集装箱专用泊位10个,平均每月停靠集装箱班轮227艘次,居全国之首。加之邻近的香港集装箱吞吐量高达1810万标准箱,多年位居世界第一,因此深港国际航运中心必会催生出一流的大型国际修船企业,这为招商工业统一整合发展蛇口友联修船业务创造了机遇。

由于劳动力及原材料成本较低,同时船厂内部的人员、技术资源协同共享,蛇口友联的经营规模与盈利能力一直稳步增长。2000年蛇口友联实现了935万元的利润;2002年蛇口友联开始与香港合作修理钻井平台,顺利介入海工修理业务,进一步提升修船盈利能力;2004年走出SARS疫情影响的蛇口厂全年实现营业收入26812万元,实现净利润4126万元。2005年蛇口友联在市场经营、材料采购和使用、外包业务管理等方面进行了创新,加强了外轮市场经营特别是大型改装船市场的经营力度,并加大固定资产设备更新投入力度,管理水平和生产能力同步提高,各项业务迅速增长。这一年修船业务产值和利润都实现了超常规增长,全年实现营业收入40167万元,实现净利润5522万元。2006年蛇口厂确立了"大力发展新产品市场、维护传统市场、服务精细周到、建立核心客户群、铸造友联品牌"的经营策略,由过去以中小型常规船舶为主的产品结构转变为以大型船舶、海洋工程修理及改装为主的复合型、高附加值产品结构,并成功取得业务突破。蛇口友联2006年共实现营业收入6.2亿元,实现净利润9020万元;2007年成功进入高技术含量的VLCC修理和改装市场,全年创造营业收入11.27亿元,比上年增长82%,实现净利润12604万元。

受益于孖洲岛全面投产带来的扩张效应,2008年蛇口友联顺利实现了从中小型修船厂向大型修船厂的跨越,产能大幅扩张,同时还具备独有的双 VLCC 坞优势。2008 年蛇口友联实现改造船收入 11.67 亿元。同时大力拓展海工修理及改造业务，实现海工产值近 3 亿元，成功将海工修理业务拓展到海外，奠定了华南地区海洋工程修理和改造的龙头地位。2008 年全年实现营业收入 23.6 亿元，实现经常性利润 23994 万元，收入和利润均实现翻番。

蛇口友联在 21 世纪的前三四年时间里基本维持在 2 亿元营收、2000 万元利润的经营规模，业务主要集中在常规船舶修理及参与香港友联的钻井平台业务。随着珠三角修船市场体量的扩张及中海油将蛇口友联确定为在南方的维修基地，蛇口友联 2004 年起连续五年创造营业收入历史新高，连续六年创造利润的历史新高，在 2007 年开始搬迁至孖洲岛进行修船改装业务后更是进一步扩大了产能与经营规模，2008 年营业收入达到 23.6 亿元。此时的蛇口友联基本确立了华南地区海洋工程修理和改造的龙头地位。

3. 漳州友联修造并举，主打拖轮建造

在招商局集团"修船重点向国内转移"的战略规划指导下，又恰逢招商局中银漳州经济开发区项目展开建设，香港友联船厂携手漳州开发区等投资的友联（漳州）修造船有限公司于 1996 年 1 月 5 日注册成立，这是漳州开发区第一家实业公司，规划由漳州友联带动闽南地区形成新的修船产业集群，随后由于合资伙伴退出，漳州友联变成香港友联的独资公司。

香港友联投入漳州友联的是 8500 吨举力"友联四号"浮船坞及相关二手配套设备，四号坞被安置在漳州开发区内打石坑村北面深水区，浮船坞安装到位后，漳州友联即具备了一定的修船能力。但闽南地区的修船市场远不如渤海湾、长三角、珠三角，漳州友联设备设施陈旧、生产规模偏小，经营管理和成本控制等均有待完善，因此成立初期连年亏损。2003 年，漳州友联实现年修船产值 1253 万港元，首次扭亏为盈，实现净利润 17 万港元。

2004 年，招商工业除加大对漳州友联修船业务投资和管理力度外，还将香港友联三号浮坞加长工程交给漳州友联，漳州友联首次介入造船领域，生产经营有了较大的起色。全年修造船业务累计实现收入 2502 万元，净利润 75.3 万元，在修造并举战略下超额完成经营指标任务。由于三号坞加长段建造工程顺利完成，2005 年招商工业趁着旗下拖轮船队扩张之机将拖轮建造任务交付漳州友联，使得漳州友联顺利介入拖轮建造业务，当年修造船收入达到创纪录的 3323 万元，实现净利润 464 万元，首次实现规模盈利。2008 年漳州友联再接再厉，承接深圳重工转移过来的海洋工程服务船舶订单，为中海油建造 3 艘修井支持船，同年还承接孖洲岛 2 艘交通船建造订单。全年共建造船舶 9 艘，实现修造船总收入 20838 万元，其中修船收入 2300 万元，造船产值进一步扩大，全年实现净利润 2005 万元。

漳州友联是招商工业第一次在珠三角以外地区展开的修造船业务尝试，受困于闽南地区修船市场不大、自身业务规模较小、生产条件简陋、地理历史环境复杂等因素，漳州友联在成立初期一直处于亏损状态。直到 2004 年，漳州友联适时走上"修造并举"发展道路，从香港友联三号浮坞的改造工程开始，连年完成拖轮、修井支持船、汽车渡船等特种船舶建造任务，逐步站稳脚跟，成长为闽南地区知名修造船厂。

二 孖洲岛修船基地的建成投产（2008 年）

孖洲岛修船基地项目最早可以追溯到 2002 年。随着 21 世纪以来的业务发展，招商工业明确了友联船厂与招商重工的主营业务，制定了逐步退出非主营业务和参资项目的战略决策，重点对修船及重工业务的发展思路做了全面的研究探讨，主营业务的成长壮大成为招商工业改革发展关注的焦点。2002 年，招商局集团拟扩建三突堤集装箱码头，需要友联船厂（蛇口）有限公司和招商局重工（深圳）有限公司择地搬迁，招商工业抓住机会整合蛇口友联与深圳重工两股工业力量，希望打造一个珠三角地区最大的修造船基地。经过广泛调研，招商工业选中珠江口妈湾港对面的两座无人小岛——孖洲岛，并先后组织了两次战略研讨会。集团领导也高度关注招商工业发展，下半年召开了有关招商工业发展问题的专门会议，经会议研究，提出了深圳孖洲岛修船基地重点工作项目。

招商工业 2002 年下半年对孖洲岛修船基地项目前期研究投入了大量精力，取得了重要的阶段性工作进展。由于集团的大力支持和推动，深圳市和中海油等方面表现出了较大的兴趣，孖洲岛选址也经中国船舶工业第九设计研究院初步论证，认为地质、航道、水域、水深等条件都很适合兴建大型修船基地。

2003年，招商工业孖洲岛项目一期工程可行性研究报告通过深圳市评审，并且完成海域陆地测量和地质初勘工作、工程方案水利论证工作、环境评估报告、海域使用论证报告、项目设计合同等工作。推进过程中，招商工业与有关政府部门和科研单位建立了良好的合作关系，多方谈判确定项目开支，较好地节省了成本。2004年，孖洲岛修船基地项目申报工作取得重大进展，集团初步核定投资总额为23亿元（原船厂搬迁加新建投资总额为27.65亿元），由三航局和四航局负责建设施工，项目工程在2004年12月16日成功举行了开工典礼（图5-2）。

图5-2 2004年12月16日深圳孖洲岛友联修船基地开工典礼

2005年11月，深圳市发改局正式核准修船基地二期工程申报，二期工程设计和部分施工设计已完成。到2006年底，累计已完成投资10.57亿元，其中陆域完成96%，一号码头完工，二、三号码头接近完工，一、二号干船坞坑完工，930米海底综合管线隧道全线贯通，生活区土建工程、办公楼等各项工程建设安全顺利进行。

表 5-2　孖洲岛项目建设历程回顾

时　间	重大事件
2001 年	开始酝酿蛇口友联搬迁、选址、可行性研究，在深圳东部、西部大铲、孖洲岛等地调研
2002 年 9 月	成立项目工作小组，启动项目工作计划及进展报告工作
2002 年 11 月	启动《项目建议书》及《预可研报告》编制工作
2003 年 8 月	向集团提交《项目建议书》和《预可研报告》申请立项
2003 年 11 月	集团批复同意项目立项，随即向深圳市政府正式申报项目建设
2004 年 5—7 月	项目获水利部珠江委员会同意批复，一期工程获深圳市发改局批准
2004 年 9 月	项目分别通过海域使用论证、环境评估专家评审、深圳市环保局同意批复
2004 年 11 月	向集团申报《项目可行性研究报告》，投资额 23 亿元，预计年产值 20.2 亿元，同月获批
2004 年 12 月	举办孖洲岛开工仪式，正式破土动工
2005 年 11 月	深圳市发改局正式批复本项目二期工程
2007 年 8 月	向集团申报《项目可行性研究报告（修订版）》，扩大产能且介入海工业务，申请投资额增至 27.65 亿元
2007 年 9 月	集团批复项目变更，扩大产能，投资额核准为 27.65 亿元
2007 年	一号码头、二号干坞、三号干坞、三号浮坞、四号浮坞陆续建成启用，各车间移动设备开始搬迁
2008 年 1 月	蛇口友联和深圳重工完成固定设备搬迁，当年全面投产

在孖洲岛项目建设过程中，招商工业坚持高效率、低成本、程序化、制度化原则推进各项工作。为规范项目内部管理工作，专门制定了《孖洲岛修船基地指挥部财务管理制度（试行）》和《招商局孖洲岛建设工程施工发包管理规定》等制度，项目设计费、地质详勘价格、水工总承包造价节约大量成本，为项目经营打下坚实基础。2007 年底，除二号码头尚未全面建成外，修船干坞、码头、厂房、办公楼、宿舍、综合管线隧道等工程全部完工并交付使用，一座现代化的修船基地在深圳西部海域横空出世。完工后，蛇口友联和招商重工开始搬迁工作，于 2008 年 1 月底完成。2008 年上半年孖洲岛收尾工程全部完成，9 月 17 日通过整体验收，12 月 18 日举行隆重的投产典礼（图 5-3）。孖洲岛修造船基地的建设，不仅为修船业务的战略转型和发展壮大创造全新的机遇，也为修船与重工业务的整合、招商工业的改革发展提供创新的思路。建成后的孖洲岛基地总面积 70

万平方米，拥有 3400 米的码头岸线，除蛇口友联原有的两座浮船坞外，另建超 30 万吨和 30 万吨的干坞各一座，总投资额 27.65 亿元。修造船业务范围包括巨型油轮、超大型油轮、海上浮式生产储卸油装置、浮式储卸油装置、钻井平台等。

孖洲岛基地于 2007 年试投产，2008 年全面投产。蛇口友联与深圳重工搬迁上岛后，孖洲岛基地一举成为中国最大的船舶及海工装备修理基地。其中，蛇口友联凭借孖洲岛良好地理位置及优质修船设施，一举发展成为国内单体最大、修船能力最强，具有一定国际影响力和盈利能力的高端船舶及海工修理品牌，为"深圳品牌百强"之一，连续多年创造中国修船单厂产值最高纪录。深圳重工在海工装备和特种船建造领域创立了"招商局重工"的品牌。通过自身研发能力的建设，取得首制海工产品（CJ46 自升式钻井平台）优质交付的成绩，一举进入技术壁垒较高的高端装备制造领域，形成与国际高端海工接轨的设计模式，成为自升式平台名牌建造商，是华南地区最大的海洋工程装备制造基地。

图 5-3 2008 年 12 月 18 日孖州岛友联修船基地投产典礼现场

三 金融危机后的发展调整（2009 年以来）

金融危机后，友联船厂总体上进入深化发展与品牌拓展阶段。蛇口友联积极做出改变，向外开拓钻井平台、FSO、FPSO 等海工修理改装业务，进军 LNG 和邮轮修理市场，向内推动各部门工作模块平台化，强化成本管控，向精细化经营管理要效益。由于香港国际航运市场萎缩、成本高企，香港友联修船业务经营规模持续缩小，利润走低。漳州友联受企业规模、设施设备、市场规模等限制难以实现可持续发展，集团果断决策进行产能置换，主要资产与人员转入江苏重工（海门基地），投入海洋装备制造业。

1. 海工业务支撑蛇口友联业绩实现规模增长

经历十余年的发展，蛇口友联已然成长为招商工业旗下经营规模最大、盈利能力最强的修船企业。2008 年全球金融危机后，世界经济仍然处于调整状态，国际贸易和航运业表现出一定的复苏势头，修船业务量有所增加，但产品价格持续下降。招商局工业集团坚持差异化竞争策略，其中蛇口友联重点开拓大型船舶改造及海工修理市场，努力向 LNG 和邮轮修理进军，尽量回避常规船修理的低价竞争，努力争取国际高端客户的高附加值订单，蛇口厂内部则通过强化成本管控提高经营管理水平，克服市场萎靡的不利影响。

金融危机后的第一年，蛇口友联受市场萎缩的影响全年完成营业收入 17 亿元，较 2008 年减少近 7 亿元。蛇口友联决定积极开拓市场，与 Maersk、Heerema 等核心客户深入合作，在半潜式平台改造领域取得突破，海工市场影响力有所提升。2011 年，蛇口友联正式开始在所有修船项目全面推行单船预算管理，实现了各部门工作模块平台化，进一步推动精细化管理。2011 年蛇口友联共修船 237 艘，换板 84000 吨，涂装 370 万平方米，修船业务量创历史新高，全年营收大幅增长至 20.47 亿元，盈利达到 1.8 亿元。

2012—2015 年，航运业的萧条使得修造船业陷入低谷。2012 年蛇口友联总营收仅为 14.02 亿元，是 2007 年以来的最低值，全年实现净利润 1.75 亿元。2013 年，蛇口友联净利润大幅减少至 3207 万元，是蛇口友联自 2003 年以来利润的最低值。2014 年，在大船舶改装项目减少以及海工修理表现不佳的情况下，蛇口友联基本完全依靠常规修船业务支撑，暴露出产品结构单一的弱点。面对问题，蛇口友联积极探索解决办法，年底与马来西亚客户成功签署 FPSO 改装订单，并在这一年努力开拓业务范围，于年内通过了国内最大 LNG 船东 CLNG 组织的修理资格审核，进军 LNG 修理市场。2015 年国际油价深度下滑使得海工装备市场需求萎缩，蛇口友联全年海工改装收入仅 1.12 亿元、海工修理营收仅 860 万元，创几年来的新低。2015 年，蛇口友联成功签署马来西亚 LNG 船改 FSU（浮式储油装置）项目，有效拓展了孖洲岛修船业务范围，提升了修船业务整体市场竞争力。同时拿下广州打捞局"华天龙"改装项目，这一号称亚洲最大的海上浮吊船体总长 174.85 米，宽 48 米，吊臂臂架长 109 米，最大吊力达 4000 吨。蛇口友联全年营业收入 13.64 亿元，签订的改装合同总计超 10 亿元，净利润增长至 7318 万元。

得益于大型海工改装修理业务的贡献，蛇口友联 2016 年在常规船舶承修数减少的同时整体修船产值却有所增加。在高端修船市场上，蛇口友联完成了首艘 FPSO 改装项目，又成功承接了 5 座中海油平台修理订单，并按计划推进 LNG 船改 FSU 项目，全年大型修理改装产值达 7.7 亿元，在中国 SPCC 修船排名稳居单厂第一、集团第二。这一年蛇口友联与船东再次签署两艘新 FPSO 改装的谅解备忘录，同时启动了三号浮坞更新和一号码头接长的工程研究，推进 LNG 船和邮轮修理的前期技术准备工作。全年蛇口友联完成营业收入 15.64 亿元，实现净利润 1.12 亿元。

总体看，蛇口友联在后全球金融危机时期的发展，其业绩在 2008 年、2009 年这两年达到一个高峰后，受世界航运航修业低迷态势影响而有所下滑，大型油轮、超大型油轮、化学品船及集装箱船修理市场持续走低，船舶改装业务也受市场影响而逐渐减少。蛇口友联积极做出改变，一方面继续开拓市场，承接一系列半潜式平台、大型钻井平台、FSO、FPSO 等海工修理改装业务，进军 LNG 修理市场；另一方面推动各部门工作模块平台化，全面推行单船预算管理，强化成本管控，向精细化经营管理要效益。自 2013 年起，蛇口友联更加专注于海工平台修理改造业务以及常规船舶修理业务，在内外合力作用下，海工业务逐年增长，在修船市场低迷的时期支撑起了船厂的业绩规模，但由于海工业务单笔订单施工周期较长，蛇口友联的营收、利润数据呈现周期性的波动。

2. 香港友联利润向好但修船业务日渐式微

受产能、场地、设备等限制，在 2004 年营收与利润规模被蛇口友联超过后，香港友联成为招商工业内部经营规模第二大的修船企业。修船、拖轮、租赁的三大主营业务结构依旧稳定，使得香港友联在全球金融危机中保证了一定的盈利能力。若只看修船业务，尽管该厂在集装箱船修理方面积累起了优质服务、保障工期等优势，与世界知名船东建立起了长期合作关系，但是修船产值还是在2008年达到高峰后表现出逐步下滑的态势。

2010年香港友联继续拓展适合三号坞的中型集装箱船市场，同时发展适于一号坞的拖轮和特种船市场，全年共实现收入2.65亿元，利润8437万元。2011年香港友联充分开展与蛇口友联的协作经营，以克服修船市场整体下滑带来的不利影响，全年实现合并收入2.9亿元，总盈利5608万元。2012年由于国内竞争压力加大、香港修船价格下滑，香港友联全年修船收入下滑至1.29亿元，修船利润减少至1007万元。但是得益于拖轮市场开拓及租赁客户增加，拖轮收入增长至10878万元，利润4549万元，租赁收入增长至3226万元，利润2423万元，对招商工业的利润贡献依然可观。2013年香港修船价格继续下滑，香港友联实现修船收入1.42亿元，修船利润下滑至918万元。由于友联拖轮争取到法国达飞等优质客户，租赁业务成功对外出租阴澳场地及陆路通道，二者收入再创新高，分别达到1.2亿元和3587万元，合计贡献利润超近8000万元。

由于香港航运业地位下滑，到港船舶数量减少，香港友联修船整体上呈萎缩态势，在设备老化、技术工人缺乏的情况下盈利与规模进一步走低。2014年全年香港友联修船收入1.34亿元，利润下滑至320万元；拖轮和租赁则再创收入新高，分别达到1.24亿元和3905万元，利润分别为5350万元和3059万元。2015年，修船收入为1.24亿元，实现利润400万元；拖轮和租赁业务收入再创新高，分别达到1.25亿元和4083万元，利润分别为5481万元和3128万元。2016年实现修船收入1.22亿元，利润654万元，同比增加63.5%。利润增长的原因在于香港友联积极承修本地小型工程船和拓展岸上工程，同时合并技术工种开展联合作业，适当缩减外包工程，有效提高劳动效率，降低了人工成本。2016年拖轮和租赁业务收入再创新高，分别达到1.3亿元和4442万元，利润分别增长到5807万元和3391万元（表5-3）。

表 5 – 3 2010—2016 香港友联三大主营业务利润情况

单位：万元

业务	2010 年	2011 年	2012 年	2013 年	2014 年	2015 年	2016 年
租赁	2183	2086	2423	2901	3059	3128	3391
拖轮	3487	4282	4549	5069	5350	5481	5807
修船	1860	1947	1007	918	320	400	654

资料来源：招商局工业集团 2011—2017 历年总经理年度工作报告。

全球金融危机对拥有三大主营业务的香港友联并未造成巨大的冲击，整体的营业收入与利润情况在其后几年都稳中有升，2010 年时盈利情况就已超过前期最高值，达到 8437 万元。修船业务方面，由于金融危机后香港航修市场出现大幅萎缩，联合船坞等竞争对手陆续退出修船市场，香港友联在香港市场的占有率超过了 80%，市场萎缩也使得香港友联修船业务经营规模减少至 1.2 亿元，利润规模更是一路走低到仅剩 500 万元左右。香港友联的修船业务利润绝对值逐渐下滑，占比更是在总体增长的利润规模中从 20.05% 大幅减少至 6.64%，修船业随着香港友联的发展日渐式微。香港友联主要发展拖轮业务，在拖轮船队更新扩张基础上，加大对拖轮市场的开拓力度，使得香港友联占香港拖轮市场的份额持续扩大，并一举超过最大竞争对手——联合船坞拖轮船队，终于发展成为香港最大的拖轮船队，对香港友联的利润贡献也远远超过修船业务，成为香港友联最主要的经营业务。

3. 漳州友联的发展与停业清算

全球金融危机对漳州友联造成了一定影响，但依托集团内造船订单以及自身特殊区位优势，2010 年漳州厂营业收入曾达到 2.46 亿元新高，利润也仅次于 2008 年水平达到 1700 万元。2011 年漳州友联全力开拓港作拖轮市场，但修船业务因船坞问题出现萎缩，全年合并营收 2.5 亿元，净利润 1028 万元。不同于蛇口友联在金融危机后转型海工业务支撑业绩，也不同于香港友联依托多元业务结构业绩整体继续向好，金融危机后漳州友联维持了营业收入的增长，但利润出现断崖式下跌。2012 年时造船收入达到 3.08 亿元，利润仅实现 56 万元。

漳州友联产品受企业规模和设施设备的限制，加之缺乏研发能力，在行业竞争中处于劣势。船厂缺乏专用的舾装码头，原材料倒运和人员运输受潮汐的制约较大，船坞破旧且规格较小，使得修船业务备受制约。由于船厂的发展受到地理资源的限制（如砂船码头水深回淤等），无法进行发展规划，按照招商工业统一规划，在2013年完成江苏重工注册及收购海新重工船厂资产后，招商局华东基地正式落地海门，漳州友联2013年进入停产清算程序，将主要资产和人员转移到海门基地，漳州友联清算注销。2014年1月8日，漳州友联正式在《中华工商时报》刊登企业注销公示，1月6日漳州开发区联合对移交的全部生产场地进行了验收，漳州友联作为招商工业修船力量的一部分以及漳州开发区早期入区企业正式退出历史舞台。漳州友联按集团规划实现了造船产能置换和提升，为招商工业产能升级及国家消化过剩产能做出了一定贡献。

在艰苦的环境中，漳州友联充分利用简易破旧的设备，在修船业务以外增加造船业务，除了承接香港友联三号浮坞接长加宽重大工程，据统计，2005—2011年，漳州友联共建造4000—6000马力拖轮31艘、海工宿舍船4艘、汽车轮渡和客船各两艘，总计39艘各式船舶，累计创造净利润约8350万元。

第三节　招商重工业务转型与扩张发展

相比友联船厂、金陵船厂，招商重工是一家年轻的企业，但在招商工业的领导下，招商重工充分发挥区位优势与自身力量，在海工装备和特种船建造领域打造了"招商局重工"品牌。通过自身研发能力的建设，实现了从钢结构业务向海工装备制造业务转型、从低端海工装备向高端海工装备制造业务转型，一举进入技术壁垒较高的高端海工装备制造领域，形成与国际高端海工接轨的设计和生产模式，形成自升式海洋平台批量化建造能力，成为自升式平台名牌建造商。深圳重工是华南地区最大的海洋工程装备制造商，江苏重工是招商局开拓豪华邮轮建造业务的布局核心。面向未来，招商重工将在招商工业的领导下，向着做特海洋工程装备制造业务，成为具有国际竞争力的海洋工程装备制造商、世界一流邮轮制造商的目标继续迈进。

一 向海工装备制造商转型（2000—2007年）

1999年，友联重工（深圳）有限公司（即"友联重工"）、江海重型机械工程（深圳）有限公司（即"江海重工"）、深圳招商局机械工程有限公司（即"招商机械"）三家重工企业在招商工业领导下合并成立了招商重工。一开始，合并采取渐进重组方式，但在亚洲金融危机背景下，回归后的香港基建落入低谷，钢结构业务的弊端显现，招商重工出现揽单量不足、人才流失、人心不稳等现象，暴露出场地分散、人员复杂、制度繁复等一系列问题。重组后的第一年，招商重工订单量、完工量和收入利润均不足合并前的50%。

通过调整领导班子、主抓市场拓展和深化重组等工作，在全厂上下的共同努力下，招商重工在2002年全年完成钢管生产约4.6万吨，完成钢结构制造约1万吨，全年实现营业收入4.11亿元，实现了生产能力的全面突破。此时的招商重工已基本克服重组带来的不利影响，并根据集团要求对业务结构调整转型进行部署，逐步缩小占用资源大、竞争激烈、接单毛利率低的钢结构业务规模，并将业务重心转向钢管、铝结构等产品。2003年，招商重工在国内市场有所突破的情况下，创造了业务重组及偿还历史欠账后的第一个盈利年，全年实现营业收入29143万元，净利润982万元，其中国内市场接单达到8300万元，并先后正式获得国家低压流体管生产许可证、钢结构专业承包三级、起重机械安装维修保养一级证书，为公司进一步发展国内市场提供了条件和基础。招商重工恢复盈利标志着公司走出了合并重组的阵痛期，翻开发展的新篇章。

2004年，招商重工在香港市场与内地市场都有较好的表现。在香港，招商重工取得了特区政府环境运输及工务局对隔音产品"ZOUNDZIPP"的资格认可，在行业内积累了较高的声誉，公司形象不断提升。国内市场则重点发展了钢管和港口机械业务，2004年先后承接十几台门机订单，并在华南地区钢管市场达到近100%的占有率。公司控股51%的宁波三鼎钢管则得益于浙江省几个大型基建项目如宁波港和杭州湾大桥等相继上马，宁波三鼎钢管产销量快速增长，其中2004年三鼎钢管销量达到创纪录的23.8万吨，2003年宁波三鼎净利润高达1100万元。深圳重工2004年新接订单金额 2 亿元，合同金额达 7.8 亿元，共实现营业收入 44026 万元，净利润 1775 万元，取得自重工业务重组以来最好的年度经营业绩。

招商工业在大好的市场形势下并没有失去冷静。针对招商重工市场定位和发展方向问题，招商工业在 2004 年上半年开展了招商重工生产经营状况的内部调研工作，同时对重工各业务板块发展前景进行分析，总结招商重工面临的机遇和挑战。在 2004 年之前，招商重工的业务定位主要是以香港市场为主，进行海外建筑钢结构制造，海外市场的年销售额占招商重工总销售额的 75% 以上。公司组织机构也是根据业务展开配置，人力资源、产能资源均向海外钢结构业务倾斜。然而，由于钢结构制造技术含量低、产品附加值低、行业门槛低，钢结构市场竞争逐渐演变为以低成本、小加工厂为主的单一价格战，行业竞争趋于竞劣机制，达到"过度而无序"的程度。基于对市场态势的研判，招商重工于 2004 年 12 月底正式向工业集团提交了《招商重工战略目标研讨》报告，规划未来要在稳步发展钢管和铝结构业务的基础上，向海洋结构工程和港机工程业务转型，并形成一定的设计能力，最终向工程总承包发展。

在工业集团领导下，招商重工积极着手业务转型工作。一方面，在 2005 年开始逐步减少钢结构加工业务量，并加强了国内港机设备和钢管市场的开拓力度。这一年国内订单金额首次突破 2 亿元，达到 21296 万元，其中港机设备 12155 万元，钢管 8681 万元，而钢结构仅 460 万元，初步实现了已有业务的战略调整。另一方面，招商重工积极拓展新的业务领域。2006 年，积极介入海洋工程装备建造市场，参与多个海工产品的竞投标工作，并于 12 月成功与中海油服签订了两艘多功能工作平台 LIFTBOAT 的建造合同，合同额达 2.6 亿元，在招商重工业务转型之路上迈出了坚实的一步，同时填补了深圳市在海洋石油平台建造领域的空白。值得一提的是，招商重工在这一时期还稳步推进向孖洲岛搬迁的工作，为接下来几年在海工行业景气周期下的产能扩大以及业务拓展奠定了硬件基础。

2006 年，招商重工主要的生产都集中在钢管与港口设备两方面，但随着友联船厂和招商重工生产量的扩大，原有场地超饱和运转，招商重工将部分项目在 4 月提前转移到孖洲岛生产，并随即陆续组织建设了临时生活区、筹建了 2000 人容量的食堂、组建了孖洲岛保安队等临时生活项目，为上岛工人提供配套设施与服务。2007 年，招商重工全年新接合同金额达182532 万元，其中海工产品（包括首制 CJ46 自升式钻井平台和绞吸式挖泥船）166796 万元，占总合同额的 91.38%；钢管 2908 万元，占总合同额的 1.59%；港机设备及钢结构 12828 万元，占总合同额的 7.03%。2007 年，为专注经营海工制造业务及完成集团资产优化任务，招商工业通过上海产权交易所出售了宁波三鼎 51% 的股权。该项股权 1994 年投资 905 万元，2007 年转股收回 2444.43 万元，累计分红 1127 万元，收获了较好的投资回报。

深圳重工连续两年接到海工装备业务订单，标志着海洋工程业务逐步打开了局面，从市场研判、经营管理到技术攻关、设备产能等多个方面都获得了市场的认可，初步实现向海工装备制造商的历史性转型。为了适应战略转型，招商重工专门成立了海工市场组搜集海工类产品的市场信息并专职进行海工市场营销，随着海工建造项目的逐步落实，从人力、物力等方面积极筹划，调整多功能平台项目组，组建 4500M3/H 挖泥船项目组和 350 英尺钻井平台项目组，充分发挥项目管理效率优势，同时建立起质量、安全和环境"三合一"的新管理体系。

在技术创新方面，招商重工调动整个招商局工业集团的技术力量，并从新加坡及全国各大船厂引进大批技术人员，组建了以海洋工程详细设计及施工设计为己任的技术中心。通过技术中心与设计公司、研究所和著名高校的合作，招商重工加强了人才引进和培养，提高了技术水平，形成船机、轮机、管系、电气、舾装一整套造船设计体系，以适应后续海工经营和生产的需要；招商重工自行设计、制造、安装调试的坞壁车项目，从设计的参数和结构型式上都比同类机型有较大的创新；招商重工机电设备安装队伍迅速成长，形成了大型设备自主安装能力；在获得中国船级社海工处颁发的《海上设施检测机构资格认可证书》后，招商重工正式成立检测中心，标志着招商重工不仅能提高检验效率，降低检验成本，主动、高效把握质量控制，同时还能对外发展 NDT 检验服务，创造更大经济效益。

2004—2007 年，招商重工的年营业收入稳定在 3 亿—5 亿元，为集团贡献了稳定的收入和利润，实现了从低附加值、市场竞劣的钢结构业务向海工装备制造业务的历史性转型。同时，生产场地转移到了孖洲岛基地，在基础设施建设、生产管理体系、技术创新能力、市场业务等方面完成了全面升级改造，为招商重工在行业景气周期下的业务拓展奠定了坚实基础。

二 金融危机后的业务拓展（2008—2012年）

2008年金融危机使得世界经济滑坡，航运业初显萧条迹象，世界港口集装箱吞吐量增幅趋缓。由于缺少货量支撑，不少航线已出现运力过剩现象，直接抑制了新船需求量。运力过剩使得不少船公司纷纷缩减航线，更换船型，压缩成本以维持运营。但同时，普通船舶的订单量急剧减少，各类造船企业开始将注意力会转移到海洋工程船舶，使得海工市场竞争日趋激烈。

2008年上半年，招商重工承接了中海油基地集团"海洋石油281/282生活平台"两座自升式生活平台及COSL三艘印度尼西亚修井支持船的建造订单，合同总额达到10.31亿元。进入下半年，由于市场形势突变，接单形势异常严峻，招商重工转而积极参与国内各种海洋工程结构物的竞投标并跟踪一些国外海工项目，包括天津航道局4500方自航绞吸式挖泥船、上海航道局3500方自航绞吸式挖泥船、12缆物探船、2艘渤海环保船、350尺及300尺自升式钻井平台及荷兰180米下水驳、出口大马力拖轮及工作船、伦敦防波堤钢结构项目等。同时积极参与美国休斯敦OTC展览及德国汉堡SMME海事展，积累了更高级别海工产品国际营销和竞投标经验，为下一步开拓国外海工市场打下了基础。2008年在复杂严峻的市场环境下招商重工完成销售收入10.21亿元，实现经常性利润7749万元，大幅超过预算指标。

2009年在海工市场极度萎缩的形势下，招商重工大力开拓特种船建造业务，先后建成并交付三艘修井支持船、两座自升式海工支持平台"海洋石油281和282"，以及首制CJ46型350尺自升式钻井平台"海洋石油936"，完成中国首艘超大型自航绞吸式挖泥船"天鲸号"的建造和试航，并取得广州打捞局30000吨半潜船、12000千瓦三用拖轮和印度尼西亚第四艘修井支持船的订单，合同总金额达到8.3亿元。随着海工装备与特种船订单的交付与接续签订，招商重工已初步建立海工平台和特种船建造的品牌，为招商重工度过海工业务低迷期奠定了基础。2009年招商重工完成销售收入15.3亿元，实现净利润1.5亿元，再次大幅超出预算水平，实现逆市上扬的增长态势。招商重工将自升式平台和特种船舶列为主要目标产品，计划在逐步完善孖洲岛海工配套资源的基础上向长三角地区拓展产能，以多功能平台的基本设计为突破口，研究半潜式平台建造方案，充分利用深水石油开发市场机遇，并建立符合海工业务特点的质量、安全、环境三合一的管理体系，实现与国际接轨的管理体系，为走向国际市场做准备。

在经历连续两年的剧烈衰退后，世界造船业以及海工市场随着世界经济的回暖在2010年出现探底回升，并开启了2010—2013年的新一轮景气周期。更多船企涌入海工市场，媒体报道有超过15个较大规模的海工基地计划在2010—2011年建成投产，总投资超过400亿元。在僧多粥少的大背景下，国内、国际造船市场的价格战已悄然打响。例如2012年时新加坡多家海工建造商付款条件为建造中付20%，交船时付80%，迫使中国船厂接受更苛刻的付款条件，而外高桥承接的两条JU2000E仅有1%的首付。诸多急于进入海工市场的中国船厂的无原则退让，进一步加剧了海外投资者对中国船厂的挤压。市场陷入完全无序竞争状态，激烈程度残酷无比，各船厂大打价格战，为了获取订单而竭尽全力。

招商重工虽然已经具备一定的先入优势，但仍然在激烈的市场竞争中受到冲击，加之2009年承接的几个大项目密集开工，2010年新接四个项目订单合同额约14亿元，但纳入当年结算收入比例低，全年营收减少至13.4亿元。2011年招商重工大力拓展国际海工市场，全年新接订单达28亿元。但由于全年开工业务量相对不足，仅完成销售收入11.5亿元，实现净利润12073万元。2012年，招商重工顺利完成并交付八个项目，包括世界首艘动力定位50000吨半潜船"海洋石油278"、30000吨半潜船"华海龙"、多功能平台"海恒1号"等。招商重工当年完成销售收入17.65亿元，同比增长53.6%，实现净利润11398万元。

2012年，招商重工获批成为国家级高新技术企业。随着天津海恒CJ46平台开工建造，孖洲岛同时在建的高端自升式平台达到四座，招商重工成为中国最繁忙的海工平台建造商之一。2008—2012年，招商重工的年营业收入稳定在 10 亿元以上，最高达到 17.65 亿元，年均为招商工业贡献 1.32 亿元利润，较刚刚转型为海工装备制造商时有了飞跃式提升。尤为重要的是，这些成绩是在市场情况极其复杂、行业竞争极其激烈的情况下取得的。面对困境，招商重工采取灵活的价格策略，制定针对性价格；巩固国内市场份额的同时构建广泛有效的海外营销网络，努力开拓国际市场；高度重视海工产品多样化，对潜水支持船、重吊铺管船等高端海工产品展开技术攻关。随着各大海工和船舶建造项目的成功实施，招商重工已成功转型为国内为数极少的几家海洋石油平台高端建造商之一，并且在特种船建造市场获得了较好的声誉。

2011 年 2 月 20 日，招商局集团对 21 世纪第一个十年经营业绩进行了总结和表彰，专门授予招商工业"业务拓展成就奖"，获奖理由是："过去工业集团只能修船，今天的工业集团集修船、特种船制造、海洋工程装备制造于一身，产品技术结构不断提升，产品种类不断增加，客户质量数量均有重大提升。其拼搏进取、积极拓展、探索新领域的精神，带来了突出的经营业绩，营业收入年均增长率高于集团平均水平，母公司净利润平均增长率达到 19.2%，显示业务拓展取得了显著成就。"同时，招商工业孖洲岛修船基地被授予"招商局集团最佳投资项目奖"，获奖理由是："在三年时间里，投资 27 亿元使只有 18 万平方米两个小山包的孖洲岛变成 70 万平方米的国际一流修船基地。2007 年第一个码头竣工当年修船产值突破 10 亿元，四年孖洲岛修船基地累计产值 97.5 亿元，实现净利润 11.09 亿元，以惊人速度完成从中型修船厂向大型修造船和海工制造基地的跨越，成为集团效益最佳的投资项目。"通过集团以上的奖励，充分体现了集团对招商工业拓展海工业务取得成绩的肯定。

三　海门基地建成后生产能力进一步提升（2013 年以来）

海工市场与国际油价的相关性较强，油价上涨，石油需求旺盛，海工平台的制造维修项目就能获得更大的投资。2008 年金融危机后，以美、欧、日为主的西方国家全面推进量化宽松的金融政策，大量过剩流动性进入国际原油期货市场，导致石油价格持续走高。然而到 2013 年，石油进口大国美国因国内页岩气开采条件成熟而能源自给率迅速上升，进口大幅减少,油价在2014年6月结束了自2009年以来持续上涨的行情,开始断崖式下跌。招商重工面临新的考验。

2013年海工市场非常景气的局面延续。根据ODS等机构当时预测,2013年至2018年海工装备市场需求达到年均800亿美元,2020年有望达到1250亿美元左右。中国政府也预测在"十二五"期间,海工装备年均投资额在500亿—650亿元,到2015年有望达到1200亿人民币左右。为促进工业转型升级,培育海工装备市场,维护海洋权益,建设海洋强国,中国政府制定了大力发展海工装备制造的中长期发展规划。

早在2009年,招商工业就开始探讨建设华东基地的可行性,当时江苏省提出整合过剩造船产能,大力发展海工业务。在初步调研基础上,2010年8月10日招商工业正式向集团申请开展华东修船和海工基地项目前期准备工作,10月22日集团批准500万元支持招商工业开展华东项目前期研究工作,进行相关市场调研和收购机会研究。2011年3月9日招商工业向集团申请华东项目投资立项,并于2011年5月18日正式获集团批准。经历一年多广泛调研后,招商工业将收购目标聚焦到江苏海新船务重工有限公司。该公司位处南通海门,建有530米×130米中国最大的干船坞,船厂占地面积2035亩,拥有长江岸线1025米,非常适合大型海工装备的制造。

2012年5月,招商工业与海新重工达成有关资产收购范围及转让总价的共识,6月开始研究收购海新重工及后续投资方案,进行相关技术可行性研究,以及与海门市政府洽谈后续投资建设事宜,并委托长江勘测规划设计研究院进行可行性研究。2012年8月,招商工业正式与海新重工及海门市政府展开洽谈资产收购协议及后续投资合同内容。在经过充分研究后,招商工业2013年1月15日正式向集团申报华东海工和船舶修造项目,3月25日集团正式批准华东项目,包括成立招商局重工(江苏)有限公司(简称"江苏重工"),注册资本金为1亿美元,新公司投资18.5亿元收购海新重工资产等。为了将海新重工改造为海工装备制造基地,招商局集团随后于2014年又批准江苏重工对海门基地进行投资19亿元的填平补齐建设。2013年3月26日,招商局重工(江苏)有限公司正式成立,年内即完成联合车间、土地、码头、生活区部分设施、部分设备以及17个单体项目的交接。同时借鉴深圳重工成熟的管理体系，2013年7月江苏重工基本完成管理体系的整体框架和文件的编制，并于9月正式颁布实施。在硬件、软件方面为2014年全面投产做好了充分的准备。至此，招商重工正式拥有了深圳孖洲岛、南通海门两个海洋工程装备制造基地，进入了重工业务发展的新快车道。

深圳重工在既有海工产品口碑和新建海门基地产能支持下，2013年签署新的海工订单金额为31.7亿美元，全年实现销售收入26.18亿元，同比增长48%，实现净利润2.8014亿元，成为当年招商工业最大的利润中心。孖洲岛当时有超过10座在建与待开工的高端自升式平台，成为中国最大的自升式平台建造基地。2014年深圳重工实现销售收入40.59亿元，同比增长55%，实现净利润3.6117亿元，同比增长28.9%，招商工业最大利润中心的地位继续保持。

江苏重工在2013年完成收购工作的同时，有序推进了新订单、新项目的施工，当年签署订单总额约22亿美元，全年共实现营收2.52亿元，账面利润41万元。在2014年全面展开各项目生产任务后，海门基地的产能得到充分释放，全年实现营业收入44亿元，实现净利润1.92亿元，实现了当年投产当年盈利的优秀业绩，被列入招商局集团十大新闻之一。

2014年的世界海工市场出现巨幅波动，随着国际油价断崖式下跌，油企不断削减海洋油气勘探开发支出，平台类需求大幅减少，对海洋工程装备建造市场形成巨大打压，钻井平台、生产平台、海工船建造市场成交量和成交额均大幅下降，钻井平台利用率、海工船租金水平不断下跌，海工市场进入调整期。深圳重工2015年仅实现中海油勘察船的交付，其他四个项目虽已完工但无法交付，给市场运营、资金周转、施工进度积累了一定风险，当年实现账面营业收入39亿元、账面净利润2亿元。2016年，深圳重工主动放缓在造项目进度，全年共18个在造项目，除2016年初交付印尼多功能平台外，其余到年底全部处于已完工待交付或未完工状态，年末甚至出现船东弃船的情况，当年实现账面营业收入23亿元、账面利润仅612万元。2017年深圳重工实现营业收入18.3580亿元，同比下降32%，净利润747万元。

江苏重工与深圳重工一样，2015年在已有订单工程的支撑下保持了增长势头，实现账面营业收入 60.7 亿元、账面净利润 2.6 亿元，但在 2016 年订单交付风险爆发后，营收与利润出现大幅滑坡，2016 年收入大幅萎缩到 14.4 亿元，出现账面亏损 3137 万元。在这一年市场低迷的背景下，招商局集团推动江苏重工开启邮轮制造前期调研工作。

为实现战略转型、创新转型，招商工业 2017 年委托埃森哲研究招商局进入邮轮产业的可行性，并借以向招商局集团报送在江苏海门规划建设豪华邮轮制造基地的立项请示。在集团领导的大力支持下，2017 年 10 月邮轮制造基地项目正式启动，加快推进与欧洲邮轮制造商的合作，积极与江苏省、南通市和海门市地方政府进行沟通，获取政策和资金支持，规划建设海门邮轮制造基地，同时筹划建设邮轮配套产业园。当年招商重工与美国 Sunstone 公司签署了 4+6 艘极地豪华邮轮建造协议。

2013—2017 年，世界海工市场经历了从景气到衰退的周期，恰逢招商重工在江苏海门扩张生产基地，招商重工积极把握市场机遇，在 2014 年和 2015 年两年实现了年均 85.7 亿元的营业收入，每年为招商工业创造 4.6 亿元的利润。然而海工市场的景气机遇同时蕴含了风险，2015 年之后，大批在手订单受到市场逆转的影响无法交付，有的船东甚至直接弃船，对招商重工的资金周转造成了巨大压力。在招商局集团的帮助下，招商重工一方面对已有产能进行控制，大力开展海工去库存工作；另一方面积极拓展修船业务维持一定的现金流动，努力维持生产经营态势。2017 年，招商局集团批准江苏重工拓展邮轮建造业务，招商重工在经历从钢结构业务向海工装备制造业务转型、从低端海工装备向高端海工装备制造业务转型的两次历史性跨越后，再一次迎来新的发展机遇。这一次，招商重工的目标是造船工业"皇冠上的明珠"——豪华邮轮。

第四节　漳州开发区的工业发展

漳州开发区（又名"漳州港"）是招商局牵头建设的又一个重量级工业园区，是在广东成功开发蛇口工业区基础上在福建复制"蛇口模式"而成，被誉为"第二蛇口"。漳州开发区肇始于国家服务对台"三通"的需要，于 1992 年由交通部、福建省人民政府、招商局集团等联合创办。漳州开发区与金门、台湾岛隔海相望，位于厦门湾南岸，距离厦门 3.5 海里，距离漳州市区 60 公里，辖区面积 56.17 平方公里，其中国家级经济技术开发区规划面积为 31.4 平方公里（在 2010 年 4 月升格为国家级经济技术开发区）。

多年来，漳州开发区以优越的地理位置和岸线资源为依托，以"前港-中区-后城"（PPC）模式进行成片开发，已成功打造为一个以发展港航物流业、临港工业和高科技产业为主，第三产业配套发展，具有优良的人文环境，集知识经济、科学管理、可持续发展为一体的，环境优美、经济繁荣、功能完善的现代化滨海新区。漳州开发区的发展不仅成功复制了"蛇口模式"，推动招商局和漳州市经济社会发展，而且对于促进两岸关系和平发展也具有重要意义。

一 漳州开发区建设发展概况

1992 年邓小平同志南方谈话发表后，中国改革开放掀起第二波浪潮。在此背景下，交通部根据党中央对台工作的基本方针，明确了海峡两岸海上通航的基本原则："一个中国，双向互航，互惠互利。"交通部提议，由招商局集团为主在厦门湾南岸（漳州港尾）创办开发区，建设码头，招商引资进行开发。袁庚等招商局集团领导同志多次带队实地考察，组织专家进行论证，从港区规划入手，以蛇口工业区的管理模式为蓝本推动漳州开发区的建设。1992 年 10 月，福建省政府批准由招商局集团（香港）有限公司、中银集团（香港）有限公司、福建投资开发总公司、国家交通投资公司、漳州市人民政府、龙海市人民政府、福建省港航管理局合资兴办招商局中银漳州经济开发区有限公司，联合开发建设漳州开发区。同年 10 月，经福建省对外贸易经济委员会批准，设立招商局中银漳州开发区有限公司。同年 12 月 28 日，招商局中银漳州经济开发区开工奠基。根据"政企合一、职能兼容、逐步完善、最小定员"的原则，1992 年福建省政府批准发布《招商局中银漳州经济开发区管理条例》，漳州开发区由招商局集团负责经营管理，漳州开发区管委会在漳州市人民政府的领导下，行使相当于一级地方政权组织职能，负责统一管理漳州开发区的行政事务，管委会与有限公司实行统一管理体制。1993 年福建省政府批准管委会在漳州开发区范围内行使地市一级的经济管理权限。1998 年，招商局集团与中银集团进行股权置换，中银集团退出漳州开发区，招商局中银漳州经济开发区有限公司亦更名为招商局漳州开发区有限公司。

2000年之前，漳州开发区主要处于基础设施建设阶段，致力于区内生活和生产等配套设施的完善，包括解决征地、拆迁、居民安置和供水、供电等问题。漳州开发区成立之前，厦门湾南岸、南太武山下这片宁静的土地只是荒山坡岭、乱石浅滩，全区56.17平方公里，山、海各占45%，耕地仅占10%。漳州开发区的创业者以"时间就是金钱，效率就是生命"的蛇口精神，以"空谈误国，实干兴邦"的实干作风，开启了福建史上最大规模的开山填海工程。截至1999年底，开发区基本实现"五通一平"，供电公司、水务公司、公用公司等相继成立，为区内的生活和生产提供配套服务。开发区内的行政职能部门工商、税务、公安、消防等也陆续成立，为区内居民和企业提供经济和安全保障。良好的软硬件基础设施开始吸引公司入驻。比如，1995年10月，招商局发展有限公司与德国诺尔起重机集团共同发起组建诺尔起重设备（中国）有限公司，正式落户漳州开发区，其成为较早在开发区发展的一家中外合资企业。

进入21世纪的第一个十年，漳州开发区逐渐摆脱亚洲金融危机的影响，主要业绩指标年年刷新高，综合实力显著提升。2000年9月8日，在厦门举行的第四届中国投资贸易洽谈会上，漳州开发区签订的投资合同总计投资额近6000万美元。这是漳州开发区自参加"9·8"投洽会以来成果最丰硕的一届。2001年6月，漳州开发区港口获交通部批准为国家一类对外开放口岸和对台直航口岸，相关的口岸联检部门如海关、国检等也进驻区内，为开发区外向型经济和临港工业的发展打下基础。2002年11月，开发区港口先后实现对台试点直航和"小三通"货运直航。2003年，厦门大学漳州校区启用，开发区内常住人口达到了2.22万人。2005年漳州开发区经济继续呈现良好发展态势，实现"三个超亿"：2005年引进合同资金额2.3亿美元，实际到资1.1亿美元；地方级税收、开发区有限公司净利润均突破亿元大关。特别是在"十一五"时期，开发区工业总产值年均增长27%，财政总收入年均增长34%，地方级财政收入年均增长40%。2010年，漳州开发区规模工业总产值首破百亿元，全区共实现工业生产总值109.4亿元，比上年增长59%，在漳州市发展中的地位和作用逐步凸显。

进入 21 世纪第二个十年，漳州开发区不断加快转型升级的步伐，具体表现为：由工业区规划模式向城市综合体规划转型、由工业区品牌向城市特色品牌转型、由工业设施建设配套向城市综合配套转型、由传统产业向重点扶持高科技产业转型、由重点发展工业产业向大力发展服务业转型、由聚产业向聚人气转型、由土地粗放经营向土地集约经营转型。2012 年 11 月 20 日，招商局漳州开发区与龙海市人民政府合作的供水工程正式竣工并投入运行。该供水工程是龙海市东部和漳州开发区的重要民生工程，它的通水为龙海市东部和漳州开发区的民生及经济发展提供了有力保障。2013 年 5 月 28 日，由招商局参与投资并管理的厦漳跨海大桥正式投入运营，项目总投资 50 亿元。厦漳跨海大桥使得厦门岛内到漳州开发区原本需绕陆路 2 个小时的车程缩短为 40 分钟左右。2016 年，漳州开发区生产总值、财政收入和实际利用外资创历史新高，分别为 36.85 亿元、21 亿元和 3.55 亿美元。2018 年，漳州开发区完成政企分离，分为漳州招商局经济技术开发区管理委员会和招商局漳州开发区有限公司，前者承担地方行政管理职能，后者注入招商蛇口上市平台。招商漳州与漳州开发区管委会开启了新的政企合作模式，双方签订了《漳州招商局经济技术开发区管理委员会与招商局漳州开发区有限公司合作协议书》，以合作协议的形式规范了双方合作的业务内容，以新型政企合作模式推进了商业模式创新。2019 年 4 月 3 日，招银冷链物流园区正式开园。同年 11 月 26 日，招商局·芯云谷产业园区正式开园，华为、腾讯、中关村 E 谷等企业率先入驻，逐步形成"龙头企业带动、中小企业成长、小微企业孵化"的发展格局。

二 漳州开发区的工业发展

依托港口优势，漳州开发区逐步形成了以豪氏威马海工装备、中信重工海上风电装备等为代表的专业设备制造业，以中集集装箱、首钢凯西钢铁等为代表的金属制品加工业，以中粮集团粮油、白玉兰精糖等为代表的粮油食品加工业等三大临港工业产业集群。"十四五"漳州开发区将加快构建以港口经济为主导的现代产业体系，重点发展高端装备制造、食品产业、现代物流，大力培育文旅健康和数字化产业，打造"3 + 2"产业体系。

1. 建成一个重要口岸，发展港口经济

漳州开发区建港条件优越，拥有自然岸线 28 公里，-8 米以下深水岸线 13 公里，可建 33 个万吨级以上泊位，是漳州市港口经济发展的龙头。截至目前，建成 17 个码头泊位，其中 3.5 万吨级以上泊位 11 个，开通至美国、日本等国和台湾等地区的货运航线近 20 条，年吞吐能力 4600 万吨以上。

招银港区跻身"国家一类口岸"，成为"对台货物直航港""对金门和澎湖客货试点港"，是福建省重要的粮食、木材、钢材三大货物集散地，是我国东南沿海最大的粮食、进口木材集散地，是全国第一批进境粮食指定口岸，并跻身"中国十强进口木材港口"。四区后石港区 3 号泊位是厦门湾最大散杂货泊位。

2. 引入一批支柱产业，培育产业集群

依托港口带动，漳州开发区着力产业发展，夯实经济基本盘，形成了以豪氏威马海工装备、中信重工海上风电装备等为代表的专业设备制造业，以中集集装箱、首钢凯西钢铁等为代表的金属制品加工业，以中粮集团粮油、白玉兰精糖等为代表的粮油食品加工业等三大临港工业产业集群，具备年 400 亿元产能。同时，强化技术赋能和低碳引领，持续推动产业高端化转型，以闽南外海风场资源开发和威驰腾新能源汽车落地为契机，延伸拓展产业链上下游环节及配套产业，积极推进海上风电装备产业园、新能源汽车产业园等整体策划及招商，提升产业集群效应。

同时，围绕"活力产业"目标，落实"一区多园"战略，加大从单一工业制造为主逐步向新兴产业、现代服务业等多元化方向转变，打造产业生态，挖掘新动能。打造芯云谷泛信息产业园，积极发展数字经济；建设海韵冷链物流园，打造冷链供应链服务体系，延伸食品产业配套；以双鱼岛为引擎，积极谋划新业态，打造特色文旅 IP，挖掘山海资源，带动区域文旅高端化发展。成功纳入中国漳州跨境电商综合试验区"一核两翼多园"规划，加速聚集一批跨境平台服务企业。

此外，通过盘活更新、腾笼换鸟，提升产业贡献。将原工业用办公大楼改造升级为"招商局创业广场"，引入一批专业机构，积极探索发展虚拟现实、智慧城市等新产业；利用空置工业厂房，建设海峡两岸影视基地，已有多部影视剧在漳州开发区摄制，打造区域有广泛影响力的影视制作中心；高位资源嫁接，引入有实力的产业园开发商收购区内低效用地、闲置厂房，吸引中小企业入驻，带动就业及经济贡献。

3. 构建现代产业体系，做强产业根基

"十四五"时期，围绕经济倍增目标，漳州开发区加快构建以港口经济为主导的现代产业体系，重点发展高端装备制造、食品产业、现代物流，大力培育文旅健康和数字化产业，打造"3+2"产业体系。高端装备制造依托豪氏威马、中信重工、威驰腾等龙头企业，带动产业链上下游集聚协同发展，重点发展临港海工装备、新能源汽车、智能装备、机械制造等高端装备制造，以及海洋信息、海洋能源等海洋高新产业。食品产业依托粮油加工产业基础、粮食集散地枢纽节点以及码头、口岸、物流、冷库等产业配套，集聚发展粮油精深加工等功能食品产业以及上下游产业，加快搭建展示交易平台、技术转移中心等平台，进一步形成具有特色的产业生态圈。数字化产业以招商局·芯云谷、招商局创业广场为载体依托，以数字化、智能化、平台化为导向，加快引进云计算、大数据、虚拟现实、人工智能、数字文化服务等数字化产业，集聚一批互联网孵化创新基地、科研机构，着力培育数字经济发展生态，打造漳州开发区"数字港"。

第五节　金陵船厂的快速发展

进入 21 世纪，金陵船厂以把我国建设为世界一流的造船大国和强国为己任，逐步形成了集装箱船、滚装船、化学品船三大系列产品线。通过实施技改扩建工程，金陵船厂实现由分段建造向整船建造迈进。同时，金陵船厂重点推进信息化建设，开拓创新发展动能。

一　形成集装箱船、滚装船和化学品船三大系列产品线（2000—2005 年）

20 世纪 90 年代中后期金陵船厂主动出击，逐渐形成了集装箱船、滚装船等系列产品线，与德国、瑞典、芬兰等国企业建立了长期合作关系。2002年，金陵船厂承建了第一艘1100箱快速集装箱船。到2005年共承接26艘订单，在1100箱船建造中逐步推行区域生产、定置管理、单元组装等现代总装造船管理模式，金陵船厂集装箱品牌系列产品迈上了一个新台阶。

2002年11月，金陵船厂为欧洲空客公司建造的5200吨滚装船正式开工。这艘船是世界上第一艘用于承运世界上最大客机A380部件的专用滚装船，也是金陵船厂有史以来建造的技术含量和自动化程度最高、入级符号等级最豪华的出口机动船，从开工到下水、命名、交船，每个阶段都受到国内外航运界、造船业、新闻界的极大关注。5200吨滚装船荣获法国船舶"新概念奖"和中国科技船舶成果三等奖。

与此同时，金陵船厂开始建造化学品船、油船系列产品。相比滚装船，化学品船自动化程度更高、建造要求零缺陷、技术攻关项目更多、建造周期更短，还有特种涂装工艺标准、不锈钢管加工等多项技术难点。

2001年，美国发生"9·11"事件，国际船舶市场量价齐降，金陵船厂经过谈判终于争取到6艘37300吨化学品船的建造合同，交船期排到2005年。2001年12月，船厂为芬兰建造的第一艘25000吨化学品船正式开工，次年9月按期下水，到2005年共建造同类船4艘；2002年9月，为德国建造的第一艘37300吨化学品船正式开工，次年6月按期下水，到2005年共建造同类船6艘；2004年10月，为德国建造的14500吨化学品船点火开工，次年6月下水；2005年10月，又与南京油运公司签订4艘46000吨成品油船建造合同。金陵船厂化学品船、油船系列产品线得以形成。2003年，37300吨化学品船创造了横向下水船舶自重的吉尼斯世界纪录；14500吨化学品船2005年荣获劳氏船名录"当年最佳船舶奖"。

国内企业在技术水平处于劣势的情况下拓展国外市场的成就来之不易。在承接建造国外船舶订单后，金陵船厂培育了船厂职工"吃苦、听话"的企业精神，全厂上下齐心协力，打造了金陵船厂在国内外造船领域的优良口碑。2005年，金陵船厂创汇26773万美元，全年产值超过20亿元，单年交船 13 艘，造船综合吨位超 25 万吨，单年利润超 6000 万元，相比前一时期有跨越式增长。金陵船厂作为国内造船领域的金字招牌彻底打响，金陵质量享誉全球。

表 5－4　2000—2005 年金陵船厂主要指标完成情况

年份	总产值（万元）	出口创汇（万美元）	交船数量（艘）	造船综合吨位（吨）	利润（万元）
2000	68200	8286	18	77289	401
2001	73000	8400	6	40460	423
2002	93000	9000	8	47965	500
2003	118074	5922	5	60160	1100
2004	159136	18593	8	187860	1728
2005	200000	23750	13	251064	6000

二　由分段建造向整船建造迈进（2006—2010 年）

金陵船厂的设备、技术、厂区随着造船能力跨越式发展而加快更新。在基础设施的更新改造方面，金陵船厂自筹资金，在"总体规划、滚动发展、分步实施、少投入、多产出"的方针指导下，一共完成改造计划项目 120 多项，总投资 1.6 亿元。分步完成了船台梳式滑道改造、舾装码头的新建和接长、起吊设备的购置和新建、新建总装造船基地等多个项目，以 2800 万元收购了江苏仪征真江船厂并成立江苏金陵船舶有限责任公司（简称"江苏金陵"），兴建金陵船厂总装造船基地，克服南京长江二桥高度对金陵船厂发展大型船舶建造的瓶颈制约，为长航工业系统所属厂提供扫尾交船的系泊施工基地。2001 年 8 月，由金陵船厂控股的江苏金陵在原真江船厂正式成立，船厂进入总装造船跨越式发展的新阶段。江苏金陵先后自筹资金 14 亿元建成 10 万吨级船坞、20 万吨级船坞及配套设施，实现了几代金陵人建大坞、造大船的梦想。

进入"十一五"时期，中央提出要把我国建设为世界一流的造船大国和强国的目标。按照中国长江航运集团发展战略，金陵船厂加快了江苏金陵扩建工程，同时贯彻落实科学发展观，转换造船模式、加快技术进步、提高生产能力，呈现出跨越式发展的崭新局面。

2006年，金陵船厂开启了总投资金额达13亿元的江苏金陵技改扩建工程。实现现代化总装造船是金陵船厂推动江苏金陵技改扩建工作的总目标。为此，整个技改项目共规划增建10万吨级船坞、20万吨级船坞、舾装码头等基建项目，同时添置等离子切割机、分段平板运输车、门座式吊车等一系列工程设备。在技改扩建过程中，船厂坚持"稳步推进、滚动发展"的方针，技改投入全部为自筹资金，有效控制了企业发展风险。江苏金陵技改后的占地面积由原来的20万平方米扩展到90万平方米。

表5-5 "十一五"时期金陵船厂主要业务指标

年份	总产值（亿元）	商品产值（亿元）	交船数量（艘）	造船综合吨位（万吨）	利润（亿元）
2006	28.4	26.95	16	22.3	0.8
2007	38	27.2	11	24.88	3
2008	52.38	43.8	18	46	4
2009	70.16	60.9	21	68.7	5.7
2010	80	80	26	155.84	4

资料来源：《当代金陵船厂发展史》，第221页。

"十一五"时期，金陵船厂的造船产能逐年增加，月产值每年提升1亿元，五年累计交船92艘，总吨位数达到317.72万吨，实现工业产值268.9亿元，实现利润17.5亿元。2007年面对三十年一遇的长江低水位，全厂职工迎难而上、昼夜苦战，在短短5天时间里成功实现了11300吨1号船和两艘46000吨油轮共3艘大船顺利下水。2008年实现包括49000吨1号油船、11300吨1号滚装船、17700吨1号多用途船等首制船在内的18艘船按期或提前交付，其中49000吨1号油船提前130天交付。2010年全年完成工业总产值80亿元，造船综合吨位达到156万吨，新船开工26艘、下水21艘、交付25艘，完成分段建造27.48万吨、分段合拢21.73万吨、分段预制26.93万吨。

2008年下半年，江苏金陵开始长航凤凰92500吨1号散货船的整船独立建造任务，由分段建造向整船建造迈进，船舶建造向大型化发展，顺利实现升级转型。该船于6月30日正式点火开工，2009年2月12日上台装载分段设备，6月18日下水试验调试，9月24日试航，10月22日交船，整个工期只用 8 个月零 10 天。这也是金陵船厂建造过的吨位最大的船舶，标志着金陵船厂单船建造能力实现从 5 万吨到 10 万吨的大幅提升，金陵船厂几代人梦寐以求造大船的夙愿变成现实。当年另一艘中通 92500 吨 1 号船也于 10 月 28 日顺利交付，江苏金陵只造分段不造整船的历史宣告结束。

三　依靠科技创新推进现代化模式造船（2010 年以来）

进入 21 世纪第二个十年，金陵船厂进入了推进信息化建设，依托科技创新开拓发展动能的新阶段。船厂于 2010 年 9 月正式启动与韩国 KSME 公司的合作，推进大舾装生产设计转模工作，重新制定了电气、管系、轮机、内装生产设计标准，统一了设计、校审、应用标准，规范设计作业，提高设计质量。将大量水上船舶的工作前移到岸上完成，实现"高空作业低空做，低空作业平面做，闷舱作业敞开做，水上作业岸上做，交叉作业单一做"的现代化造船模式，安装周期平均缩短 4—5 天，铁舾装预装率由 61.8% 提高到 91.6%，电舾装预装率由 67.6% 提高到 96.5%。

2011 年 12 月，船厂引进了总体设计软件 NAPA；2012 年 6 月，引进结构分析软件 MSC.PATRAN/NASTRAN。经过协力攻关，2012 年船厂完成 110 米转运平台的自主设计、独立送审工作，节省 100 多万元设计费用，开拓转运平台新领域，船舶设计由单纯生产设计向送审设计拓展，提高了核心竞争力。

在造船工装研究上，船厂也取得阶段性成就。更新脚手架架设方式，有效避免涂装破坏；成功引进电子仿真拉锚技术，淘汰传统实物木锚试验办法，缩短试验时间的同时数据更准、成本更低；完成舵叶横拂、简易舵桨安装车、液压油缸式尾轴元宝支架、舵叶安装活动平台、主机与中间轴镗孔组合平台等大型工装的设计制作；船体分段预密性工序前移，缩短船台合拢周期，改变现场作业环境，降低工人劳动强度；分片预制及分段建造中全面实施分段涂装预保留工艺，保证分段搭载及舾装件安装质量，同时减少油漆损耗。

2010 年以来，金陵船厂主动研究国家科技创新相关扶持政策，加大自主知识产权创造、申请力度，为争取国家科技项目政策资金的支持奠定基础，先后组织以船舶工艺、加工制造为主线的专利产品的申报。到 2012 年累计申请国家专利172项，其中发明专利7项、实用新型专利22项、外观设计专利134项。三年来，共获国家授权专利86项，其中发明专利3项、实用新型专利18项、外观设计专利65项，另获软件著作权4项。2010年被下关区人民政府评为"知识产权有功单位"。

2012年组织申报"10500吨特种滚装船的研发与产业化"科技进步项目，获得江苏省专项资金资助2050万元，并获南京市科技进步奖。金陵船厂获得"高新技术企业"称号以来，共获减免企业税金近2亿元，部分船舶产品获江苏省"高新技术产品"证书。2013年12月，江苏省认定金陵船厂技术中心为省级企业技术中心。2014年9月20日，由金陵船厂和江苏海事职业技术学院共同组建的金陵船舶学院在江苏海院江宁校区举行揭牌仪式。主持研发船厂精度管理信息化系统的范克惠同志2015年劳动节被南京市政府评为"南京市劳动模范"。

2012年5月，船厂编制并通过《金陵船厂十二五信息化规划》，建设设计数据平台（PDM），分五个阶段落实信息化工作：项目启动阶段，业务分析及方案设计阶段，系统定制开发阶段，软件安装、测试、试运行阶段，上线推广阶段。由船舶重工组织推进的企业资源管理平台（ERP）系统，先后在金陵船厂完成信息化需求调研和船厂现状流程整理，进而进入目标流程的设计和软件开发编程阶段。对材料、设备采购入库、生产退料入库、船东供品入库、自制舾装件入库等流程进行讨论并明确，完成船用标准物资编码和非标准物资编码的流程梳理工作。

表5-6 2012—2015年金陵船厂造船业务部分船型概况

时间	业务	船东	船型	备注
2012年5月31日	交付	山东海运	57000吨散货船	
2012年6月28日	交付	希腊CH	82000吨1号散货船	82000吨散货船首制船
2012年11月30日	交付	埃塞俄比亚国航	41500吨1号成品油船	
2012年12月5日	交付	天津国电海运	两艘47500吨散货船	
2013年1月8日	交付	江海集团	首艘51000吨散货船	"长阳门"轮
2013年10月8日	交付	希腊船东	首艘35000吨散货船	
2013年11月7日	交付	希腊船东	首艘64000吨散货船	64000吨散货船首制船
2013年11月22日	签约	山东海运	十艘82000吨散货船	载量大、适航性强、能耗低

续表

时间	业务	船东	船型	备注
2014年3月31日	交付	澳大利亚船东	64000吨散货船	采用绿色环保G型柴油机
2014年4月29日	交付	德国奥登道夫	首艘5000标准箱集装箱船	当时承建的最大集装箱船
2014年8月26日	交付	德国奥登道夫	首艘38330吨散杂货船	
2015年1月29日	交付	挪威格拉姆	首艘6700车位汽运船	在当时最大、技术水准最高
2015年4月9日	签约	安吉汽车物流	3800车位汽运船	
2015年6月3日	下水	安吉汽车物流	2000车位汽运船1号船	首用智能管理的汽运船
2015年6月26日	下水	香港船东	64000吨2号散货船	
2015年6月30日	交付	摩纳哥船东	第二艘81600吨散货船	入级挪威DNV船级社
2015年7月2日	签约	意大利跨国物流	三艘6700车汽车运输船	
2015年7月28日	开工	土耳其船东	首艘64000吨散货船	
2015年8月21日	交付	中外运航运	首艘64000吨散货船	
2015年8月26日	开工	宁波海运	两艘49500吨散货船	
2015年9月8日	开工	英国太古	首艘9000吨水泥运输船	自卸式散装水泥运输船
2015年10月30日	交付	中外运航运	第二艘64000吨散货船	"大拓"轮
2015年12月5日	下水	荷兰船东	首艘64000吨散货船	当年下水的最后一艘整船

21世纪的金陵船厂始终坚持以总装造船为方向，造船模式从区域生产向区域造船转换，推进企业升级转型，造船耗钢量、交船数量、工业总产值逐年升高。船厂同时拥有南京金陵、江苏金陵两大厂区，年产能近百亿。2009年，金陵船厂上属的中国长江航运（集团）总公司与中国对外贸易运输（集团）总公司重组成立中国外运长航集团有限公司；2015年，中国外运长航集团整体并入招商局集团，成为其全资子企业，金陵船厂从此成为招商局集团下属的船舶制造厂商，开启了发展的新纪元。未来，金陵船厂将在招商工业的领导下，向做精特种船制造业务，成为具有国际竞争力的特种船制造商的目标而奋斗。

第六节 21世纪以来招商局工业的特点与贡献

进入21世纪，招商局工业呈现出从单一修造船业向多元海洋装备业务拓展、从"引进来"向"引进来""走出去"相结合转变、从单点布局向"全国一盘棋"全面布局、从临港工业区向产城融合演进的特征，招商局工业发挥科技创新效能，推动我国"制造强国"战略的实施。

一　21世纪以来招商局工业的特点

1. 从单一修造船业向多元海洋装备业务拓展

进入21世纪，招商局实行差异化竞争，逐步实现从单一修造船业向多元海洋装备业务拓展的华丽转身。打造了友联船厂、招商重工、招商邮轮和招商金陵品牌，在国内的渤海湾、长江经济带、长三角地区和粤港澳大湾区等地布局了九大船厂、七大造修船基地，已形成海洋装备维修改装、海洋工程装备制造、特种船舶制造、邮轮制造四个主要业务，依托招商新材加快培育装备制造相关的新材料和关键系统设备等配套业务，基本形成"4＋X"有限相关的海洋装备制造业务格局。

2. 从"引进来"向"引进来""走出去"相结合转变

改革开放初期招商局工业更多的是通过"引进来"发展工业，步入21世纪招商局工业在"引进来"优质项目同时，积极布局国际市场，走国际化发展战略。招商局工业科技（欧洲）有限公司的成立是招商局落实创新驱动战略和海外发展战略的重要举措。2019年，招商局正式并购芬兰德他马林设计集团，在原有招商工业欧洲科技有限公司（CMIT）和招商局海洋工程技术中心基础上，拥有了世界一流的船舶设计和研发能力。

3. 从单点布局向"全国一盘棋"全面布局转变

进入21世纪，招商局工业从单点布局香港和深圳，逐步全面布局，实现"全国一盘棋"。已打造威海、扬州和南京特种船舶制造基地，海门海工和邮轮制造基地，舟山船舶维修改装基地，深圳孖洲岛海工修造基地，香港船舶维修保障基地。未来，招商局将以威海友联为主，重点打造环渤海、华北船舶与海洋工程装备维修、保障基地；以舟山友联面向长三角的航运船舶，重点发展豪华邮轮的维修改装、东海区域海工装备和船舶；以香港友联、蛇口友联为主，聚焦华南区域性航运船舶和南海海洋装备维修保障。

4. 从临港工业区向产城融合演进

历经多次产业升级和创新发展，招商局临港工业区逐步进入"前港－中区－后城"模式，构建起"港、产、城"深度融合、联动发展，带动城市可持续生长。"前港"，即港口邮轮产业建设与运营。"中区"，即园区开发与运营。"后城"，即社区开发与运营。招商局把产业和城市综合起来开发，以港口先行，产业园区跟进，再配套城市新区开发，实现港、产、城联动，将政府、企业和各类资源协同起来，从而最终实现成片区域的整体发展，其内涵是产业的流动和升级，从而盘活城市。"前港－中区－后城"模式已在全国重点城市得到复制和推广，这个模式也在"一带一路"沿线国家和地区得到复制和推广。

5. 科技创新引领转型作用日益突出

招商局工业重视科技创新，加快海洋工程技术中心建设，设立欧洲研发中心，拓展LNG、FPSO、邮轮等高端船舶修理改装业务，研发中深水锚泊式半潜式钻井平台，布局饱和潜水支持船等特种船舶市场。在一系列政策举措推动下，招商局工业形成了一批极具高科技含量的国内外领先产品和服务。深圳重工入围中国首批海工白名单企业。江苏重工获国家发改委认定为"国家企业技术中心"。"招商金陵"成为我国建造滚装船最早、门类最全、交付滚装船最多的特种船舶建造品牌，也是目前世界上手持滚装船订单最多的船厂，其多型产品多次在国际、国内船型评比中获得创新船舶和最佳船舶奖。

二 21世纪招商局工业发展的贡献

1. 助力招商局集团度过金融危机

在1997年爆发的亚洲金融危机的冲击下，招商局集团陷入了流动性危机。到2000年底，招商局集团总债务仍达250.5亿港元，债务率54%，净利润只有6.56亿港元，需消化的不良资产近50亿港元，更严重的是总部的经常性现金流量仍不足以支付所承受的债务利息。[①] 为此，招商局集

---

① 《招商局集团：两次危机 冰火两重天》，http://www.sasac.gov.cn/n2588025/n2588119/c2709702/content.html，登录日期：2022年9月30日。

团历经三年挽救、三年重整，用了六年左右的时间才重新进入发展期。其间，招商工业通过减持变现有效缓解了集团资金压力。例如，1997年招商工业向招商局国际转让中集股票变现3.2亿港元；2001—2002年招商工业在二级市场出售南玻股票变现超过6.1亿元，为招商局集团顺利度过流动性危机做出了较大贡献。

2. 推进我国"制造强国"战略实施

制造业是国民经济的主体，是立国之本、兴国之器、强国之基。《中国制造2025》是中国实施"制造强国"战略第一个十年的行动纲领，着力推进中国制造向中国创造、中国速度向中国质量、中国产品向中国品牌转变，促进我国早日迈入制造强国行列。《中国制造2025》把海洋工程装备和高技术船舶作为十大重点发展领域之一加快推进。招商工业以制造提升推动行业进步、以科技创新引领产业发展为企业使命，以建设中国领先的科技创新型海洋装备制造企业为战略目标，不断推动中国海工装备自主化、品牌化。招商工业通过实行多品牌发展战略，实行差异化竞争，重点聚焦高端、绿色、经济、科技型海洋装备制造，形成了海洋装备修理改装、海洋工程装备制造、特种船舶制造、豪华邮轮制造等"4+X"海洋装备制造业务格局，打造走向深蓝的工业力量。这些都是招商工业落实《中国制造2025》、践行"制造强国"战略实施的实际行动。

3. 为香港经济社会长期繁荣稳定做出贡献

招商局是总部位于香港的中央企业，也是香港历史最悠久的中资企业。招商局见证了香港这个国际化城市百年来的风风雨雨，彼此共同成长。招商工业的"友联"品牌根植香港、兴于湾区，在珠三角、长三角、渤海湾的多个城市开枝散叶，品牌享誉全球。香港友联船厂在香港修船市场占有率超过80%，在港作拖轮市场也雄踞香港第一。招商局既有跨地域配置资源的优势，又有跨文化、跨制度的经营能力。2017年招商局确立了"立足香港、深耕湾区、一带一路"的战略布局。招商局通过深耕湾区，在金融、航运、港口、园区等产业领域建立起了一定优势，集团在大湾区的资产、利润占整体比重近六成，并以自贸区开发开放和深港合作为重点，积极支持香港参与大湾区建设。

4. 为两岸经济产业合作提供"招商局力量"

漳州开发区 1996 年经交通部批准成为对台货物直航试点港、金门货运直航港，2001 年经国务院批准成为国家一类开放口岸，2004 年经国台办确定为金门客运直航备用港并成功组织了漳金客运直航试运行，2008 年实现直接"三通"以来的货运直航台湾本岛。自建区以来，漳州开发区立足自身资源优势，积极做好引进台资项目和服务台资企业等相关工作。区内现有台资企业 28 家，经营范围涉及木制品生产和销售、再生资源回收利用、房地产开发、食品、健康休养、文化、机械设备制造等多种行业。在产业、土地、金融等方面出台了多项优惠措施，加快台资企业聚集，不仅有效降低了开发区台资企业的生产经营成本，助推了台资企业在大陆扎根发展，也有利于扩大和深化两岸经济文化交流合作，增进两岸同胞亲情和福祉。

下编

第六章　招商局工业"十四五"发展规划

经过招商局工业150年的历史积累、香港友联50余年的沉淀和招商工业25年的持续发展,尤其是2017年以来内外部资源整合,招商局工业资源逐步向招商工业集中,形成了招商局集团装备制造板块的资源整合和管理平台。"源于上海、根植香港、兴于湾区、面向全球、创新发展"的招商工业在"十三五"末期正式进入了新的发展阶段,从2006年以前仅有修船业务的"1.0阶段",发展到2016年"修船+海工"业务协同发展的"2.0阶段",再到2017年步入"修船、海工和邮轮"并行发展的"3.0阶段",最后到2020年收购中航船舶板块完成后正式进入了"修船、海工、邮轮和特种船"四项业务共同发展的"4.0阶段"。2020年,招商工业营业收入、期末资产总额分别是2016年规模的2.40倍、1.59倍,公司收入、资产的复合增长率分别达到24.42%、12.25%,基本形成了海洋装备维修改装、海洋工程装备制造、特种船舶制造、邮轮制造、船海配套等"4+X"同类多元、修造并举的业务组合,在国内布局有九大船厂、七大造修船基地,境外拥有了芬兰、波兰、克罗地亚、意大利、德国等分支机构,科技创新也从无到有、稳健起步,初步构建起"产业研究—产品研发—技术开发—科技产业化"多层次、相互支持的科技创新体系,整体上招商工业在"十四五"开局之年进入了"4.0时代"的新阶段。

为谋划招商工业的"十四五"发展规划,招商局集团装备SBU战略发展委员会于2020年6月组织召开了战略研讨会,11月召开装备制造SBU"十四五"规划专题会,研究制定招商工业"十四五"战略规划。12月招商工业组织召开了务虚会,回顾招商工业的发展历程并就"十四五"发展规划进行研讨,战略发展部围绕从发展历程想"为什么"、从所处的形势谋"干什么"、从拟定的规划看"怎么干"等三个方面详细进行了汇报，总体原则是围绕"更好地活下去、活得更好"谋划未来五年的工作，此次会议上初步形成了"十四五"总体发展规划和业务发展规划，提出了"建设中国领先的科技创新型海洋装备制造企业"的总体发展目标，业务方面提出了"做强海洋装备维修改造、做特海洋工程装备制造、做好邮轮制造、做精特种船制造、做成船海配套"的细分业务发展方向，阐述了新发展阶段招商工业"4.0时代"的八大特征，重点提出了未来重点推进的"十大举措"。在2021年招商工业年度工作报告中，继续对"十四五"发展规划进行详细阐述并通过工作报告下发了规划纲要要点，2021年经过逐步完善修订，招商工业"十四五"发展规划逐步形成并于11月面向整个工业集团进行了解读和贯彻，为公司未来规划发展指明了方向。

本章重点介绍规划制定面临的环境、发展规划情况以及相关举措等方面内容。

第一节　招商工业新发展阶段面临的环境

一　面临的外部环境

"十四五"时期将开启全面建设社会主义现代化国家新征程，向第二个百年奋斗目标进军，我国将进入新发展阶段。在新发展阶段的历史坐标点，海洋装备制造行业的发展环境面临深刻复杂变化。

一是国际政治经济形势不确定性增加。受全球新冠肺炎疫情冲击，世界经济严重衰退，产业链供应链循环受阻，国际贸易投资萎缩，大宗商品市场动荡，国内消费、投资、出口下滑，国际国内发展充满不确定性。同时，世界政治日趋复杂，中美经贸摩擦走向不明，各国对抗、制衡、合作、竞争相互交织，发达国家贸易保护主义抬头，多边主义和自由贸易体制受到冲击，国际贸易形势复杂多变。

二是国际造船强国竞争对决日趋激烈。国际竞争格局加速演变，中日韩"三足鼎立"持续深化，中韩两国寡头竞争态势将更加明显，围绕市场份额、关键技术、建造模式、核心配套、技术服务、劳动力供应等方面角逐更加激烈，欧美继续巩固在高端船舶海工装备研发、设计、配套领域的优势。主要造船国家通过兼并重组，努力打造世界一流造船集团，造船国家的竞争突出表现为造船集团间的竞争。

三是科技和产业变革引领造船业新趋势。船舶工业加速与人工智能、5G 通信、工业互联网等新一代信息通信技术融合，智能船舶和智能船厂加速发展。国际海事规则和国家环保要求日趋严格，船舶工业加速向绿色低碳化方向发展，绿色船舶和绿色制造全面推进。各国加速开发极地、深远海区域，极地装备、深远海大型养殖装备、深海采矿装备等新型海洋装备逐步成为新的发展热点。

四是国家重大战略布局提出新的发展要求。海洋强国、制造强国、交通强国等战略部署对我国船舶工业完善产业体系、发展高端装备、推进先进制造提出了更高的要求。构建国内大循环为主体、国内国际双循环相互促进的新发展格局要求船舶工业充分挖掘国内市场需求，熨平外部环境造成的冲击，培育新的经济增长点。

总体上，从制造业来看，新一轮科技革命和产业变革正在改变制造业发展的态势，全球制造业进入了"新制造"时代，智能制造、绿色制造、服务型制造等新模式形成共识。国家"十四五"规划明确提出要把发展经济的着力点放在实体经济上，要坚定不移推进制造强国，坚定不移推进提升产业链、供应链现代化水平。从海洋装备制造业来看，总体上仍然供需失衡，结构性产能过剩，产业集中度进一步加剧，寡头竞争格局进一步明朗，造船大国大企的竞争已逐步从产品的竞争扩展到产业链的竞争。造船数字化、智能化进一步凸显了技术在行业的核心竞争力，效率、成本、质量、工期的影响在行业低迷期进一步拉开了企业的差距。国际海事规范标准的日趋严格，促进了绿色环保技术的应用和新能源在行业内的应用研究，"碳达峰""碳中和"的共识将加快推进制造向绿色生产转型、产品向绿色装备转型。从海洋装备产品看，特种船将保持稳健，邮轮和海工预计仍将面临订单风险和较长的困难期，修船面临海事规范带来的绿色环保压力。而我国数亿计的中产人群消费升级、新生代消费需求变迁以及人口老龄化为国内消费型海洋装备产品则带来了新的机遇，这方面仍有广泛的市场空间。

二 面临的内部环境

经过从"修船"到"修船+海洋工程装备建造",到"修船+海洋工程装备建造+特种船舶建造",再到"修船+海洋工程装备建造+特种船舶建造+邮轮制造"四个阶段的发展,招商局工业已基本奠定迈向"4.0发展阶段"的内部基础。

第一,基本完成战略布局。截至2021年底,招商工业完成在环渤海、长江经济带、长三角、粤港澳大湾区和海南自由贸易港等国家战略发展区域的修造基地和创新研发机构的布局。目前,已在全国10个城市布局了8个修造基地。

第二,业务规模快速增长。"十三五"期间,通过两次重大的外部收购、一次内部整合,实现公司规模的快速增长:相比期初,招商工业收入、资产分别是期初的2.4倍、1.59倍。"十三五"期末,招商工业合计拥有11座干船坞、3座浮船坞以及9座船台,年制造能力达500万载重吨,规模位居全国前列。截至2021年底,招商局工业管理的资产总规模约533亿元。

第三,业务相关多元发展。核心业务组合在"十三五"初"船舶维修、改装与海洋工程装备制造"两项的基础上增加"邮轮建造""特种船舶建造"业务,形成目前"4+X"同类多元、修造并举的业务组合,公司进入"3.0时代"。2018年,经过集团装备制造SBU审议,正式将"邮轮建造"作为招商工业的战略性业务;2019年,招商工业开始托管南京金陵并启动中航船舶的整体并购,同年,经过集团装备制造SBU审议决定:自2020年起,将"特种船舶建造"作为招商工业的核心主业。

第四,邮轮制造初见成效。邮轮制造业务成功开局,2019年9月,招商工业突破了百余项技术难题,成功交付首艘极地探险邮轮,开创邮轮"中国制造"的先河。与此同时,正式开始全球领先的邮轮制造基地2号船坞工程与邮轮配套园的建设。截至2021年底,招商局工业已基本具备邮轮研究、邮轮设计、邮轮制造、邮轮配套和邮轮维修等邮轮制造全流程服务能力。

第五,科技创新稳健发展。"十三五"期间,招商工业坚持"科技引领、创新驱动"的发展战略,实现了科技创新能力"从无到有"的巨大变化,构建了"产业研究—产品研发—技术开发—科技产业化"多层次且相互支持的科技创新体系。组建起了招商局海洋装备研究院、招商局邮轮研究院、招商局深海装备研究院、一个研究中心等多个研究研发及技术创新平台,基本在国家科技创新体系内站稳了脚跟。

招商工业在经历过去五年的快速增长期、熬调结合期、转型发展期后,虽然在此时具备一定的基础,但也积累了不少内部的问题。

一是历史的问题。短期规模快速扩张,新并资产质量较差,企业负债依旧沉重,发展质量有待提升。进入 3.0 阶段后,短期船厂骤然增多、产能急剧增加、债务规模迅速扩大,整体处于"虚胖状态",亟须加强精细管理。受困于海工库存占用资金,长久以来公司负债率居高不下。除修船外,其他业务造血能力不足。海工项目"形式出表",库存处理现金回收缓慢,债务利息不减,去库存任务仍然艰巨。短期的规模扩张导致现有业务发展不均,管理水平参差不齐,资本回报水平差距大,业务组合的结构性问题凸显。

二是发展的问题。现有企业行业核心竞争力不足,技术、管理和生产的竞争优势不明显,面向国家重大需求的解决能力与行业优势不明显。发展的新动能不足,支撑转换赛道的能力不足。适应未来发展的专业人才日益缺乏,优秀管理和技术人才的猎聘能力不足,"大国工匠"的培养机制尚未形成,以海工为主体的研发创新人才结构失衡,未能随业务调整而进行优化。

三是内部的问题。招商局集团对招商工业的战略定位要求与现有自身能力的落差日益加大,下属企业发展的需求与总部要求差距逐步加大。总装集成为主的业务情况与行业产业链协同发展的趋势差距较大,研发创新投入的支出与企业对研发投入快速形成经济效益的诉求差异较大。

总而言之,当前的招商工业注定要在一个高度不确定的"变局"中谋求发展,国际形势、市场需求、技术条件等都发生了深刻复杂的变化,各种风险挑战显著上升,企业之间的竞争更加激烈。同时,又是在一个史无前例的"新局"中寻找商机,国内大循环为主体、国内国际双循环相互促进的发展格局,"碳达峰""碳中和"的发展目标为招商工业提供了更多难得的市场机遇。内外部环境要求招商工业在"形"与"势"的变化中坚定信心,在"危"与"机"的转换中把握机遇,在"稳"与"进"的统一中积极作为,继续深刻认识行业、市场、对手和自己,选好定位、选好赛道、选好业务,认真谋划好"十四五"的规划发展,努力在新发展阶段开启高质量发展的新征程。

站在全面建设社会主义现代化国家新征程的起点,招商工业作为集团制造强国责任的承载者、百年海事主业的传承者、科技强国战略的先行者,必须积极承接国家战略、秉承集团使命要求,聚焦高端、环保、经济、科技型海洋装备,坚持走差异化、专业化、市场化的发展道路,以制造提升推动行业进步、以科技创新驱动企业发展,为世界提供一流的海洋装备,打造走向深蓝的工业力量。

第二节 招商工业"十四五"总体规划

根据"十四五"发展规划,招商工业将在新发展阶段全面实行"领先战略",通过科技创新驱动发展,以细分业务的领先带动企业的全面领先,进而巩固国内领先的海洋装备制造企业的地位,打造"招商工业4.0"新阶段。

一 战略定位和愿景目标

招商工业将坚守招商局集团"百年海事主业的传承者、制造强国责任的承载者、科技创新战略的先行者"的战略定位,肩负"以制造提升推动行业进步"的企业使命,传承"务实、担当、匠心、超越"的企业精神,发扬"实干、苦干、巧干"的工业作风,秉持"崇商、守正、创新、共赢"的发展理念,践行"与祖国共命运、同时代共发展"的核心价值观,致力于建设成为中国领先的科技创新型海洋装备制造商,打造走向深蓝的工业力量。

二 总体发展目标

"十四五"期间,招商工业将以效益增长为方向,以质效提升为基础,以科技创新为动力，以能力提高为保障，强化运营管控、优化业务结构、提高盈利水平，最终实现招商工业和各成员企业健康可持续发展，打造出招商工业"4.0阶段"，建设成为"中国领先的科技创新型海洋装备制造商"。①

"十四五"期间，招商工业将全面实行领先战略，通过"五做"打造"五企"，以细分业务的领先带动企业的全面领先。一是要做强海洋装备维修改装业务，确保市场占有率领先、绿色科技水平领先、企业管理水平领先、市场化机制领先、盈利能力领先；二是要做特海工装备制造业务，在调结构中压缩产能，产品聚焦批量化和高端化，继续盘活海工企业库存资源；三是要做好邮轮制造业务，聚焦内循环机遇，研究创造市场需求，打造泛邮轮谱系产品，建设全流程服务能力，以智能制造提高效率，以国产配套降低企业成本；四是要做精特种船制造业务，推进主力船型谱系化，提高智能制造水平，提高企业盈利能力，内部协同提质增效；五是要做成海洋装备配套业务，以服务船厂实际需求为核心，以机制改革促进新材料业务发展，以投资牵引新能源应用类业务，以科技创新驱动配套设备类业务，以内部协同带动智能系统类业务，以市场需求引领工程管理和设计服务类业务发展，总体提高企业配套业务水平。

三 4.0阶段的八大特征

"十四五"期间，招商工业"4+X"业务板块分别要向"做强、做特、做好、做精、做成"发展，打造新时期的"4.0阶段"。新的发展阶段，招商工业提出要具备以下八大特征：

一是要实现财务稳健。盈利能力持续增长，负债率降至合理水平，无不良资产。二是要实现由单一集成商到服务提供商的转型。由总装集成向微笑曲线两端延伸，拓展研发设计、智能运维、核心配套等业务，能自己供应部分关键材料或设备。三是要实现谱系化设计和批量化建造。建立了谱系化产品体系，船型研发设计标准化、系列化，实现产品批量化生产建造。四是要实现绿色化、智能化和标准化制造。总部实行运营管理，各船

---

① 《招商局工业"十四五"发展规划》，招商局工业集团有限公司战略发展部，2020年。

厂聚焦生产制造，生产环境整洁、效率高效，实现绿色生产和智能制造，船厂能力无明显短板。五是要细分市场保持领先。各业务单元成为本行业领域的隐形冠军，优势产品能形成细分市场的单项冠军。六是要实现市场化机制管理。招商工业或下属公司股权多元、管理机制灵活，包括具有更高效灵活的激励机制。七是要成为科技创新型企业。科技攻关能力显著增强，研发创新明显提升，研发产品能实现快速落地，数字化能力大幅提升，生产制造创新能有效降低成本。八是要成为国家海洋装备制造主力军。能参与国家行业政策制定，能主导或参与行业规范标准编制，在行业拥有较强的话语权，能承担国家重大工业工程。

四 十大重点发展举措

招商工业在"十四五发展规划"中明确了十大重点发展举措，主要包括：

一是强力推进开源节流，保障企业财务健康稳定。开源方面，做大现金流较好的海洋装备维修改装业务（研究推进泉州船厂并购），伺机在香港并购盈利较好的海事服务业务。加快可控库存的去化，增加"去库存"收入，基于市场价格快速租售以回笼现金等。节流方面，以揭榜挂帅或创新制度鼓励各基地降本增效，多措并举保障盈利，加大与海工基金控制的上市公司的协同力度、完成海工基金实现退出及时止血，加强经营接单风险管控，防止重大市场接单风险及新库存带来的财务压力等。

二是加强运营管理能力，推进内部资源深度协同。在规划期内，构建科学、统一的运营管理指标体系，以指标体系为抓手搭建总部集中运营管理平台，为内部对标以及考核等创造条件。重点推进特种船、修船业务的资源深度协同，实现资源内部高效利用，降低管理成本。

三是推进批量化设计建造，着眼细分市场打造单项冠军。拓展产品、效率、设计等多方面的单项冠军领域，开展市场营销以及相应成果的技术积累，重点推进单项冠军产品内批量化订单的生产制造效率提升，重点在制造效率、盈利能力上争当"冠军"。重点推进"LNG/FPSO等产品维修改造"领域的单项冠军的能力打造，巩固高端修船的差异化竞争优势。

四是立足长远发展和实际需要，推进绿色生产和智能制造。重点加快智能制造装备改造、应用，提升单位人工制造效率，增强企业竞争力；对已有船舶制造企业，以南京金陵为试点，围绕提升综合人工效率，实施"渐进式"的智能制造改造路径，全面提升制造效率；对于在建的海门邮轮智能制造基地，建设船舶行业智能制造示范企业，打造"灯塔工程"。按照国家"双碳"发展要求及集团关于发展新产业的要求，研究船舶领域新能源应用的发展机会，推进船厂屋顶太阳能发电装备的建设，联合开展绿色能源船的内部示范应用，开展氢能、氨能等清洁能源在船舶行业的应用研究并研判投资机会，短期考虑以改装介入新能源船领域。

五是内外部多种手段结合，发展主业相关的配套服务能力。运用好德他马林设计集团，分别整合好内部特种船、海工设计能力，赋能装备修造业。以两大研究院为平台，研发设计符合市场需要的产品，获得成果收益。以邮轮材料国产化、LNG设备配套系统、平台甲板机械、智能电控系统及智能运维等为抓手推进配套业务发展。利用好上市公司平台和招商创新投资基金，通过资本运作和投资驱动新能源、新材料船舶与海洋应用业务发展。做强做大海洋装备维修改装业务，从设计端和建造端分别推进智能运维服务。

六是基于市场化原则，建立扁平管理模式和市场化激励机制。充分利用好"揭榜挂帅"制度，聚焦额外创收和节约成本，推行额外激励机制。以研发创新成果市场化见成效为导向，建立并实施研发创新人才激励制度。以舟山友联为试点，落地实施修船市场化激励制度。筹备优质资产境内上市，通过上市公司推进市场化激励机制。在存量固定资产盘活、去库存等方面，推进各类激励制度的融合应用。

七是重点聚焦生产经营需求，强化科技创新赢得市场竞争力。开展海工装备和深海装备的研发，提高邮轮制造全流程服务能力，推进特种船谱系化设计和设备国产化，开展新能源和新材料在海洋装备应用上的研究，推进装备智能化和装备智能制造，另外持续发展绿色科技修船。

八是立足招商所能，服务国家所需，为国担当，建造大国重器。参与国家"十四五"海洋经济发展规划、工信部船舶行业发展规划、LNG专项规划的编制。联合已有国家工程中心、创新中心等建立招商分中心或开展联合实验室建设。加大具有潜在市场机会的专利申请，积极参与国家标准、行业标准编制。通过船舶协会、邮轮协会、海工联盟等组织机构发声，参与国家任务，发挥招商所能。以邮轮协会为平台，建立邮轮配套产业发展联盟，支持海门邮轮配套产业园的产业导入。

九是着重加强人才队伍建设，为"十四五"高质量发展锻造基石。调整总部经营管理部门职责，下放市场接单权限，激活市场营销人员的活力。基于新时期运营管控型总部建设要求，优化并调整总部人才队伍。聚焦大国工匠打造、安全稳定生产需要，通过劳务公司打造稳定、可控的劳动队伍。根据业务战略调整，继续推进减员增效工作。另外，重点加强干部酬薪绩效管理工作。

十是进一步提升内部风险管理能力，为"十四五"发展保驾护航。主要体现在持续推进党建监察、扎实推进风险管控、从严推进安全管理等方面。

第三节 招商工业"十四五"业务发展规划

按照"4+X"的业务布局，招商工业将在"友联船厂、招商重工、招商邮轮、招商金陵"四大特色业务品牌稳步发展的基础上，逐步培育海洋装备配套业务品牌，在分别"做强、做特、做好、做精、做成"五大业务方面深耕细作，总体上要把所属维修改装基地、企业打造成为行业的"头部企业"，把制造基地、企业打造成为行业的"灯塔企业"，以实现企业高质量发展为目标，努力将招商工业建设为中国领先的科技创新型海洋装备制造商。

一 建设海洋装备维修改装行业的"头部企业"

1. 业务发展目标

维修改装是招商工业的"压舱石"业务，"十四五"期要实现质量、效益、规模全面增长。规划期内，维修改装业务实现 FPSO、FRSU 和豪华邮轮改装业务的全面突破，并实现批量接单。维修、改装业务的销售收入利润率、人均产值、人均利润等运营指标进入 SPCC（Shiprepair Periodical Coordination Conference）成员前三。

2. 关键举措

一是差异化定位各基地业务重点。香港友联主要面向香港市场开展船舶修理及拖轮业务，蛇口友联聚焦华南区域性航运船舶和南海海洋装备维修保障基地，威海友联定位环渤海、华北船舶与海洋工程装备维修、保障基地，浙江友联面向长三角的航运船舶，重点发展豪华邮轮的维修、改装。二是坚持"高端维修改装"的发展策略。巩固主流船型的维修、改装业务，特别是LNG（液化天然气）双燃料动力改装业务，扩大LNG运输船、豪华邮轮和海洋工程装备等高端维修改装业务，突破豪华邮轮（含高端客船、客滚船）、邮轮改FPSO（海上浮式生产储卸油装置）、LNG运输船改FSRU/FLNG等大型改装业务。三是全面提升维修、改装能力。重点支持舟山友联、山东友联进行技术改造。加快舟山友联增资扩股进程，筹集资金实施码头延长、车间改造、仓库堆场与配套设施建设；支持山东友联进行港池浅滩清除、码头改造和污水处理设施建设。四是全面实施绿色修船、科技修船。全面推广蛇口友联试验的绿色、科技修船成套技术，建设绿色修船、科技修船的示范企业；对标行业一流，全面实施精细化管理。

二 建设海洋工程装备制造行业的"特色企业"

1. 业务发展目标

海洋工程装备制造是招商工业承担建造"大国重器"使命的业务，"十四五"重点实现转型升级。2021—2025年，海洋工程装备制造业务在现有基础上逐步压缩产能；到2025年，深圳重工基本退出建造业务。"十四五"期间，认真梳理海洋工程装备建造业务的定位，重点聚焦可实现批量化建造、具备较好交付基础、盈利较好的产品。重点打造特种海工船、海上新能源开发装备、渔业资源开发装备等产品。适当建造一批支撑国家能源安全战略、海洋强国和制造强国战略的"大国重器"；在前期技术积累的基础上，通过自主建造带动国内配套、自主配套带动解决一批制约海洋工程装备行业发展的"卡脖子"技术等。

2. 关键举措

一是稳妥获取海洋油气装备订单。基于项目的盈利情况、船东资信、建造垫资等各种因素稳妥接单。二是深度参与国家海上LNG能力提升工程。在公司已有基础上，借助国家支持，加快形成覆盖"LNG接收装备（FSU/FRU、LNG储罐）和LNG加注装备"等海上LNG业务链，培育具有差异化竞争优势的装备制造能力。三是聚焦内循环，加强与优势企业的合作获取订单。谋求与中国华电等涉海电力央企、中国铁建等海上施工企业的合作及各级政府所属海洋渔业企业的战略合作，获取加大"内循环"释放出的订单。优化海工产品的设计，强化挖泥船、工程船等部分具有市场竞争力的产品接单能力。四是丰富海洋工程装备的业务品类。在海上风电安装运维装备、深海渔业养殖装备等方面打造海工装备谱系，实现批量化承接业务。

三 建设特种船舶制造行业的"冠军企业"

1. 业务发展目标

特种船舶制造是支撑招商工业"行业领先"的业务，"十四五"期间重点推动质效提升。2021—2025年，特种船舶制造业务收入、利润平稳增长；规划期内，南京金陵、扬州金陵保持滚装船舶、中小型化学品船舶建造细分市场份额全球第一，威海金陵客滚船舶市场份额进入全球前三，三家金陵全部进入国家制造业"单项冠军"企业名单。江苏金陵突破滚装船舶滚装通道"卡脖子"装备，扬州金陵打开中小型燃料舱、液货舱的外部市场并建立自主品牌，具备FGSS的总包能力。

2. 关键举措

一是联合芬兰德他马林设计集团，优化现有主力船型设计，建立滚装船、化学品等船型谱系。建立评价船舶制造效能的指标体系，实施内部对标、外部对标提升专项行动。推进三维数字化设计，加快智能车间和生产线建设，以船舶分段制造为重点，建成若干条制造效率行业领先的"标杆智能线"。二是发挥"招商金陵"的品牌优势和协同优势。进一步扩大江苏金陵、威海金陵在滚装船舶、扬州金陵在中小型液货船等战略船型的份额并保持领先优势，同时保持适度的接单灵活度；组织三家"金陵"申报国家制造业"单项冠军"认定，全力支撑公司"以细分市场领先带动行业领先"。三是支持江苏金陵等加大研发投入力度、联合开展技术攻关。组织牵头、参与国家级、省级高技术船舶与关键配套装备技术研发，力争打破客、货船舶滚装通道、中小型LNG液货罐舱、双燃料动力船舶FGSS的垄断，实现自主配套或国内配套，进而确保核心配套供应链安全。

四 建设邮轮制造行业的"灯塔企业"

1. 业务发展目标

邮轮制造是招商工业的"战略性"业务，"十四五"期间重点实现设计、建造突破。"十四五"期内，邮轮制造业务开始为公司贡献收入、利润。邮轮制造基地建成、投产，邮轮配套招商取得实质性进展；邮轮研究、设计、建造、配套、维修改装等邮轮制造全流程服务逐步形成。国内游船游轮业务取得多点突破，威海游船、南海游轮、重庆游船等取得实质性进展。高质量交付首艘中型豪华邮轮，完成手持系列极地探险邮轮的交付；建立包含"滨海滨江游船、内河游轮、海洋邮轮"的产品体系，并形成主力船型谱系。

2. 关键举措

一是积极配合落实集团内部战略性的首制中型邮轮订单，持续跟踪储备的独立第三方邮轮运营商订单。二是聚焦内循环，发挥综合解决方案优势，联合行业主管部门、行业协会等培育文化、创造需求，以更大力度开发滨海滨江游轮市场，引导释放国内的游船、游轮、邮轮订单。三是根据首制中型邮轮订单的生效进度、手持订单的储备情况和全球疫情的发展情况，适时调整邮轮制造基地的建设进度，完成基地建设。四是从严控制设计、制造、服务质量，成功交付首艘中型邮轮，高质量交付每一艘邮轮订单，打造"招商邮轮"的金字招牌。以邮轮研究院为龙头，提升招商工业邮轮制造"全流程"服务能力。五是发挥邮轮协会、船舶协会等的作用，建立邮轮配套产业发展联盟，适当通过投资方式发展邮轮本土配套，掌握核心配套资源。

五 建设船海配套行业的"重要企业"

1. 业务发展目标

船海配套业务（船舶与海洋装备制造、海洋工程配套业务）是招商工业新培育的业务，"十四五"期间业务重点是要在现有资源基础上，以服务船厂实际需求为核心，重点发展材料应用类、配套设备类、智能系统类、工程管理和设计服务类以及新能源应用类业务。

2. 关键举措

一是推动招商铝业主动转型升级。新材料应用业务是招商工业重点培育业务,以海洋装备轻量化配套、海洋装备新材料应用、铝深冲材料及应用为业务立足点,通过聚焦主业、深耕铝材、拓展新材,在规划期内建设成为国内领先的海洋装备新材料应用方案提供商。业务发展思路以服务船厂需求为重点,围绕船厂生产需要、装备配套需要,聚焦船舶及海工设备轻量化需求,抢抓行业对材料轻量化、高性能化、新型化的需求机遇,开展海洋装备领域新材料工程化应用市场开拓("材料+"战略),同时稳定现有利润较好的铝加工业务。二是推进华商国际被动整合发展。华商国际业务发展主要以甲板设备、电控和驱动系统、钻井辅助设备等船海配套设施的研发建造为主。"十四五"期间通过稳定原有油气开发类钻井辅助设备业务,着重以服务船厂需求为重点,做强船舶类甲板设备,着眼长远,通过科技创新发展壮大电控系统的开发,并以此为依托进入智能船、智能运营等业务领域,以此为平台推进科技型船舶与海洋工程企业的建设。同时,根据选择有发展前景的配套业务,逐步扩大船海配套业务规模。

第四节 招商工业"十四五"科创专项规划

招商工业的企业使命是以制造提升推动行业进步,招商工业提出"十四五"期间建设中国领先的科技创新型海洋装备制造商的目标,科技创新成为企业达成规划目标重要的支撑,也是引领企业发展的关键要素。

一 总体发展目标

按照"建设中国领先的科技创新型海洋装备制造商"的中长期发展目标和"打造走向深蓝的工业力量"的战略愿景,突破大中型邮轮设计建造、大型海工装备及关键配套设备、特种船舶设计、绿色修船装备、深海装备及水下系统部件等关键核心技术;建成一批国家级海洋科技创新平台,提升招商友联、招商重工、招商邮轮、招商金陵及研究院科技影响力,通过科技引领促进招商工业在海洋装备领域的高质量发展。

总体上，要逐步建成海洋装备研究院、邮轮研究院等科技创新平台，突破一批生产制造和供应链的瓶颈问题，推动具有较强行业影响力的专利、标准等创新成果显著增加，培养出一支稳定、可靠、务实、专注的科技创新人才队伍。"十四五"末，招商工业整体科技实力和创新能力显著跃升，科技创新国际国内影响力显著提升。发展目标方面，要联合或自主筹备建设一个国家级重点实验室、创新中心、工程中心、双创基地等科技创新平台；要参与或主导1个国家级研发创新重大专项和1个省级重大科技计划；研发设计并形成游轮、滚装船、化学品船三个船型谱系；科技创新活动经费以5%的速度增长；突破至少10个生产制造和供应链的堵点、难点问题或国产化替代；高级及以上职称和行业专家团队达到200人，技术和研发创新人员数量占本公司工人数20%以上。

二 重点技术布局

1. 结合形势研判及对标分析

参考领先企业科技布局，围绕增强公司科技创新能力，聚焦公司技术薄弱环节，从应用场景出发，突破短板与"卡脖子"问题，采取自主研发、合作研发和委托研发等形式培育优势技术、储备新兴技术等。

2. 行业共性技术

面向产品设计和制造环节需要，以提高设计水平和生产效率为主要目标，加强基础技术、关键共性技术研究，增加技术储备。开展先进设计方法和设计、计算分析软件的二次开发，提高公司的科技软实力。建立船舶性能和结构数据库，开发船舶线型和综合性能，快速优化设计系统，加强推进、操纵、减振、降噪和结构设计计算等技术研究，构筑产品开发平台。围绕智能制造单元、智能生产线、智能车间建设，针对智能制造关键技术装备、智能数字化车间的开发和应用，突破船舶智能制造总体技术、工艺设计、智能管控、智能决策核心技术，为实现智能工厂提供技术支撑。

3. 前沿引领技术

选择船舶零排放技术、船用氢燃料电池和混合动力系统技术、非金属柔性立管、深海矿产资源开发装备、绿色修船装备等一批具有一定前瞻性、探索性、先导性的产品和技术，开展前期预研，增强科技发展后劲，为公司可持续发展和抢占未来市场竞争制高点做好技术储备。

4. 产业高新技术

面向海洋资源开发在物探、钻井、开采、运输、服务五大环节的需求，着力提升多学科、多专业的技术综合集成能力，掌握关键设计建造技术，形成系列化的自主知识产权产品。以主要海工装备的关键系统和设备为重点，坚持技术引进和自主创新相结合，重点突破边际油气田型 FPSO、SPAR 生产平台、LNG–FPSO、深水油气田开发应急处理装备等新型、高端海洋工程装备的关键技术，为工程研制奠定基础。积极开展大洋采矿作业船、海洋风波能综合利用浮式结构物、超大型浮体结构物等前瞻性产品的关键技术研究和概念设计。引导下属公司推进生产线自动化改造，开展管理信息化和数字化升级试点应用，整合和利用现有制造资源，建设云制造平台和云设计平台，建成型材切割、小组立、中组立、平面分段、管子加工、构件自由边打磨等 6 种船舶中间产品智能生产线，以及分段制造、管子加工、分段涂装等船舶智能化车间。

5. 颠覆性技术

聚焦船用液化氢气、甲醇、生物乙醇等清洁燃料的应用及生产运输装备的研发；开展新材料及轻质复合材料在海洋装备上的应用研究，推动网络智能化、物联网、云计算和大数据等高新技术的应用创新，实现智能自主船舶自主设计建造和远程运维平台的建设。遵循"巩固优势、突出重点、循序渐进、全面提升"的技术发展方针，推动海洋装备市场的重大技术变革。

三　重点工作任务

一是着眼长远发展。布局深海矿产资源开发、极地装备及配套、新能源应用、南海区域资源开发等战略领域。二是聚焦绿色智能升级。在新船型开发中应用节能减排技术和绿色可再生能源；通过示范性建造项目介入智能船舶技术，参与自主驾驶决策与安全智能监控等关键技术研究；以内河游船参与推动内河船舶智能化技术研发；以邮轮智能工厂为示范，突破部分关键制造环节工艺装备短板技术；发展绿色加工、绿色焊接、绿色涂装等绿色制造技术，提升制造质量、效率和效益。三是发展高端船舶和海工技术。推进现有深水油气装备等海洋工程装备成熟产品优化并向绿色、经济、智能转型；加快突破海上旅游综合保障平台等海洋空间资源开发装备关键技术，并努力实现工程化应用；联合开展深海采矿船、深海采集矿机与输送系统等装备研发；巩固货滚船、客滚船、化学品船、中小型LNG船等主流运输型装备技术优势；发展FGSS、中小型LNG加注船等新业务；增强中小型邮轮、内河游轮、高端游船等旅游型装备设计建造能力；以极地探险邮轮建造、极地海工装备介入重点突破设计建造技术；持续发展面向高端船舶与海洋工程的绿色科技修船技术。四是补齐部分核心配套短板。着力对邮轮制造强基补链，推动海工、特种船和邮轮等核心材料领域的国产化；着重推进邮轮配套产品的试验认证工作；着力解决生产效率提升和配套供应链"卡脖子"问题，聚焦生产安全可控；以示范性项目应用发展智能运营服务；整合内部资源协同攻关，突破海洋工程装备深水管缆、海上系泊系统等核心设备设计与建造关键技术；围绕IMO规则和新技术新标准方向，持续开展产业研究和技术跟踪；参与国际相关技术及标准研究，参与修订完善我国现有船舶工业标准。

第五节 香港友联转型发展规划

香港友联是招商工业长期以来扎根香港的主要抓手，因保障国家远洋船队而生，伴随中国远洋航运事业发展而兴。回顾过去，香港友联的发展历史是招商局的一部工业史，更是一部爱国史、奋斗史和奉献史。展望未来，香港友联将继续秉持立足香港、支持集团、服务国家的发展理念，致力于为国家、集团、香港的发展继续贡献力量。

2021年5月11日，招商局集团缪建民董事长调研香港友联；7月6日，集团胡建华总经理调研香港友联。按照集团缪建民董事长、胡建华总经理调研香港友联时的指示，为指导香港友联"十四五"期间发展，招商工业专门编制《香港友联转型发展规划（2021—2025）》。

一 香港友联面临的形势和任务

1. 香港友联转型发展面临的形势

一是国家支持香港建设全球航运中心的目标没有改变，新国安法的实施为香港发展带来的机遇需要进一步把握。二是香港作为全球航运中心的地位没有改变,其衍生的港航、海事服务市场需要进一步挖掘。三是香港友联设施设备陈旧、核心业务停滞、人员结构老化的现实问题没有改变,需要在集团立足香港战略的指引下尽快破解。

2. 香港友联转型发展的主要任务

继续作为招商工业贯彻国家香港战略的重要抓手,一是在深耕香港、聚焦主业中守好阵地;二是在改善环境、拓展业务中实现转型升级;三是在传承精神、发扬作风中履行驻港央企社会责任。

二 规划发展的指导原则、主要目标

1. 转型升级的指导思想

以国家关于香港发展的政策方针为指引,贯彻集团立足香港的专项战略,落实缪建民董事长、胡建华总经理等集团领导调研招商工业特别是调研香港友联的指示精神,以推动招商工业在港业务高质量发展为核心,立足自身、服务集团,按照深耕主业、传承精神两条路线,系统实施环境工程、文化工程和转型工程三大工程,推动香港友联转型成为香港地区领先的海事配套服务企业,把香港友联打造成为集团在港业务协同发展的窗口,将香港友联建设成为招商工业的精神家园和集团作为驻港央企展现爱港爱国情怀的基地。

2. 转型升级的目标

到2025年,香港友联转型成为香港地区领先的海事配套服务商、成为集团展示驻港企业爱国爱港良好风貌的窗口。一是香港友联的发展质量进一步提升。修船业务销售收入利润率、租赁业务单位面积租金水平同比明显提升,拖轮业务市场份额进一步扩大,港航、海事服务等新业务转型取得突破;香港友联核心业务质量、效益、规模均衡发展,整体销售收入利润率接近50%。二是招商局集团驻港窗口企业基本建成。现代化厂区建设取得显著成效,支撑企业转型发展的技术、装备、人才、环境等要素调整全面到位;支持集团在香港友联落地一批内部协同项目、聚集一批海事领域头部企业;场区内爱国爱港的功能性标识、集团立足香港主题展厅建成投用;形成以"爱国爱港、勤俭节约、踏实苦干、甘于奉献、忠诚担当"

为核心的"友联精神"新文化标识;具备高标准承担集团对外展示、公务社交的能力。

三 规划发展的主要举措

通过实施环境工程、文化工程和转型工程三项工程,从13个方面的工作、实施12个重点项目,推动香港友联场区面貌焕然一新、业务转型取得突破和爱国爱港基地全面建成。一是围绕改善环境、吸引人才,全面实施"环境工程",实现场区面貌焕然一新;二是本着传承历史、搭建桥梁,系统实施"文化工程",打造爱国爱港企业基地;三是聚焦提质增效、转型升级,重点实施"转型工程",打造小而精、小而美的海事服务企业。

表6-1 香港友联"环境工程"重点项目

序号	项目名称	备注
1	场区主体功能规划与基础设施改造	新开道路、现有道路平整及场区景观改造
2	办公楼外立面翻新与内部装修	内部3526平方米办公面积、外立面维护更新
3	宿舍楼外立面翻新与内部装修	内部5960平方米宿舍面积、外立面维护更新
4	饭堂楼外立面翻新与内部功能改造	内部2750平方米更新改造、外立面维护更新

表6-2 香港友联"文化工程"重点项目

序号	项目名称	备注
1	爱国爱港爱企标识补齐	
2	《招商局工业发展史》编纂	
3	招商局扎根香港主题展厅/展馆建设	暂定名,拟车间改造
4	服务香港社会工作队伍组建	

表6-3 香港友联"转型工程"重点项目

序号	项目名称	备注
1	内部核心设备/设施协同	友联三号浮坞大修
2	绿色科技修船和核心设备更新	
3	港航与海事服务业务拓展	拖轮船队、船舶淡水加注等业务并购
4	人员结构调整与现代企业制度建设	

第六节 招商局工业"十四五"开局之年的基本情况

2021年是"十四五"开局之年,也是招商局工业进入4.0新发展阶段的元年,更是公司扭亏为盈开启高质量发展的元年。面对错综复杂的外部宏观形势、跌宕起伏的行业运行状况、久战未决的新冠肺炎疫情,招商局工业按照"十四五"规划,坚持稳中求进的工作总基调,发扬"三干三色"作风,扎实办好自己的事情,总体上实现了业务稳中有进,在新阶段迈出了新步伐。

一 开局之前招商局工业的基本架构

1. 招商局工业本部组织架构

为适应"十四五"发展的需要,经过组织机构优化,2021年招商局工业本部共设置独立运行的部门10个,本部编制共计73人(含公司领导7人),是招商局集团二级公司中最精简的二级本部之一。

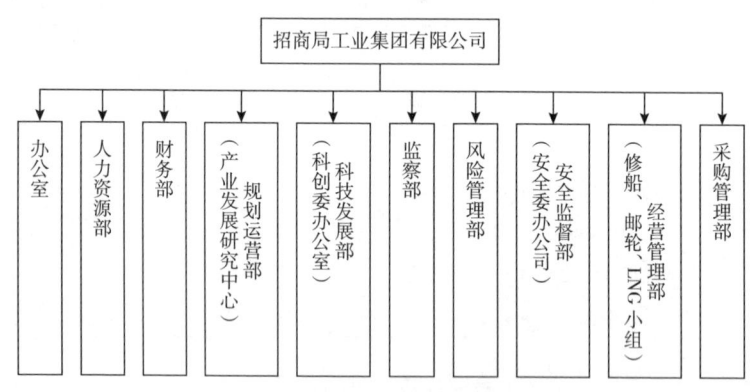

图6-1 2021年招商局工业本部的组织架构

2. 招商局工业业务组织架构

按照业务线条划分,招商局工业的业务包括海洋装备维修改装、海洋工程装备制造、特种船舶制造、邮轮制造等4项核心业务,及其他正在培育的配套、投资等业务,形成"4+X"相对稳定、相关多元的业务格局。截至2021年底,招商局工业共计管理全级次法人企业92家,有实际业务且由招商局工业直接管理的公司 15 家、单船公司 21 家、参股公司 12 家。

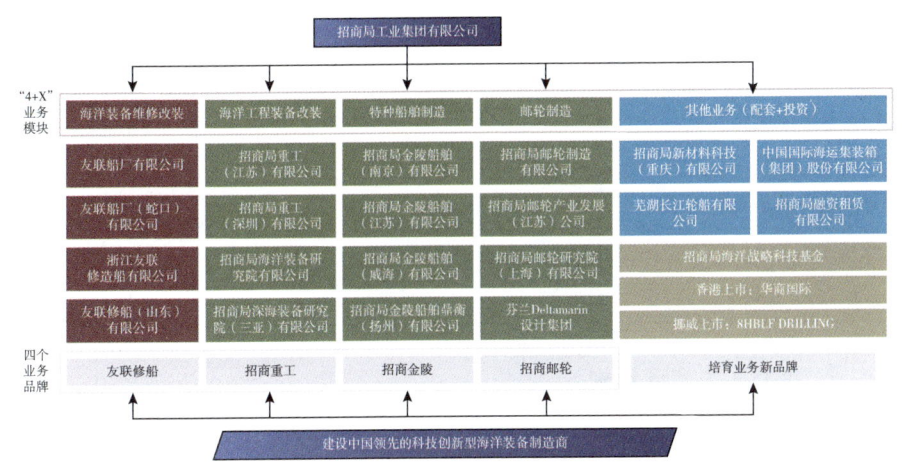

图 6-2 2021 年招商局工业的业务架构

二 开局之年招商局工业的核心资源

1. 核心硬件资源

截至 2021 年底，招商局工业集团共管理 7 个修造船基地、9 家修造企业，企业合计占地面积约 633 万平方米，拥有岸线约 14000 米、码头 8500 米，干船坞 11 座、浮船坞 4 座、船台 9 座，年船舶建造能力达 500 万载重吨，是中国排名前三的国有造修船集团。

表 6-4 招商局工业集团核心设备设施情况

基　地	区域	面积（万平方米）	岸线（米）	码头（米）	船坞/船台	规划产能（万载重吨）
扬州特种船舶制造基地	沿江	35	600	370	干船坞 2 座（8 万吨、5 万吨）	30
南京特种船舶制造基地		120	2322	870	南京船台 8 座（5 万吨）、仪征干船坞 2 座（20 万吨、10 万吨）	180
海门海工和邮轮制造基地		200	2467	1292	干船坞 1 座（50 万吨），2 号干船坞（10 万吨在建）	120

续表

基 地	区域	面积（万平方米）	岸线（米）	码头（米）	船坞/船台	规划产能（万载重吨）
威海特种船舶制造基地	沿海	140	2852	1233	干船坞2座（20万吨、10万吨），船台1座（5万吨）	140
深圳孖洲岛修造基地	沿海	70	3400	2881	干船坞2座（超30万吨、30万吨），浮船坞2座（7万吨、3万吨）	30
舟山船舶维保改装基地	沿海	55	1892	1310	干船坞2座（40万吨、20万吨）	—
香港船舶维修保障基地	沿海	13	550	550	浮船坞2座（10万吨、3万吨）	—

2. 核心人力资源结构

截至2021年底，招商局工业自有员工9677人，其中技术人员1881人，占比19.4%。自有员工学历构成方面，博士8人、硕士388人、本科2681人、大专2172人；职称构成方面，高级职称136人、中级职称1217人。

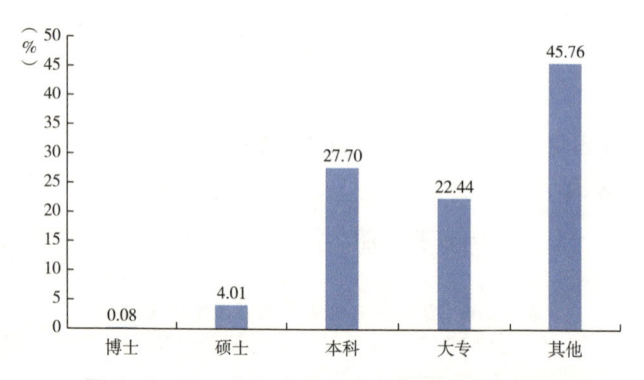

图6-3　2021年招商局工业自有员工学历分布

博士 0.08；硕士 4.01；本科 27.70；大专 22.44；其他 45.76

三　开局之年招商局工业的核心经营指标

2021年，招商局工业实现营业收入161.7亿元，同比增长21.3%；实现净利润23.62亿元，同比增加40.16亿元，消化海工特殊拨备后账面净利润达到8.79亿元，创历史最高。截至2021年底，招商工业总资产达到533.9亿元、净资产103.9亿元，分别较"十三五"期末增长10.2%、18.3%。

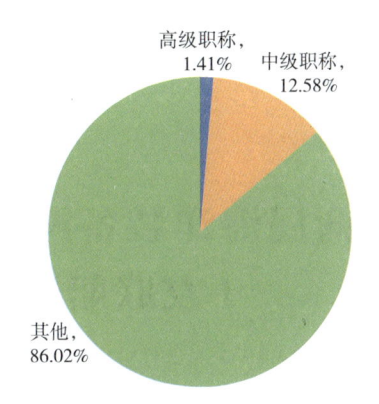

图 6-4　2021 年招商局工业自有员工职称分布

1. 维修改装业务核心经营指标

维修改装业务坚持头部企业的定位，持续充当公司发展的"压舱石"。2021年，香港友联、蛇口友联、舟山友联、山东友联等四家维修改装企业共完成743艘船舶与海洋工程装备的维修改装，全年实现营收37.2亿元、净利4.7亿元，维修改装业务在中国修船SPCC中的占比达到15.3%，达到历史最高水平。

2. 海洋装备建造业务核心经营指标

海洋工程装备建造业务持续推进转型，深圳重工停止新接海洋工程装备建造订单。2021年，江苏重工成功交付1艘FPSO、1座中深水半潜钻井平台和2座半潜重吊平台，新签订金额7亿美元的海洋工程装备建造订单。江苏重工、深圳重工海洋装备建造业务主体，全年实现收入34.1亿元、净利0.4亿元，江苏重工（合并招商邮轮）首次实现扭亏为盈。

3. 特种船舶建造业务核心经营指标

特种船舶建造业务坚定执行冠军战略，滚装船、客滚船、化学品船细分市场继续保持手持订单量、新接订单量世界第一，南京金陵获批第六批国家制造业"单项冠军"企业。2021年，南京金陵、威海金陵、扬州金陵合计实现收入75.6亿元、净利1.15亿元，三家"金陵"全部实现盈利。

4. 邮轮建造业务核心经营指标

邮轮业务仍处于培育期，已形成4个谱系、10个船型平台。截至2021年底，累计交付3艘极地探险邮轮、2艘滨海游船、1艘长江高端游轮，形成一套共计107项涵盖研发、设计、建造的企业标准，超进度完成"交通强国"试点任务。

第七章　招商局海洋装备维修改装业务
（友联船厂）

第一节　友联船厂总体情况

友联船厂自1964年在香港成立以来，逐步打造了修船行业的"友联品牌"，在保障国家远洋船队境外维修方面做出了突出贡献。1989年，随着内地改革开放和修船产业内移，友联船厂创建了蛇口友联，开始将友联修船品牌扩展到内地。由于独特的区域位置及精湛的修船技术，友联修船在粤港澳湾区获得快速发展并在全球航运界获得了良好口碑，形成了"友联修船"的金字招牌。1996年，为支持漳州开发区发展，友联船厂到福建漳州创建漳州友联船厂，开始在闽南地区拓展修造船业务。2013年，随着招商局华东基地开始建设，友联修船相关业务也开始北移，2017年以后浙江友联、山东友联应运而生，友联修船品牌实现了中国华北、华东、华南以及香港地区的全覆盖。2021年，招商工业统一了友联修船的品牌、技术、市场等标准，统一了业务板块负责人，同时在内部进行了差异化的产品分工，修船业务进入良性发展的快车道，同时推进闽南地区修船资源的再布局，一并开展泉州船厂的并购可行性研究。未来有望形成香港友联、蛇口友联、泉州友联、舟山友联、山东友联五大友联船厂的网络化布局，"友联修船"的集团化管理模式逐步形成，将进一步夯实友联修船的国内龙头和国际市场地位。

第二节　招商局修造船业的一面旗帜——香港友联

一　成立背景

香港友联系指现位于香港青衣岛的友联船厂有限公司（简称"香港友联"），其长期以来扎根香港。为打破外资船厂在香港修船领域的垄断地位，争取中国远洋船舶在香港维修的正当利益，促进中国远洋航运事业的稳定发展，1964年10月27日招商局在香港北角注册成立"友联机器修理厂"，随后合并侨利船厂与香港远洋运输公司修船组的人员和设备，形成了香港友联的前身，正式开启香港远洋船舶维修业务，历史上第三次开启招商局的修船业务。1965年，香港友联迁至长沙湾鸿昌大厦，1977年自筹资金从日本订购"友联一号"浮船坞，打破了英资船厂垄断坞修的局面，解决了中国远洋船队维保的"卡脖子"难题。1978年，香港友联贯彻国家关于进一步增强中国远洋船舶维修保障能力的要求，自筹资金在青衣岛现址建设修船基地；1981年，青衣修船基地竣工，时任集团常务副董事长袁庚题词"基石与山河永固"；1984年香港友联更名为"友联船厂有限公司"。1977年至1989年间，香港友联累计购买4艘浮船坞，并于1989年、1996年抽调"友联二号""友联四号"浮船坞投资创建了蛇口友联船厂、漳州友联船厂，此外还参股投资了招商银行、广州远洋宾馆、深圳联达拖轮等企业。

二　发展情况

香港友联因保障国家远洋船队而生，伴随中国远洋航运事业发展而兴。从1965年承修第一艘远洋船舶"北冰洋轮"开始，经过50余年的艰苦奋斗，修理了几千艘远洋船舶。针对厂区面积小、码头岸线短且池水浅的客观短板，香港友联创新生产模式，使用"锚地修船法""看工程法"，在经济效益上取得巨大成绩。在"反英抗暴""撤侨""香港回归"等特殊时期，香港友联在爱国爱港政治工作上做出重要贡献。1970年周恩来总理赞扬香港友联"小厂办大事"，1978年交通部专门发文号召交通运输企业学习香港友联，钱永昌、黄镇东等交通部原部长还专门到香港友联视察调研。2021年5月招商局集团董事长缪建民调研香港友联时指出，香港友联的发展历程是一部真正的招商局工业史，更是一部爱国史、一部奋斗史、一部奉献史。

经过近60年的发展，香港友联在香港现有青衣岛、阴澳两大船厂，修船码头总长约912米，跻身远东地区修船大厂行列。自建厂以来，香港友联始终遵循"竭诚服务、信誉至上"的宗旨，以精湛技术和可靠的质量向客户提供远洋、沿海和内河各类型船舶的年修、坞修、特检、航修、改装、海损紧急修理等维修服务。船舶修理业务是友联船厂建厂以来一直坚守的"老本行"，成立后不久便每年为国家检修上百艘远洋船舶，保障了国家航运事业发展，缓解了受制于人的窘状。

除了提供各类通用船舶的各项修理业务以外，香港友联在特种船舶修理方面也具有丰富经验，包括：海洋勘探船、海洋平台服务船、电缆船、挖泥船、消防船、液化气船、拖轮、集装箱驳及海上餐厅等。香港友联还是20世纪80年代中国最早一批进入海洋平台维修领域的企业，积累了大量的海工修理经验，先后承修了南海一号、南海二号、南海三号、南海四号、南海五号、南海六号、渤海四号、勘探三号等平台数十艘次。除此以外，香港友联还是香港地区最重要的邮轮、客船、渡船以及游艇维修保障基地。在修船业务之外，香港友联还积极开展港口拖轮服务及近海工程等多项业务，已从单一的修船企业发展成为涵盖修船、拖轮、租赁三大主业，实力雄厚的多元化综合性企业。

进入21世纪，香港友联坚持发展修船业务，努力适应集装箱船大型化的市场趋势，将修船年收入稳定在2亿元左右的规模。金融危机中，香港友联依托多元业务结构，保证了业绩的稳定，表现出高质量发展所获得的风险抵御能力。友联拖轮经过20多年发展已成为香港第一大拖轮船队，盈利能力也已逐渐超越修船业务，为香港地区港口运营、应急救援、装备拖运、复工复产等一系列海事活动提供了重要支撑。着眼于未来船舶大型化趋势，香港友联在2019年又新建两艘7000匹拖轮，目前友联拖轮拥有香港地区马力最大、功能最齐的拖轮船队，船队规模达到17艘全回转拖轮，在香港拖轮行业的领军地位进一步巩固。香港友联拖

图 7-1　香港友联作业现场

（左上：2009 年航海日；右上：拖轮船队协助 TS 出坞；左下：拖轮船队为辽宁舰航母领航；右下：7000 匹拖轮作业）

轮长期参与香港海事建设服务，如西气东输、香港机场第三跑道建设、沙中线沉箱铺设、索鼓洲 LNG 项目建设等香港政府重大工程，既提供高效优质的服务，也时刻为香港水上交通安全贡献力量，切实履行扎根香港、服务香港的央企责任。

2016—2020 年，香港友联年均实现收入 3.12 亿元、利润 1.21 亿元，收入、利润的复合增长率分别为 3.36%、8.92%。其中，船舶维修、拖轮服务和物业租赁平均贡献收入的 36.74%、47.67% 和 15.59%，分别贡献利润的 8.42%、60.53%、31.05%（表 7-1）。销售收入利润率从高到低依次为：物业租赁 77.08%、拖轮服务 49.13%、船舶维修 8.87%。香港友联三项业务中，船舶维修业务是基础，拖轮服务和物业租赁是在修船业务的基础上逐渐衍生出的业务。"十三五"期间，船舶维修业务规模稳中略降，修船利润跳涨得益于全球修船行业复苏和业务结构调整；拖轮服务业务收入、效益同步稳步增长且利润增幅高于收入增幅；物业租赁业务收入、利润相对稳定。

表 7-1　香港友联业务结构

业务种类	经营指标	2020年（万元）	2016—2020年平均（万元）	占总体业务的比重（%）	2016—2020年复合年均增值率（%）
船舶维修	收入	11361	11495	36.74	-1.71
	利润	1105	1020	8.42	14.01
拖轮服务	收入	16441	14916	47.67	7.54
	利润	8525	7328	60.53	10.07
物业租赁	收入	5183	4877	15.59	3.93
	利润	4238	3759	31.05	5.73
合计	收入	32985	31289	100.00	3.36
	利润	13868	12106	100.00	8.92

三　转型规划情况

近 10 年来，招商局集团一直对香港友联的发展有新的定位，曾考虑与招商蛇口所属的招商置地合作，通过改变土地性质来盘活土地，发展房地产和园区业务。2019—2020 年，在招商局集团的协调指导下，招商蛇口与招商工业共同组建联合工作组，与香港科技创新园开展了多次合作交流，拟考虑建设香港的大数据中心。2020 年 4 月，招商蛇口还聘请外部咨询顾问公司出具了《香港青衣友联 & 欧亚船厂现有建筑拟发展科创企业中心可行性研究》，但最终因各种原因推进困难，未能实质性实施。

为支持招商局集团总体利益最大化，招商工业一直在集团的统筹规划下，配合集团内部相关企业开展相应的规划研究，本着投资最少、业务不停的原则，以维持必要的修船业务保存现有的场地可用、适用，维系着香港友联的生存发展，近 10 年来没有基于自身业务需求对香港友联的发展进行系统性规划。2021 年 9 月，为落实缪建民董事长、胡建华总经理调研招商工业特别是调研香港友联的指示精神，招商工业编制了《香港友联转型发展规划的请示》并获得招商局集团批复。此次转型规划中，拟以国家关于香港发展的政策方针为指引，贯彻集团立足香港的专项战略，以推动招商工业在港业务高质量发展为核心，立足自身、服务集团，按照深耕主业、传承精神两条路线，系统实施环境工程、文化工程和转型工程三大工程，推动香港友联转型成为香港地区领先的海事配套服务企业，把香港友联打造成为集团在港业务协同发展的窗口，将香港友联建设成为招商工业的精神家园和集团作为驻港央企展现爱港、爱国情怀的基地。落地实施的主要举措方面，一是围绕改善环境、吸引人才，全面实施"环境工程"，实现场区面貌焕然一新；二是本着传承历史、搭建桥梁，系统实施"文化工程"，打造爱国爱港企业基地；三是聚焦提质增效、转型升级，重点实施"转型工程"，打造小而精、小而美的海事服务企业。三项工程下，提出推动转型的13个方面举措，对应提炼出12个重点项目，相关重点项目预计需资本性或费用性支出约1.82亿元。通过实施以上发展规划，未来香港友联业务和形象将有望得到较大的提升，继续夯实招商工业发祥地的基础。

图7-2 香港友联厂区全景

第三节　华南最大的船舶海工维修基地——蛇口友联

一　成立背景

20世纪80年代世界修船业态势面临急剧变化。友联船厂经过自身的发展已逐步成长为香港领先、亚洲一流、世界知名的船舶修理厂，然而随着修船业务的扩大，友联船厂的效益却在减少。其原因在于世界修船业的竞争加剧，包括国内修船能力、零配件铸造能力日益进步，友联船厂在需求侧面临着激烈的市场竞争。与此同时，香港劳动力成本也在不断上升，在劳动供给侧给友联船厂造成了巨大压力。为了改变这一局面，同时出于提高国内船舶修理工艺水平、培植国内修造船产业供应链的考虑，1989年，友联船厂果断决策，投资2.6亿港元兴建蛇口友联船厂，建成厂区面积9.43万平方米，码头岸线651米，主厂房建筑面积7000平方米，公司全名为友联船厂（蛇口）有限公司。

到了20世纪90年代中期，香港友联的竞争力进一步弱化，友联船厂时任领导提出"以香港为窗口，蛇口为基地，修船重点向国内转移"的战略规划，在企业内部进行业务调整，各方面资源向蛇口倾斜，包括1995年将"友联二号"浮船坞搬迁至蛇口厂区，1998年购买举力达两万吨的"友联三号"浮坞配置于蛇口，迅速扩大了蛇口厂的经营规模，提高了修船竞争力。在1997年友联船厂与招商局发展有限公司合并成立招商工业之前，蛇口友联类似于香港友联的一个国内分厂，在招商工业成立后，蛇口友联晋升为与香港友联同级别的兄弟企业。

二 发展情况

友联船厂（蛇口）有限公司成立于1989年，是招商工业的全资子公司之一，原厂建于蛇口三突堤连洋路，拥有94000平方米的厂区和651米的码头岸线，前沿水深9米，配有15—30吨的岸吊6台、60吨的浮吊1台、8万吨级和4万吨级浮船坞各1座，同时配有工作母船、拖轮、交通船、驳船等各类齐全的海上修船设施和设备。厂区生产车间占地7050平方米，拥有各种车床、镗床、刨床、铣床、磨床、钻床、弯管机、剪板机、压床、焊机等修理加工设备和喷砂除锈、高空车等涂装设备。原蛇口友联经营业务以9万吨以下的散货船、集装箱船、油轮和小型化学品船修理为主，2002年之后开始进军钻井平台修船和船舶改装业务。

为适应世界船舶修理业的发展，为广大客户提供更全面、更高质量的服务，2004年，招商工业以蛇口友联船厂搬迁为契机，开始在深圳孖洲岛建设招商局孖洲岛友联修船基地。基地于2007年5月开始试运行，2008年1月完成旧场地（蛇口三突堤连洋路）的整体搬迁，2008年12月基地全面投入运营。新的蛇口友联厂区位于珠江入海口东岸、深圳西部港区，

图 7-3　蛇口友联三突堤厂貌

南与香港隔海相望，北接东莞、广州，西望澳门、珠海，水域开阔，水深条件好，处在珠三角经济圈核心位置，地理位置非常优越，现为中国广东前海蛇口自贸区的一部分。孖洲岛码头平均水深 7—8 米，部分码头水深超过 9 米，总面积约 70 万平方米，拥有 3400 米的码头岸线，除原有的两座浮船坞外，另新建超 30 万吨和 30 万吨的干坞各 1 座。建厂至今，蛇口友联累计完成了来自几十个国家和地区的 4000 余艘船舶的年修、坞修、航修、海损工程以及石油钻井平台等海洋工程修理改装工程。新的蛇口友联厂区面积大，口岸边检、生活医疗等配套齐全，设备设施完善，作业装备齐全，综合实力极强，硬件设施、能力国内一流。经过孖洲岛 10 多年的发展，蛇口友联目前已发展成为国内单体最大、修船能力最强的修船企业。

依托优越的地理环境和设施资源，蛇口友联坚持走高端化、绿色化、差异化的发展路径，近年来在 LNG 船舶、高端海工及豪华邮轮修理方面陆续取得重大突破，在海洋石油钻井平台修理市场占有率名列前茅，并以国内首家承修半潜式钻井平台的业绩获得全国企业新纪录及深圳市企业新纪录优秀奖，在中国各单体船厂中连续多年居领先地位，修船龙头地位越来越稳固。

一是在船舶修理方面，蛇口友联自搬迁到孖洲岛以来，一直保持在年

图 7-4　蛇口友联全景

修 200 余艘的规模，2021 年达到了 240 艘（图 7-5）。公司目前主要进行包括 VLCC（超大型油轮）、VLGC（超大型液化气船）、LPG（液化石油气）、LNG 船等各类液货运输船、其他运输船、各类集装箱船等各类型船舶的修理与改装。2017 年实现 LNG 船舶修理零的突破，为国内首家 LNG 修理船厂。2019 年，蛇口友联在把握脱硫塔改装市场机遇的同时，大力推进 LNG 船维修改装业务，全年累计完成 10 艘 LNG 的修理改装，高附加值船舶占比继续保持国内领先，这一年蛇口友联在单体船厂产值、平均单船产值方面均保持国内第一。2020 年，蛇口友联全年完成 9 艘 LNG 修理，成功交付全球首批 3 艘 VLGC 船 LPG 双燃料改装船。2021 年继续扩大 LNG 维修改造业务规模，年内修理 LNG 船 13 艘，成功开发了日本 LNG 船市场，首次承修 MOSS 型及 C 型 LNG 船，成为国内唯一同时拥有 LNG、FPSO 和豪华邮轮修理业绩的船企。

二是在海工方面，蛇口友联广泛开展了 FPSO/FSO（浮式储卸油装置）、自升式钻井平台、半潜式平台、海洋工程支持船等海上平台、海工支持船舶的维修业务。FPSO/FSO 方面：完成包括"南海发现"FPSO 在厂大修、"CYRUS"FPSO 修理，"PremPrachi"FSO 改装、"Viriniprem"FSO

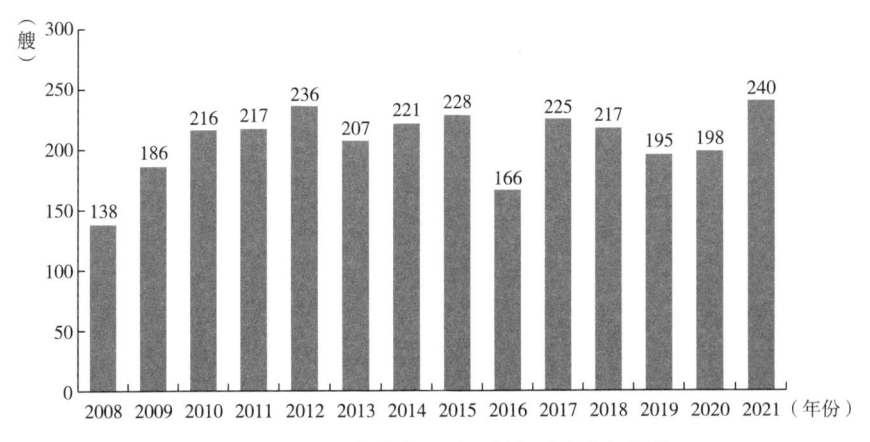

图 7-5 蛇口友联搬迁到孖洲岛以来修船艘数

改装、"Suksan Salamander" FSO 改装等项目；自升式钻井平台方面：完成包括"中油海 5"自升式钻井平台大检修、"海洋石油 931"自升式钻井平台改装、"南海四号"自升式钻井平台大检修、"海洋石油 935"自升式钻井平台改装等项目；半潜式平台方面：完成"南海七号"半潜式平台改装、"勘探三号"半潜式平台改装、"Jasper Cosmopoitan"半潜式生活平台改装等项目；海洋工程支持船方面：完成"Maersk Nomad"平台支持船、"H-851"下水驳船改装、"Biggy Renaissance"水上旅馆改装等项目。蛇口友联所在的孖洲岛基地目前已是中国最大的船舶及海工装备修理基地，蛇口友联更是成为具有国际影响力和最佳盈利能力的海工修理品牌。

三是在豪华邮轮方面，蛇口友联于 2018 年成功进军豪华邮轮修理市场，承接完成 1 艘丽星邮轮的修理业务。自此陆续完成了 6 艘豪华邮轮的维修改造业务和 1 艘超级游艇的维保服务。由于招商工业内部产品结构优化，邮轮维修改造业务后续已调整到舟山友联，并作为其主力产品开展业务。

蛇口友联现有各类技术人员 270 余人，专业技术人员中本科以上学历约占 80%（本科 170 人），现有深圳市地方级领军人才研究员级高级工程师 1 人，高级工程师 16 人（其中 1 名享受国务院特殊津贴），工程师 100 余名，26 名外籍海工专业人才，可以保证快速、优质地完成各类船舶修理工程。依托强大的技术资源，目前蛇口友联成立了绿色科技事业部，正牵头推进绿色科技修船，引入超高压打水等先进技术，并实现关键设备自主集成后复制推广到舟山和威海地区。绿色科技修船已成为招商工业引领修船行业发展的重要抓手。

蛇口友联搬迁到孖洲岛以来，营业收入和利润保持较好的发展势头，修船收入较为稳定，随着业务结构的调整，利润水平逐步提高（图7-6），一直是招商工业利润的"压舱石"。未来，将继续依托招商局集团以及母公司招商工业的强大支持，本着"精益求精、顾客至上、信誉第一"的经营宗旨，紧紧围绕"安全、环保、精品、人才、创新"的十字方针，以良好的质量信誉和完善的服务体系，为客户提供一流的服务，继续保持蛇口友联业界一流的口碑。将继续稳定现有业务规模，继续夯实高端海洋装备维修改装的能力，保持国内领先的高端海洋装备维修改造企业地位。

年份	友联收入（万元）	友联利润（万元）
2008	236113	20304
2009	170039	24339
2010	172704	19018
2011	204701	18002
2012	140162	18804
2013	157408	3207
2014	135809	5288
2015	136412	7318
2016	156447	11189
2017	146295	12959
2018	132147	10017
2019	214291	19457
2020	212571	27322
2021	218235	32257

图7-6 蛇口友联搬迁孖洲岛以来的收入和利润情况

三 海洋装备维修改装科研情况

作为当前招商局集团旗下最大的海洋装备维修改造企业，蛇口友联在海工装备维修改造领域进行了大量的科研投入，并取得了一系列突出成果。

2016年11月17日，友联船厂（蛇口）有限公司成立豪华邮轮推动小组，按照船东工艺要求开始策划船壳超高压水除锈工程，启动豪华邮轮船壳超高压喷水除锈研发项目，"钻石快航"轮船壳超高压喷水除锈完成全船除锈除漆作业。蛇口友联大力推进超高压水系统设备自主设计和集成制造，目前为止已经向舟山友联、威海金陵、香港友联输出工艺和设备共34套，将继续向纵深推进超高压水体系建设，建设完善的污水回收系统，实现干船坞、浮船坞全部余水收集和处理，杜绝船坞高压水除锈过程中产生的废水污染。探索水平衡和水循环，关注中水回用技术发展，力争实现污水循环再利用。通过潜心研究超高压水系统设备自主设计和集成制造，推动了一系列先进工艺及先进设备应用，申请授权了13项专利，其中通过自有发明专利技术"一种船舶的高压水射流除锈工艺"实现了超高压水除锈除漆工艺替代传统打砂工艺，极大地推动了造修船行业工艺变革，并获得中国专利奖。

2016年12月20日，友联船厂（蛇口）有限公司加强船舶修理质量控制标准研究，优化完善现有修船质量控制标准，缩减数量和规模，集中解决现有标准对象零碎、内容交叉重复及标龄过长等问题，建立与已发布的《中国修船质量标准》相适应的中国修船质量控制标准，形成引领、支撑的有机整体。这是招商工业首次参与修船标准编制，推动引领中国修船行业转型和质量升级，提升中国修船业标准化创新能力和船舶工业质量的整体水平、竞争力，扩大中国修船影响力。

2017年7月27日，友联船厂（蛇口）有限公司建设南海抗风浪波浪能深水养殖示范平台，将前期已具有运行成功经验的波浪能发电技术装置与深水养殖相结合，开展设计，提高深水养殖平台能源自给保障及抗风浪生存能力；支持开发适合我国南海海域的抗风浪波浪能深水养殖平台，实现连续、稳定、高效的电力输出，为深水养殖提供生产、生活整体的能源解决方案。这是招商工业在清洁能源领域的首次示范应用，为进一步商业化提供有力支撑，形成具有我国自主知识产权的海洋新能源开发与深水水产养殖核心技术装备产品，并具备市场推广能力。

第四节　长三角地区的特色维修基地——舟山友联

一　成立背景

进入21世纪以来，国内经济飞速发展，以外贸为导向的开放型经济结构对船舶修造工艺水平有了更高的要求。招商工业着眼世界修船行业发展大势，本着"国家之所需，招商之所向"的精神，积极布局扩大修造船产业。招商局集团全资子公司中国外运长航集团的上海长江轮船公司，基于自身航运保障的需求，同步在舟山发展修船业务。

浙江东邦修造船有限公司（简称"浙江东邦"）成立于2007年，注册资金3400万美元，由韩国株式会社韩进海运和青岛顺和海运有限公司发起成立，各占股50%。2010年1月，中外运长航上海长江轮船公司和日本川崎汽船株式会社入股东邦，分别占股20%和12%，韩进海运和青岛顺和占股降至34%，浙江东邦成为一家中日韩三国四方的合资企业。2011年1月，青岛顺和转让14%的股权给上海长江轮船公司，上海长江轮船公司和韩进海运各占股34%，青岛顺和占股20%，川崎占股12%。2018年，招商工业总计出资2.9亿元收购青岛顺和及韩进海运持有东邦的54%股权，并托管长江轮船持有的34%股权，总计控制东邦88%的股权，成为东邦实际控股方。借助此次企业重组，2018年11月5日，公司名称由"浙江东邦修造船有限公司"更名为"浙江友联修造船有限公司"，正式进入招商工业友联修船业务版图，招商工业成功将友联修船品牌拓展布局到长三角地区，进一步开拓友联船厂的品牌价值、技术价值、标准价值。2021年，经过香港友联增资和招商局所持股权整合调整，目前股东为招商工业（92%股权）和日本川崎汽船株式会社（8%股权）。

二 发展情况

舟山友联船厂建于舟山群岛衢山岛，地处长江三角洲东部沿海，处在我国南北航运通道和长江黄金水道的交汇点。船厂面向长江出海口中国船舶产业最庞大的修船市场，距上海国际航运中心洋山深水港区仅15海里，地理位置非常优越。衢山岛水域既是洋山港区进出船舶的配套锚地，也是洋山港区进出船舶生活物资、油料补给、船舶引航等后勤保障基地。

舟山友联船厂以各类船舶修理、船舶改装以及海洋工程为主营业务。目前拥有40万、20万吨级修船干坞各1座，码头2座，配备80吨、45吨和30吨起吊门机共11台，整个厂区使用岸线1892米，建有东、西两大码头共5个泊位。占地面积827亩，建设有面积约10900平方米的船体车间、面积约 11880 平方米的机电车间（含管子制作场地），厂区现有 4 个大型砂罐及各类喷砂油漆设备，以及其他必要的修船基础设施，总体上修船硬件条件非常优越。

舟山友联在融入招商工业后走上了转型升级的道路，大力拓展业务范围，陆续开拓了新项目。依托招商工业的强大支持，舟山友联聚焦大型船舶修理改装核心业务，以大型常规船舶维修改装、邮轮和海洋工程装备修理改装为主要发展方向，提供高端船舶与海洋装备修理改装与保障服务，努力建设具备邮轮维保特色的海洋装备维修改装基地。

图 7-7　舟山友联厂区

2019 年 1 月 30 日，舟山友联首次承接了风电安装平台"长德"轮，同类维修能力国内领先。2019 年 3 月 31 日，舟山友联承接了首艘脱硫塔项目船"Berge Grossglockner"轮，在转型升级道路上迈上了一个新台阶。2020 年 6 月 9 日，舟山友联正式承接了首个海工钻井平台中石化"勘探七号"，与中国石化集团上海海洋石油局开展又一次合作，维修任务包括桩腿焊缝、悬臂梁滑移装置、钻台滑移装置、拖拽系统等探伤，以及 CTU 保养、泥浆泵房高压管线更换及部分电气系统维护修理等。借助招商工业友联修船大平台，舟山友联正式踏入海工装备维修领域，亮出"海工名片"。

2018 年起，招商工业按照招商局集团的要求，大力发展邮轮制造业务。舟山友联地处国际邮轮主要航道上，靠近中国最大的邮轮乘客输出地上海，具有发展邮轮维修改造的先天条件。综合考虑以上因素，招商工业研判全球邮轮修造市场的发展趋势，利用"友联修船"强大的技术力量和舟山海域良好的船舶修理环境，研究将舟山友联打造为具有邮轮维修改造特色的华东修船基地。2019年9月，招商工业向招商局集团上报了《关于通过增资舟山友联开展船厂技术改造升级的请示》，12月对方案进行了优化调整，调整后方案投资总额1.82亿元，2022年4月继续优化了建设方案，使其更加符合企业的实际需求。

2020年11月29日，招商局邮轮研究院舟山分院举办揭牌仪式，同日瑞航"太平洋世界"号邮轮靠泊舟山友联东码头，成为舟山友联实施产品转型升级战略以来承接的首次豪华邮轮维修业务。舟山友联提前3个月开启准备工作，前期完成攻关课程63项，联合车间完成"薄板焊接工艺""邮轮薄板精度控制工艺""减摇鳍修理工艺""艉轴轴系校中工艺"等突破，为完成首次邮轮维修项目奠定了重要基础。此次"太平洋世界"号维修业务的承接，开启了舟山友联豪华邮轮业务的新篇章，也为将舟山友联打造成为中国豪华邮轮修改基地奠定了良好的基础。2021年舟山友联继续开拓邮轮维修改装市场，全年承修4艘（国内共5艘）豪华邮轮。

2021年5月9日，舟山友联博克K2大型散货轮太阳能光伏发电并网发电圆满成功，标志着大型船舶光伏发电首次示范应用成功，实现零突破。这是招商工业在船舶太阳能光伏发电领域首次示范应用，为船用光伏产业化提供了支撑；推进了国内太阳能光伏发电在大型船舶上的应用，提高了舟山基地的行业影响力。

2021年5月28日，舟山友联国信JU2000E钻井平台悬臂梁整体滑移上岸圆满成功，实现国有资产钻井平台改装成风电，悬臂梁整体滑移示范应用成功。该项目提高了集团在平台改装风电安装船方面的影响力，推进了国内平台改装风电市场应用，提高了舟山基地的行业影响力。

三 重组整合情况

舟山友联并入招商工业以来，全面移植了孖洲岛修船管理和技术体系，大幅提高了该企业的经营和管理水平，2018年企业净利润为-1.2亿元，2019年全面整合后，全年实现了5000余万元的净利润，2020年第一季度克服新冠肺炎疫情的影响，营业收入同比增长123%，实现净利润1700万元，把曾经濒临破产的企业发展成为岱山县乃至舟山市的明星企业，初步建成招商工业的华东修船基地，行业影响力和社会影响力大幅提升，充分体现了招商局集团资源整合的功效。2020年4月，招商工业向集团上报了《关于整合舟山东邦船厂打造华东修船基地有关情况的报告》，回顾总结了重组整合的情况。招商工业两年多来按照"托管提升—控股经营"两个阶段来推进整合工作。

1. 托管期间管理提升并理顺股权（2017年7月—2018年5月）

2017年7月起，招商工业托管上海长航34%股权，从孖洲岛基地和海门基地选拔了5名来自管理、安全、经营和采购等方面的专业人员，组建了管理提升工作小组，并派驻东邦船厂开展了解、学习、参与、建议等工作，配合东邦船厂经营班子进行制度梳理、问题发现、管理提升，重点开展了招商工业企业文化宣传、党建、人员稳定、"六统一"（经营、人事、财务、技术、采购、信息化）制度对接、厂容厂貌改进、安全管理提升、设备适用性提高和生产管理优化等工作，先后梳理出150个管理漏洞与改进建议，帮助企业朝规范化道路迈进。招商工业两次通过司法拍卖程序，先后于2018年2月和5月，分别以0.60亿元和1.71亿元收购了青岛顺和20%和韩进海运34%的股权，补足前股东拖欠的资本金740万美元，再加上此前上海长航托管的34%股权，招商工业享有88%股权。从2018年6月起，招商工业正式对东邦船厂实施统一经营管理，过渡期的管理提升小组成员正式编入企业管理团队。托管期内的一系列工作为顺利推进后续企业管理奠定了坚实的基础。

2. 控股管理后开展深度整合（2018年6月—2020年4月）

在获得公司控股权后，招商工业立即修改了舟山友联公司章程，改组企业董事会，委派管理层与生产骨干，开启全面整合管理工作，主要围绕以下几个方面开展工作：

（1）构建良好经营环境，促进企业快步发展。深入基层了解实际困难，招商工业多次拜会岱山县、衢山镇党政领导，召开专题会议研究公司的改革发展问题，赢得了当地政府的大力支持，解决了历史遗留的土地供给、海关、通水通电、污水处理、工业危废处置、物流交通等问题。2019年5月，打通了从镇中心到船厂的平坦公路，彻底改变了舟山友联的生产、生活环境，改变了企业形象（原道路用时30分钟，现用时10分钟）。

（2）明晰战略定位，明确产品发展方向。招商工业在认真研判产业发展情况的基础上，分析舟山的区位优势和产业优势，提出了将该船厂打造为"亚太重要的邮轮修改装基地"的战略定位，并明确了公司的产品方向。一方面，对现有修船的业务结构进行优化调整，重点与蛇口友联协同发展大型商船的修理改装，聚焦华东区域的海工装备维修改造业务。另一方面，培育发展邮轮和客船的修理业务，对船厂的生产设施进行适应性更新改造，以达到邮轮修改装的硬件要求。同时，成立邮轮修改装的技术团队、市场经营团队，与招商局邮轮制造公司共同做好复杂客船项目的改装及翻新，与招商局邮轮研究院、招商局邮轮制造公司、芬兰德他马林设计集团、招商工业技术中心共同形成招商工业邮轮制造全流程服务的"生态圈"。

（3）移植友联管理体系，实现品牌化输出。2018年11月，公司更名的工商变更法律手续完成，正式以"舟山友联"承袭了"友联船厂"的高端修船品牌，与香港友联、蛇口友联共同构建了内部市场协同、产品差异互补、技术标准统一的招商工业国内沿海修船服务网络。招商工业成立专项工作小组，将蛇口友联修船管理体系全面移植到舟山友联，并结合舟山友联实际情况进行了属地优化。同时，参考蛇口友联搭建了相应管理组织架构，根据业务情况细化职责分工，先后从孖洲岛派遣了20余名工程管理、安全管理、职能管理、技术、采购等方面骨干人才支持企业发展。另外，更新了企业的管理和制度体系，组织人员前往蛇口友联进行专项培训，最终实现了"友联修船"管理体系的品牌化输出。

（4）统一人事管理制度，调整管理与生产力量。建立并严格执行上下统一的组织人事制度。通过调离、劝退等方式，疏减原来不符合要求的班子成员和中层干部，从招商工业总部、孖洲岛基地、海门基地调遣30余名精兵强将，在行业内招募3名高层次人才，不到一年时间，舟山友联就建立起功能完备的领导班子和精干高效的中层干部团队，招商工业调遣的骨干人员全面担起舟山友联经营、采购、技术、质量、财务、人事、生产、安全等关键环节工作，并建立起近40人的青年人才梯队。在高层管理人员方面，通过市场化方式聘用了原招商工业副总经理朱桂明担任公司总经理，借助其30余年的修船工作经验带领企业发展。帮助企业修订完善人力资源管理制度，推进内部人力资源的共享，打通兄弟企业之间人才交流渠道。建立了员工培训体系，改善职工工作和生活条件，提高了员工的归属感和使命感等。通过一系列优化管理，使得公司员工队伍逐步稳定，为企业的革新发展提供了坚强的保障。

（5）弥补技术能力短板，增强核心竞争力。整合后，全面梳理了质量标准和技术工艺，在船厂成立了技术部，逐步形成了修船技术的标准化模式。为抢抓脱硫塔安装的市场机遇，在整合初期就从孖洲岛抽调7名骨干技术人员帮助舟山友联筹建技术团队。两年时间里，通过内部借调、外部招聘等方式，快速形成了约30人的设计团队，相继成立了脱硫塔项目组、邮轮修理改装项目组，实现了技术力量从无到有。2019年，公司完成了58个项目的设计工作，基本实现了核心设计的自主把控，为支撑船厂向高端装备修理业务转型奠定了基础。

（6）推进市场经营协同，单船产值快速提升。按照"经营统一、内部分工"的原则，在总部协调帮助下，蛇口友联为舟山友联导入了大量优质高端客户，并根据区位特点和船舶航线等多种情况，在内部对相应订单进行分工，一举改变了原有客户单一、产品低端的被动局面，客户质量和产品结构快速提升。通过导入"友联修船"品牌，内部协同效益明显，品牌溢价使得修船平均价格提高了15%以上。2018年，公司完成营业收入4.14亿元，平均单船产值由2017年的184万元/艘大幅提升至245万元/艘。2019年，进一步开拓了法国、丹麦、新加坡等新市场，引入了达飞、马士基、地中海等世界主要航运公司的修船业务，产品的技术含量和附加值继续稳步提升，在人工成本、安全投入等费用同比大幅增长的情况下，修船毛利率较上年仍有较大提高，修船平均单船产值由245万元/艘快速提升至429万元/艘，增幅达75%。2019年全年实现营业收入7.37亿元，同比增长77%，净利润为3548万元，同比增长1.14亿元。

除此以外，还加强了财务统筹支持力度，推行集中采购，参照蛇口友联完善了采购制度，规范了采购流程，保证采购过程规范透明。加强设施设备管理，提升安全生产水平。针对舟山多台风的特点，组织实施科学防台抗台方案，连续两年实现了"零伤亡、零损失"的目标。按照集团统一要求，将"抓党建、肃党纪、完善组织建设、坚持党管干部、高压惩治腐败"作为公司重点管理工作。选举产生了新一届党总支部委员会，成立了党群工作部/纪检监察室。

招商工业成功整合原东邦船厂打造新的舟山友联，实现"友联修船"的品牌化输出，移植孖洲岛修船管理体系和技术标准已初见成效，管理团队日趋稳定，业务结构不断优化，与孖洲岛的修船差异化定位得以实现，舟山友联逐步进入了良性发展的快车道。

第五节 环渤海区域的海工修船基地——山东友联

一 成立背景

山东友联与威海金陵的前身都是中航威海船厂。2019年9月，招商工业并购威海船厂，开始规划在环渤海地区同时打造"招商金陵"造船与"友联船厂"修船双品牌，充分发挥威海船厂的地理优势、生产能力和产品工艺。招商工业为此制定了"造修并举"的转型升级发展战略，在持续做优高端客滚船制造的基础上，打造环渤海地区高端海洋装备改装维保基地。2019年12月，招商威海船厂开拓修船业务，成为继香港友联、蛇口友联、舟山友联之后，招商工业旗下的第四家修船企业，加入"友联船厂"大家庭。山东友联依托招商工业的平台与渠道优势，积极拓展船舶、海工平台维修业务，打造招商工业在中国北方的重要修船基地，唱响"山东友联"品牌。

二 发展情况

山东友联前身是由山东威海船厂注册成立的山东新船重工有限公司，于2005年4月20日成立，注册资本3亿元。招商工业收购威海船厂改组为威海金陵船厂后，为拓展华北地区船舶、海工平台维修业务，特将山东新船重工有限公司改名为友联修船（山东）有限公司（简称"山东友联"），开始启用"友联"修船品牌。通过盘活富余产能拓展修船业务，威海金陵逐步从造船向造修并举转型，完成招商工业在华北修船领域的布局，打造招商工业华北修造船与海工业务基地，形成覆盖珠三角、长三角和环渤海的国内沿海修船服务网络。

图 7-8　山东友联全景

山东友联位于环渤海经济区内，地处山东半岛的最东端，毗邻威海港，离渤海湾国际主航道仅 5 海里，各类商船和海洋工程装备进出非常便利。码头最大水深可达到 20 米，承接客滚船建造及海工装备维修、改装业务有天然优势。厂区（与威海金陵共用）占有面积 140 万平方米，可用面积 131 万平方米，已建成面积 86 万平方米；码头岸线规划 2841 米，已建成 1227 米；有 5 万吨级船台一座，10 万吨级造船坞（1 号坞）和修船坞（2 号坞）各一座，配套 800 吨、400 吨龙门吊等设施，主要从事大中型船舶和海洋工程装备设计、制造和维修改装业务。2022 年 2 月，为支持山东友联发展修船业务，招商工业批准威海金陵投资 2992 万元对 1 号船坞进行延长改造，船坞接长 135 米后将达到 524 米，能更好地满足修船的需要。接长投产后将推动威海船厂的造船和修改装业务更快发展，至 2025 年可实现年造船出坞 5 艘，修改装各类船舶约 160 艘，预计营业收入 34.5 亿元，利润总额 1.5 亿元。

山东友联的修船业务以区域内海工平台为主，兼顾特种船舶的维修改造，同时抢抓市场机遇开展船舶改装业务。2020 年春节和疫情防控期间，船厂完成了"BERGE CRISTOBAL"轮脱硫塔加装、玻璃钢管安装及盘梯加装等工程，仅用 12 天就完成该轮的脱硫系统改造工程，在业内树立起好望角型散货船加装脱硫塔周期新标杆。2020 年 5 月，山东友联承修中海油服"渤海 12"号钻井平台，正式进军海工平台维修项目，踏出海工装备维修第一步。山东友联积极发挥内部协同优势，从蛇口友联调配了一批有丰富海工修理经验的同事支援，与油服项目组紧密联系，提前确认重点、难点问题，周密布置坞修计划，反复讨论，细化施工方案，各项任务落实到个人，圆满完成了首个海工平台的修理任务，获得了船东的一致好评。

2022 年 2 月 2 日，"PEACE WORTH"化学品船在山东友联完成修改装后按期离厂，这是山东友联在油化船修改装领域的一次新尝试。项目面临工程量多、工期紧张、备件进厂晚等诸多困难，项目组组织人员制定施工工艺，按期保质完工，得到船东、船检的一致认可。通过该项目，山东友联为后续同类型船工程施工积累了宝贵经验。

借助"友联船厂"品牌力量，山东友联大力推进高端海洋装备的改装业务，广泛开拓环渤海湾区域优质客户，2020 年刚启动修改装业务就完成 90 余艘船舶及海工平台修改装项目，持续提升盈利能力，一举甩掉威海船厂持续亏损多年的"特困企业"的帽子，2020 年首次扭亏为盈，主要经济指标持续稳定向好。山东友联和威海金陵以良好的发展态势和清晰的战略规划成为威海地方政府关注的重点，已被列为威海市"十四五"规划的"链主企业"。

第八章　招商局海洋工程装备制造业务（招商重工）

第一节　招商重工总体情况

海洋工程装备制造业务是招商局工业集团（简称"招商工业"）的核心主业，1999年招商工业将旗下友联重工（深圳）有限公司（简称"友联重工"）、江海重型机械工程（深圳）有限公司（简称"江海重工"）、深圳招商局机械工程有限公司（简称"招商机械"）三家重工企业合并创立招商局重工（深圳）有限公司（简称"深圳重工"），最初主要经营钢结构、钢管、港机设备加工业务。2005年深圳重工开始向海洋工程装备和特种工程船制造业务转型，2008年深圳重工和蛇口友联一起搬迁到孖洲岛，2009年深圳重工成功交付首制CJ46钻井平台和"天鲸"号挖泥船等高端产品。2013年招商工业为扩大海工制造产能，在海门注册招商局重工（江苏）有限公司（简称"江苏重工"，与深圳重工合称招商重工）并收购了民营船厂——江苏海新船务重工有限公司主要资产，以此为基础开始建设华东海工建造基地，随后几年成功打造出"招商重工"海工品牌。

招商重工海工装备制造的产品主要聚焦在海洋油气勘探装备（CJ系列自升式钻井平台、中深水半潜式钻井平台等）、海洋油气开发装备（如FPSO生产平台、自升式多功能平台等）、特种工程装备（如挖泥船、打桩船、救助船、饱和潜水船等）等领域，形成了较为完整的海洋工程装备产品体系，成为国际上主要的海工装备制造商之一。

第二节　海工业务的发源地——深圳重工

招商局重工（深圳）有限公司是招商局工业集团全资拥有的大型骨干企业，隶属国有大型央企招商局集团，主要在深圳孖洲岛修船基地展开海工装备和特种船制造业务。秉承招商局百年企业文化，深圳重工已发展成为中国海工装备及特种船舶建造的主要参与者，全国最大的自升式平台建造商，中国首批七家海工白名单企业之一。公司主营产品包括自升式钻井平台、多功能修钻井平台、钻井模块，潜水支持船、海上起重船、铺管船、挖泥船等。

一　深圳重工成立与发展过程

1. 招商系三家重工企业落户深圳

20世纪八九十年代，由于香港经济快速发展，尤其香港和澳门回归前大型工程量激增，香港和澳门钢结构业务需求都大幅增加。1987年12月18日，香港友联船厂因应钻井平台修理改装业务需要率先在香港发起设立友联重工有限公司，开始在香港和澳门经营重工机械加工业务。

1988年7月30日，蛇口工业区携手招商国投和武钢集团在蛇口设立深圳江海重型机械工程有限公司，注册资本1500万元，开始在深港地区拓展钢结构加工业务。当时的蛇口工业区引领中国改革开放进入快速发展阶段，深港两地的钢结构加工业务方兴未艾，招商局发起设立的中集集团集装箱和登机桥制造业务迅速发展，为钢结构制造带来了示范引领作用。

1993年6月25日，招商局发展有限公司在蛇口投资设立了深圳招商局机械工程有限公司，注册资本为2000万港元，在蛇口东角头建立工厂，开展钢结构加工业务。

1994年10月21日，香港友联重工在蛇口友联船厂注册成立友联重工（深圳）有限公司，注册资本1000万港元。

截至1994年10月，招商局在香港和蛇口共注册了4家以钢结构加工为主业的重工企业，其中3家集中在蛇口。这几家招商系重工企业都是较早参与香港、澳门地区大型建筑工程的中资企业，曾承接香港机场ATT、青马大桥、汀九桥、昂船洲大桥、九号货柜码头、西铁、东铁、迪士尼乐园等大型项目的钢结构制造，一度成为香港业内最具影响力的公司，创造了良好企业形象与经营业绩。尤其是招商机械自 1993 年创立之日起就非常注重质量管理，其创业班子成员大多具有一定的项目管理经验，创业之初就着重打造 ISO9001 质量管理体系，1997 年 9 月即取得 ISO9001：1994 版标准的质量体系认证，成为招商局系统内最早的一批 ISO 认证企业。招商机械的正面吊产品也在 1996 年通过国家级新产品鉴定，在国内港机产品市场曾具有一定的产品知名度。

2. 合并组建深圳重工过程

1997 年招商局工业集团有限公司（简称"招商工业"）正式成立，成为招商局工业板块的统一管理平台。招商工业一经成立，即开始考虑整合友联重工、江海重工和招商机械这几家重工企业。考虑到各单位的复杂背景，深圳重工的合并重组采取了"缓而图之"的策略，一方面先将三家重工香港部分的揽单业务合并到香港友联，另一方面在蛇口生产基地以江海重工和招商机械为主，友联重工的业务和人员全部并入。1999 年 3—6 月，招商机械和江海重工的企管、人事和财务部门合并办公，但生产管理仍分开。年内彻底完成了重工业务整合，三家工厂都搬迁到了蛇口友联厂内，开始推进股权转让及变更登记工作。首先在 2000 年 6 月 26 日将招商机械更名为深圳招商局重工有限公司，随后将其股权及江海重工的股权先后注入香港控股公司——招商局重工控股有限公司名下。最终于 2003 年 12 月完成深圳招商重工吸收合并江海重工的工商变更，形成合并后的招商局重工（深圳）有限公司，注册资本增加到 3414.43 万港元，江海重型机械工程（深圳）有限公司同时被注销法人资格，友联重工（深圳）有限公司则于 2002 年 2 月 8 日被注销法人资格。

1997 年香港回归后，特区政府对国内承建商进入香港市场在政策上有所放松，参与香港市场竞争的内地企业明显增加，由于钢结构产品技术含量相对较低，产品进入门槛不高，竞争对手越来越多。加上招商重工地处蛇口，刚性成本较大，与民营企业相比成本劣势明显，公司的市场经营变得十分困难，经营业绩开始滑落。1998 年金融风暴后，香港的钢结构市场严重萎缩，恶性价格竞争成为行业常态，导致钢结构产品价格在短短两三年内下降30%—40%。2000年深圳重工的营业收入跌至2亿元以下，出现账面亏损。成立三年来，深圳重工在重组阵痛与复杂局势的内外困境下经营惨淡，业务规模与经营情况均不到合并前水平。直到2002年，深圳重工才恢复了产量，全年完成钢管生产约4.6万吨，完成钢结构制造约1万吨，实现营业收入41100万元。2003年，钢结构市场竞争逐渐趋于竞劣机制，深圳重工亏损2500万元，员工纷纷转入其他企业，企业一度陷入停业的困境。基于市场研判，2004年底深圳重工向招商工业提交了战略目标研讨报告，提出向具有一定设计能力与总包能力的海洋结构工程和港机工程业务转型。

3. 深圳重工业务转型聚焦海工制造

2004年开始，招商工业积极推动深圳重工的转型发展，经过分析，深圳重工没有大型基础工程总承包商的资质，企业无法做强做大，如果继续维持钢结构产品，则难以跳出低端产品的圈子。而我国海岸线长达18400公里，综合评估我国海域共有油气资源量350亿—400亿吨石油当量，但开采程度和平均探明率相对较低，海工领域市场潜力巨大。因此，招商工业提出利用深圳重工和蛇口友联即将整体搬迁至孖洲岛的良好机遇，调整深圳重工产品结构，利用友联船厂维修海工装备所积累的技术和客户资源，研究发展增长潜力大、市场前景好、附加值高的海工装备制造业务，计划重点拓展海洋工程结构物（海上平台钻井模块业务）以及特种工程船舶制造业务。

孖洲岛修船基地项目是招商工业于2002年底正式提出的事关公司发展的重点项目，在招商局集团的大力支持和推动下，2004年第一季度招商工业完成基地项目立项工作，二、三季度完成征地施工报批工作，2004年12月16日正式开工建设，最初核定投资总额为人民币23亿元，2017年调整为27.65亿元。最终在2008年1月完成工程收尾工作，蛇口友联和招商重工于1月底完成搬迁，在深圳西部海域建成投产一座现代化的修造船基地。深圳重工2006年起部分工程提前上岛施工，其后与蛇口友联共同经营孖洲岛基地。

孖洲岛修造船基地总面积70万平方米，拥有3400米的码头岸线，配置400米×83米×14米及360米×67米×14.5米干坞各一座，7万吨和3

万吨级浮船坞各一座，是国内规模最大的单体船舶与海工修造基地。蛇口友联与深圳重工共同在孖洲岛基地展开修造船生产经营活动，深圳重工以海工装备和特种工程船建造为主，蛇口友联以大型船舶和海工装备修理改装为主，两家企业实行两块牌子、一套人马的管理模式，使用同一套后勤保障系统，做到修造业务互补、修造资源共享、技术研发互通，增强企业的综合生产能力。

二 深圳重工业务发展状况

海工装备制造素有"高技术、高投入、高风险"的特点，长期以来一直由欧美、日韩和新加坡少数厂家垄断经营。为推进企业的转型，招商工业时任领导班子审时度势，利用友联船厂20多年修理改造海洋石油平台的宝贵经验与技术积淀，充分利用当时正在建设的孖洲岛基地大型船坞和船台等资源，与战略合作伙伴中海油服进行了长期友好的合作洽谈，希望从国内市场入手介入海工制造业务。中海油服当时急需建造新的钻井平台，但苦于造船市场火爆导致的国内外造船产能严重不足而无法下单，面对这难得的历史机会，深圳重工于2006年成功从中海油服手中争取到了两艘多功能平台、一艘自升式钻井平台的建造订单，实现了进军海工制造行业的梦想。

为安全、高质量地建造并按合同准时交付产品，深圳重工完善了机构配置，强调柔性化、扁平化、动态化和分权化的组织构建原则，建立以项目为中心的组织管理方式。对外招聘了熟悉海工的高端人才，同时改革薪酬福利制度、业绩考评制度和培训制度，为公司的转型和发展提供了有力的人力资源保障。在技术管理方面，提高海工设计能力，创建了海工技术中心并陆续具备新型海洋工程装备、特种工程船舶和专用模块的施工设计能力，形成了船体、轮机、管系、电气、舾装等一套较完整的造船设计体系。全面启动企业技术标准制定工作，从设计、工艺和试验三方面逐步建立公司的企业技术标准体系。完善了生产制造工艺流程，在生产管理上以项目管理为主线，各个生产部门围绕项目进行协同作战，打造了高效的生产管理模式，该模式日后成为招商工业立足行业的法宝。

在2007—2008年搬迁上岛后，深圳重工积极推进海工项目管理流程的再造，狠抓项目精细化管理，确保了各大海工建造项目顺利推进。2009年招商工业成功交付具有国际先进水平的"海洋石油936"自升式钻井平台（图8-1）和其他5个海工平台，2010年成功交付亚洲第一大绞吸式挖泥船"天鲸"号等一系列新产品，深圳陆续在国内海工和特种船制造领域声名鹊起，一举发展成为有高端海工制造业绩的海工装备制造商。转型前，深圳重工的营业收入一直在2亿元左右徘徊，2008年招商重工营业收入成功突破10亿元大关，2009年超过15亿元，在修船市场低迷的2010年、2011年和2012年也均超过了13亿元。正是因为有着较为出色的海工产品交付业绩，2015年深圳重工成为工信部首批认定的符合海洋工程装备（平台类）行业规范条件的白名单企业（全国仅7家），深圳重工的资本规模也得以持续扩大，公司注册资本从最初的3000多万港元增加到了后来的13.14亿港元。

图8-1 2009年招商重工交付的首个自升式钻井平台"海洋石油936"

三 深圳重工科技研发状况

2012年深圳重工被认定为国家级高新技术企业，现拥有CNAS认证的"国家级理化实验室"、CCS认证的"海上设施检测机构"资质的检测中心，技术中心为深圳市级技术中心、广东省级科技创新中心——广东海洋资源勘探开发装备工程技术研究中心，并在深圳设有自升式平台设计研发工程实验室。公司会聚了一批专业水平高、经验丰富的设计人员，拥有高素质的技术研发团队，拥有高学历水平的技术团队，现有各类技术人员270余人，专业技术人员本科以上占比超80%，现有深圳市地方级领军人才研究员级高级工程师1人，高级工程师16人，工程师100余名，26名外籍海工专业人才，在特种工程船舶和海洋工程装备领域具有较强的生产设计能力。

深圳重工技术中心以海工及特种工程船为目标产品，立足新产品设计研发和技术创新，先后完成10余种海工平台和船型产品的设计建造任务，包括自升式钻井平台、潜水支持船、海洋石油综合勘察船、自升式辅助作业平台、海上生活支持船、导管架下水驳、大型自航绞吸式挖泥船、大型耙吸式挖泥船、大型自航半潜式工程船、大型远洋拖轮、密集式砂桩船、中小型油轮等，2011年被深圳市认定为深圳市市级研究开发中心。2012年公司通过了国家高新技术企业的认定。自2006年转型海洋工程和特种船以来，深圳重工已成功建造交付20多座各类自升式钻井平台、多功能平台和海上风电安装平台，以及50000吨半潜式自航工程船、挖泥船、多功能潜水支持船等，通过自身研发能力的建设，已形成与国际高端海工接轨的设计模式，形成自升式海洋平台批量化建造模式，成为自升式平台名牌建造商，无论是建造质量还是工期保障都赢得国内外客户的广泛好评。2015年，深圳重工的"海洋石油278"5万吨半潜式自航工程船开发研制获得上海市科学技术奖三等奖。2017年，招商局重工（深圳）有限公司推进南海兆瓦级波浪能示范工程建设。该示范工程实现招商工业在清洁能源领域的突破，建设成为我国首个兆瓦级波浪能示范基地。2018年12月，招商局重工（深圳）有限公司"一种自升式钻井平台悬臂梁轨道的制作方法"获中国专利优秀奖。2019年"海上大型绞吸疏浚装备的自主研发与产业化"项目获得国家科技进步奖特等奖，这也是招商局集团唯一的国家科技进步奖特等奖。2020年该成果入选交通运输部重大科技创新项目成果库。2020年综合勘察船（海洋石油707）研发设计和建造获得上海科学技术奖三等奖。经过多年的奋斗，深圳重工获得国家科技进步奖1项、省部级科技进步奖2项、行业科技进步奖3项；拥有有效知识产权118件，其中发明专利9件、实用新型专利106件、软件著作权3件；编制3项国家标准、

2 项行业标准，其中 1 项国家标准于 2021 年发布，行业标准于 2013 年发布。

图 8-2 "天鲸"号疏浚船

图 8-3 2019 年，国家科学技术进步奖特等奖获奖证书

第三节 海工业务的主力军——江苏重工

招商局重工（江苏）有限公司（简称"江苏重工"）是招商局集团旗下招商局工业集团的核心企业之一，成立于2013年3月，初始注册资金2亿美元，位于江苏省南通市海门经济技术开发区内。公司主营业务包括海洋工程装备的研发设计、建造和修理，主要产品包括：海洋石油钻井平台、风电安装服务平台、FPSO、LNG船、半潜式起重平台、极地探险邮轮、中型豪华邮轮等高附加值产品。

一 江苏重工成立与发展过程

1. 海工市场逆势上扬

2008年，由美国次贷危机引发的全球流动性危机开始失控，最终形成了席卷全球的金融海啸。世界经济滑坡，航运业陷入萧条，普通船舶订单量急剧减少，各类造船企业将注意力逐步转移到海洋工程装备上来，海工市场变得日趋活跃。这一时期的深圳重工已初步建立海工平台、特种船建造的品牌，2009年完成销售收入15.3亿元，实现净利润1.5亿元，实现逆势增长。

2009年2月11日，国务院通过《船舶工业调整和振兴规划》，提出要发展海洋工程装备，支持中国造船企业研究开发新型自升式钻井平台等海洋工程装备，并出台了一系列金融和财政等扶持措施。此前，巴西圣多斯盆地、渤海湾、墨西哥湾的大型油藏被接连发现，海工平台投资旺盛。世界海工装备市场当时预计的年投资需求为400亿—500亿美元，并存在进一步增长的预期。据当时海洋工程分析机构ODS预测，2010—2015年约有400多座钻井平台需要更新，新增总需求83—116座，海工辅助船新增需求约年均100艘，海上风电场工程船也会有所增加，海工市场将有很大的发展空间。

2. 华东基地选址与江苏重工诞生

2009年，正值深圳重工交付首座钻井平台之际，国际油价高企、海洋油气开发市场极度火爆、国家政策大力支持，海洋石油钻井平台供不应求,海工新造市场订单激增,深圳重工因孖洲岛产能有限急需扩充新的产能,投资建设华东修造船基地迫在眉睫。另外,友联修船当时还局限在华南一隅,也急需到华东地区拓展更广阔的修船市场,以完善修船业务的战略布局。

为推进华东项目落地,2009年初至2010年中,招商工业在江苏和浙江两地开展广泛调研,先后考察了宁波、舟山、太仓等地,走访了十多家船厂,曾洽谈收购南通启东启亚船厂、东江船业等船厂。由于每个现存船厂都存在自身的局限,当时未能就收购发展达成共识,而是将目光锁定在江苏太仓新建修造船的基地,并在2010年7月与太仓市政府达成初步投资意向。2010年8月招商工业正式向集团申请开展华东基地前期研究工作,包括华东市场调研和太仓项目可行性研究等,当时提交的《招商局工业集团修船和海工装备制造业务战略规划分析报告》对前期调研工作及工业集团内外部因素进行了分析总结。招商局集团于2010年10月22日批准工业集团的请示,同意开展华东项目前期研究工作,要求进行市场调研和收购机会研究,但范围不限于太仓,批准经费500万元。

招商工业于2010年底委托中国投资协会产业研究部做修船和海工市场竞争分析报告,委托长江勘测规划设计研究有限公司(简称"长勘院")做华东地区修造船市场调研,2011年3月9日正式向招商局集团申请华东项目立项。2011年5月18日集团批准华东项目立项,同意进行华东项目市场研究和可行性分析,包括收购华润大东的研究,并批准研究经费从500万增加至3000万元。2011年6月招商工业成立太仓项目指挥部,通过招标选定长勘院进行太仓项目设计,开展水陆地形测量、水文测验、专项论证、平面布置及起草工程可行性报告,以及研究项目向政府申报的可行性。另外,开始与江苏海新重工洽谈收购其海门船厂的可能性。当时该船厂即将建成,相比太仓项目,在建设周期和政府申报方面具有较大的优势。随着太仓和海门项目洽谈的深入,加上海工市场越发火爆,招商工业越来越倾向于收购海新船厂,加快了与海新重工洽谈收购价格的进度,开始着手委托会计师和律师对海新重工的海门船厂进行尽职调查和资产评估。

经过艰苦努力的前期工作,2013年1月15日,招商工业正式向招商局集团申报华东海工和船舶修造基地项目建设，包括以 18.5 亿元收购海新重工的船厂资产及投资 19 亿元对海门基地进行填平补齐建设，并陆续获得招商局集团的批准。2013 年 3 月 26 日，招商工业在海门正式注册成立招商局重工（江苏）有限公司，决定由江苏重工收购海门船厂并进行后续扩建。海门基地拥有 1800 米岸线资源，当年完成联合车间、土地、码头、生活区部分设施、部分设备以及 17 个单体项目的交接。随着收购船厂顺利推进，2013 年招商工业签订海工订单突破 31.7 亿美元，比 2012 年的 3.8 亿美元大幅增长 734%，2014 年继续收获 19.7 亿美元订单，一举成为全球 CJ 系列自升式平台的最大承建商，其中江苏重工是主要的制造基地。

3. 江苏重工转型升级

借鉴深圳重工的成功经验，江苏重工在海门基地边扩建边生产的过程中进展顺利，在收购当年即进入满负荷运转，2014 年顺利建成交付荷兰两艘海工驳、随后陆续交付各项海工和特种船舶项目，逐步发展成为招商工业最大的海工制造基地。但随着国际油价从每桶 100 多美元快速滑落到每桶 50 美元以下，2014 年成为国际海工市场由盛转衰的转折年，海洋石油开发由历史高峰快速跌落，对海工装备市场带来颠覆性的打击，国内新兴的海工制造企业均遭受了残酷打击，相继陷入交船难、接单难、生存难的困境，江苏重工也不例外。

2015 年以后，国内外钻井平台新造订单快速归零，求生存的海工制造厂无不将接单希望转向油气生产平台、风电安装平台等市场，招商工业为了新收购的海门基地能维持正常生产，2016 年通过组建合资企业的方式承接了荷兰 OOS 两座半潜式起重生活平台制造订单，2017 年承接极地探险邮轮制造订单，2018 年与中海油服合作研发制造中深水半潜式钻井平台，2019 年介入大型 FPSO 建造业务，基本上保证了海门基地的基本业务量，2020 年随着海工业务的逐步企稳，以及海工 FPSO、滚装船两大主力船型的推进，海门基地逐步进入了良性发展的快车道。

二 江苏重工业务发展状况

目前江苏重工注册资金已增加到 4 亿美元，在厂员工近 2600 人，厂区面积 136 万平方米，岸线长 2500 米，拥有大型干船坞一座、船台三座，其

图 8-4　江苏重工海门基地全景

中包括国内最大的 50 万吨海工干船坞，具备年产 10 座自升式钻井平台或相应海工装备的生产能力。公司拥有船体和分段车间面积达 20 万平方米，拥有各类造船、海工专用配套设备。2019 年，海门基地开始了邮轮基建工程建设，部分邮轮制造的重大固定设施由江苏重工填平补齐而来，因此建设了采用先进流水线制造工艺的舱室单元制造车间，拥有一流的钢管智能生产线具备年产 6600 套舱室单元的产能，建设成为世界一流的智能制造中心。

江苏重工成立至今，已交付产品包括 CJ46、CJ50、JU2000E 型自升式钻井平台，3000 吨起重船、38000 吨半潜驳、40 万吨超大型矿砂船、自升式风电安装平台、全球首制 45000 立方米 A-BOX 型 LNG 运输船、全球最大半潜式起重拆解平台、3800 车汽车滚装船等，是全球最大的 CJ 系列自升式钻井平台承建商。自主研发、建造的经济型中深水半潜式钻井平台项目已于 2020 年交付并于当年在南海运营开钻，钻井效率相比传统钻井平台提高 35% 左右。2021 年，江苏重工首次自主建造的世界最大吨位、最大储油量的 FPSO 项目成功交付，开启了高端海工制造新纪元。近年来，江苏重工重点聚焦高端、绿色、科技型产品，推进特色化、谱系化、服务化产品研发，重点打造海上风电装备领域产品（如风电安装船、风电运维船等）、FPSO 等油气生产装备产品、海工特种船等三个方向，持续推进海上风电装备的谱系化，重点打造 FPSO 一站式交付能力。

江苏重工先后通过中国船级社、美国船级社、挪威船级社的ISO9001质量管理体系、ISO14001环境管理体系、ISO45001职业健康安全管理体系、ISO50001能源管理体系、知识产权管理体系、研发管理体系贯标等认证，获得了国家高新技术企业、国家一级钢结构制造企业、交通运输行业精神文明建设先进集体以及江苏省生产安全标准化二级达标企业、江苏省优秀企业、江苏省"双百工程"示范企业、江苏省"百强创新"企业、江苏省制造业突出贡献示范企业、江苏省技术创新示范企业等众多荣誉称号和企业认定，是国内领先的海工装备制造商。

三 江苏重工科技研发状况

江苏重工拥有国家级企业技术中心1个、国家CNAS认证实验室1个、院士工作站1个、江苏省海洋能源开发装备工程技术研究中心1个、江苏省海洋工程装备重点实验室1个。公司的理化实验室通过CNAS认证，包括焊接实验工场、力学实验室、宏观腐蚀室、精密仪器室、展览及资料室等。已建设的江苏海洋高端装备性能检测与应用公共服务平台"新型海工材料性能检测子平台"，除了可为公司各项目提供材料性能检测服务外，还能为整个行业提供专业化服务。此外，江苏重工现拥有将近800人的独立设计研发团队，通过全球招聘、多渠道引进高层次人才，现有研发人员数量50余人，其中享受国务院津贴3人，外籍海工专业人员40人，高级职称55人，培养了多名省"双创""226""333"等行业领军人才，从而保证了团队具备独立基本设计、详细设计和生产设计能力。依托强大的研发技术人才，目前公司正在推进具有前瞻性的80000方LNG运输船、FSRU、FLNG、极地钻井装备等先进产品的研发。除此以外，还依托邮轮基建工程的建设，引领船舶智能制造的发展，慢慢建立了一套符合公司实际情况的智能制造业务模式，兼顾系统的严谨性和业务的柔性，对内发布了智能制造中心相关的生产和设计标准。随着智能制造中心的各条产线陆续完成调试并交付使用，在人工成本越来越高的情况下，智能制造中心也将形成公司未来的核心竞争力。2021年，江苏重工承建的"船舶海工管子生产智能车间"成功荣获江苏省示范"智能车间"。

除了在硬件上，江苏重工配备种类齐全、功能强大的船舶与海洋工程专业设计、分析软件，包括 AVEVA Marine、沪东东欣三维设计软件、Femap、Flowmaster、SACS、Sesam、CEASAR II、GHS、SolidWorks 等。储备有各船级社的设计规范、国家及行业标准以及丰富的船舶、海洋工程项目技术资料，具备总体性能分析、结构分析、疲劳分析、风险评估、关键系统集成等能力。信息化软件建设方面具有先进的管理软件以及智能制造软件系统，承担了招商工业数字化转型发展的重任。

在先进技术的支撑下，江苏重工先后承担数十项国家级、省部级重大科技项目及内部科研项目，实现关键技术攻关、科技成果积累及产业化推广应用，进一步推动了公司科技创新能力阶梯式提升的规划目标。2016 年，招商局重工（江苏）有限公司开启了中深水半潜式钻井平台（"深蓝探索"号）5 年多的设计研发建造工作，最终顺利交付。"深蓝探索"是招商工业自主设计、自主建造的国内首艘拥有完全自主知识产权的经济型半潜钻井平台，具有智慧科技、绿色环保、经济高效及高度自主化等特点。项目研发和建造团队完成了世界最高级别超高强度 R6 系泊锚链等 5 项关键技术攻关和国产化装备研制，取得 CCS 和 DNV 两个船级社的认证，获得全球首艘 DNV 智能认证。在 2021 年投入生产后，该平台以综合作业效率较传统同类型平台提高 35% 的卓越性能获得客户高度认可并于 2021 年 12 月列入交通运输部重大科技创新成果库名单。2017 年 12 月，江苏重工通过承担国家工信部高技术船舶"半潜式起重拆解平台开发"项目的研究，实现了半潜式起重拆解平台非对称船型总体设计技术、DP3 闭环设计调试技术、非对称无横撑半潜平台关键结构设计技术等五大关键技术突破，显著提升了我国海洋工程装备自主研发能力，带动了海上拆解产业的发展以及推动了产业结构调整和升级。依托该项目科研成果，获得了 2017 年江苏省科技成果转化专项支持，并入选南通市"十三五"海洋经济创新发展示范项目。截至 2022 年 6 月，公司拥有发明专利 40 项，实用新型 237 项，国际专利 2 项，PCT 专利 6 项，软件著作权 9 项；已申请受理发明专利 142 项，实用新型 20 项，一项 PCT 专利正在向 5 个国家申请专利；共编制 11 项国家标准，并全部已发布。不懈的创新使得江苏重工先后荣获第二十届"中国专利优秀奖"、江苏省科学技术二等奖和三等奖、中国发明协会一等奖、第二届江苏（研发机构）创新大赛"优秀奖"等荣誉。

当前，江苏重工正在整合邮轮制造的资源，将形成统一的海门基地单一法人主体，形成海工、客船两大产品体系，以产品多元、造改并举、制造领先为战略发展方向，当前手持海工、客船等订单已满足未来2—3年的制造需要，已初步摆脱海工市场低迷的影响，正大踏步向国内领先的海洋装备智能制造基地迈进。

第九章　招商局特种船舶制造业务
（招商金陵）

第一节　招商金陵总体情况

随着中国外运长航集团整体并入招商局集团，原南京金陵船厂（含原江苏金陵船厂）也划入招商工业旗下，成为骨干船舶建造企业之一。2019年，招商工业整体收购原中航工业所属船舶业务板块，包括中航威海船厂和中航鼎衡船厂。为进一步巩固和提升金陵品牌，2020年，经招商局集团批准，原南京金陵船厂正式更名为招商局金陵船舶（南京）有限公司（简称"南京金陵"），原江苏金陵船厂更名为招商局金陵船舶（江苏）有限公司（简称"江苏金陵"），原中航威海船厂更名为招商局金陵船舶（威海）有限公司（简称"威海金陵"），原中航鼎衡船厂更名为招商局金陵鼎衡船舶（扬州）有限公司（简称"扬州金陵"）。三家船厂（南京金陵、江苏金陵统一管理，实质为一家企业）以"招商金陵"品牌统一运营，重点发展滚装船（含货滚船、车装船、客滚船）、中小型化学品船和液货船等特种船舶建造业务。至此，招商局特种船舶制造业务板块正式形成。

第二节　滚装船单项冠军——南京金陵

一　成立背景

南京金陵最早起源于1951年。该年5月21日，长航南京分局在招商局上海第三船舶修理所的援助下购入了一艘名为"和110"轮的双层木质趸船，主要承担港口作业船舶和长航过港船舶零的星修理和维护保养，它是南京地区第一艘水上"修理船"。随同"和110"轮一起来到南京的，还有15名来自招商局第三船舶修理所的年轻人（领班为单鸿生），他们在南京这片热土生根创业，成为第一代"金陵人"。由于修船业务日益增多，1951年8月，长航南京分局在南京港2号码头搭起两间工棚，开始上岸作业。同年12月，又以12000万元（旧币）收购了占地4530平方米的私营三兴机器厂的全部厂房和设备。1952年1月，将原有"和110"轮移泊三汊河，把机器厂辟为修船工地。

图9-1 招商局档案馆所存单鸿生人事档案

至1952年5月，修船工地共有职工63名，上坡修理了300吨"航368"驳和120马力的"国福""国波""国泰"木壳拖轮。修船工地粗具规模，为组建南京金陵奠定了基础。1952年9月，三汊河修船工地收归长航局直接管理，并改名为长江航运管理局第三船舶修理厂（简称"长航三厂"）。1957年4月，长航三厂再次更名为长江航运管理局南京修船厂。1958年5月，在时任金陵船厂厂长原世广（后调任招商局南方公司经理）的主持下，南京修船厂开始陆续由三汊河迁入草鞋峡海军学校营地筹建新厂（现厂址）。1959年1月，南京修船厂正式更名为长江航运管理局金陵修船厂，此后南京金陵虽屡次更名，但"金陵"二字始终延续至今。船启金陵航天下，南京金陵承载着南京乃至整个长江下游地区航运航修事业的重担，踏出了中国造船金字招牌的第一步。

二 发展阶段

南京金陵自成立后70余年，共经历了创业初期、迁址扩建、批量造船、改革发展等几个发展阶段。

（1）1951年到1957年，是南京金陵创业初建时期。最初厂区面积只有4500余平方米，设备简陋，条件艰苦。经过7年的建设，加上推行苏联造船技术，到1957年，厂区面积增至93000平方米，职工人数达740名。为体现社会主义按劳分配原则，健全劳动工资制度，1955年7月，南京金陵开始实行超定额奖制度，即：工人在完成定额、获得定额奖的基础上，每超额三成得一成超额奖金（俗称"逢三进一"）。1956年，又先后制定了《内部劳动管理规章实施细则（草案）》《职工考勤制度》《生产奖励办法》等。这一时期，群众性的技术革新活动开展得十分活跃，1956年4月，陈好宝成功革新铆钉枪，荣获全国先进生产工作者称号，出席了全国先进生产者代表会议大会，并受到毛泽东、刘少奇、周恩来、朱德等党和国家领导人的接见。

（2）1958年到1966年，是南京金陵迁址扩建时期。据资料显示，到国家第二个五年计划末期，长航三厂年总产值要达到630万元。但当时长航三厂单年产值不到150万元，已经不适应长江航运事业的发展，必须迁址扩建，进而推动企业生产由"以修为主"进入"修造并举"的新阶段。1958年5月，金陵修船厂开始陆续由三汊河迁入草鞋峡海军学校营地，10月建造了第一艘千吨级矿砂驳——矿字1049驳。这是从"以修为主"向"修造并举"发展的转折点，揭开了南京金陵造船史上新的一页。1964年7月，南京金陵第一次承修了中型客班轮——"江和"轮，实现了从承修小型机动船到承修中型客班轮的转变。到1965年，其工业总产值从1957年的267.23万元上升到711.43万元，厂区面积扩大到26万平方米。全厂职工发扬艰苦创业精神，边扩建边生产，出色地完成了扩建工程和船舶修造任务。

（3）1966年至1976年，是南京金陵批量造船时期。在"文化大革命"的10年中，南京金陵广大职工排除干扰，坚持生产。1967年3月9日，中国人民解放军某部奉命对南京金陵实行军事管制，维持生产秩序。1970年，在"修造并举"的基础上，南京金陵开展了建造1500吨级甲板驳、东方红410客货轮、自造40吨高架吊车、预制品组装式钢筋水泥趸船的"四大产品"会战。1976年，全厂固定资产原值从1966年的1466万元增加到 3053 万元，10 年增长 1.08 倍。这一时期，南京金陵在技术工艺、造船质量、造船周期、物资供应和安全操作等方面，都得到了快速提升和改进，生产规模与生产能力都有了提高，年生产总值突破千万元大关，为批量造船生产能力的形成奠定了基础。

（4）1976 年至 1985 年，是南京金陵探索改革时期。通过拨乱反正、落实党的各项政策、建立健全各项规章制度，南京金陵恢复和发展了企业民主管理。1979 年 1 月，交通部指定南京金陵为交通系统试行扩大企业自主权的三个单位之一，企业由生产型向生产经营型转变，推行了多种形式的经济责任制。1978 年，南京金陵成立了"QC"小组，开始推行全面质量管理，广大职工发挥了积极性和创造性，大胆地引进、消化、吸收国外造船新技术，产品可与美国德拉孚公司同类型船舶媲美，被业界誉为"驳子大王"。党的十一届三中全会后，南京金陵重新恢复了职工代表大会制度，发展了企业民主管理，职工生活得到改善，集体福利事业快速发展。1983 年，全国总工会授予南京金陵"职工之家"奖旗，以表彰其工会在新时期开拓工作新局面方面所做出的成绩。

（5）1986 年至 1995 年，是南京金陵内涵发展时期。在国家"治理整顿、深化改革"方针指导下，南京金陵加大了经济体制改革的力度，实行厂长负责制，企业内部推行经营承包责任制，深化劳动、人事、工资制度改革。从 1986 年开始，南京金陵转换企业经营机制，实行《奖金分配试行方案》，开始向成本利润中心和市场经营转变。1989 年，车间体制改为分厂体制，建立了二级核算体系。1993 年，开始探索"模拟法人"管理机制，为后来的模拟股份制制度创新探索打下了基础。1994 年，将全厂划分为以修造船为主体、以配套及非船产品为辅助、以第三产业为补充、以管理和服务为中心的四个管理层次。1995 年，组建了现代企业制度工作班子。90 年代，面对中船总等大型造船企业和地方船厂的迅速崛起，南京金陵把经营目光转向了 5000—7000 吨的机动船产品，以"大厂不愿造，小厂造不了"为经营取向，在夹缝中求生存、谋发展。在"立足长江、面向海洋、多种经营、积极出口"的经营战略思想指导下，南京金陵实现了由两年造一艘机动船到一年交 6 艘机动船的跨越，迈开了符合自身实际的造江船、造海船、造出口船并举的内涵发展时期的新步伐。

（6）1996年至2005年，是南京金陵负重爬坡时期。这一时期的南京金陵坚持以市场为导向，转变产品结构，以建造出口机动船为主，成功地闯进国际船舶市场，取得了令国内外同行瞩目称奇的业绩，完成了造船三年滚动计划，实现了产品结构、造船模式的"两个转变"。先后对船台滑道进行了三次改造，创造了横向船台下水船舶自重的吉尼斯世界纪录。从首次建造出口新加坡的350箱和650箱、德国的485箱集装箱船，发展到批量建造1100箱快速集装箱船；从首次建造出口瑞典的8050吨滚装船，发展到建造承运世界上最大客机A380部件的专用滚装船（该船荣获滚装船物流运输概念奖，并被英国皇家造船协会授予"最具影响力"船舶称号）；从首次建造出口芬兰的25000吨化学品船，发展到批量建造37300吨化学品船和46000吨成品油轮。产品逐步形成了集装箱船、滚装船以及化学品船、油轮三大品牌系列。2001年8月，由南京金陵投资建设的全资子公司江苏金陵正式成立，企业进入总装造船跨越式发展的新阶段。年工业总产值从1996年的3亿元上升到2005年的20亿元，增长近6倍。出口交货值从2001年至2005年连续五年名列全国造船企业前十位。

（7）2006年至2015年，是南京金陵快速发展时期。该时期也是中国造船事业迅猛发展的辉煌时期，南京金陵紧紧抓住这难得的大好机遇，一方面，投资自有资金14亿元，加快江苏金陵的投资建设，使江苏金陵在硬件设施上具备与国内一流船厂比肩的实力；另一方面，转换造船模式，加快技术进步，提高生产能力，引进国外TRIBON M3三维应用软件，探索建立新的生产设计模式。南京金陵作为江苏省高新技术企业，先后投入1500多万元深化生产设计，实现了精度造船，推进了大舾装转模，单元化、模块化设计提高了中间产品的完整性，造船速度进一步加快，造船生产设计跃居国内一流。企业平稳度过2008年世界金融危机，产能产值以每年30%的速度快速递增，工业总产值从2005年的20亿元上升到2010年的80亿元，年造船载重吨从26万吨上升到160万吨，年利润从0.6亿元上升到5.5亿元，提前两年完成"十一五"时期的各项奋斗目标，呈现出跨越式发展的崭新局面。这一时期的代表性产品主要是2015年交付的首艘6700车位汽车滚装船，该船是当时我国内河船厂建造的最大的汽车运输船。这一时期，南京金陵先后荣获中国造船工程学会科学技术二等奖、国防科工委国防科学技术二等奖、中船集团科技进步奖二等奖、中国机械工业科学技术二等奖、中国航海学会航海科技进步二等奖、江苏省科学技术二等奖等。

（8）2015年至今，是南京金陵转型发展时期。这一时期，南京金陵在船舶市场竞争激烈、船企盈利空间压缩的严峻形势下，弘扬蛇口精神，深入推进"弘、改、提"专项活动，开展了打破分段建造瓶颈制约和6700米车道货物滚装船、6500立方米乙烯运输船的"三大攻坚战"，全力实施质效提升工程，大力推行智能制造，对仪征厂区进行产能优化升级，分步建设型材制造、平面分片、条材切割、曲面外板滚压等多条智能生产流水线，公司科技创新能力、精益生产效力、攻坚克难实力不断提升，开启大滚装建造新时代，滚装船屡获国际大奖。2022年3月，首制866客位滚装船以优质高效的建造水平提前25天交付；核心产品"滚装船"是工信部第六批制造业"单项冠军产品"。这一时期，南京金陵在招商局工业集团做"精"招商金陵特种船冠军企业的战略指引下，呈现出"车滚、货滚、客滚"三箭齐发态势，围绕打造"秀而美、专而精"的特种船舶"大扬州"制造基地的目标，全力打造招商金陵品牌，向高质量发展迈进。经过70年的发展，南京金陵已经成为国内外知名的船舶制造商，全厂现有中高级技术人员900多人，已建立以中间产品为导向的总装造船模式，与世界各主要船级社建立了长期友好合作关系，能按照国际通行规范建造高品质的滚装船、液货船、乙烯运输船、集装箱船、三用工作船、散货船、浮船坞、全潜船等。

2020年1月1日，南京金陵正式划归招商局工业集团管理。2020年3月，经招商局集团批准，正式更名为招商局金陵船舶（南京）有限公司。2021年4月21日，招商局集团董事长缪建民与总会计师周松共同为金陵船厂建厂70周年成果展举行揭牌仪式。建厂70余年，南京金陵传承招商血脉基因，从修船开始，到交付世界最大货物滚装船和首艘866客位滚装船，在70余年的发展进程中多次转型升级，亲历并见证了新中国造船业的蓬勃兴起，演绎了"源于招商、回归招商"的奋斗历程。

三 发展现状

1. 产品情况

南京金陵现已形成以滚装船、特种船建造为主营业务的经营态势，产品远销30多个国家和地区，滚装船交付和手持订单量均居世界第一。

70余年来，南京金陵从无到有，从小到大，从弱到强，开创从修船、修造并举，到造江船、海船，再到建造出口特种船为主的发展道路。这期间，南京金陵取得了值得骄傲的业绩：建造驳船赢得了"驳船大王"的美誉；建造江船时，4200吨油轮获得了江苏省新产品"金牛奖"；建造出口机动船时，勇于突破，敢为人先，率先进入世界滚装船等高端产品市场，确立了南京金陵在全球滚装船建造领域第一名的优势地位。1998年被国家海关列为保税工厂，2011年通过了质量、环境、职业健康安全"三合一"体系认证，在国际造船界至今仍保持按期交船的良好纪录。2015年以来，南京金陵深化转型升级，深耕滚装船市场，推进精益生产和智慧船厂建设，全面开启大滚装时代。目前正按照招商局工业集团的战略部署，以做"精"招商金陵滚装品牌为目标，全力打造特种船制造基地，推动企业迈向高质量发展新征程。

金陵船厂至今已交付机动船431艘、驳船547艘，其中，各类滚装船累计交付50艘。截至2022年3月，手持订单共计41艘，其中滚装船18艘，滚装船交付和手持订单世界排名第一的地位进一步巩固。

代表性成果有：2018年，建造交付澳大利亚船东的首艘3000米车道货物滚装船，突破了全球最大的单节艉门安装等生产技术瓶颈，该船荣获全球滚装船专业论坛（Shippax）2018年度最佳技术创新船舶奖，入选英国皇家造船师学会2019年名船录；2019年，建造交付丹麦船东的首艘6700米车道货物滚装船，于2020年荣获全球滚装船专业论坛最佳技术创新船舶奖；2020年，建造交付意大利船东的首艘7800米车道货物滚装船，是当时国内船厂建成交付的最大货物滚装船，一举拿下多项船用环保系统首创纪录，创造了数个"第一"，并于2021年荣获全球滚装船专业论坛技术和环境创新奖。

2. 产能情况

南京金陵（含江苏金陵）是中国海关保税工厂，拥有外贸进出口自营权，已取得质量、环境、职业健康安全和能源管理体系认证，具有代表国内最高水准的"一级Ⅰ类钢质船舶生产企业"资质，是2014年首批入围工信部《船舶企业规范条件》评审的51家企业之一（即入围船舶企业白名单)。设有南京、仪征两大厂区,占地总面积 123 万平方米。总厂坐落在江苏省南京市城北、南京长江大桥东南侧。下设招商局金陵船舶(江苏)有限公司,坐落在扬州市仪征市长江北岸的十二圩沙河口,处于夹江与长江分岔口的世业洲西侧。南京金陵还设有扬州金陵船舶舾装件有限公司,专业从事船用配套舾装件的加工生产,厂区位于扬州市仪征经济开发区。

图 9-2 南京金陵厂区全景(南京厂区)

图 9-3 江苏金陵(南京金陵仪征厂区)

南京金陵（含江苏金陵）年造船能力达 200 万载重吨，主要设备如表 9-1、表 9-2 所示。

表 9-1　南京金陵主要设备情况（仅南京厂区）

陆域面积	30 万平方米
制造车间	1.72 万平方米船体加工中心、1.67 万平方米轮机管系加工中心
船坞/船台	平地造船法：8 个 6 万吨级船台（东船台 224 米×146 米，西船台 180 米×150 米） 梳式下水滑道（横向下水船舶自重创吉尼斯世界纪录）
龙门吊	300 吨×3；12 吨×1
码头岸线	岸线长度 870 米，舾装码头 370 米，一号码头 100 米，五号码头 70 米

表 9-2　江苏金陵主要设备情况

陆域面积	90 万平方米
制造车间	14.5 万平方米分段建造中心、4 万平方米管子加工中心
船坞/船台	一号坞：10 万吨级（280 米×50 米） 二号坞：20 万吨级（320 米×60 米）
龙门吊	500 吨×4；150 吨×1
码头岸线	岸线长度 1452 米，舾装码头 500 米，老码头 180 米

3. 技术创新情况

南京金陵技术中心于 2013 年被认定为江苏省企业技术中心，2015 年迁入占地 7400 多平方米的研发大楼，并批量更新了 779 台/套设备设施，拥有专业的焊接实验室等，从事项目的焊接实验和 WPS 工艺认可实验，为拓宽研发范围夯实了技术硬件基础。近三年，在拥有船舶性能计算软件 NAPA、有限元分析软件 MSC、电缆敷设软件 CableExpress 及设计数据管理系统软件 PDM AVEVA NET 等软件的基础上，先后引入各类设计软件，实现初步设计、详细设计、生产设计一体化的高效设计模式，极大地提高了研发设计水平和效率。

公司设计与研发团队有 340 余人，由技术中心、品质部和生产部人员构成。在学历方面，硕士学历人员占研发总人数的 11%，本科学历占 74%；在职称方面，高级及以上职称人员占 7%，中级职称占 28%；在年龄层次方面，以拥有丰富研发经验的"80 后""90 后"为主力，形成了老、中、青三阶可持续发展梯队；在专业结构方面，形成了新产品开发、总舾、轮机、电气、结构、管系、电装、工法八大研发模块，并根据生产实践不断优化整合，逐渐形成了符合公司经营模式的科学合理化研发体系；在科技创新骨干团队建设方面，成立了李国荣科技创新工作室，提供集体交流创新技术、团结协作攻坚科研难题的平台，创造"1+1>2"的科研工作绩效，带领团队自主研发8000PCTC汽车滚装船谱系船型，初步突破"卖船型"技术瓶颈，并被南京市总工会认定为"职工创新工作室"。

在产学研合作方面，南京金陵与上海船舶研究设计院建立了长期合作关系，共同开发的6700车位汽车滚装船获江苏省高新产品认定证书，"6700车滚装船优化设计及建造"团队获招商局创新团队二等奖，"6700车滚装船设计和建造"获中国船舶工业集团总公司科技进步二等奖，目前在研船型包括5800米车道滚装船、7000PCTC汽车运输船、866P高端客滚船等；与南京邮电大学共建南邮-南京金陵船舶智能装备研发中心，遵循"共同选题，共同投入，风险共担，利益共享"原则，共同制定了5G技术工厂应用和船用IT系统、分段运输平板车的无人驾驶技术等预研项目，充分发挥双方的优势与影响力，强化双方在产学研领域的合作事宜。在校企人才培养方面，与江苏海事职业技术学院合作，整合校企双方的优势资源，在江苏海事职业技术学院江宁校区共同组建了金陵船舶学院，互聘具有较高职称和特殊专长的教授和高级工程师作为企业和学院的外聘专家，推进了公司技术需求与学院教育的有效对接，实现了校企双方共同发展，被认定为江苏省第四批产教融合型试点企业。

自2006年以来，南京金陵每年拨付一定的研发经费用于新技术、新产品的开发和技术改造项目，累计投入研发费用194045.93万元，完成及在研科技创新项目135项，并于2009年获得国家高新技术企业资质认定，为公司的全面、健康、领先发展提供了坚实的技术保障。2017—2021年，公司的滚装船产品获得了长足发展，其间累计投入研发费用46485.72万元，完成及在研科技创新项目49项，首艘6700米车道货物滚装船荣获全球滚装船专业论坛2019年度最佳技术创新船舶奖；"节能环保型12000DWT滚装船的优化设计"荣获2020年南京市职工十大科技创新成果奖；滚装船产品入选工信部第六批制造业单项冠军产品。通过大量研发投入以及技术工艺积累，南京金陵获得了来自政府、集团、行业的大量技术攻关奖项荣誉，造船实力获得国内外行业企业的广泛认可。

表9-3　2003年以来南京金陵所获代表性荣誉

项目名称	奖项及等级	颁发部门	颁发时间
10300吨滚装船	国防科学技术二等奖	国防科工委	2003.10
10300吨滚装船	科学技术进步二等奖	中国船舶工业集团公司	2003.12
5200DWT空中巴士滚装船（运输A380客车）	优秀成果奖	中国长航集团南京金陵	2005.01
A380空中客车运输多用途滚装船设计建造	科学技术三等奖	中国造船工程学会	2005.01
30000吨多用途船系列开发设计	科学技术二等奖	中国造船工程学会	2006.01
37300吨成品油/化学品船（IMO II）开发设计	国防科学技术二等奖	国防科工委	2006.12
37300吨成品油/化学品船（IMO II）开发设计	科学技术进步二等奖	中国船舶工业集团公司	2007.09
特种滚装船的研发与产业化	科技进步三等奖	南京市人民政府	2009.12
船舶高效节能电弧焊关键技术研究及应用	中国机械工业科学技术二等奖	中国机械工业联合会、中国机械工程学会	2013.10
10500DWT滚装船的设计与建造	航海科技进步二等奖	中国航海学会	2013.12
船舶高效节能电弧焊关键技术研究及应用	江苏省科学技术二等奖	江苏省人民政府	2014.01
6700车滚装船优化设计及建造团队	创新先进单位二等奖	招商局集团	2016.12
6700车滚装船设计和建造	科技进步二等奖	中国船舶工业集团公司	2017.12
6700车滚装船设计和建造	科技进步二等奖	中国造船工程学会	2017.12.
6700车汽车滚装船的研发与产业化	南京市科学技术进步二等奖	南京市人民政府	2018.01
6700车滚装船设计和建造	上海市科学技术三等奖	上海市人民政府	2019.01
12000吨滚装船	2018年度最佳技术创新船舶奖	全球滚装船专业论坛	2019.03
3800车位汽车运输车设计和建造	科技进步三等奖	中国船舶工业集团公司	2019.09
1900TEU集装箱船	2019年世界名船录	英国皇家造船师学会	2020.03

续表

项目名称	奖项及等级	颁发部门	颁发时间
12000 吨滚装船	2019 年世界名船录	英国皇家造船师学会	2020.03
6700 米车道货物滚装船	2019 年度最佳技术创新船舶奖	全球滚装船专业论坛	2020.09
带有永磁式抱轴轴带发电机的船舶轴系校中工艺	第三届船舶与海洋工程行业专利金奖	中国船舶与海洋工程产业知识产权联盟	2020.09
节能环保型 12000DWT 滚装船的优化设计	2020 年南京市职工十大科技创新成果	南京市科技局等	2021.01
7800 米车道货物滚装船	2020 年世界名船录	英国皇家造船师学会	2021.06
7800 米车道货物滚装船	2020 年度最佳技术和环境创新奖	全球滚装船专业论坛	2021.09
带有永磁式抱轴轴带发电机的船舶轴系校中工艺	创新成果入库	交通运输部	2021.09
滚装船	第六批制造业单项冠军产品	工信部	2021.11
滚装船冷藏电力监控系统及监控方法	第四届船舶与海洋工程行业专利金奖	中国船舶与海洋工程产业知识产权联盟	2021.12

第三节 客滚船单项冠军——威海金陵

一 发展历史

威海金陵创建于 1951 年 4 月,原名地方国营文登专区实业公司农具修配厂,主要在接收军工部门厂房设备的基础上进行小型农具的修造工作。由于农具厂地处山区,交通不便,后迁址威海。1958 年 10 月,更名为威海机械厂。山东省政府拨款 16 万元扩建厂房 6378 平方米,试制农业生产急需产品播种机、马拉收割机、12 马力柴油机、鼓风机、万能拖拉机、多头喷雾器等。

1962 年 10 月,威海机械厂改建为威海船舶修理厂。1963 年春,从青岛红星船厂调来干部、工人十几人,充实修造船技术力量。同年 7 月,抽调 18 名青年组成铆工学习班,到青岛红星船厂学习,他们结业回厂后成为工厂第一代铆工。1964 年完成了第一艘钢制船"鲁海 33 号"轮的大修任务，1966年船厂制造出首艘钢制船80吨双体轮渡，进入自主造船的新时代。

1977年3月，建造全国第一艘1000吨沿海货轮，该船液压甲板机械系统获1978年全国科学大会奖、国防科工办二等奖；1997年9月，交付第一艘出口船——为利比里亚船东建造的171TEU全冷藏集装箱船；1998年12月，交付山东省第一艘出口德国的万吨级820TEU集装箱船。

2002年10月，山东省交通厅与威海市政府举行威海船厂下放交接仪式，公司成建制下放给威海市管理；2005年3月，启动整体搬迁扩建工程（山东省年度重点建设项目），生产中心逐渐由老厂区（威海市海滨北路95号）向新厂区转移。2010年5月，基本完成老厂整体搬迁工程。

2011年之前，威海船厂先后由山东省交通厅青岛海运局、山东省烟台海运公司、山东省航运管理局、山东省航运集团及威海市地方政府管理，2011年由威海市国资委、中国航空技术北京有限公司合资经营，更名为中航威海船厂有限公司。2014年12月31日，威海船厂入围中国工信部第二批船舶企业白名单，成为当时中国60家白名单船舶企业之一。

2019年11月，招商局工业集团收购中航国际持有的威海船厂69.77%的股权并将其更名招商局金陵船舶（威海）有限公司。2020年3月，成立友联修船（山东）有限公司，为招商局工业集团打造世界一流高端客滚船建造和北方海洋装备维修改装基地奠定了坚实的基础。2020年，威海金陵通过了质量、环境、职业健康安全和能源管理体系双船级社认证，并依托数字化造船推进"两化"融合管理体系认证，是山东省认定企业技术中心和国家高新技术企业。

二 发展现状

1. 产能情况

威海金陵占地面积140万平方米，可使用海域面积165万平方米，码头岸线2841米（建成1227米）；有3万吨级船台一座，10万吨级造船坞和修船坞各一座，配套400吨、800吨龙门吊等设施，主要从事大中型船舶和海洋工程装备设计、制造和维修改装业务。

表 9 – 4　威海金陵主要设备情况

陆域面积	140 万平方米
制造车间	6 万平方米分段建造中心
船坞/船台	一号坞：10 万吨级（389 米×50 米）
	二号坞：10 万吨级（292 米×50 米）
	船台：3 万吨级 600 米×35 米（陆上 370 米）
龙门吊	800 吨×1；400 吨×2；300 吨×1；150 吨×1
码头岸线	岸线长度 2841 米，已建成舾装码头 1087 米，大件装卸码头 140 米

2. 产品情况

威海金陵累计交付机动船舶 200 余艘，近几年先后交付 2500 米车道滚装船、880 客 2160 米车道客滚船、930 客 3100 米车道高端客滚船、FGSS 双燃料供气系统高端客滚船等。2019 年威海金陵成功交付全球首艘按新规范建造的环保型高端客滚船，该船是全球第一艘按照 DNV 新规范建造并交付的高端客滚船，是目前全球同级船型中最节能的典范，也是中国有史以来建造的最先进的客滚船之一。截至 2021 年 12 月，威海金陵已向瑞典 STENA 公司交付 6 艘同系列高端客滚船。目前手持 8 艘一流高端客滚船订单，位居世界前列（以总吨＞20000 计）；同时手持新加坡 EPS 公司 6 艘 7000 车双燃料汽车滚装船建造合同。

3. 技术创新情况

威海金陵技术部于 2020 年被认定为山东省省级工业设计中心，现有设计人员 170 余人，其中高级设计师及以上人员 60 余人。拥有 3200 平方米的办公场地，各类研发设备 310 台/套，AM 等设计软件 18 种。威海金陵具备散货船、集装箱船等常规船型的生产设计经验。近几年随着公司产品转型升级，设计产品逐步转为技术附加值高的海工项目和客滚船项目，先后为埃及、比利时等国船东设计了 225 英尺自升式平台、6000 吨抛石船等海工项目，为意大利船东设计开发了 2500 米车道滚装船，为胶东海运设计了 880 客 2160 米车道国际短途豪华客滚船，为瑞典 STENA 公司、意大利 FINNILES 公司设计了多条国际运营的高端客滚船。通过多个高端客滚船项目的设计实践，威海金陵积累了丰富的客滚船设计经验，建立了专业的设计标准和设计体系，通过先进造船设计软件 AM 的充分运用和二次开发，成功确立了3D一体化的设计模式和流程，打通数字化造船的各个环节，提高设计效率和设计质量。为响应公司"修造并举"的经营战略，技术中心组建海工技术队伍，建立了海工改造技术体系，已具备海工改造的送审设计、生产设计能力。

近几年，威海金陵与芬兰德他马林设计集团深度合作，引进国际造船业先进技术设计理念，吸纳更多高端技术人才，深入研发国际前沿高端客滚船建造及配套技术：SRTP技术、电池推进、空气润滑、高压岸电、舱室模块及信息化制造等；拓展应用最新高端船型、海工项目、豪华游轮的绿色维护技术，不断提升修改造核心技术能力。持续开展产学研合作，加强内部协同研发、外部联合研发，开拓"人才不为我有，但为我用"原则，同招商局邮轮研究院、招商局海洋装备研究院、招商局邮轮制造有限公司、招商局金陵船舶（江苏）有限公司、烟台哈尔滨工程大学研究院、哈尔滨工业大学（威海）、中船七〇四研究所、山东船舶技术研究院、山东交通学院威海分校、鲁东大学、武汉理工大学建立产学研用关系，联合共建"威海市高端客滚船技术创新中心""威海市高技术船舶与海工装备制造技术研发公共服务平台""威海市船舶流固耦合动力学重点实验室""威海市高端船舶减振降噪重点实验室"等科技研发平台，为公司高端客滚船及海工装备设计、建造、改装提供研发及技术支持，持续为公司人才培养、船厂绿色化改造赋能。

自2012年以来，威海金陵每年拨付一定的研发经费用于新技术、新产品的开发和技术改造项目，2018年获得国家高新技术企业资质认定；截至2022年6月30日，公司累计投入研发费用43286.63万元，完成及在研科技创新项目59项，为公司的高质量和跨越式发展打下了坚实的技术基础。2017—2021年，公司的客滚船产品获得了长足发展，其间累计投入研发费用27195.90万元，完成及在研科技创新项目42项，3100米车道高端客滚船获得山东省第三届"省长杯"工业设计大赛金奖；高端客滚船"STENA ESTRID"斩获"2020年度最佳船型概念设计奖"；高端客滚船获批山东省第五批制造业单项冠军产品。稳定增长的研发投入是威海金陵不断提升客滚船设计建造水平的强大引擎，保质保量地交船是威海金陵不断收获客滚船市场份额的不竭源泉，开拓进取的创新精神是威海金陵成为客滚船国际细分市场第一的强大支柱。

表 9-5 1978 年以来威海金陵所获代表性荣誉

项目名称	奖项及等级	颁发部门	颁发时间
1000 吨沿海货船液压甲板机械	全国科学大会奖、国防工办二等奖	国务院国防工业办公室	1978
2000 吨货轮	山东省优质产品称号	山东省质量评价协会	1989
2200 吨货轮	示范节能船	交通部	1990
170TEU 集装箱船	山东省交通科技进步一等奖、山东省科技进步三等奖	山东省科学技术厅	1994
3000 吨散货船	山东省技术创新优秀产品二等奖	山东省企业技术创新促进委员会	2009.06
1300 箱集装箱船	山东省技术创新优秀产品一等奖	山东省企业技术创新促进委员会	2010.06
3000T 散货船	山东名牌	山东省名牌战略推进委员会山东省质量技术监督局	2011.12
集装箱船	山东名牌	山东省名牌战略推进委员会	2013.01
3100 米车道高端客滚船	山东省第三届"省长杯"工业设计大赛金奖	山东省"省长杯"工业设计大赛组委会	2020.08
船舶薄板分段无约束建造法的研究与应用	国内领先成果	泰山科学技术研究院	2020.11
豪华客滚船的整体舱室单元的研发与应用	国内领先成果	泰山科学技术研究院	2020.11
一种利用假轴进行舵系快速找中的方法	交通部专利入库	中华人民共和国交通运输部	2020.12
STENA ESTRID 客滚船	2020 年度最佳船型概念设计奖	全球滚装船专业论坛	2021.09
中尺度高端客滚船批量快速建造技术及其应用	科学技术进步二等奖	山东省科技厅	2021.09
高端客滚船	山东省第五批制造业单项冠军产品	山东省工业和信息化厅、工业经济联合会	2021.11

4. "修造并举"情况

招商局工业集团收购中航威海船厂后,通过盘活威海船厂的富余产能、拓展修船业务,逐步从造船向"修造并举"转型,完成在华北修船领域的布局,形成覆盖珠三角、长三角和环渤海的国内沿海修船服务网络。

2019 年 12 月,首次承接加拿大 18 万吨散货船"BERGE MAWSON"轮加装脱硫塔业务。2020 年 2 月,用时 12 天完成"BERGE DACHSTEIN"轮脱硫系统改造工程,在业内树起好望角型散货船加装脱硫塔周期的新标杆。2020年5月,承修中海油服"渤海12"号钻井平台,首次承接海工平台维保业务。2020年6月完成国内首个由钻井平台转型为环境友好型海上工厂的"渤海7"号项目,2021年8月完成国内首个钻井平台改造风电安装平台的"国瓒"项目,不断拓宽海洋装备修改装业务范围,增强核心竞争能力,提升品牌市场影响力。

通过输出友联船厂的管理体系和技术标准,招商工业计划在国内修造船领域实现"业务有分工、产品有定位、内部有统筹"的网络布局与有机态势,一方面巩固造船品牌在特种船舶细分市场的领先地位,另一方面打造统一的友联修船品牌。招商工业将从财务、生产及人力资源等方面全方位支持威海金陵的发展,建设招商局工业集团环渤海海洋装备维保中心。在此基础上,威海金陵以山东友联品牌全力推进绿色修船、科技修船,在满足环保要求的同时,大幅提高生产效率。

第四节 灵便型化学品船单项冠军——扬州金陵

一 发展历史

招商局金陵鼎衡船舶(扬州)有限公司曾用名为鼎衡(江苏)造船有限公司、中航鼎衡造船有限公司。鼎衡(江苏)造船有限公司注册于2006年3月24日,注册资金2500万美元,英国鼎衡出资49%,上海鼎衡船务出资51%。2011年3月22日,中航国际收购鼎衡(江苏)造船有限公司,并正式更名为中航鼎衡造船有限公司(简称"中航鼎衡"),由中航国际直属企业中航船舶受托管理。2015年12月30日,中航鼎衡入围中国工信部第三批船舶企业白名单,成为当时中国71家白名单船舶企业之一。2019年12月,招商局工业集团收购了中航船舶所持有的中航鼎衡94.85%的股权,成为中航鼎衡第一大股东和实控人。

2020年2月,中航鼎衡造船有限公司更名为招商局金陵鼎衡船舶(扬州)有限公司,正式成为"招商金陵"的一员。考虑到扬州金陵位于江苏省扬州市,招商工业正在筹划与江苏金陵共同打造"招商金陵"的"大扬州"基地。

二 发展现状

1. 产能情况

扬州金陵位于江苏省扬州市江都沿江开发区（省级）船舶工业带，厂区外靠长江，拥有约525米造船黄金岸线，整个厂区占地近40万平方米。船厂的两个干船坞按照可以同时建造四艘10000—15000吨船舶的标准规划布局，按照壳、舾、涂一体化的船舶建造流程设计，具备年交付14—16艘各类型船舶的生产能力，在中小型液货船领域积累了丰富的技术设计、工艺工法和工程管理经验。

表9-6 扬州金陵主要设备情况

陆域面积	400000平方米
制造车间	46368平方米船体联合车间、10800平方米综合车间、11719平方米不锈钢车间
船坞/船台	50000载重吨×1、80000载重吨×1
龙门吊	300吨×2、150吨×1、120吨×1
码头岸线	岸线长度525米；1号舾装码头：长210米、宽20米、前沿深6.5米，为2万吨级码头；2号舾装码头：长161米、宽20米、前沿深15米，为1万吨级码头

图9-4 扬州金陵厂区

2021年6月2日,扬州金陵1万吨级2号舾装码头通过江苏省商务厅验收,正式具备接靠、交付外籍船舶的资质。该码头位于长江下游口岸直水道左岸,泊位平台长161米,宽20米。其验收通过后每年可为扬州金陵节约因异地交船产生的费用100多万元,降低因拖带而产生的安全隐患,同时大大减少交船时入境外籍人员的流动,有利于疫情管控。

扬州金陵通过了质量、环境、职业健康安全和能源管理体系、"两化"融合管理体、造船行业安全生产标准化二级认证,是工信部首批符合《船舶行业规范条件》的企业,也是江苏省高新技术企业。扬州金陵建有江苏省企业技术中心、江苏省企业研究生工作站,专门从事船舶设计与研发,其前身为上海鼎衡船业集团旗下的船舶制造技术中心,主要承担部分前期技术送审设计、详细设计和生产设计,同时围绕不锈钢加工建造、绿色能源应用、船型谱系化等开展研发工作,建造的25000吨不锈钢化学品船、15000吨双燃料化学品船、37000吨沥青船等船型多次获批江苏省高新技术产品,"远洋LNG双燃料动力化学品船设计建造关键技术"项目团队和成员获江苏省"双创团队""双创个人"称号。

2. 产品情况

扬州金陵专注于建造高附加值的特种船,如不锈钢化学品船、液化气船、双燃料推进船以及特涂化学品船、海上补给船和其他特种船型,致力于打造全球最好的中小型液货船建造厂家。2019年并入招商工业后,扬州金陵斩获9艘双燃料推进化学品船订单,中小型化学品船在手订单量位居世界第一,进一步巩固了该细分市场世界领先的地位。迄今为止,共有6个船型填补中国造船业空白,累计交付各类化学品船、气体船70余艘,主要销往欧洲发达国家。在中小型化学品船细分市场中,扬州金陵在手订单量排名世界第一,累计交付数量排名世界第二。

扬州金陵至今已交付各类船舶73艘,其中各类化学品船52艘、各类液化气船8艘、各类沥青船6艘、其他船型7艘。

为了保证核心设备供应链安全,扬州金陵向上游拓展LNG罐体配套业务,重点推进化工罐、LNG罐体批量建造,以求尽快具备罐体自主设计建造的能力。当前,扬州金陵通过发展陆用罐及船用罐建造,已经实现从设计到建造的全流程贯通,初步具备罐体建造的软硬件能力,实现新开工船舶所配置的罐体全部自主建造。

3. 技术创新情况

扬州金陵2015年被认定为江苏省企业技术中心，2016年组建江苏省特种液货运输船设计与制造工程技术研究中心，2020年顺利通过验收。在产学研方面，与哈尔滨工程大学、江苏科技大学、上海海事大学建立了长期的合作关系，共同研发的"远洋LNG-柴油双燃料化学品运输船设计建造关键技术"2018年获得江苏省科技进步二等奖，37000吨沥青船获得中国造船工程学会二等奖以及中国船舶工业集团二等奖，16300吨节能双燃料化学品船获得江苏省高新技术产品认定。

在人才引进和培养方面，扬州金陵坚持自主培养和外部引进并举，加快建设高层次人才队伍，建立了一支结构合理、类型互补、技术过硬、素质良好的专业人才队伍。公司陆续从哈尔滨工程大学、上海海事大学引进教授、博士充实研发团队，2016年入选扬州绿杨金凤计划，2017年公司员工获得江苏省"双创个人"、江苏省"双创优秀博士"等称号，2018年公司团队获得江苏省"双创团队"称号。在校企人才培养方面，扬州金陵成立了江苏科技大学卓越工程师班，为在校大学生提供实习实训岗位，并在江苏科技大学设立了奖学金。

扬州金陵每年拨付一定数额的研发经费用于新技术、新产品的开发和技术改造，近5年投入研发经费22972.67万元。通过大量研发投入以及技术工艺积累，扬州金陵获得了来自政府、行业和招商局集团的大量奖项和荣誉，造船实力获得业界的广泛认可。

表9-7 扬州金陵所获代表性荣誉

序号	奖项内容	颁发部门	时间	级别
1	江苏省企业研究生工作站	江苏省教育厅、江苏省科学技术厅	2014年8月	省级
2	江苏省认定企业技术中心	江苏省经济和信息化委员会、江苏省发展和改革委员会、江苏省科学技术厅、江苏省财务厅等	2015年4月	省级
3	国家高新技术企业	江苏省科技厅、江苏省财务厅等	2016年11月	国家级
4	江苏省特种液货运输船设计与制造工程技术研究中心	江苏省科学技术厅	2017年11月	省级

续表

序号	奖项内容	颁发部门	时间	级别
5	高新技术产品认定证书	江苏省科学技术厅	2017年12月	省级
6	江苏省"双创人才"	中共江苏省委组织部、江苏省人才领导工作小组办公室、江苏省教育厅、江苏省科学技术厅、江苏省财务厅等	2017年12月	省级
7	江苏省修造船行业安全生产标准化二级企业	江苏省国防科学技术工业办公室	2017年12月	省级
8	江苏省"双创团队"	中共江苏省委组织部、江苏省人才领导工作小组办公室、江苏省教育厅、江苏省科学技术厅、江苏省财务厅等	2018年10月	省级
9	江苏省科技进步二等奖	江苏省科学技术厅	2019年3月	省级
10	2020—2021年度安全生产先进单位	招商局集团有限公司	2021年1月	集团
11	江苏省服务贸易企业	江苏省商务厅	2021年11月	省级
12	单项冠军产品	工信部	2022年11月	国家级

第十章　招商局邮轮制造业务
（招商邮轮）

第一节　邮轮制造总体情况

邮轮制造业务是在招商局集团邮轮产业发展战略指引下发展起来的一项战略性业务，其初衷主要是支持招商蛇口发展邮轮运营、邮轮港口业务，招商工业在油价低迷、海工危机的情况下谋求向邮轮业务转型。在招商局集团提出打造邮轮港口、邮轮运营、邮轮制造、邮轮配套服务等邮轮全产业链发展的情况下，招商工业整合自身资源，提出了打造集邮轮研发设计、建造、配套、维修改装等于一体的邮轮制造全流程服务能力的目标。2017年招商工业承接了极地探险邮轮制造订单，2019年交付了中国首艘极地探险邮轮，开始建造海门邮轮制造基地和邮轮配套产业园，组建了招商局上海邮轮研究院并收购了芬兰德他马林设计集团，目前正在打造滨海滨江游船、内河游轮、海洋邮轮产品体系，并结合客滚船等系列产品整合打造招商工业"客船"谱系产品，打造行业领先客船设计建造能力。

第二节　邮轮制造发展历史

招商局的核心业务主要集中在基础设施与装备制造、物流航运、特色金融、城市与园区综合开发等方面，贯穿了邮轮产业链中的装备制造、港口服务、航运物流、金融保险等环节，具备发展邮轮产业的天然优势并具有较为雄厚的实力。招商局集团自2014年就开始着手以邮轮港口投资为切入点，布局邮轮产业链。继参股投资天津、上海邮轮母港后,又加快投资建设了厦门、青岛、深圳、湛江邮轮母港,逐步在全国形成了邮轮港口网络化布局。

一 进军邮轮制造领域

2016 年初,招商蛇口所属的蛇口太子湾邮轮母港正式启动运营,却面临没有邮轮停靠的境况,在尝试与云顶香港、银海邮轮等合作后,招商蛇口启动了 2 艘中型邮轮订造的工作,并聘请国际专业团队开展邮轮概念设计。2017 年 4 月,时任招商局集团董事长李建红率队调研德国邮轮产业。2017 年上半年,招商蛇口与包括德国迈尔船厂在内的欧洲三大邮轮制造商商谈邮轮建造,并选定德国迈尔船厂,完成商务谈判和集团内部审批程序。2017 年下半年,在招商局工作小组准备启程前往德国正式签订建造合同之时,由于受到嘉年华等外资邮轮巨头的影响,迈尔船厂以产能不足为由拒绝了与招商蛇口的邮轮建造合作。

在此情况下,招商局集团提出是否可以自建邮轮,并要求招商工业开展可行性论证。同时,由于 2015 年以来海工持续低迷且造成大量库存,招商工业正谋求产品升级和业务转型,而中国邮轮旅游乘客连续多年以年均 45% 的速度增长,至 2017 年邮轮乘客接近 240 万人(图 10-1),我国快速成长为全球第二大邮轮旅游来源国。市场的火爆也催生了全球邮轮制造的订单实现爆发式增长,从 2017 年开始到新冠肺炎疫情发生的 2020 年以前,全球年均邮轮建造的订单约 150 亿美元,成为海洋装备制造领域又一个新的亮点。2013 年开始,中国船舶工业集团提前介入了大型邮轮的制造,2017 年 2 月中船集团与意大利芬坎蒂尼集团、美国嘉年华集团签署了"2+4"艘 13.5 万吨大型邮轮设计建造意向书,上海外高桥造船公司启动了邮轮设计建造的前期工作,国内邮轮制造的风潮逐步兴起。

国家层面,作为高端船舶与海洋工程产品的典型代表,邮轮一直被誉为"造船皇冠上的明珠",是当时我国唯一尚未攻克的高技术船舶产品。"突破邮轮设计建造技术"已明确列入了"中国制造 2025"发展战略。以邮轮制造为核心,包括邮轮旅游、邮轮运营、邮轮港口服务等在内的邮轮产业,近年来得到习近平总书记等国家领导人的重点关注,并多次给予重要指示和批示。

在此背景下，招商工业按照集团的要求，开始研究如何进军邮轮设计制造领域。

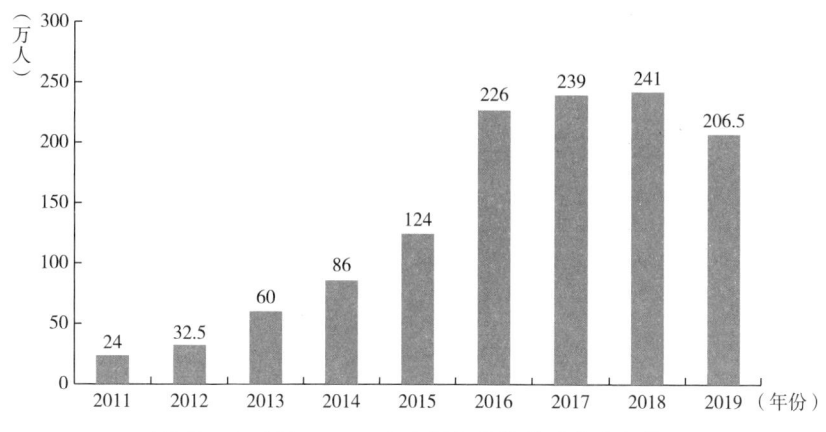

图 10-1　2011—2019 年中国邮轮旅游乘客增长情况
数据来源：中交协邮轮游艇分会提供。

二　邮轮制造的基础

招商局集团在建设蛇口工业区时期，曾与澳大利亚的游艇制造商合资组建了江辉船舶，这是中国最早生产豪华客船、游艇的船厂。1980 年起，招商局依托深圳江辉和苏州江辉开展游艇制造业务。江辉靠加工出口游艇起家，随后又开发了客船和快艇建造业务，逐渐发展成较具规模的玻璃钢船舶生产企业，深圳江辉累计生产 500 多艘游艇、200 多艘客船和 100 多艘快艇。20 多年的发展历程中，江辉船舶设计制造了众多高档次、深工艺、全手工的游艇，在国际上享有很高的声誉，已为国外客户建造了 500 多艘品牌游艇。随着蛇口港区转型升级，江辉船舶内部大量人员转移到了后来的邮轮游艇设计建造工作中去，招商工业原有团队继续承袭了定制化船舶建造方面众多的优良传统，具有发展高端消费类船型的深厚底蕴。

在进军邮轮制造领域初期，招商工业经过近十年发展海工设计建造，已具备完善的基本设计、详细设计、生产设计等一体化的全流程设计能力，下属的江苏重工是国家级企业技术中心，2016 年成立了招商局海洋工程技术研发中心，在全球招聘了知名专家 70 余人，配备技术团队 1000 余人，其中博士40余名。考虑到意大利是邮轮制造人才最集聚的国家，2017年末又筹划组建了意大利研发设计中心（CMIT），定向招募国际化邮轮研发设计人才。招商局旗下的南京金陵船厂设计团队也有300多人，具备豪华客滚船的设计研发能力，通过在技术方面加强内部协同和资源共享，客船及邮轮设计团队的实力将进一步壮大，再结合外部并购争取资源，招商工业能够具备中小型邮轮设计能力。

招商工业旗下的友联船厂先后完成了多艘邮轮的修改装任务，香港友联曾维修改造过72艘游艇、渡轮、邮轮等。当时招商局旗下的金陵船厂（属长航集团，尚未转给招商工业）是国内建造滚装船最早、门类最全、交付滚装船数量最多的船厂，曾为丹麦、挪威等欧洲船东交付了多艘高品质客船，并拥有丰富的客船生产设计经验和专业化的客船建造团队。

海工的设计建造与邮轮都属于定制化的产品，在设计建造团队方面，招商工业锻造了一大批作风优良、吃苦耐劳、务实求真、敢为人先的生产经营团队，并善于通过高效的团队协作和生产组织完成建造，具有发展柔性建造、定制生产的团队基础。在发展邮轮初期，已承接海工项目60余个，产品涵盖自升式钻井平台、多功能平台、海上风电安装平台、自航半潜船、挖泥船、多功能潜水支持船、半潜式重吊居住平台、LNG运输船、极地探险邮轮、40万吨矿砂船等海洋工程装备和特种船舶，绝大部分是首制装备。

2017年，美国Sunstone邮轮公司总裁尼尔森在考察江苏重工后指出，招商工业具有优秀的船厂项目管理能力，具有管理复杂海洋工程项目的基础；具有强大的自主设计能力，拥有大量富有经验的设计人员且有众多海外技术专家提供支持；过去项目都具有可靠的质量和高效的组织管理能力，都能按期交付船东产品；企业的国际化程度较高，能够联合国际一流的合作方提供符合船东要求的综合解决方案；同时，企业的综合成本较低，建造价格具有较强的国际竞争力。在此情况下，Sunstone公司于2017年在招商工业生效了3艘极地探险邮轮订单。

三 邮轮制造的发展历程

1. 明确发展规划

邮轮制造涉及造船、机电、建筑、装饰、文化、艺术等多个方面，价值量大、附加值高、技术难度高、工程量庞大，被誉为"造船皇冠上的明珠"，集合了当今最先进的造船生产工艺与管理技术，执行国际海事领域有关船舶舒适性、安全性、可靠性、环保性方面最苛刻的规范与标准，对项目过程管理、供应链管理要求非常高。

2017年招商工业明确进军邮轮制造后，就着手开展前期研究工作。2017年末从中船集团引进了负责邮轮产业发展的专业人员，并聘请世界著名的咨询机构埃森哲开展可行性研究，对潜在的竞争对手进行分析研判，对日本三菱重工建造邮轮的亏损情况进行剖析，分析了自身的优势和劣势，并制定了应对风险的举措，制定了发展邮轮制造以及在海门基地导入"前厂－中区－后城"协同发展模式的规划。经科学论证，最终谨慎选择了走"从小到大、由易到难"的实施路径，从滨海滨江游船入手，推进内河游轮和小型极地邮轮的建造，在积累设计、建造管理及配套链管理经验后，再考虑进军中大型邮轮的建造。拟定发展战略后，经过三四年的建设，招商工业结合自身的能力和产业特点，打通了邮轮研究、设计、建造、配套和维修改造的全过程，构建了邮轮制造的"生态圈"，逐步形成了邮轮制造全流程服务能力，并具备了一定的行业领先优势。

2. 推动能力建设

（1）研发设计能力方面。2017年完成发展规划的研究后，招商工业内部组建了十余个技术攻关小组开展设计建造技术的研究，后来在海门调整组建成立邮轮技术中心，并聚焦国际化、市场化，聘请专业咨询机构开展邮轮人力资源规划，系统性引进了10余名国际高端邮轮专业人才、数百名专业骨干和应届毕业生，打造了老、中、青相结合的技术团队。2018年6月18日，招商局工业科技（欧洲）有限公司（CMIT）暨招商工业欧洲研发中心开业典礼在意大利拉文纳市举行，招商工业开启了科技研发能力的全球化布局，为发展高端海工和豪华邮轮研发设计能力、培育核心竞争力奠定了坚实的基础。招商工业以CMIT为平台，在意大利招录优秀人才，组建了邮轮内装和美学团队。2019年，按照国务院国资委的资源整合安排，招商局集团与中航工业集团进行了资产包的整合收购，招商工业收购了中航工业集团旗下的船舶业务板块，招商蛇口则收购了中航工业旗下的物业板块。通过收购中航船舶业务板块，招商工业获得了全球最大的独立船舶设计集团——芬兰德他马林设计集团的控股权（控股79.57%）。德他马林设计集团总部位于芬兰，在波兰、克罗地亚、中国等设有分支机构，全球设计队伍约400人，拥有专业全面的船舶设计能力，尤其对各型豪华邮轮、游艇拥有较高的设计水平和较丰富的设计经验（具有超过200艘邮轮和客轮的设计经验）。2019年12月，招商工业又在上海设立招商局邮轮研究院，作为邮轮及客船领域的科技创新平台，整合内外部资源，培育发展邮轮产业经济、市场分析及邮轮前期设计（包括概念设计、美学设计、人体工程设计等）能力。通过招商局邮轮研究院、招商局工业科技（欧洲）有限公司、德他马林设计集团和制造基地邮轮技术中心上、中、下游密切配合，招商工业快速形成了邮轮研发设计全流程服务能力。

（2）建造能力方面。2017年2月15日，招商工业与德国IEM签订邮轮基地总体规划合同，旨在参考世界最先进的邮轮制造商德国迈尔船厂，利用现有的海门基地存量船体生产能力和已批准的船坞资源，建设一流的邮轮智能制造船厂。在集团主管领导的直接推动下，招商工业通过双周例会的方式，扎实有效推进邮轮基地规划建设等相关工作。2018年3月21日，邮轮制造项目相关前期立项手续获招商局集团批复。3月23日，时任招商局集团副总经理王崔军主持召开邮轮项目启动会。4月9日，江苏省发改委将招商局邮轮项目列为重大项目。9月18日，招商局邮轮制造有限公司注册成立，成为全球首个以"邮轮制造"命名的公司。11月11日，招商局邮轮制造有限公司制造基地项目投资获批复。2019年12月22日，招商工业海门基地2号船坞暨邮轮配套产业园建设工程隆重开工，招商局集团总经理胡建华、时任副总经理王崔军参加仪式。根据最初的邮轮基地规划设计方案，拟在海工基地西侧规划建设邮轮制造基地，设计产能为可建造20万总吨以上邮轮，拟建造当时世界最大邮轮基地。但该方案在推进防洪评价过程中，因不符合"长江大保护"原则受阻，而江苏省内船坞资源产能置换方案也难以推进。经过详细研究与讨论，决定利用2016年江苏重工已获得的海工坞的资源，对原已批复的船坞（10万吨级，400米×39.8米×15.5米，坞内宽49.8米）进行续建，暂停原西侧630米长的超大型船坞建设，同时根据市场定位与合作伙伴的变化决定将产品聚焦在中小型邮轮建造。2021年，邮轮建造所需的舱室单元总装中心、激光车间等核心设施陆续建成并投入使用，2号船坞主体部分基本成形。舱室单元总装中心可年产模块化舱室单元3600个。以中型邮轮为例，采用模块化舱室单元预制模式可比传统模式缩短30%的坞期。激光中心投产后可缩短30%分段建造周期、25%总组搭载周期、30%坞内区域舾装周期和10%码头舾装周期。2022年初，由于新冠肺炎疫情对邮轮市场的巨大影响，在论证建设时，船坞车间作为超限建筑，安全、环保风险较大，邮轮基地的投资可行性、经济可行性、安全可行性等方面面临较大挑战，招商工业审时度势、主动作为，决定压减船坞车间、补齐船坞配套设施，码头适当延长以拓展修改装业务，从而使船坞更加柔性化、产品更加多元化，以增加投资效益。

图 10-2　招商邮轮制造公司全景

图 10-3　已建成国内唯一舱室单元总装流水线和具有国际领先水平的激光中心

（3）配套产业方面。招商工业与招商蛇口通过内部协同，于2018年成立招商局邮轮产业发展（江苏）有限公司，利用招商蛇口独具优势的"前港－中区－后城"的模式，在海门以搭建邮轮制造产业链的视角，打造了"前厂－中区－后城"，在建设邮轮船厂的同时，通过核心控股、主要参资、平台化引进的方式培植国内邮轮制造配套产业集群，加强与配套服务商、邮轮检验入级机构等合作，建设支撑邮轮制造的配套产业园。作为中国邮轮产业链的搭建者，邮轮产业园占地约2000亩（未全部开发使用），重点引进包括模块化舱室单元、铝制品、玻璃制品、家具制品、厨房设备、娱乐设备、空调设备、推进设备、电器控制设备等配套企业。2018年，招商工业作为主要发起人提请招商局集团与江苏省相关政府机构及中船集团、中铝集团等企业签署了邮轮相关的战略合作协议。为推进邮轮制造配套产业链建设，招商工业组建专项材料国产化和配套引进工作组，支撑配套产业园产业导入，立足关键技术、核心领域、重点方向，详细调研、摸排773家国内外邮轮配套厂商，集中梳理出32项重点研发产品、52类选型应用产品，通过技术攻关、联合研发、工程拆包、厂家寻源、培育国内厂商能力、引入产业园区深度合作等多种手段，分阶段推动技术引进与自主创新，持续提高邮轮项目国产化率，打造邮轮制造本土供应链，形成核心竞争力。

（4）维修改装能力方面。招商工业利用香港友联维修保障大型游艇和蛇口友联维修高端海工的经验，根据邮轮航线及母港分布情况，重点在舟山投资打造邮轮维修改装基地。2020年1月24日，招商局集团做出《关于对招商工业舟山友联技术改造投资项目的批复》，同意投资不超过18245.3万元对舟山友联进行技术改造升级。2月26日，招商工业下发《关于转发〈关于对招商工业舟山友联技术改造投资项目的批复〉的通知》。根据招商局集团及招商工业的文件精神，舟山友联稳步推进技术改造项目，充实邮轮修理改装、翻新等业务的技术力量和专业人员，并与招商局邮轮研究院、海门基地开展了全面的技术交流与协作，目前已完成3艘邮轮的修改业务。

第三节　邮轮制造发展现状

经过艰苦努力，在内部企业产业协同、外部企业紧密合作下，招商工业邮轮制造发展取得了积极成效，逐步奠定了国内中小型邮轮建造的领先地位，并在邮轮研究、设计、建造、配套等方面取得丰硕的成果。

一 国家和行业层面

2018 年、2019 年招商局邮轮制造项目分别获得了工信部高技术船舶科研计划 3 个项目的经费支持，国家支持科研经费合计 2.66 亿元左右；2019 年极地邮轮项目被纳入国家重大技术装备的首台套装备目录；2019 年邮轮制造项目列入交通运输部交通强国试点；2020 年邮轮制造项目获得了国家发改委增强制造业核心竞争力专项扶持资金约 8826 万元。在发改委和交通部的大力支持下，招商局集团于 2020 年换届成为中国交通运输协会邮轮游艇分会会长单位，招商工业为中国交通运输协会邮轮游艇分会副会长单位及交通强国试点执行单位。

二 研发设计方面

招商工业依据自主开展的国际远洋邮轮、近海近岸邮轮、国内滨海滨江游轮多区域水上旅游市场分析研究的成果，建立了涵盖滨海游船、内河游轮、海洋邮轮的"泛邮轮"船型谱系。2020 年，招商工业自主研发设计的 250 客极地探险邮轮、5.2 万总吨中型邮轮分别获得法国船级社和英国劳氏船级社的原则认可证书。2021 年 10 月 19 日，招商工业自主研发设计的 7 万总吨邮轮获得了挪威船级社的原则认可证书。自此，招商工业建立了 10 万总吨以下各型邮轮的自主设计体系，形成了从概念设计、基本设计、美学艺术设计再到详细设计、生产设计、内装设计的邮轮船型自主研发和设计全流程服务能力，打破了国外在该领域的长期技术封锁和垄断，开启了中国邮轮自主设计新时代。

招商工业不断深挖技术开发需求，攻关突破"卡脖子"技术，进行技术成果积累及应用推广。船舶智能运维平台在中深水半潜平台、大湾区一号/二号、3800PCTC 车滚船等项目上完成实船应用，并继续推广应用于 3000 吨起重船、金陵 62000 载重吨 1 号/2 号船；船舶自动化系统项目应用于长江邮轮项目的阀门遥控及液位遥测系统取得船用产品证书；型式认可证书范围增加了机舱监测报警功能，已完成型式试验；坞门阀控 PLC 柜设计取得 CCS 型式认可证书；开展了无线火灾报警系统组网设计，开始数据采集与传输功能开发。在团队专项技术方面，已具备 DCS、PLC、PCB 电路板、自主人机界面、船用局域网等多方位的项目设计能力。

三　生产建造方面

2017 年，招商工业与美国 SunStone 公司签订建造"7 + 3"艘（实际生效 6 艘）极地探险邮轮订单。2018 年 3 月 12 日开工建造首艘船，2019 年 9 月 6 日成功交付并开启了南极之旅（图 10 - 4），开创了"邮轮中国制造"的先河，打破了国际垄断。该邮轮船长 104.4 米，型宽 18.4 米，船舶总吨 8035，设有 135 个舱室，可承载 254 人。在一年半的建造周期内，技术团队攻克了薄板焊接变形、振动噪声控制、复杂协同作业等一百多项技术难题，顺利下水、试航，比合同工期提前两个月交付。该艘邮轮的交付，获得中央电视台、新华社、人民日报等国家主要媒体的高度关注，成为我国造船历史上的里程碑事件。另外已生效的 5 艘订单中，有 2 艘于 2021 年交付运营，2 艘计划于 2022 年交付，1 艘计划于 2023 年交付。

在集团内部协同下，招商工业还先后获得了招商蛇口 2 艘"海上看湾区"滨海游船和长航集团 1 艘长江游轮订单。两艘高端滨海游轮分别于 2020 年和 2021 年交付，是中国首型油电混合、豪华双体客船，从芯片到混合动力直流组网电力系统都实现了豪华海上游轮动力"心脏"中国造。而在 2021 年向长航集团交付的"长江叁号"长江游轮，是长江上集休闲舒适、安全可靠、绿色环保、智慧智能于一体的新一代豪华游轮，为行业树立了新的标杆，将为长江游轮旅游掀开新的一页。此外，招商工业还在积极推进维京游轮 5 万吨级批量中型邮轮等订单落地。

四　配套服务方面

招商工业位于深圳、舟山两地的友联船厂合计完成了 10 艘邮轮的维修改装服务，其中有 4 艘是在新冠肺炎疫情发生以后完成的。舟山友联把豪华邮轮修改装技术研发和产品创新作为企业竞争力持续增强的核心动力，持续推进豪华邮轮升级改装关键技术研究与应用和清洁能源应用、超高压水等领域的研究，于 2021 年被认定为舟山市豪华邮轮修改装企业研究开发

图 10-4　2019 年 9 月 6 日，中国首制极地探险邮轮交付

中心。

招商工业与招商蛇口依托招商局邮轮产业发展（江苏）有限公司，合力建设邮轮配套产业园，一期工程已完成，国内目前唯一的模块化舱室单元总装中心已投入使用。为促成邮轮国产化，目前已和 300 多家与邮轮相关的设备、材料、内装等供应链企业开展沟通交流，其中已有 60 余家企业进驻邮轮配套产业园。重点企业及签约意向企业拟租赁面积约 9.3 万平方米，拟购地 350 亩。产业服务办公楼和邮轮城研发中心均已建成投入使用。

目前，探险邮轮项目研发出世界首制超高压力 A30 防火风雨密玻璃阳台门，后续船的国产化率已比首制船提升 10 个百分点；高端滨海游轮和长江游轮的国产化率分别达到 68.4% 和 92%，处于国内领先水平。提前布局中型邮轮内装材料国产化应用，已取得船东认可，订单生效后可大幅降低采购成本及风险。招商工业还与国内科研院所、企业进行联合研发，针对吊舱推进器、轻质岩棉材料、铝合金一体式阳台、USPH 厨房设备等邮轮独有的"卡脖子"设备材料进行重点攻关。

五　行业影响力方面

招商工业以招商局邮轮研究院为平台，整合内外部资源，积极通过行业协会、会议、论坛、展会等平台加强与政府、科研院所、高校、企业的沟通与交流，提倡以邮轮制造全流程服务的视角为行业提供全生命周期解决方案，先后为工信部编制关于促进邮轮产业及装备高质量发展的有关意见，为大连市政府编制邮轮经济发展规划和"海上游大连"项目策划，参与编写中国邮轮产业白皮书和行业杂志《邮轮志》，编辑内刊《邮轮经济参考》为集团提供邮轮行业研究报告和决策咨询支撑，为全国人大代表、全国政协委员提供邮轮产业咨询服务，组织创办中国邮轮制造高质量发展论坛，与招商蛇口联合组织举办"中国邮轮经济沙龙"等活动，大大提升了行业影响力。

第十一章　招商局能源与物流装备制造业务（中集集团）

中国国际海运集装箱（集团）股份有限公司（简称"中集集团"、CIMC），总部位于深圳，是世界领先的物流装备和能源装备供应商。公司前身是"中国国际海运集装箱股份有限公司"（简称"中集公司"），成立于1980年1月，由招商局和丹麦宝隆洋行在蛇口工业区发起设立并在蛇口奠基（图11-1）。1994年中集公司在深圳证券交易所A+B股上市，1995年经国家工商总局批准，更名为"中国国际海运集装箱（集团）股份有限公司"，正式开始以集团化方式运作，顺利完成了由单体企业向集团化企业运行模式的转变。2012年12月，中集集团B股转H股在香港联交所上市，成为A+H股公众上市公司，目前主要股东为招商局集团、深圳市资本运营集团等。自诞生之日起，中集就不断朝着国际化、市场化的方向发展，把握住了时代机遇，加上出类拔萃的公司治理结构、长期以来对于技术创新和管理效率的不懈追求，很快成长为在全球多个行业居领先地位的企业，做到了二十多项"世界第一"，拥有中国制造业最多的单项"世界冠军"。

中集的创立依托于招商局及其发展部、招商局发展公司等的培育，其身上隐藏着"招商血脉、蛇口基因"企业"密码"。早在1979年1月3日，招商局代广东省革命委员会和交通部起草了一份联名致国务院的《关于我驻香港招商局在广东宝安建立工业区的报告》，报告最初确定的工业区拟办的五个工厂，排在第一位的就是货箱（集装箱）制造厂。中集公司于1980年1月正式在蛇口工业区创立，袁庚亲自担任首任公司董事长，为集装箱制造厂争取到冠以"中国"的企业名称，并表示"这代表国家的一

图 11-1　1980 年袁庚和外宾为中集集装箱项目举行奠基仪式

种认可，集装箱公司只能办好，要为国家争光"。作为恢复高考制度后的第一届大学生，麦伯良 1982 年毕业后进入招商局发展部工作，后被派往中集公司，从技术员做起，一步一个脚印，靠出色的业绩和坚韧不拔的毅力，逐渐走上公司领导岗位，后来成为中集的灵魂式人物。由于工作变动，中集换了五任董事长，但是麦伯良一直没有离开，成为"五朝元老"。中集的合资方，起先是丹麦宝隆洋行和美国国际集装箱运输公司，这是由招商局发展部引荐的，后来的中国远洋运输总公司是由招商局发展公司大力争取来的。实践表明，中集在 40 多年发展历程中取得的成绩，离不开招商局各方面的大力支持和帮助，双方还在应用场景、采购设备及产品等方面建立了密切的业务往来关系。未来，中集还将进一步深化与招商局及其成员企业在相关业务领域的合作，在寻求更多合作场景和空间的基础上，提升发展质量，实现携手共赢。

第一节　创立和发展

作为改革开放的第一批中外合资企业，从中集公司发展到中集集团，一路走来，中集书写了波澜壮阔的历史。作为改革开放的先锋，中集也曾经历过重重危机，甚至濒临破产，但最终携手招商局一同克服了诸多困难，经受住了各种考验，顽强地挺了过来，发展至今，已在集装箱等诸多领域拥有世界领先的地位。这一切都离不开招商局集团的帮助。中集对时代脉搏的把握，离不开与时俱进、锐意创新的中集文化。在中集人上下团结一致的共同努力下创造出的累累硕果和辉煌成就都有招商精神的深深烙印。

一 中集集团的初创期

1979 年 1 月，招商局成立了蛇口工业区筹建指挥部，并于同年 3 月正式成立了招商局发展部，专门负责蛇口工业区贸易采购、联系外商、筹建合资企业等业务。在发展部的推动下，蛇口工业区"五通一平"建设加速完成，外商投资兴趣也不断加大，中集公司正是在此背景下诞生的。

作为中国改革开放的试验田，蛇口工业区在 1980 年孕育了众多中外合资企业。其中，中集公司是在蛇口工业区成立的第二家中外合资企业，也是改革开放以来最早创办的中外合资企业之一，是招商局发展部引进外资的先锋项目之一。1980 年 1 月，中集公司由招商局集团与丹麦宝隆洋行合资成立，初期由宝隆洋行派员管理。当时的美国国际集装箱运输公司（CTI）看好中国市场，拟在中国投资，打算与丹麦宝隆洋行成立中国集装箱财团公司，并与招商局轮船股份有限公司签订合资经营的"中国国际海运集装箱有限公司"协议。但因存在分歧，最终美方把所有权利转让给宝隆洋行，促成了招商局与宝隆洋行的合作，中集公司由此创办。1982 年 9 月 22 日中集公司蛇口工厂正式投产，最初由丹麦宝隆洋行负责经营，由于当时国际航运业陷入萧条及公司内部存在文化冲突，中集公司在 1982 年投产后即连年亏损。雪上加霜的是，1986 年国际航运业严重低迷，中集公司几乎一整年没有接到订单。由于中集公司的不断亏损，丹麦方提出撤资，这使得公司处境更加艰难，甚至面临破产。但是袁庚特意嘱托过，作为最早的中外合资企业之一，"中集不能倒"。1986 年，在丹麦宝隆洋行退出公司经营管理之后，中集公司转由招商局全权负责经营管理。为了使公司继续生存发展，招商局当机立断，开始"内部清盘"：保留中集，由麦伯良"主刀"进行裁员。此后中集从 330 人锐减到 59 人。

裁员后中集面临的首要问题，就是怎么"活下来"。当时的中集，根本不是在生产集装箱，也没有集装箱可以生产，为了赚一点工钱，能够养活企业，马路围栏、家装的铁门、铁窗等都做过，以后逐渐过渡到做一些高档次业务，如沙角电厂、大亚湾核电站、香港西区走廊、海底隧道等一些大项目的钢铁工程。就这样，中集公司依靠钢结构产品加工顺利渡过难关，并奇迹般实现了盈利。

二 中集集团的国际化发展阶段

1987年7月1日，招商局发展公司成功邀请中国远洋运输总公司入股中集，中集公司重组为中国远洋运输总公司、招商局、宝隆洋行三方合资企业，中国远洋运输总公司和招商局各占股45%，丹麦宝隆洋行占股10%。1987年11月中集公司正式恢复集装箱批量生产。由于产品质量明显提高，出口销路大增，1987年盈利100万美元。在招商局发展公司的帮助下，中集公司转危为机，同时得益于世界集装箱市场的复苏，中集公司抓住市场机遇，逐步扩大集装箱制造，并以此为基础不断完善技术，培养队伍，积累经验，快速拓展国际市场。1990年，中集公司确立"做集装箱制造业的世界第一"的战略目标，大力发展集装箱制造业务。当时全球60%的集装箱产自韩国，日本和中国台湾占有剩下40%的市场。为了实现突围，中集公司决定实施成本领先战略，在接单、设计、采购等方面对成本严格控制，并积极进行技术创新。中集公司一个集装箱的总成本，比行业平均要低50—100美元，竞争力大大增强。另外，由于缺乏资金，中集公司采取了先承包经营、通过生产经营就地获取资金再收购的策略，先后将青岛、上海、大连、天津等沿海城市的10多家集装箱企业合并，迅速扩大了公司规模，抢占了市场份额。

1993年2月26日，中集公司首次实施跨区域并购策略，率先收购大连货柜工业51.18%的股权，在北方建立首个生产基地。此后，中集通过收购兼并及自建的方式快速在中国沿海主要港口构筑起面向客户的全方位生产基地格局，这为中集成就行业领导地位奠定了坚实基础。此后，收购兼并成了中集战略扩张的主要方式。1993年8月，经深圳市政府批准，中集进行股份制改造，在深交所公开发行股票，募集发展资金。1994年3月、4月，中集B股（证券代码2039）和A股（证券代码0039）先后在深圳证券交易所上市交易。

1995年9月20日，中国国际海运集装箱股份有限公司经国家工商管理总局批准为集团公司，公司更名为中国国际海运集装箱（集团）股份有限公司，正式以集团化方式开始运作。在集团化运行中，通过统一营销管理、统一资金管理和统一采购管理等方式控制关键性战略资源，中集逐步具备大规模营运和集约化经营相融合的核心能力，构筑领先对手的新的竞争优势。到了90年代中期，中集已成功取代韩国现代和进道，以20%的市场份额成为全球集装箱行业第一，从此在世界集装箱市场确立了全球领先的地位。除了集装箱领域，中集在高速成长中不断拓展业务方向，先后延伸到道路运输车辆、能源化工和食品装备、海洋工程等多个业务领域，并相继取得了集装箱、车辆、登机桥等多个领域的世界第一，逐步成为国内外拥有300多家分支机构的跨国集团。

中集集团引进了世界先进的德国冷藏箱制造技术，于1996年9月29日正式投产，标志着中集的产品技术开始从低技术含量向高技术含量发展，产品品种从单一化向系列化转变。冷藏箱制造的成功，标志着中集产品的品质达到了国际先进水平，大大提升了中集在国际市场的形象，也显示了招商局发展公司精准的投融资水平和招商工业的战略前瞻性。1996年，中集集团产销量达到19.9万标准箱，成为全球最大的干货集装箱制造商。同年，中集集团在美国发行5000万美元商业票据，这是中国上市公司首次在美国发行商业票据，标志着中集集团成功进入全球最大的金融市场。中集集团在1996年和1997年成功续发了7000万美元和5700万美元商业票据，标志着中集的商业信用获得了全球最发达金融市场的认可。1997年招商局发展公司向海虹集团出售中集股份的股票，回笼资金3.2亿港元，大大缓解了招商集团财务危机。1999年12月，中集集团与英国UBHI签订"战略合作协议暨技术转让协议"，引进世界先进的UBHI罐箱生产技术，进一步提升了集装箱产品的技术含量，成为集团发展能源化工和食品装备业务的起点。至此，中集集团迈入了高速发展的快车道。

2000年以来，中集集团的集装箱产销量一直保持世界领先地位。2022年，中集集团已成为全球规模最大、品种最齐全的集装箱制造集团，市场份额在45%左右，其中干货箱份额基本稳定在50%以上，年产能200万标准箱；冷藏箱份额一直保持在 55% 以上；特箱品种和占有量都是世界第一。在业务方面的领先也助力中集集团完成进一步的融资。2000 年中集集团与荷兰银行合作运作了总金额为 8000 万美元的应收账款证券化项目，这是中国企业的首个资产证券化项目，开拓了国内融资的新途径。

三　中集集团的多元化发展阶段

拿下集装箱全球市场的半壁江山后，中集集团意识到，集装箱产业是有天花板的，集团要想更上一层楼，必须多元化发展。2001 年，中集集团提出"迈向世界级企业"的发展目标，确立了"在全球市场上提供一流的现代化交通运输装备和服务，创造为客户所信赖的国际知名品牌"的远景战略目标，即从全球视野的角度，建立和并行发展三个层面的业务：第一层面为现有核心业务——集装箱业务；第二层面为厢式半挂车业务，后逐渐调整为道路运输车辆业务；第三层面为以更广泛的形式介入现代化交通运输装备及服务行业中有生命力的业务。这是中集历史上首次从战略高度全面化、系统化、清晰化地确立业务竞争领域，使中集对行业的认识在感性的基础上更加理性，在专注的基础上更加专业。

2001 年，中集集团成立的以深圳为中心的中集技术中心被认定为国家级技术中心，正式被纳入国家技术中心的管理体系。2001 年落成的中集总部办公楼的正式名称便是"中集研发中心"。2002 年 4 月 16 日，"中集集团半挂车/厢车半挂车产品发布会"在深圳蛇口举办，标志着集团"为现代化交通运输提供装备和服务"的第二层面业务——道路运输车辆业务正式启动。短短 4 年时间，中集在北美、澳大利亚和日本等市场半挂车的销量接近 10 万辆。2007 年，中集道路运输车辆业务的生产能力和规模已跃居全球第一。进军道路运输车辆业务后，中集为了更好地整合资产，其子公司出资 400 万美元在北美成立 Vanguard，负责北美运营。通过"零部件在中国生产，成品在美国组装"的运营模式，Vanguard 经历了一段时间的高速发展，挂车数量从 2004 年的 2910 台增长到 2006 年的 8113 台。由此，中集集团为中国引入世界先进运输装备理念、推动国内交通运输装备现代化的战略目标实施进入了实质阶段。2006 年，中集道路运输车辆产销量实现世界第一。时至今日，中集的道路运输车辆业务早已经稳居中集集团业务的第一梯队，半挂车业务连续 7 年全球第一，2020 年全球半挂车销量超 13 万辆。

在 20 多年时间里，中集将道路运输车辆业务成功的经验复制到能源化工和食品装备、海洋工程、物流服务、空港设备、登机桥等 20 多个细分领域。2006 年 6 月 28 日，中集收购荷兰博格工业公司；同年 7 月 30 日，中集收购安瑞科能源装备控股有限公司。并购博格与安瑞科使中集的罐式产品业务扩大到储罐业务、道路罐式设备、燃气能源装备等领域，集团能源化工装备板块的业务框架基本形成。2008 年，中集收购烟台来福士公司 29.9% 的股份，正式进入特殊船舶和海洋工程的建造业务领域并持续增加股份到 100%。2013 年，收购德国百年老牌消防救援车辆企业齐格勒（Ziegler），正式步入消防车领域。2016 年，将英国拥有 267 年历史的老牌公司 Briggs 收入麾下，从而将中集的食品加工装备从居全球前列的啤酒酿造领域，向烈性酒的蒸馏等液态食品加工领域拓展。

图 11-2　中集集团明星产品序列

"国外品牌技术＋中国制造资源"的组合，打造了中集的竞争力，使其在 24 个细分领域取得世界第一。与 20 多年前只做集装箱相比，中集的规模扩大了 6 倍以上。中集集团每进入一个新的细分行业，都会通过并购最先进企业的方式，快速切入该行业。中集集团坚持"稳健经营、优质增长"的战略主题，主业继续聚焦"物流"和"能源"两大行业，新兴业务的布局聚焦"智慧物流"和"清洁能源"两大主航道，不断优化业务组合、提升资产收益水平，追求高质量的业务发展。

四 中集集团的转型期

2010年3月4日，中集集团正式发文成立升级领导委员会，这标志着中集的"升级"行动已经从前期的概念开发阶段转入到实质性运作阶段。2013年，在招商局的支持下，升级行动取得了可喜的进展：以"分层管理"为主的组织架构和管理流程更适应产业的发展；业务领军团队领导力的提升使集团摆脱了对个人的过度依赖，各业务发展逐渐后继有人；内控体系的建设加快了集团制度化的进程；人力资源管理制度的改革给更多人带来施展才华的机会；ONE精益体系的建设为集团建立起了可持续的改善机制；"以人为本、共同事业"的文化重塑调动起更多员工的积极性、创造性，激活了人力资源的潜力。

同时，为了适应外部变化，中集开始在制造领域探索数字化、智能化转型，谋求建立"高端制造"模式，提升生产效率、质量及安全性，让制造工厂更绿色、环保，并作为行业领导者引领整体产业的转型升级。2013年，中集与南京林业大学联合申报的创新项目"竹木复合结构理论研究与应用"荣获国家科技进步二等奖。2018年1月8日，由中集与浙江大学等参与完成的"重型压力容器轻量化设计制造关键技术及工程应用"项目荣获国家科技进步二等奖。此外，中集还积极探索创新企业的建设。2014年12月12日，中集首家双创企业中集电商正式挂牌成立。

在海工领域，为促进招商工业和中集集团的海工业务合作和整合，招商局于2015年进行集团内部股权置换，招商港口与招商局工业集团签署了"招商局港口控股有限公司与招商局工业集团有限公司有关Soares Limited全部已发行股本转让的股份转让协议"，招商局工业集团间接持有中集集团24.53%的股份，再次成为中集集团第一大股东，可待机推动招商局和中集海工业务的协调重组。由中集集团旗下中集来福士自主设计建造的全球最先进的超深水双钻塔半潜式钻井平台——"蓝鲸1号"，承担我国首次海底可燃冰试采任务成功，以"国之重器"的姿态受到全球瞩目。2018年6月13日下午，习近平总书记冒雨来到中集来福士海洋工程有限公司烟台基地,当了解到"蓝鲸 1 号"2017 年创造了可燃冰开采时间和产量两项世界纪录时,对中集来福士表示鼓励,并希望中集继续努力。

面临"全球百年未有之大变局",中集再次迈入"二次创业"的转型期。在这个承上启下的重要时刻,中集人认同"爱国奉献、艰苦奋斗、勤俭节约、踏实肯干"的工业精神,传承"招商血脉、蛇口基因",共同书写事业的新篇章。

第二节　公司特色

中集集团取得多个"世界冠军"并非偶然,而是与较好的治理结构、决策机制和长远的战略目标密切相关,也就是中集的成功取决于中集集团的"公司特色",即广义的科学管理水平。企业的竞争力绝不是仅靠大规模投资和产能扩张就能实现的,关键是要有技术突破和管理创新作为支撑。本节从法人治理结构、管理模式、战略定位、企业精神等方面寻找中集集团的特色,从中挖掘中集集团成功的要素和内在规律,探索中集集团的"成功之道"。

一　"两股均衡"的法人治理结构

在招商局发展公司引荐下,1987 年 7 月 1 日中国远洋运输总公司入股中集公司,形成了中国远洋运输总公司和招商局各占 45%、宝隆洋行占 10% 的股权结构。重组后的中集形成了独特的"两股均衡"的法人治理结构,为公司持续健康发展奠定了良好的制度基础。1994 年 4 月,中集集团在深交所上市。招商局和中远两大央企分别占股 29.45%,社会公众股占 34.56%,"两股均衡"的法人治理结构继续被中集保持下来。这种"产权清晰、责任分明、利益共存"的科学治理结构,为中集公司决策的科学性、监督机制的有效性、管理机制的灵活性、分配机制的合理性提供了基本的制度保障。"两股均衡"的法人治理结构使董事会形成代表大股东、小股东、职业经理人的权力制衡机制。中国远洋运输总公司和招商局"双头并列"的稳定股权结构限制了个别股东利益凌驾于全体股东利益之上,保持了经理层的相对稳定,是中集制定并实施正确有效的战略并购的重要保证。这种治理结构保证了公司两权分离，从而使经理层以全体股东利益最大化为经营的原则，使公司经营思想的一致性和中长期规划的连续性得以统一，企业的发展战略能通过经理层贯彻实施。同时这种结构使各利益主体对公司的剩余控制权和剩余索取权统一起来，既避免了因股权过度集中（如"一股独大"）导致控股股东操纵股东大会和董事会公司的决策，使董事会的决策不能实现公正化和科学化，又避免了因分散持股导致股东"搭便车"，造成对公司的经营监督不足，并保证了公司信息披露的真实性，较好地避免了因信息不对称导致经理层损害股东利益的情况。基于这样的股权结构，中集得以呈现不同于传统国有企业的特质，治理效率和经营绩效显著提升。

后来，随着中集在深圳证券交易所和香港联交所上市，成为 A + H 股公众上市公司，股权结构有了很大变化，但是"两股均衡"的股权结构仍然保留了下来。①

二 中集精益 ONE 管理模式

世界级企业需要世界级管理模式作为支撑。随着外部环境的变化和中集的多元化发展，中集集团需要总结过去的成功经验，并借鉴外部卓越企业的优秀实践，形成一套先进的、符合中集特点的运营管理系统。经过集团和部分企业的长期调研和探索性实践，最终确定对标学习"精益生产"，构建中集管理模式，并在 2008 年 1 月 18 日的集团年度工作会上，正式提出构建"中集精益 ONE 模式"的构想。中集 ONE（Optimization Never Ending）模式，中文意为持续改善、永无止境，它遵循 PDCA 管理逻辑和全员参与的理念，由众多管理子系统、评价标准、思想论和方法论以及先锋人群组成。经过 2008 年至 2012 年近 4 年的探索，中集 ONE 模式的基本框架已经初具雏形并显示出其独到的魅力，成为中集集团实现"世界级企业"目标的坚实保障。

中集集团坚定不移推进可持续发展战略，恪守经济、社会与环境的三

---

① 2021 年 6 月，中集集团提供的一份材料显示，中集集团的股权结构已经变化为招商局集团持股 24.49%、深圳市资本运营集团持股 29.74%、中远集装箱工业持股 4.69%、其他 A 股股东持股 28.27% 和其他 H 股股东持股 12.81%。

重底线,追求以科学、透明、道德、合规的方式运营。以此为定位和目标,在制定公司发展战略时充分考虑风险和挑战,将可持续发展融入到"制造+服务+金融"的战略远景下。未来,中集集团还将充分结合应对气候变化、实现"碳中和"、促进"国内大循环为主体,国内国际双循环相互促进的新发展格局"等因素来调整和确立中集的可持续发展战略,传承"招商血脉、蛇口基因",努力践行"为社会创造可持续价值"的使命,围绕"深化责任治理、应对气候变化、助力全球物流、彰显企业关怀"四大重点领域积极行动,秉承"自强不息,追求卓越"的企业精神,发挥优势,把握可持续发展机遇,继续创造更大的价值。

三 全球化发展的战略定位

中集集团拥有多家上市公司,可为客户提供十多个大类的上百种产品或服务,客户和销售网络遍布全球 100 多个国家和地区,已陆续在集装箱、登机桥、道路运输车辆、海洋工程等领域实现了 24 种产品品类的产销量第一。这些成就很大程度上归功于中集的国际化基因和很早确立的全球化发展战略。中集集团的全球化发展历程主要经历了三个阶段。

第一阶段是从成立之初至 2003 年,中集对自身的定位是以全球贸易和国际航运为基础。这个定位很宏大,相应的挑战也非常大。因为当时集装箱产业的核心技术、加工工艺以及整个供应链都在国外。作为一个初创企业,在高手如林的集装箱市场上如何能站住脚、如何能打赢第一仗,对当时的中集集团来说是非常大的挑战。所以在第一个阶段,在招商局的支持下,中集集团以集装箱为抓手进入产业,通过引进部分专利和不断自主创新,大幅提高生产能力,逐步占据行业里的领先地位。在这个阶段,中集集团最大的特点是购并和专利引进并举,主动消化吸收以及自主再创新。通过吸取先进技术,中集集团取得了重大进展。

第二阶段是 2003 年至 2018 年,这一阶段中集集团的创新点是实现核心产业链的突破,推动产业链的国产化,其中就包括冷藏集装箱制造技术和制冷技术的突破,特别是在低温气体装备和海洋工程领域。简而言之,中集集团就是从以往的消化吸收专利,变为引进专利基础上的再创新模式,从而牢牢掌握了产业的基础。与此同时,中集集团在经营管理上推进了一个整体行动计划,叫作"升级行动"。通过实施以业务板块为中心的分层管理,提升创新突破的活力和能力。集团推进5S管理体系,陆续推出20多个精益管理模块,不断提高制造业的基础素质。这使中集集团生产能力和水平上了一个大台阶,也进一步夯实了创新的基础,帮助中集集团在有很高门槛的欧美市场和充满变量的环境下,从一个单一的集装箱企业发展为一个制造业相关多元的产业集群,实现把简单产品做得不简单,把核心产品做成一个全球优势产业的战略目标。

第三阶段是2018年以后,中集集团在招商局的支持下再次实现了新的突破。从"智能制造""梦工厂""灯塔工厂",到"智慧物流""世界冠军产品群",还有深海装备上的突破,例如参加天然气水合物试采,自主设计建造深海浮式生产储油装置(FPSO)、深海养鱼工船、绿色集装箱运输船、C型罐LNG运输船等。随着国际形势日益复杂、全球产业结构调整,中集集团也步入了新的发展阶段:大刀阔斧、激动人心的大型收购项目有所减少,转而将重点放在创新和修炼"内功"上,从几个方面进行了产业结构的系统升级。先后应用数字化、工业机器人和物联网相关技术升级现有制造体系,分步实现智能制造;打造"绿色模块化酒店""无人驾驶旅客登机桥"液氢储运装备、集装箱中欧专列和铁海联运。在国家级企业技术中心平台上建设的集团技术创新体系也上了一个新台阶,低温气体装备和超深水钻井平台等产品先后获得国家科技进步奖和中国工业大奖。

四 开拓创新的企业精神

"开拓创新"一直是中集集团的核心价值观之一,也是其赖以成长壮大的核心法宝。中集集团的创新业务和旗下的创新企业也一直颇受公众的期待和关注,从结果来看,它们也确实遵循着这个原则,一路蓬勃发展。比如中集集团的循环载具业务专注于为客户提供循环包装替代一次性包装的综合解决方案,目的就是减少商品转运环节中包装材料的消耗和污染,助力碳中和目标的实现。

中集集团在中国改革开放的道路上一路创新,不断发展,才能走到今天,创造如此辉煌的成果。作为中国改革开放的见证者、中国工业变迁的缩影。中集集团在招商局工业史上留下了浓墨重彩的印记，因为在新中国成立后缺乏与外资合作经验的历史背景下，中集的试验和探索价值高过它的实际发展价值，其成败为后来中国大量与外资合作的成功案例打下注脚。在当时，中央领导给的意见是不一定要"来者必成"，也不可能"来者必成"，因为当时中国的产业结构体系以及市场条件还不成熟，同时政治舆论风向还在动摇，加上外资进入中国的摇摆态度和水土不服，这批企业想要活下来非常艰难。事实也确实如此，回顾历史，那批最早引入外资的企业，今天绝大多数已难觅踪迹。但中集活下来了，并且一直发展为今天员工5万余人、年产值超过1000亿元的大企业集团，简直可以称之为奇迹。难怪袁庚先生一直对外说，中集是他最为珍视的几家企业之一，是他的"心头宝"。论时间，中集的成立早于招商银行和平安保险，在这一批同样带有蛇口基因的企业群里，中集是最早的探索者。蛇口工业区的企业就像担负着改革开放试验使命的马前卒，最终中集成为一颗成功过河的卒子。虽然始于中外合资，引入了一些国外的先进管理经验，但1985年中集同样因为外资的水土不服以及国际集装箱市场的恶化濒临破产，最终外资撤出大部分，裁员留下的59人维系了中集的生命，并等来了后来中远集团的关键性投资。在中远加入后，招商局与中远一直以中集最大的两个股东的身份维系着平衡关系，也支持着中集集团后来的不断发展。从40年的历史长河来看，合资和丹麦人经营管理那一段时期，经营上并不盈利，但对于企业而言，则是奠定了市场化的经营机制；对于团队而言，则是打开了国际视野，转变了观念，使开拓创新的企业精神注入中集血脉，发扬了招商精神、蛇口基因，成为中集持续发展的重要动力源泉。

五 中集所获荣誉

中集选择新业务的原则是"市场有需求，行业有短板，中集有优势"。"开拓创新"一直是中集的核心价值观之一，中集集团在不断发展的过程中，依托卓越的企业治理和管理，获得了很好的市场绩效和社会效益，从而获得了一系列殊荣（见表11-1）。

表 11-1　中集集团所获部分荣誉

年　份	取得荣誉
2005	"中集"集装箱荣获"中国名牌产品"称号
2007	"CIMC 中集"集装箱荣获"中国世界名牌"称号
2015	"2015 第二届中国工业企业履责星级榜"
2015	"中国工业行业履行社会责任五星级企业（2015）"称号
2018	"蓝鲸 1 号"获第五届中国工业大奖（中国工业经济联合会）
2018	中集车辆获得中国专用汽车领军企业（中国汽车技术研究中心）
2018	中集华骏获国家知识产权示范企业（国家知识产权局）
2018	《财富》中国 500 强，排名第 100 位（《财富》中文版）
2018	2018 广东省企业 500 强，排名第 25 位（广东省企业联合会）
2018	第十一届中国企业社会责任年会"杰出责任企业"
2018	2018 年中国企业社会责任评选"杰出责任企业"称号
2019	2019 年香港环境、社会及管治报告大奖
2019	《财富》中国 500 强，排名第 100 位
2020	中集车辆获制造业单项冠军产品（工业和信息化部）
2021	最佳工业制造公司（智通财经）

资料来源：中集集团官网。

中集之所以能取得众多辉煌的成绩，大概有三个"秘笈"：一是脱胎于蛇口工业区的中外合资背景使中集自带国际化基因，拥有国际视野和先进的治理结构，并在与国际客户打交道的过程中迅速学习消化，拥有高水准的技术和管理；二是深圳的沃土赋予中集天生的特区精神和招商局赋予的"招商血脉、蛇口基因"，使中集有敢闯敢试、敢为天下先的魄力，始终坚持自强不息、改革开放，要在全球争先，不懈追求创新和效率的进步；三是袁庚曾提出"不要闭门去研究别人已经发明的东西"，制定合理的战略通过收购细分市场中最先进的企业实现快速切入，充分利用中国优势和集团能力实现再创新，不断推出新一代产品。

未来，中集集团将继续聚焦企业核心功能与使命，在"爱国奉献、艰苦奋斗、勤俭节约、踏实肯干"的工业精神引导下，通过科学运营为社会提供优质、安全的产品与服务，以"有质量增长"为工作原则，明确将可持续发展战略作为公司发展战略的子战略，构建中集集团的可持续发展能力，打造熠熠生辉的中集招牌，使中集集团能在新时期焕发新的活力，继续为中国的现代化建设添砖加瓦。

第三节　主营业务

中集集团是世界领先的物流装备、能源装备和服务供应商，致力于在集装箱、道路运输车辆、能源化工和食品装备、海洋工程、物流服务、空港设备等主要业务领域提供高品质与可信赖的装备和服务。支持这些业务蓬勃发展的有提供专业资金管理的财务公司以及提供金融解决方案的融资租赁公司。作为一家为全球市场服务的多元化跨国产业集团，中集在亚洲、北美洲、欧洲、大洋洲等地区拥有300余家成员企业及4家上市公司，客户和销售网络分布在全球100多个国家和地区。

中集集团现已发展物流、能源和其他三大类业务板块及六大业务，以中集集团2021年年报营收数据为准，道路运输车辆业务和集装箱业务是中集集团最主要的营收来源。以下分别介绍了中集集团的六大业务，分别为集装箱业务，道路运输车辆业务，能源、化工、食品装备业务，海洋工程业务，空港、消防、自动化物流装备业务，金融服务业务。

表11-2　2021年中集集团六大业务营收情况

单位：亿元

业务名称	2020年中集集团营收额
集装箱	659.67
道路运输车辆	276.48
能源、化工、食品装备业务	195.28
海洋工程业务	54.40
空港、消防、自动化物流装备业务	68.42
金融服务业务	37.63

资料来源：中集集团2021年度报告。

一　集装箱业务

集装箱产业在中集集团历史最悠久、规模最大，其拥有数十个遍布中国大陆所有重要港口的生产基地,能够提供全系列集装箱产品,并拥有完全自主知识产权的供应商,涉及干货箱、冷藏箱、特箱、模块化建筑、地板五大业务,产品遍及北美洲、欧洲、亚洲等全球主要的物流系统。

在干货箱业务方面,1982年中集集团首台20英尺干货集装箱于深圳蛇口的集装箱工厂正式下线。自1996年以来,中集的集装箱产销量一直保持世界领先地位,2002年及以后市场份额基本稳定在50%以上。2007年中集成为全球集装箱行业首家年产量突破200万标准箱的企业。在冷藏箱业务方面,中集1996年投产进入该领域,2001年以后产量成为全球第一,2004年开始市场份额一直保持在55%以上。

在行业标准制定方面,中集集装箱是国际箱东协会COA和国际租箱者协会IICL等国际组织的正式成员,是全国集装箱标准化技术委员会的副秘书长单位,拥有多名国际集装箱标准化组织ISO/TC104工作组的注册专家,并担任ISO/TC104/SC2/WG6平台式和台架式集装箱工作组的召集人。中集主导和参与了多项集装箱产品相关的ISO国际标准、国家标准、行业标准以及具有行业领先技术水平的企业标准的编制修订工作。

对于从事集装箱制造近40年的中集来说,集装箱化已经深入其灵魂。集装箱标准化、好转运、可堆叠的理念被中集提炼,并运用到其他行业中,赋予了集装箱全新的内涵。集装箱业务也在大力推进与各类专业集成装备业务的融合,探索"集装箱+"模式,如把电池装进集装箱,把电力设备装进集装箱,把污水处理设备装进集装箱,这都是集装箱化理念与相关行业跨界融合所碰撞出的耀眼火花。

二 道路运输车辆业务

中集车辆(集团)股份有限公司(简称"中集车辆")的重点业务是半挂车及专用车上装制造及销售,是全球半挂车和专用车高端制造行业的领导者,在全球主要市场均拥有知名品牌。中集车辆于2002年开始制造及销售半挂车,自2013年起公司已连续七年保持半挂车销量全球第一。2017年,在中国市场半挂车销量排名第一,在北美市场半挂车销量排名第五。据中国汽车工业协会专用车分会统计,中集车辆在混凝土搅拌车品类已经连续三年中国销量第一。

"全球营运，地方智慧"是中集车辆最具价值的竞争优势，也是其在全球半挂车行业保持持续增长及领先地位的关键。近年来，中集车辆持续开展对制造规范及流程的升级及改进，并聚焦模块化设计及自动化生产，打造专属品牌。自2014年起，中集车辆开始针对旗下的制造工厂启动一系列的技术升级项目（例如"灯塔"工厂）。2017年，中集车辆在中国市场推出了第一代中置轴轿运车，在中国、北美、欧洲及其他40多个国家和地区销售各种半挂车及上装产品。中集车辆在中国市场打造了"中集""中集通华""中集华骏""瑞江汽车""东岳车辆""凌宇汽车"等品牌，在海外市场打造了"中集""Vanguard""SDC""LAG"等品牌，有着良好的国际影响力。

三 能源、化工、食品装备业务

中集集团的能源、化工、食品装备业务以中集安瑞科控股有限公司为领军企业，为客户提供运输、储存、加工的关键装备、工程服务及系统解决方案，全力打造"CIMC ENRIC 中集安瑞科"的业务品牌。该板块在中国及德国、荷兰、丹麦、比利时等国家拥有22个制造基地和国际领先的研发中心，形成了中欧互动、分布合理、互为支持的产业格局。

在能源装备业务方面，已覆盖从预处理、液化、运输、储存、再汽化、管输到终端应用的天然气上、中、下游全产业链。LNG低温罐箱、低温液体运输半挂车、中压气体罐车国内市场占有率稳居第一；高压长管拖车产销量从2002年起至今连续全球产量第一；中国低温工程储罐设计稳占70%以上的市场份额；大型LNG接收站和存储站制造成为世界知名品牌。中集安瑞科加强天然气储运装备全产业链布局，接连获得大额订单，如与宝武清能、挪威Hexagon进行战略合作，承担国家重点项目液氢储运装备研发，加快氢能应用。在化工装备业务方面，ISO罐箱产销量从2004年起至今稳居世界第一，在国内成为核电领域的先锋。在液态食品装备方面，可向全球市场特别是亚太地区酿酒及食品饮料行业提供专业的"交钥匙"工程服务。中集集团拥有Holvrieka和Ziemann两大世界领先的啤酒酿造"交钥匙"工程国际品牌，旗下还有德国TGE、英国BRIGGS等全球能化及液态食品行业知名工程服务及装备品牌。中集于2020年全资收购全球知名铜蒸馏和酿造设备供货商 McMillan，实现在蒸馏酒行业的全价值链覆盖。中集罐箱内衬加工车间投入试生产，助力芯片半导体产业国产化和国内 5G 技术发展。综合来看，中集集团的能源、化工、食品装备业务品牌与销量两手抓，都取得了优秀的成绩。

四 海洋工程业务

中集海洋工程业务的主要经营单位是中集来福士海洋工程有限公司（简称"中集来福士"），其前身是 1977 年建成的烟台造船厂，2008 年股权开始被中集收购，现为中集集团全资子公司。目前，中集来福士在烟台、深圳、上海、挪威、瑞典拥有五个海洋研究院，在烟台、海阳、龙口拥有三个建造基地，形成了"五院三地"总体产业格局。主营业务包括钻井平台、生产平台、海洋工程船、海上支持船、海洋渔业装备、海上风电装备、海上综合体、豪华游艇和高端游船等各类海洋装备的设计、新建、维修、改造及相关服务，同时涉及装备的运营、租赁等，为客户提供"交钥匙"EPC 总包服务。

中集来福士坚持走自主创新发展之路，用 10 年左右时间实现了核心产品的自主设计、自主知识产权从 0 到 100% 的突破，国产化率从不足 10% 提高到 60%，跻身世界海工装备 EPC 的第一梯队。公司累计交付近百座各种类型的海洋装备，包括 11 座深水半潜式钻井平台，占中国同期 80%、全球 25% 的市场份额。其中，"蓝鲸"系列超深水钻井平台作为核心钻探装备，先后助力我国可燃冰首轮和第二轮试采成功。

中集集团的海洋工程业务有强大的国际竞争力，始终站在国际海洋工程市场中参与全球竞争。中集交付的半潜式钻井平台已覆盖中国南海、挪威北海、墨西哥湾、巴西海域等全球主要海洋油气产区。已交付的深水半潜式平台中，三座在挪威北海作业，七次被挪威国家石油公司评为"最佳平台"；四座在巴西深海作业，其中两座由工银租赁以融资租赁方式购买后租给巴西国家石油公司作业，两座完全自主设计的起重生活平台 2014 年有效作业率达到 96%。中集集团还承接了平台维修改造业务，为中石化、中石油改造过多座自升式平台，拥有将半潜式钻井平台改造成生活平台的项目经验以及严酷环境大型半潜式钻井平台维修改造的丰富经验。

五 空港、消防、自动化物流装备业务

中集天达主要研发、制造和销售空港设备、消防及救援设备、自动化物流装备，拥有空港、中集消防等业内领先公司。

经过多年的发展，中集空港系列产品综合排名居全球前列，中集空港是全球最大的旅客登机桥供应商，在全球拥有 11 家生产基地以及遍布各地的销售服务网络，已为 70 多个国家 300 多个机场提供多种产品，涵盖自主研发并制造的港口旅客登船桥、机场旅客行李处理系统、机场站坪特种车辆、航空货物处理系统、自动化仓储物流系统、自动化立体停车系统等空港设备及自动化仓储产品等。经过 20 多年的发展，中集集团的旅客登机桥产品综合实力居全球行业第一，机场摆渡车销量居全球第二，航空货物处理系统业绩稳居全球前三位，国内市场份额逾 65%。中集空港旗下的德利国际航空物流业务遍布全球 40 多个国家，目前已成为世界上最大的行李处理系统集成商之一。其研发设计能力也在同行业内处于领先地位，拥有众多的专利技术，其中包括多项在欧美获得授权的发明专利，如接驳全球最大客机 A380 的四轮登机桥专利。2020 年初，中集拿下菲律宾机场的大额订单，国内业务销售继续稳健发展，利润显著增长。

随着全球城镇化进程持续加快，消防产业需求不断扩大，中集整合欧洲及国内领先企业，形成旗下品类完整、规模全球第五、中国第一的消防产业集团。消防救援业务发展成国内最大消防车集团后，中集的一体化进程取得明显成效，并进一步加强了与奔驰戴姆勒卡车在消防领域的合作，持续提升消防业务的竞争力。

六 金融服务业务

中集集团设立了由中集集团财务有限公司、中集融资租赁有限公司两家公司组成的金融板块，在海洋工程、道路运输车辆、能源化工和食品装备等领域为客户提供融资租赁、经营租赁及其他多样化的创新金融解决方案。

中集集团财务有限公司是以加强集团资金集中管理和提高资金使用效率及效益为目的、经中国银行业监督管理委员会批准设立的非银行金融机构。中集集团财务公司正着力构建供应链融资业务、票据业务、外汇业务和中间

业务四大业务中心,大力拓展供应链金融、买方信贷和保理业务以及同业金融业务,并通过多样化的金融创新为成员企业提供多层次、全方位的金融产品、服务和解决方案,助推集团产业发展和管理升级。中集财务公司为集团九大产业板块提供的金融服务质量和服务效率,远远优于外部同业。

中集融资租赁公司则依托中集集团全球化运营网络和多元化产业格局,与集团各产业联合营销,向客户提供装备+金融服务的"一站式"解决方案。中集融资租赁主营业务包括融资租赁、经营性租赁、售后回租、杠杆租赁、创新租赁等,为集团全产品线的全球客户提供专业服务。公司自成立以来,业务投放金额年年倍增。2010年公司业务投放金额接近20亿元,并荣获"2020年中国融资租赁年度公司"奖项,这是中集租赁第六次获得该奖项,也是公司连续13年在中国融资租赁年会获奖。作为一家国际化公司,中集租赁在美国和香港设立了多家子公司,业务遍布美洲、欧洲、大洋洲,客户包括马士基、中国远洋等国内外一流企业。

第四节　国之重器

近年来,国家创新驱动发展战略大力实施,创新型国家建设成果丰硕,"可上九天揽月,可下五洋捉鳖"的梦想早已成为现实。"蓝鲸1号"和"蓝鲸2号"作为国之重器不仅彰显了中国制造不断增强的实力和招商创业精神的成果,同时也体现出招商局集团海洋工程业务的累累硕果。海洋工程的发展,对带动中国冶金、海洋技术等多个产业的技术提升有重要作用,对提升工业发展水平,改变我国能源结构,推动"碳达峰、碳中和"目标实现具有显著意义。"蓝鲸1号"和"蓝鲸2号"证明了科技是一个国家强盛之根本,创新是一个民族进步之魂,科技创新才能铸就国之重器。中集人将发挥"招商血脉"的创新精神,持续提升科技创新能力,应国家所需,不断勠力前行!

一　进入海工领域的契机

海底蕴藏着丰富的石油、天然气等能源,然而在中集集团进入海洋工程领域之前,中国在深海开发领域的技术落后世界领先水平十年。在1996

年一跃成为集装箱世界第一后,中集集团又用了 8 年时间,用钢质冷藏箱取代了日本的铝质箱,并扩展到罐装箱和其他特种箱。拿下集装箱全球市场的半壁江山后,公司的管理层意识到,集装箱产业是有天花板的,中集集团要想更上一层楼,必须多元化发展。中集集团每进入一个新的细分行业,都会通过并购最先进企业的方式,快速切入该行业。深海海工也是中集在取得十几个细分领域冠军后,深思熟虑选择的战略性行业。海工业务不仅在大的背景下契合国家战略,也是中集集团作为央企,实现股东长期利益和国家利益统一的要求,是"与祖国共命运,同时代共发展"的招商局核心价值观的最好体现。同时,可复制中集发展运输车辆业务的经验来发展海工业务,其可迁移性和可操作性强,并能完善中集的产业布局,符合集团多元化战略需求。海洋工程的发展将带动中国冶金、海洋技术等多个产业的技术大面积提升,对改变我国工业发展水平及能源结构升级有重要的战略意义。2008 年,中集集团收购烟台来福士公司 29.9% 的股份,正式进入特殊船舶和海洋工程的建造业务领域。虽然发展这类战略新兴产业并不容易,中集集团的海工业务有所亏损,但这正是发展高端制造业必定会经历的困难。想实现产业升级,取得世界领先不可能一蹴而就,迎接挑战没有捷径可走,只能靠兢兢业业地付出。在"务实、担当、匠心、超越"的工业精神的影响下,中集集团经过多年不懈努力,以坚定的信心和持久的耐心不断攻坚克难。到如今,中集进入海洋工程领域已有十余年,逐渐成为行业的"总装建造师"。依托海洋钻井平台技术,中集集团已经进入海上旅游、海上风电、深远海养殖装备等更多领域,奠定了中国深海海工发展的新格局,成为国内海工行业的领头羊。

二 半潜式钻井平台的诞生

1. "蓝鲸 1 号"

2017 年 2 月 13 日,中集集团旗下中集来福士建造的半潜式钻井平台"蓝鲸 1 号"(图 11 – 3)命名交付。该平台长 117 米,宽 92.7 米,高 118 米,最大作业水深 3658 米,最大钻井深度 15240 米,适用于全球深海作业。"蓝鲸 1 号"重达 43000 吨,立柱和平台使用的钢板厚达 100 毫米,是我国鞍山钢铁厂历时三个月不断实验调整而打造的超高强度钢板。该平台以可抵御 16 级水平的台风为标准而打造，其中立柱和平台间的焊接技术，则是由建造团队经过一年多的试验、通过几千次技术调整打造而成，大大提升了"蓝鲸 1 号"平台的安全性。在南海试采可燃冰期间，"蓝鲸 1 号"以良好的稳定性抵挡住了 12 级台风的侵袭，向全世界展示了"深海重器"的实力。

与传统单钻塔平台相比，"蓝鲸 1 号"配置了高效的液压双钻塔和全球领先的 DP3 闭环动力管理系统，可提升 30% 的作业效率，节省 10% 的燃料消耗。"蓝鲸 1 号"代表了当今世界海洋钻井平台设计建造的最高水平，将我国深水油气勘探开发能力带入世界先进行列，也是中集集团践行"一带一路"建设、提升国家高端能源装备实力的重要实践。该平台先后荣获 2014 年 *World Oil* 颁发的最佳钻井科技奖以及 2016 OTC 最佳设计亮点奖。

图 11-3 "蓝鲸 1 号"钻井平台

2017 年 5 月 18 日，由中集集团旗下中集来福士自主设计建造的全球最先进的超深水双钻塔半潜式钻井平台——"蓝鲸 1 号"，承担了我国首次海底可燃冰试采任务成功，以"国之重器"的姿态受到全球瞩目。在试采期间，"蓝鲸 1 号"取得了持续产气时间最长、产气总量最大、气流稳定、环境安全等多项重大突破性成果，超额完成预定试采目标，创造了产气时长和总量的世界纪录。2018 年 6 月 13 日下午，习近平总书记冒雨到中集来福士海洋工程有限公司烟台基地考察，现场察看了自升式修井生活平台、开采可燃冰的"蓝鲸1号"超深水双钻塔半潜式钻井平台等海工装备。

2."蓝鲸2号"

2017年6月9日，中集集团在股东大会上宣布，由中集来福士自主设计建造的全球最先进超深水双钻塔半潜式钻井平台"蓝鲸2号"将在2017年8月建成。"蓝鲸2号"在项目建造工艺等方面比"蓝鲸1号"有重大创新突破。2019年国庆节前夕，"蓝鲸2号"出征暨命名仪式在中集来福士海洋工程有限公司烟台基地深水码头举行。

"蓝鲸2号"由中集来福士设计建造，长117米、宽92.7米、高118米，自重43725吨，有37层楼高，可以在全球95%的海域开展作业。该钻井平台拥有27354台设备、1000多个子系统、4万多根管路、5万多个报验点，电缆拉放长度达120万米。

相较于"蓝鲸1号"，"蓝鲸2号"在各方面都有了显著的提升。它配备了高效的液压双钻塔和全球领先的闭环动力系统，提升了30%的作业效率，节省了10%的燃料消耗，大大提高了平台的"绿色"性能。"蓝鲸2号"还配备了世界先进的DP3动力定位系统，可通过收集底部8个推进器的转速、风向、风浪、海流等环境参数，进行精密科学的计算和分析，实时控制推进器的转速和方向，能确保平台在恶劣海况下岿然不动。更加精准的动力定位系统，使得"蓝鲸2号"在运行过程中更加稳定，动力定位系统能根据海上风浪状况判断平台运行方式，保证"蓝鲸2号"即使在巨浪中也能够保持平稳。此外，"蓝鲸2号"设备之间的精准性极高，这款海上平台的法兰间隙可以控制在四分之一根头发丝的宽度。如此高的精确度，为平台的安全性提供了更完备的保障。

2020年3月，"蓝鲸2号"半潜式钻井平台在水深1225米的南海神狐海域顺利开展第二轮可燃冰试采任务，创造了产气总量86.14万立方米、日均产气量2.87万立方米两项新的世界纪录，攻克了深海浅软地层水平井钻采核心技术，实现了探索性试采向试验性试采的重大跨越，助力我国成为全球首个采用水平井钻采技术试采海域天然气水合物的国家。

三 走向深蓝的工业力量

海洋强国，装备先行。深海中蕴藏着石油、天然气、可燃冰等丰富的资源，建设海洋强国，不断发展先进的技术是必不可少的。从"蓝鲸1号"开始，中集来福士逐步走出一条创新发展之路，核心装备技术研发实现重大突破。正是依靠核心技术，中集建造的极地恶劣海域半潜式钻井平台"蓝鲸1号"和"蓝鲸2号"等"重器"相继问世。与此同时，中集在技术方面也不断升级，国产化率逐步提升，"蓝鲸1号"的国产化率达到40%，"蓝鲸2号"提升至60%。中集已成功跻身全球深水海工装备领域第一梯队，充分展示了深海海工领域的中国力量。"蓝鲸"系列超深水双钻塔半潜式钻井平台代表了当今世界海洋钻井平台设计建造的最高水平，有助于提升我国深水油气勘探开发能力，为我国能源战略和海洋强国建设提供了先进的装备保障，更与招商局集团"与祖国共命运，同时代共发展"的核心价值观保持一致。此外，海洋工程技术的发展和中集海工业务的不断开展，对我国占领尚处于空白状态的、有广阔市场前景的海洋工程装备领域具有重大的战略意义。中集不断在海洋经济、海洋强国的建设道路上踏浪前行，成为走向深蓝的工业力量。

第五节 前景展望

回顾过往，中集因中国改革开放政策和中国经济日益融入全球产业分工体系而蓬勃发展。改革开放以来，中国经济日益融入全球产业分工体系之中，廉价的劳动力以及逐渐完善的工业生产体系吸引了大量外资进入，世界制造的中心逐渐向中国转移，特别是2001年加入世贸组织之后，中国在全球产业体系分工中扮演了重要的加工生产角色，成为"世界工厂"。中集从1996年开始成为集装箱世界冠军，一直延续到今天，保持了26年的单品制造冠军纪录，这显然最直接受益于中国改革开放后工业化生产带来的巨额贸易量。展望未来，中集必将在我国更高水平对外开放进程中阔步前行、再创辉煌！

早在2003年，中集就开始不断到国外以收购的方式加大对国际技术、人才、品牌的吸纳。2003 年收购美国半挂车企业 Vanguard、2013 年收购德国齐格勒消防车公司，都成为中集拓展国际版图的经典案例。大量国际人才的加入，国际化管理经验的融入，丰富了中集的国际化内涵，使之逐步形成一套"全球营运、地方智慧"的营运理念，即运用中集的全球营运体系为各公司输入更好更规范的董事会管理、采购、市场、技术、品牌等资源，同时又充分尊重当地管理团队的决策权，使得全球各地企业都能在合理的授权范围内找到最适合当地市场的灵活策略。在中集这个共同的平台上，全球各国企业互联互通，取长补短。中集也不断积累丰富的国际运营管理经验，正在成为一家更高层次的全球化企业。在集团的战略驱动下，全球各家公司的资源互动不只是物理结合，还在发生"1 + 1 > 2"的化学反应。以一家中国企业为主导，按照全球化市场最优配置的理念配置全球资源的企业运营模式，在中国企业中是比较罕见的。在这样成熟的全球化发展方向的指引下，在可以互联互通且遵循一定的内部交易原则的基础上，中集打破固有的观念，更加科学地调动全球资源，并赋能全球企业。例如，中集在中国建立的用于半挂车全面升级的"灯塔计划"，将全面输入欧美改建当地产线，成功实现"走出去"；在人才管理上，美国公司的 CEO 则有机会去做英国公司的董事。在中集这个平台上，真正实现了国际化管理。

中集集团作为中国探索全球化的企业代表，给全球化带去的价值已远远超越其生产的产品本身。在全球产业分工体系中，中国企业的价值正越来越丰富，角色也越来越多元化，推动了全球的文化融合、技术进步。全球化终将是有益于各国经济的不可逆的大势。所有的蜕变与发展，都源于 40 多年前那个掷地有声的名为"改革开放"的决定。没有改革开放，没有招商局引进外资，中集不可能诞生，不可能成为创造 20 多个冠军产品的制造业巨头，不可能走出国门，也不可能带领 5 万多人融入全球市场。当下，继续推进改革开放的必要性和迫切性仍然不亚于过去的 40 年。正如习近平总书记所说，改革开放是决定当代中国命运的关键一招。面对国内外新的宏观和微观经济形态，面对经济结构不断调整升级，以及工业化要与信息化、数字化、智能化密切结合的新时代需求，中集依旧在不断探索和努力。中集集团正通过"灯塔计划""梦六计划""龙腾计划"等智能制造项目进一步升级企业的制造体系，完善"制造＋服务＋金融"的新型商业模式，同时又启动了百人创业计划，激发各种创新创业的潜能，处处点燃招商创业的星火。在招商局发展公司的精准投资和招商工业的大力扶持下，中集发挥开拓创新精神创造出中国工业的奇迹。改革开放只有进行时，没有完成时。中集集团在中国改革开放的道路上一路创新，不断发展，才能走到今天。中集将不忘身上的"招商血脉、蛇口基因"，继续以"爱国奉献、艰苦奋斗、勤俭节约、踏实肯干"的工业精神坚持开拓创新，不懈奋斗，未来也依旧与中国的改革开放、全球的经济运行同命运、共发展。

第十二章　招商局船海配套业务
（招商新材）

2020年招商工业在制定"十四五"发展规划时，提出了"做成船海配套业务"的战略目标。船海配套业务是指为海洋装备制造提供材料、构件、设备、系统等配套和服务的领域。相比于中国船舶集团等国家骨干造船企业集团，招商局船海配套业务过去主要是与中远集团、中海集团等合资合作，如广州/南通/大连迪施船机、漳州诺尔起重机等，目前大部分已在资产优化过程中退出。现存的招商局新材料科技（重庆）有限公司（简称"招商新材"）是招商局船海配套业务的代表性企业，其前身是1980年诞生于蛇口工业区的蛇口华益铝厂有限公司（简称"华益铝厂"）。当时，华益铝厂的核心业务是铝加工制造，后因招商局集团产业结构调整和蛇口工业区发展规划调整的需要，华益铝厂于2009年整体搬迁至重庆，更名为招商局铝业（重庆）有限公司（简称"招商铝业"）。

"十三五"时期，按照招商局集团的战略要求，非主营业务需要进行战略性退出。考虑到企业的发展历史以及"招商血脉"的传承，招商工业在帮助企业进行转型升级的同时，推动企业发展船舶与海工轻量化配套业务，实现"造修船主业＋"的相关性，逐步建立以轻型材料供给为主的船海配套业务类型。在这一战略转型导向下，招商铝业于2020年完成混合所有制改革，并更名升级为招商局新材料科技（重庆）有限公司，与招商工业旗下作为大股东的华商国际海洋能源科技控股有限公司（简称"华商国际"）共同成为"做成船海配套业务"的中坚力量。华商国际为香港上市公司，主要从事油气装备配套、海工资产管理等业务，由招商局集团发起设立的海洋科技战略发展基金投资上市公司收购而来，本书不做额外介绍，本章主要介绍招商新材的有关情况。

第一节　起点：华益铝厂

招商新材前身是改革开放初期创办于蛇口工业区的华益铝厂。历经 40 余年的发展，经历过亏损、重组、技术改革、停产、整体搬迁、混改等多个发展阶段，华益铝厂几经沉浮、两度更名，发展成为如今的招商新材。蛇口华益铝厂的原址坐落于深圳大南山东侧，现在已发展成为招商局蛇口工业区的高科技、文化产业、互联网产业的现代化园区——蛇口网谷，实现了"腾笼换鸟"和产业转型升级。发端并成长于此的招商新材曾经为蛇口工业区和城市发展做出重要贡献，它虽然最终落脚于渝水之畔，但其曾为蛇口工业区做出的贡献不能轻易忘记。

一　创立华益铝厂

蛇口工业区开发建设之初，就将铝加工业务纳入早期招商引资计划。1980 年 7 月 3 日，华益铝厂在工业大道西侧的大南山脚下奠基，华益铝厂（蛇口）有限公司正式成立，这是中国第一家中外合资的铝加工企业，也是蛇口工业区最早的一批外资企业。华益铝厂的启动资金为 4500 万港元，由香港招商局、广东省有色金属进出口总公司和香港益大金属厂有限公司各出资 1500 万港元，分别占股 33%、33% 和 34%。香港招商局提供货币资金，香港益大金属厂有限公司则是以实物注资，提供已经订妥的机器设备，其中有部分设备是使用过的。

华益铝厂在 1980 年开始建厂，聘用日本人进行钢结构厂房建设，同时加紧生产设备的安装与调配。生产设备由香港益大金属厂有限公司提供，供货商来自日本、英国、中国台湾等地，工艺在当时处于国内上游水平。其中，来自日本的设备由华益铝厂与供应商签订安装调试合同，来自英国、中国台湾等地的设备由香港益大金属厂有限公司出面交涉。[①] 1983 年，华益铝厂正式投产，进入正常的生产经营环节。

---

① 《华益铝厂设备更新及技术改造可行性研究报告》。

图 12 – 1　华益铝厂初具规模

注：图正中的烟囱为华益铝厂标志建筑，被看作蛇口工业的温度计。

资料来源：《蛇口网谷：从记忆中走来，向星辰大海而去》，《中国商报》2021 年 11 月 16 日，https：//baijiahao.baidu.com/s? id = 1716569128461757146&wfr = spider&for = pc。

二　邓小平同志视察

从建厂到投产，只有短短两年，华益铝厂既是蛇口速度的亲历者，也是蛇口速度的代表。公司创立伊始就得到党和国家领导人的重视，并随着蓬勃发展的蛇口工业区，一起进入公众的视野，得到国内外新闻的广泛报道，陆续接受了从中央到地方各级领导的视察。1983 年 12 月 1 日，国务院副总理兼秘书长田纪云视察蛇口工业区，参观了华益铝厂、海虹油漆厂、三洋电机（蛇口）有限公司、赤湾港等代表性项目，并询问了建设、运行情况。12 月 9 日，中共福建省委第一书记项南及省委书记、省长胡平率领福建省访粤代表团一行 17 人在广东省委书记吴南生等的陪同下访问蛇口工业区，参观了华益铝厂、海虹油漆厂、三洋电机（蛇口）有限公司、远东饼干厂、华美钢铁厂及赤湾后勤基地。[①] 每一位参观者都为工业区的建设速度以及蛇口翻天覆地的变化而惊叹。

---

① 钟坚编著《改革开放梦工场——招商局蛇口工业区开发建设 40 年纪实（1978—2018）》，第 222 页。

1984年1月底到2月初，邓小平在王震、杨尚昆等中央领导同志和中央顾问委员会委员刘田夫、广东省省长梁灵光的陪同下视察深圳、珠海两个经济特区。1月26日，邓小平专程来到华益铝厂（图12-2），参观生产车间，视察工厂生产情况，并给予了积极评价。

图12-2　1984年邓小平同志参观华益铝厂生产车间

三　困境中求生存发展

自1983年正式投产以来，华益铝厂的生产经营顺利、表现良好，然而这种蓬勃发展的势头并未一直持续下来。在20世纪80年代后期，华益铝厂开始出现亏损，亏损状态一直延续到90年代初期，并进一步恶化。粗略估计，到1990年，华益铝厂累计亏损6000万元，已经到了资不抵债的边缘。到1991年底，亏损面进一步扩大，招商局内部报告显示，华益铝厂损失最大，净亏损达五六千万元。由于亏损状况难以逆转，当时甚至提出了清盘、破产。到1992年，前五个月的净亏损就达到了200万元。面对持续亏损，华益铝厂和投资方都尝试寻找原因，并采取多种措施试图扭转亏损现状。在管理层，由香港益大金属厂有限公司和广东省有色金属进出口总公司轮流派驻经理，尝试过几轮后收效甚微；在资金投入方面，为了保证生产不间断，招商局向亏损的华益铝厂持续输血，甚至提供现金采购铝加工原材料——铝锭，截至1990年底，招商局就为华益铝厂垫付了1亿元资金；在市场经营上，招商局发展有限公司派管理人员到生产、销售等现场"跑场"，从原材料采购、具体生产、销售市场等环节搜集第一手资料，查找持续亏损的原因。后来经过总结认为，华益铝厂持续几年的严重亏损，是多方面原因共同造成的，不是单纯生产、销售、管理等某一方面造成的，特别是两地三方股东的存在，使得公司情况更为复杂。

处于持续亏损状态的华益铝厂，面临着两条道路的抉择。一是按1991年提出的破产方案，对华益铝厂进行资产清算，彻底结束亏损状态。这是最简单的解决办法，但结合当时资不抵债的处境，这也是三方股东尤其是招商方股东损失最大的一个方案，它意味着前期投入包括借款全部打了水漂。二是在短时间内结束亏损状态，这对各方来说都最理想，但也是难度最大的一个方案，谁也没有把握能够迅速停止亏损，而且继续生产过程中的生产成本也是不小的挑战。

华益铝厂是招商局整体向内地进军的前驱，也是蛇口工业区最早投资工业制造的代表，对于招商局和蛇口工业区都具有重要的意义。而且，相较于广东省有色金属进出口总公司和香港益大金属厂有限公司两家股东，招商局除了提供1500万港币的启动资金外，为了扭转亏损、保证生产，已经陆续投入了过亿的资金，沉没成本巨大。因此，在种种考量下，招商局最终选择了第二个方案，确定结束亏损、实现盈利的目标，通过踏实调研，提出多重切实可行的举措，并严格贯彻实施。

1. 多管齐下，破除持续亏损困境

为了在短期内遏制亏损，招商局领导下的华益铝厂采取了多重举措。在管理层方面，结束多头指挥的混乱局面。1992年实际出资人招商局发展公司通过债转股对华益铝厂进行股权重组，将7200万港元债权转变为股权（其中3700万港元收购原股本，另3500万为增资）。完成债转股后，招商局发展公司成为持有华益铝厂90%股权的大股东，而广东有色和香港益大在华益的股份分别降低到7%和3%，华益总股本增加到8000万港元（折合人民币6000万元），招商局从此拿到决策主动权。

深入现场调研，扩大生产规模。一方面，为了摸清持续亏损的原因，招商局发展公司委派总经理林成荫深入生产、销售一线，寻找亏损原因，

推进各项遏制亏损的措施，并多次向招商局总部汇报。针对原材料采购、产品销售环节的腐败问题，更换相关负责人，将买、卖交由市场解决。另一方面，经过测算，700吨生产规模是当时华益铝厂的盈亏平衡点，当时实际生产规模仅为每月400吨，距离700吨尚有不小的差距。通过制定激励机制、加大一线员工的奖金力度，有效刺激员工提升生产效率，第一个月生产规模很快就达到700吨，第二个月提高到800吨，第三个月就到了1000吨。随着生产规模超过盈亏平衡点，利润也就自然出现了。

避开中低档竞争，进行产品定制化。华益铝厂避开中低档产品的激烈竞争，积极开发新产品，提高产品技术含量，发挥"小批量、多品种、反应快、服务好"的特点，很快在华南铝加工市场形成核心竞争优势，此后连续16年取得优于同行的经济效益。同时，华益铝厂提出"用技术提高售价"的理念，依靠技术优势，根据客户对铝制产品个性化的尺寸、规格、性能等要求，针对性开发，向美的集团等客户提供定制化产品，一对一提供产品生产。产品定制化策略降低了国内家电厂商对海外铝加工产品的依赖，也为华益铝厂带来了优质、稳定的客户群。

通过上述种种举措，华益铝厂在1992年6月走出了几年持续亏损的困境，并在半年时间内实现了扭亏为盈，1992年盈利940万元，1993年盈利1350万元，1994年盈利超过1500万元。自1993年开始，华益铝厂连续十年每年向招商局发展公司上缴现金约1000万元。

2. 二期扩建，工艺水平国内领先

进入20世纪90年代后期，铝加工行业出现了新的趋势和新的发展方向，压延铝材正朝着高性能、高精度、高表面的方向发展，电子铝箔和"三板"（易拉罐板材、防盗盖板材和PS板基板）是其代表，轧机等主要加工设备也朝着宽幅、大卷重、计算机控制的方向发展。华益铝厂当时的装备水平已经跟不上行业发展的最新要求，尤其冷轧能力是一大瓶颈因素，它是造成其余工序能力浪费的关键因素。为了突破生产瓶颈，基于铝加工行业的发展方向，华益铝厂于1996年在综合原热轧供坯的基础上，投资进行二期扩建工程，新上了第二条冷轧生产线，以此扩大产量、增加品种规格和提高产品档次，发挥整条生产线的最大综合生产能力。其中，新引入的1400带箔轧机，经国家有色金属局权威机构鉴定，主要技术指标达

到国际先进水平，整体水平国内领先。同时，华益铝厂积极进行科技研发，于 1996 年 8 月通过研究铝合金深冲材料的加工工艺、改进铝合金深冲材料性能，成功研发出铝深冲圆片，替代了日、韩进口的铝合金圆片，有效降低了国内电饭煲的生产成本，助推了美的电器的飞速发展，该合金后来被美的、格力、格兰仕、苏泊尔等家电巨头引用为内部采购标准，成功奠定了华益铝厂在国内铝合金深冲料细分市场的领先地位。

二期扩建项目完成后，华益铝厂继续进行设备更新和技术改造，以保持生产能力和行业竞争实力。1999 年，与洛阳有色金属加工设计研究院新技术开发中心签订 18 吨熔铝炉燃烧系统改造合同，改造后的能耗指标为炉子单耗 80 公斤/吨铝（废料不超过 30%），于 2000 年完成投产；1999 年，与苏州新长光工业炉有限公司签订 20 吨卷材退火炉系统合同，于 2000 年完成投产；2000 年，与深圳市昂飞技术开发有限公司签订 13 吨圆形熔铝、保温炉燃烧系统改造合同，于 2001 年完成投产；2000 年，与苏州新长光工业炉有限公司签订 20 吨卷材箔材退火炉设备加工合同，于 2001 年 7 月完成投产。

随着公司的发展，华益铝厂越来越认识到科技创新的重要性，不断投入资金进行设备更新和技术改造，以保持在行业的竞争力。1998 年 4 月，华益铝厂自产热轧坯料研制空调箔成功，并借助此产品，实现为美的、格力等空调企业供货，首次将产品类型扩展到铝箔。1999 年，公司成立产品开发中心专门从事新产品研发，出于产能瓶颈和降低成本的考虑，采用外购铸轧坯料生产空调箔产品，2000 年成功进入市场，2001 年成为公司新的利润增长点。2002 年，高端箔材产品——电子箔产品获得国内专家组评审通过，华益成为国内首批可以生产电子铝光箔的企业之一。

3. 投资并购，业务多元化

随着盈利规模扩大、经营状况向好，华益铝厂开始向产业链下游延伸，涉足铝产品加工业，投资幕墙生产，先后收购深圳市宝安鸿宇工业有限公司（简称"鸿宇公司"）股权、成立招发金属幕墙（深圳）有限公司（简称"招发幕墙"）。1995 年 7 月 12 日，招发幕墙成立，这是由招商局发展有限公司在深圳投资设立的外商独资企业，股权由招发铝业控股有限公司全资持有。招商局发展公司在招发幕墙的原始投资计有 500 万港元资本

图 12-3　华益铝厂老厂房

金和 600 万元人民币的股东垫款，总投资折合港币约为 1080 万港元。投产后的招发幕墙，在 1995 年到 1999 年间由华益铝厂负责管理，作为其铝板深加工中心，开发和生产铝幕墙产品，成功地打造了"招发"品牌，招发铝幕墙产品在华南地区市场占有率名列前茅。

1997 年，亚洲金融风暴波及中国，招发幕墙经历了市场环境持续恶化和经营班子频繁变动的双重打击，市场份额大幅下降，经营业绩滑坡并导致亏损，财务状况开始恶化。2000 年 6 月底，招商局工业集团根据经营业绩审计结果及时调整了招发幕墙领导班子，部署了挖潜扭亏的工作任务。2000 年下半年起，招发幕墙加强市场开拓和成本控制，加大应收账款追收力度，经营业绩和财务状况有了一定的改善。2001 年，招发幕墙的经营和财务状况持续好转，完成了招商局工业集团当年下达的各项经营任务。

4. 管理创新，制定股权激励机制

为了推进华益铝厂企业改革，保证其持续经营，招商工业决定根据经营业绩以期股方式奖励经营班子和管理、技术骨干，以建立企业利益共同体，强化企业内部的奖励与约束机制，于 2001 年提出用经营成果换股权的"奖励期股"方案。华益铝厂经营班子和管理、技术骨干在完成合同规定的经营目标后，按规定比例从超额利润中提取奖金额，并将其虚拟为一定数量的华益铝厂股权，合同期满后，分期将虚拟股权（期股）兑现为实际股权。

为保证"奖励期股"方案的落实,招商工业制定了《华益铝厂奖励期股方案》和《蛇口华益铝厂有限公司奖励期股方案实施细则》,清晰界定了奖励标准,详细制定了实施方法。该方案的制定、落实,使经营班子和骨干与华益铝厂形成资产关系,结成命运共同体,增强了其事业心和责任感,调动了其积极性。强化奖励与约束机制,促进了企业可持续发展。

根据当时的资产和盈利状况,结合未来发展趋势,华益铝厂确定奖励期股合同期为5年,每年经营目标为净资产回报率9%。在完成该目标的前提下,超额利润按20%:40%:40%的比例分配,即超额利润部分首先提取20%由华益铝厂总经理分配给全体员工,并计入次年度经营成本;超额利润的40%在按规定提取公积金、公益金后,作为奖励对象当年度的奖励基金,以负债的形式计入华益铝厂账户,按规定分配给经营班子和骨干个人,并按年末净资产值虚拟为一定数量的奖励期股;超额利润的剩余40%在按规定提取公积金、公益金后,纳入股东可分配利润。该奖励规定在生产经营活动结束的次年进行,每年参与奖励期股的人数控制在15—20人,总经理每年奖励期股的分配比例为15%—20%。被奖励人将被颁发由董事长签发并加盖华益铝厂公章的华益铝厂"期股证",作为当年劳动奖励的凭证,还可以凭借持有一年以上的奖励期股参加分红。这种创新性的探索与尝试,极大地调动了管理者和一线员工的工作积极性,对于提升工作效率具有积极作用。但遗憾的是,由于国有产权管理的制约,以及华益铝厂土地租约即将到期,首期五年奖励期股最终未能兑换股权,只是以奖励基金形式予以变现,该奖励期股方案也只实施了一个五年合同期,此后未再延续。

第二节 搬迁:招商铝业

进入21世纪后,根据招商局集团产业结构调整的要求,招商局工业集团决定在两到三年内逐步退出非主营业务。铝幕墙行业总规模有限,年度市场需求约为500万平方米,竞争厂家多,行业年度产能在1500万平方米以上,市场严重供过于求,导致产品的利润空间很小。此外,招发幕墙受到来自私营企业的竞争压力,这些私营企业机制灵活、生产成本低,产品竞争力强,使得招发幕墙的经营形势极其严峻。鉴于上述情况,招商局工业集团决定将招发幕墙纳入被剥离的非主营业务范围，华益铝厂需要逐步结束对该业务的经营。在21世纪初期，蛇口工业区也调整了发展规划，华益铝厂面临着土地租约到期、整体搬迁出蛇口工业区的压力，开始在全国寻找合适的新厂址。

一 剥离非主营业务

为了退出非主营业务，招商工业决定出售招发幕墙股权。出售前的招发幕墙，是中国内地较早从事铝合金幕墙和铝质天花吊顶的生产厂商，也是内地最早获得美国PPG资格认证的企业之一。2001年，招商工业着手研究招发幕墙的清理退出方案并进行了相应的准备工作。2002年招商工业接触了各类潜在的股权收购方，寻求招发幕墙股权整体对外转让的机会。经过协商，2002年12月27日，招商工业与香港发达投资有限公司达成协议，以1000万港元的价格转让了招发幕墙100%的股权。2003年3月，招商工业全额收回转股款，完成了招发幕墙的工商变更手续。

二 主业转移到重庆

由于华益铝厂蛇口厂房用地租约于2005年到期，华益铝业自2002年开始进行整体搬迁的可行性研究，并在深圳宝安区松岗镇初步选定5万平方米的新厂用地。为了保证华益铝厂能在搬迁期间正常经营，当时设计了整体分步搬迁和设备配套技改的方案，其中一期工程建设电子铝箔生产线，随后逐步搬迁原有生产线。当时适逢深圳市政府批给蛇口工业区光明南两平方公里工业用地，因此招商局集团要求华益铝厂将新厂址选在蛇口工业区新开发的光明科技园工业用地范围内。然而，光明科技园作为高新产业园区，企业准入门槛较高，有明确的环保、绿化指标，华益铝厂能否顺利入驻园区，其实还有着极大的不确定性。

针对搬迁问题，招商局工业集团于2005年开始考虑为华益铝厂引入合作伙伴，对华益铝厂进行股权重组，以解决搬迁过程中的产品销售问题并切实降低搬迁后的生产成本。在华益股权重组的前期准备中，招商工业报请集团批准收购了广东省有色金属进出口公司持有的华益铝厂7%股权，使得所持华益铝厂股权增加到97%。同时加强了对华益铝厂经营和财务的管理，努力压缩其存货和应收款规模，加快资金周转，降低流动资金规模。

经过多方考察，2005年6月，华益铝厂提出与重庆万江铝材有限公司（简称"万江铝材"）股权重组的方案。随后招商工业与万江铝材的控股股东万泰铝业进行了多轮会谈，于2005年8月基本达成华益铝厂和万江铝材股权重组的合作意向，并就作价原则、持股比例等达成一致。但由于万江铝材另一股东长江电工集团未能如期退出万江股权，直到2006年8月才同意退出，以及考虑到转移华益铝厂产能的技术改造升级需要额外投资，招商工业与万泰铝业进行了新一轮谈判，最终将万江铝材转让价格调整为3000万元现金加20%股权。该计划最终于2006年8月正式向招商局集团申报，集团于2006年底批复同意收购万江铝材，并批准投资1828万元对万江铝材的设备进行技术改造升级。

2006年12月31日，招商工业正式收购位于重庆永川的万江铝材。但华益铝厂并没有马上搬迁，一方面，经与蛇口工业区协商，华益铝厂的蛇口厂房续租到2008年底；另一方面，为提升万江铝材生产能力，招商局工业集团于2007年完成万江铝材的设备技改和综合楼建设。经过技术改造，至2008年底，万江铝材的产能从3000吨左右提高到10000吨，2008年实际产量也达到8411吨，较2007年翻了一番多。除在西南地区销售3000多吨外，万江铝材其他5000多吨产品全部是为华益铝厂生产的，包括深冲料和手机壳等成品或半成品，这标志着万江铝材已具备承接大部分华益产品的生产能力。

华益铝厂在2009年决定结束在深圳的生产，并启动清算方案。同年，华益铝厂原有业务整体并入万江铝材，重庆公司也正式更名为招商局铝业（重庆）有限公司（简称"招商铝业"）。招商铝业初始注册资本为2000万元，随着公司规模的扩大，2011年增资到5000万元。

华益铝厂向北搬迁至重庆后，重新进行生产、经营的合理布局，实行"一地生产、两地经销"的经营模式。利用万江铝材生产成本低、生产能力强的优势，发挥华益铝厂市场和产品开发、经营管理、资信状况、融资能力等方面的优势，以万江铝材为制造中心、成本控制中心，以深圳作为重点营销基地，实现优势互补，达到提高生产能力、扩大市场占有率、提高经济效益的目的，为股东创造更多的回报。

三　坚持科技研发

经历了搬迁、更名等重大变动，招商铝业多地聚焦于主营业务，更加重视科技创新、技术研发。

2002年4月，1100铝合金深冲药罐料研发成功，解决了1100深冲药罐料拉伸过程中容易出现的晶料度不均、表面质量粗糙等问题，在高端药罐铝合金深冲料这一细分市场上，确立了在国内的领先地位，替代了进口铝合金深冲药罐料。2003年3月，公司在国内首次应用细晶3003材料生产手机锂电池外壳材料，为比亚迪等手机锂电池工厂批量供货，帮助比亚迪等电池工厂在国内快速替代三星及LG的电池市场份额。2005年1月，公司克服设备难以生产锰含量高的3系合金的瓶颈，研发了3004灯头料，该材料大大提升了强度，解决了灯头对材料的极限拉伸问题。该研发成果使公司进入飞利浦灯具供应链体系，极大地扩展了产品类型。

2014年8月，公司通过成功研发并上市18英寸一体铝镁合金拉杆箱，成为国内第一家应用自主专利生产铝镁合金行李箱的企业。2015年1月，21寸拉杆箱上市。2016年6月，又开发出国内第一款智能铝箱，在铝合金拉杆箱市场上不断取得突破。至2016年，公司就铝合金拉杆箱已申请1个发明专利、2个实用新型专利、3个外观专利，在材料和工艺创新方面，打破了德国日默瓦（RIMOWA）的技术壁垒，拥有完整知识产权，开辟了高端铝合金拉杆箱的国产化之路。2015年12月2日，公司成功研发了新能源汽车轻量化动力电池壳深冲材料，研发的新材料在强度、韧性和深冲等综合性能上得到较大幅度的提高。该研发成果巩固了招商铝业在铝合金深冲料方面的优势地位，通过提升动力电池壳用料深冲性能、可塑性能、焊接性能，促进了新能源汽车产业的发展。

根据招商工业战略发展规划，2018年开始，招商铝业配合江苏重工进行海工轻量化新材料及装备的研发。2018年10月30日，铝质直升机平台研发成功，该项目打破了国外厂商铝制直升机平台甲板模块和配套产品的垄断地位，满足了国内外铝制直升机平台甲板的市场需求。

第三节　混改：招商新材

2018年，招商局工业集团被纳入国家发展和改革委员会第四批混合所有制改革（简称"混改"）试点企业，在借鉴已完成混改企业先进经验的基础上，招商工业开展混改方案研究，期望通过混改解决机制问题，逐步缓解资金压力。按照招商局集团要求，招商铝业自2019年启动了混改工作，开始发展规划编制、战略投资者选择、审计、评估及员工持股意向调查等有关工作。

按照民营资本"进场摘牌"的既定方案，引入河南巩义机械公司及其他战略投资方，推进招商铝业的混改，同步完成新合资企业管理制度的建立。方案确立了两阶段的混改方案，即第一阶段完成战略投资者引进，招商铝业由国有独资公司转变为国有控股公司；第二阶段，招商工业再向民营股东转让部分股权，将招商铝业由国有控股公司转变为国有参股公司。2020年11月3日完成了第一阶段混改，公司更名为招商局新材料科技（重庆）有限公司（简称"招商新材"）。

图 12-4　招商局新材料科技（重庆）有限公司

在实施招商铝业混合所有制改革的第一阶段，重点工作为引进战略投资者，完成混合所有制改革，并共同推动招商铝业向新材料业务转型。经过慎重考察和多方面考量，邀请河南中拓新材料有限公司（简称"河南中拓"）通过摘牌方式取得招商工业出让的招商铝业部分股权。根据招商铝业资产评估结果，混改后的产权比例调整为：招发铝业控股有限公司占股从 100% 降至 54.24%，河南中拓持有 45.76% 的股权。

完成混改并更名后，招商新材建立了新的董事会管理机制，招商工业派驻 4 名董事并选派董事长，河南中拓派出 2 位。新组成的董事会按照公司法及国家有关规定规范运作，选聘公司管理层，构建高效的市场化运行机制。在进行混合所有制改革的同时，招商新材积极推进向船舶海工配套企业转型，招商工业通过内部船厂集中采购的方式帮助招商新材转型。2018 年，招商新材取得法国船级社和挪威船级社的工厂认可证书，以及中国船级社、美国船级社、法国船级社和挪威船级社的铝合金焊工证书、船用产品证书，并成功研制了铝制通道、铝制电缆托架、铝合金家具、铝制生活楼、铝合金直升机平台等产品，顺利实现为江苏重工等集团内外船厂供应产品。

2021 年，混改后的招商新材第一年实现营业收入 5.4 亿元，净利润 1800 万元。在克服原材料铝锭价格大幅暴涨暴跌、疫情社保减免政策取消带来 310 万元成本上升、贷款利息增加 390 万元等不利因素后，全年扭亏为盈，较好地完成了各项任务。混改第一阶段完成后，招商工业将择机推进第二阶段混改，计划引入其他战略投资人，股权将随之降到 50% 以下。招商新材未来将立足"深耕铝材、拓展新材"的发展战略，紧紧围绕招商局工业集团的"十四五"发展规划，调整产品定位、推进新产品的研发，朝着市场化机制、现代化管理的企业方向大踏步前行。

第十三章　招商局工业与其他产业

招商工业作为招商局海洋强国和制造强国责任的承载者，招商局百年航运祖业和海事主业的传承者，不仅在工业领域选定四大特色业务稳扎稳打，也与招商局集团业务布局及战略相呼应，依托工业力量助力集团金融业、房地产业、物流业发展，参与集团"一带一路"建设发展。

第一节　招商局工业与金融业

经历150年风雨的招商局，不仅是我国近现代民族工业的开创者，也是中国近现代民族金融业的开创者。1876年招商局发起设立中国第一家保险公司——仁和保险公司，1897年创办中国人自办的第一家银行——中国通商银行。在当时的历史背景下，仁和保险公司与中国通商银行的创办填补了中国近代民族金融业的空白，具有重要的历史意义。改革开放以后，招商局于1987年创办中国第一家股份制银行——招商银行，1988年成立中国大陆第一家由企业兴办的保险公司——中国平安保险公司。百年后的招商局不仅重新回归金融业，更成功创新了新中国金融业的发展模式。

招商局金融业的发展，很大程度上得益于招商局航运业、工业等融资和保险的需要，是在航运和工业基础上绽放出来的"绚烂之花"。在这个过程中，一方面，招商局工业及其友联船厂等发挥着不可替代的作用；另一方面，招商局金融业也为其工业发展提供了大量低成本融资，对其发展壮大和转型升级起到促进作用。

一　招商局金融业发展概况

清末，为了保障航运安全，免于外国保险公司的盘剥，轮船招商局决定设立保险招商局。1876 年，徐润、唐廷枢等创办仁和保险公司，这是中国第一家船舶保险公司。后为扩大保险业务，又于 1878 年创办济和水火险公司。1886 年，仁和、济和两家保险公司召开董事会议，决定合并为"仁济和保险公司"。1897 年，中国通商银行诞生。

1928 年，仁济和脱离招商局，与国民政府关系逐渐疏离，最终于 1934 年停滞发展。1937 年，中国通商银行由一家民营的商业银行，转变为"四大家族"金融垄断的一颗棋子。抗日战争结束后，中国通商银行随即开始战后恢复工作，但四年内战期间，在国民政府统治下，经济发生恶性通货膨胀，金融体系处于崩溃边缘，银行资产业务难以开展，通商银行已无振兴的可能。1949 年 5 月，人民解放军解放上海，国民党政府控制的"大四行"以及"小四行"滞留在上海的资产均被接收。至此，中国通商银行退出历史舞台。

但是，招商局与金融业的关系并未由此终结。在改革开放的浪潮中，招商局率先成立中国第一家完全由企业法人持股的股份制商业银行——招商银行。1988 年 4 月，招商局集团在深圳市发起设立平安保险公司，它成为新中国第一家由企业发起创办的股份制保险公司。时至今日，作为招商局三大产业之一的金融板块已经涵盖了银行、证券、基金、保险、直投、租赁以及资产管理等领域，打造了全牌照、全生命周期的综合金融服务平台。

二　招商局工业促进金融业发展

"实业强国、金融报国"是新时代招商局的信条，"实业＋金融"是招商局集团的产业特色。新时期，招商局金融板块致力于创新投资模式与服务实体经济，为集团内外实业板块提供"智"和"资"的支持。招商工业作为集团实业板块的重要组成部分，为招商局金融业的发展发挥了重要作用。友联船厂作为招商局工业集团的全资子公司，为招商局的金融业发展发挥了重要作用。友联船厂成立于 1964 年，20 世纪 80 年代发展成为香港最大修船厂，当时也是招商局集团主要盈利企业和香港现金流来源，1985年招商局集团成立时的资本金、1987年招商银行的投资本金都有一部分来自友联船厂。1993年招商银行第二次增资扩股时，友联船厂以自有资金5000万港元投资参股，并代持招商局金融集团一部分招商银行股份。截至2001年12月31日，招商银行总股本约42亿股，共有股东106家。友联船厂名下共有招商银行股份18206.8万股，占4.33%，为当时第四大股东，其中代招商局金融集团持有14833.475万股，友联船厂自有持股3373.325万股，包括最初持股2500万股、1998年送红股445.325万股、1998年配股428万股。

2002年4月，招商银行在上海证券交易所公开发行新股15亿股，IPO发行价为每股7.3元，募集资金109.5亿元，从此走上快速扩张之路。2006年，经国资委批复，友联船厂有限公司所持有的招商银行32772.24万股全部划转至深圳市晏清投资发展有限公司，当时招商银行总股本约113亿股。2006年9月，招商银行在香港联合交易所发行22亿股H股，发行价每股8.55元港币，募集资金188亿港元，招商银行综合实力进一步增强，很快发展成为具有国际竞争力的大型商业银行。招商银行也成为第一家以A+H形式在上海、香港两地上市的内地银行。

2019年7月，2019《财富》世界500强榜单上，招商银行位列第188位；11月，招商银行在"一带一路"中国企业100强榜单上排名第85位；12月，在《人民日报》"中国品牌发展指数"100榜单上，招商银行排名第31位；2020年3月，招商银行入选2020年全球品牌价值500强第74位；2021年5月，招商银行位列"2021福布斯全球企业2000强"第22位。在招商银行发展史上，招商局工业集团全资子公司友联船厂以股权投资等形式推动了招商银行的发展，对招商局金融业的发展发挥了重要作用。招商局集团成功打造了从体制外推动银行业改革的第一家试点银行，对中国金融业发展功不可没。

三 招商局金融业促进工业发展

招商局集团作为大型综合央企，有银行、基金、证券等金融资源，2016年以来先后组建融资租赁公司、海洋科技产业基金，对接产业资源推

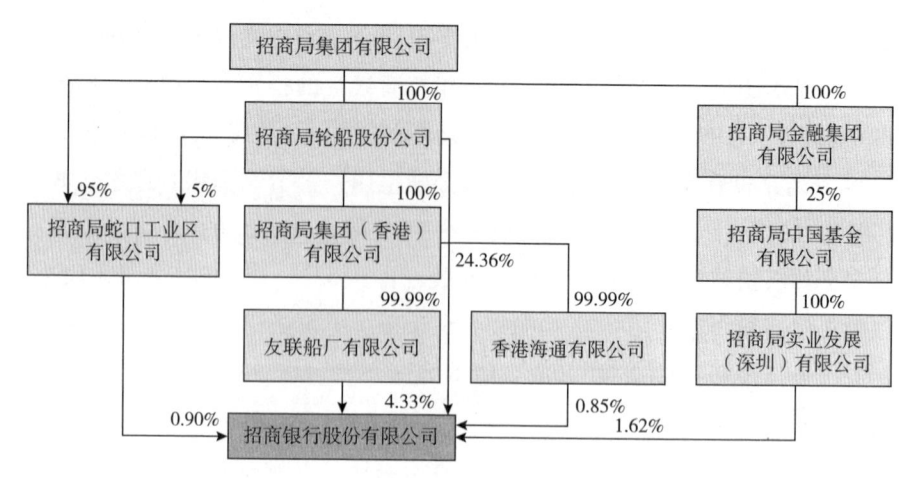

图 13-1　2001 年底招商局集团与招商银行之间的股权结构

行以融助产，对招商工业拓展新业务、实现产业转型具有促进作用。其实早在 1989 年 6 月，招商局就与原国防科工委、国家科委共同创办了中国科招高技术公司（中国现存最早的股权投资企业），发展投资业务。为深入探索产融结合，招商局于 2012 年成立招商局资本投资有限责任公司，专门从事另类投资与资产管理业务，一方面在市场中积极探索，不断培育出新的产业，以增强资本的活力，另一方面整合股东方内部资源，推动金融与实业的相互结合。

为推进产融结合，2016 年招商局集团批准招商局金融集团、招商工业、招商海通三家一级公司合资成立招商局通商融资租赁有限公司（简称"招商租赁"），首期注册资本 15 亿元。招商租赁坚持"服务集团、面向市场、专注行业、指标领先"的战略目标，秉持诚信经营、资源协同、共谋发展的原则，以融资租赁为主要业务，支持实体产业的发展，在满足客户和市场需求的同时，最大化地为股东创造价值，为社会创造财富。招商金融、招商工业和招商海通出资比例分别为 4∶3∶3，其中招商工业由主营海工装备制造的深圳重工出资，首期 4.5 亿元在 2016 年注入合资公司。招商租赁一经成立就大力帮助招商工业推进海工去库存工作，逐步产生较大的协同作用。随着招商租赁经营规模持续扩大，其注册资本也很快增加到 50 亿元，深圳重工总投资达到 15 亿元，为招商工业带来持续的投资回报。2019 年，招商局集团金融板块各成员与集团各事业单位搭建、推广 E 协同平台，其中招商租赁持续推进招商工业海工平台去库存和市场化销售。

从具体业务支持上看，招商资本、招商租赁多次助推招商工业发展海工业务，包括合作建造钻井平台、打造海洋产业基金等。

2013年，经招商局集团批准，招商局工业集团与招商资本投资有限责任公司合作投资6000万美元建造两座CJ46钻井平台，其中招商工业投资2400万美元设立两间BVI项目公司，招商资本向两BVI公司合计投入3600万美元可转股债权，每间BVI公司订造一座CJ46钻井平台，每座平台造价1.8亿美元。这两座CJ46钻井平台在新成立的江苏重工下单制造，计划建成后到国际市场公开出售或出租以获取投资收益。但2014年下半年国际油价出现断崖式下跌，海工市场急转直下，双方合作投资的CJ46钻井平台无法按预定计划实现合格出售或合格租赁，因此招商资本最终按合作协议于2015年12月30日选择终止合作投资，招商工业偿还3600万美元可转债本金及相关利息，招商资本放弃认股权证的行权。尽管CJ46合作项目未能进行到底，但是其投资模式、运营方式均具有一定的可操作性与可复制性，为之后招商局集团其他产融结合项目提供了思路与实践经验。

2018年1月，在招商租赁与招商工业的共同努力下，招商工业"东方龙""东方凤"两座钻井平台成功交付中海油服。2019年1月，招商租赁完成招商工业"海龙二号"钻井平台租赁项目投放，这是继"东方龙""东方凤"项目之后向中海油服提供的第三个经营性租赁项目。招商租赁充分发挥租赁专业优势，大胆创新，促成了"海龙二号"项目各方共赢，创造了国内海工平台租赁业务的多个第一：第一单保税租赁模式的海工经营性租赁项目、第一单悬挂临时五星旗的海工保税租赁业务、第一单子母公司共享外债额度的海工租赁业务和第一单收取外币租金的海工租赁业务。由于业务创新具有较强的可复制性，其为招商工业未来更多钻井平台获得挂临时五星旗进入国内作业的许可铺平了道路，更为招商租赁进一步大力拓展保税租赁业务打下了良好的基础。

2017年8月，招商工业、招商资本、长城环亚（长城资产管理公司下属单位）发挥各自优势，共同发起组建招商局长城海洋科技战略发展产业基金（有限合伙）（简称"海洋产业基金"），总投资规模8亿美元。设立海洋产业基金对招商工业具有重大的意义：一方面能通过以平台资产作价换取（拟）上市公司股份的方式消化招商工业 4 座总价 3 亿美元的钻井平台存货；另一方面可通过产融结合、以融助产的方式，帮助招商工业从单纯的钻井平台制造企业迈向更广阔的海洋经济产业，从而建立更可持续发展的商业模式。海洋产业基金成立后，招商工业将库存的 4 座 CJ46 钻井平台作价 3 亿美元注入基金，长城环亚和招商资本各认缴出资 3 亿美元和 1 亿美元，由招商资本团队出任基金管理人。2018—2019 年海洋产业基金先后收购香港上市公司 TSC 集团 49.86% 的股权和挪威上市 Shelf Drilling 钻井公司 16.7% 的股权，其中 TSC 集团在基金控股后已更名为华商国际海洋能源科技控股有限公司（简称"华商国际"）。华商国际和 Shelf Drilling 的主营业务都与海洋石油钻井服务相关业务，虽然可部分消化招商工业库存的钻井平台，但由于国际海洋油服市场整体不景气，基金投资项目难以取得预想的回报，反而可能带来较大的亏损。2021 年招商工业报请集团批准，终止了三方合资基金投资项目，招商工业已将海洋产业基金 100% 权益全部收购，使得该基金成为招商工业全资下属公司，两间上市公司股权也随即合并到招商工业名下。其中华商国际在招商工业"十四五"规划中确定"船舶配套业务"为主要业务单元，将与招商新材协同发展。

第二节　招商局工业与房地产业

在招商局 150 年的历史画卷中，蛇口是浓墨重彩的一笔。蛇口工业区经过转型升级，走上了房地产园区开发之路。在此过程中，招商工业与招商房地产业相互成就。

一　招商局房地产业发展概况

招商局早期的房地产公司是招商局地产控股股份有限公司（简称"招商地产"）。2015 年 12 月 30 日，其母公司招商局蛇口工业区控股股份有限公司（简称"招商蛇口"）吸收合并招商地产，成为招商局地产板块的唯一上市公司，在深交所主板上市。2016 年以后，原招商地产品牌全面更名为招商蛇口，招商蛇口主品牌已包含招商地产品牌的核心内容。招商蛇口位于深圳市南山区，成立于 1979 年，从事城市综合开发运营业务。2021年，招商蛇口资产规模为 8562 亿元，年营业额 1606 亿元，员工人数超过 54000 人，当年《财富》中国 500 强榜单上，招商蛇口排名第 87 位。招商蛇口作为招商局集团旗下城市综合开发运营板块的旗舰企业，是集团内唯一的地产资产整合平台及重要的业务协同平台。公司以"成为中国领先的城市和园区综合开发运营服务商"为目标，以独特的"前港－中区－后城"综合发展模式，全面参与中国特别是其他国家"一带一路"重要节点城市的建设。

自吸收合并招商地产并上市后，招商蛇口聚合了原招商地产和蛇口工业区两大平台的独特优势，以打造智慧城市、智慧商圈、智慧园区、智慧社区为目标，推动城市升级发展。公司将业务划分为园区开发与运营、社区开发与运营和邮轮产业建设与运营三大板块。

园区开发与运营业务聚焦空间规划、产业聚集、生态圈服务，为产业创新赋能，大力发展持有商业，着重孵化和培育大健康、酒店、公寓、会展、文化及物业管理等多元业态发展。

社区开发与运营业务聚焦精品住宅开发与运营。住宅产品涉及别墅、高端住宅、高层公寓、花园洋房等类型，满足不同客户对产品和档次的需求。

邮轮产业建设与运营业务采取港船联动的发展策略，以港为基础、以船为纽带，构建"1＋3＋N"（港＋船＋生态）的业务体系。通过"船、港、城、游、购、娱"一体化运营，打通邮轮全产业链，打造泛邮轮产业生态圈，成为招商蛇口综合发展模式的鲜明特色与核心竞争力。招商局集团是中国最大的邮轮港口运营商，2016—2020 年，招商局旗下港口邮轮靠泊累计 3088 艘次，出入境邮轮旅客累计 1620 万人次，在全国占比 86%。

二 招商局工业促进房地产业发展

1. 工业创新精神助力招商蛇口转型发展

招商局开发蛇口时"敢为天下先"的创新精神是"招商蛇口"品牌的重要内涵。自 1979 年以来，招商局蛇口工业区一直是一面旗帜、一个精神符号，被誉为中国改革开放的先行者，"招商血脉、蛇口基因"说的就是招商蛇口不断改革创新的历史传承。招商蛇口发展房地产的过程中，进行员工持股、项目跟投、体制创新、机制改革、业务转型、管理变革，使创新贯穿于其发展的每个细节。正是招商局工业这种精神的传承，助力了招商蛇口房地产业务的生根发芽。

2. 工业助力园区建设发展

招商工业与招商蛇口的城市与园区综合开发业务和邮轮配套产业园开展深化协同，发挥各自优势，推进项目发展。招商工业与招商蛇口统筹推进南京金陵搬迁工作，招商工业南京金陵与招商蛇口南京公司保持协同，持续推进金陵船厂城市设计、工业遗存建筑改造利用的优化。双方从集团利益最大化的角度出发，就谈判补偿策略、获取搬迁地块后续开发权等事宜持续保持密切沟通与协作。除此之外，招商工业与招商蛇口在邮轮配套产业园建设方面也积极开展深化协同，目前邮轮配套产业园已签约邮轮产业链相关企业56家，其中22家已完成公司工商注册，共计洽谈企业340家（97场次），重点企业及签约意向企业拟租赁面积约9.3万平方米，拟购面积350亩。

三　招商局房地产业促进工业发展

1. 房地产赋能工业软实力

招商蛇口的发展壮大为招商局工业进步提供了强有力的资源与资金支撑，有助于对内获取互补资源、对外强化竞争优势。拥有的外部协同资源也将给公司带来巨大的商业机遇，招商蛇口开发的多个工业园区，在引进临港工业和科技产业等方面不遗余力。比如，三亚深海科技城作为招商局集团助力海南自贸区建设的重要项目，以深海海洋科技产业为核心，引入深海科技创新和产业项目，推动海洋新兴产业发展。2018年12月18日，招商局集团与招商蛇口、招商港口、招商公路等共同投资成立招商局海南开发投资有限公司，协同招商工业，申报海南省重大项目并获批，促进了招商局深海装备研究院落地。

2. 房地产助力工业产业升级

产业是发展的根基，是实现高质量发展的区域经济布局的关键力量。房地产园区作为产业发展的载体，承担着产业集聚和创新升级的先锋作用。2018年，招商局集团、招商蛇口、招商港口、招商公路、招商工业、中外运共同出资组建招商海南，秉承"国家所需、海南所长、招商所能"的发展战略，启动海口"招商局海南区域总部项目"，以及"博鳌乐城国际医疗旅游先行区"与"招商局三亚深海科技城"两个特色综合园区，为招商局集团的实业发展，特别是工业发展提供了科技水平提升、产业转型升级的新沃土。

第三节 招商局工业与物流业

百年招商局在修船、造船、港口、集装箱制造和运营等方面积累的大量优秀经验和技术人才，为招商局物流业的顺利铺开打下了坚实的基础。自2015年招商局并购中外运长航开始，招商局物流业的重要性进一步提升。

一 招商局物流业发展概况

中外运物流有限公司（简称"中外运"，原名招商局物流集团有限公司）是招商局集团有限公司全资下属子公司，总部位于深圳蛇口。2017年10月16日，中国外运股份有限公司以总价54.5亿元向招商局集团有限公司收购了招商局物流集团有限公司全部股权。2019年3月6日，经国家市场监督管理总局批准，原招商局物流集团有限公司更名为中外运物流有限公司。此次更名标志着原招商局物流集团有限公司融入招商局集团物流业务的统一品牌、唯一品牌"中国外运"。中国外运已形成五大区域公司、五大专业公司的市场化、国际化网络，服务覆盖全球70余个国家和地区。根据Armstrong & Associates，Inc. 发布的2020年榜单，中国外运货运代理服务业务量居全球第三，全球第三方物流业务量居全球第七。截至2020年底，中国外运拥有总资产658.19亿元，2020年度营业收入845.37亿元。

中国外运通过整合海运、水运、空运、铁路、公路、线上等服务，形成了具有差异化的通道能力、行业解决方案能力和平台能力，为全球客户提供端到端、安全可靠、自主可控的全链路、全场景物流解决方案。中国外运的主营业务包括专业物流、代理及相关业务和电商业务三大板块。

专业物流是核心业务，聚焦高成长、高附加值的细分行业及其上下游，推动产业高质量发展。中国外运根据客户的不同需求，为客户提供量身定制的、覆盖整个价值链的一体化物流解决方案并确保方案顺利实施，包括合同物流、项目物流、化工物流、冷链物流以及其他专业物流服务。专业物流的经营目标是向价值链整合转型。作为公司核心业务，专业物流以"方案客户化、销售行业化、服务集成化、运营一体化"为目标，以解决方案带动全局，聚焦重点目标行业，做精做深产业链，服务纵向延伸，经验横向复制，形成在目标行业的专业和规模优势。

代理及相关业务是基石业务，为专业物流业务发展提供支撑。中国外运代理及相关业务主要包括海运代理、空运代理、铁路代理、船舶代理和仓储及码头等服务。中国外运是中国最大的货运代理公司，拥有覆盖中国、辐射全球的庞大服务体系。公司代理及相关业务是专业物流业务发展的基石，紧密围绕客户需求，强化客户驱动，注重价值创造和模式创新，延伸服务链条，深挖客户和供货商价值，推进平台化和产品化建设，逐步向全程供应链方向转型。

电商业务是创新业务，结合互联网与物流科技，推进公司向数字化和智慧物流企业转型升级。中国外运电商业务包括跨境电商物流、物流电商平台和物流装备共享平台。电商业务板块的目标是向平台化和生态圈转型。中国外运抓住物流电商和电商物流两条主线，以技术创新和商业模式创新整合内外部资源，在推动主营业务全面线上化的基础上，大力发展跨境电商业务，并积极探索物流电商平台模式；强化科技创新，推进产业链接，形成"四流合一"平台生态圈。

二 招商局工业促进物流业发展

1. 工业创新精神助力中国外运转型发展

在"蛇口精神"的引领下，中国外运三大业务板块持续加速转型升级。其中，专业物流业务加快向价值链整合转型，持续提升行业解决方案能力；代理及相关业务加快向全程供应链转型；电商业务加快向平台化和生态圈转型，不断强化全场景的链接能力和公众性的聚合能力。中国外运依托丰富的综合物流全场景与大数据优势，积极开展场景＋科技、客户＋

科技的科技创新活动。公司制定了数字化转型规划，组建了创新科技公司和智慧物流技术中心，将 ABCDT（人工智能、区块链、云计算、大数据、物联网）等智能科技应用于物流全场景，五大类智能科技应用均有显著突破。

2. 工业为物流业提供保障支持

招商工业与中国外运综合产业优势，建立互惠互利的协同机制，在新造船业务、船舶修改装业务方面深化协同。一方面，工业为物流业造船修船，如招商工业海门基地与长航集团协同打造"长江叁号"游轮，招商工业南京金陵承接长航集团长江货运有限公司 4 艘 59000 载重吨散货船，承接中外运集装箱运输有限公司 2 艘 1100TEU 集装箱船。2021 年招商工业友联船厂完成招商轮船及中外运船舶修改装 33 艘次，合计产值 1.58 亿元。另一方面，工业为物流业提供发货基地，在资源共享方面协同合作。中外运南通公司将海门基地场地、码头空档期盘活，进行大件货物发运，内外联动。

3. 工业积累的良好口碑助力物流品牌形象提升

招商局是中国民族工商业的先驱，在中国近代经济史和社会发展史上具有重要地位。招商局工业秉承"实业报国、实干兴企"理念，在船舶和海洋领域实现巨大突破。中国外运依托招商局工业长期树立的良好业内外形象，已在国内外物流行业中树立了良好的口碑，并多次获得行业重要奖项。中国外运被中国物流与采购联合会评为 AAAAA 级物流企业，蝉联中国物流百强第一名、中国国际货运代理百强第一名，多次获评"中国最具竞争力（影响力）物流企业"。作为中国最大的第三方物流服务商，中国外运在客户和供应商方面均具有良好的口碑和形象。一方面，中国外运与众多国内知名企业以及跨国公司形成了长期、稳定的合作关系，获得了较高的客户认可度；另一方面，中国外运依托自身稳定的客户资源与强大的物流服务能力，与国际知名船公司、航空公司等众多供应商也保持了良好及稳定的合作伙伴关系。

三 招商局物流业促进工业发展

中国外运与招商工业综合产业优势，建立互惠互利的协同机制，探索推进物流运输业务协同，代理业务协同效益显著提升。一方面，物流业协助工业配件运输。招商工业与外运股份积极探索推进船用设备物流运输协同合作，2021 年外运股份协助威海金陵运输进口船板、悬臂梁，承运威海金陵 STENA 客滚船（W0269/W0270/W0272）船舶主机，承接威海金陵和海门基地钢板等材料的运输服务。后期将深化与中外运物流业务协同，发挥中外运在全球运输网络、大件散货方面的运输优势，优化船厂物流模式，降低成本。另一方面，物流业为工业提供清报关等便利。在船舶备件清关、来料加工、船舶进出口报关、保税仓库及防疫业务方面，招商工业下属各基地与中外运相关公司协同配合，积极拓展上下游供应链。中外运船代 2021 年在蛇口友联的代理船舶达 31 艘，同比增长 63%。中外运长江有限公司南通分公司对海门基地进口设备清关、来料加工、船舶进出口报关、保税仓库业务等给予了积极协助，2021 年累计进口 798 份报关单，成功完成无国际航行船舶证明的"特拉斯之海"轮修船出口报关业务，协助完成 FPSO 出口工作。

中国外运拥有广泛而全面的国内服务网络和海外服务网络，国内服务网络覆盖全国 32 个省、自治区、直辖市及香港特别行政区，在国内拥有超过千万平方米的土地资源、400 余万平方米仓库、10 个内河码头及 4000 余米岸线资源并租赁运营约 300 万平方米仓库资源，自有海外网络已覆盖 34 个国家和地区，拥有 65 个全球经营网点。丰富的服务网络资源扩大了招商局工业的目标受众，为工业保留了大量潜在客户。同时，优质的服务网络资源还可以反过来促进招商工业的转型升级，明确未来发展的道路与方向，为实现招商工业 4.0 时代目标画下战略草图。

第四节　招商局工业参与"一带一路"建设

招商局是国家"一带一路"建设的重要参与者和推动者。历史上，招商局创办初期即在上海设立总局，在内地港口、国外港口和香港设立 19 家分局，开展了"漕运为主，兼揽客货"的航运业务，是中国最早开展"走出去"的跨国经营企业，也是近代最早一批沿着"海上丝绸之路"从事经营的企业。

近年来，招商局紧紧围绕"一带一路"建设，加快了国际化步伐。一方面，积极构建全球物流网络和"一带一路"港口网络。目前在全球 26 个国家和地区布局了 66 个港口。招商局开通的中欧物流大通道班列数量、频次也在不断增加，组织的中欧班列全年累计发运量超过 2000 列。另一方面，复制"前港－中区－后城"的蛇口模式到海外。招商局在总结提炼蛇口工业区综合开发经验的基础上，形成了"前港－中区－后城"的蛇口商业模式，以临港产业园区为核心和主要载体，为国际产能合作提供一站式服务平台，帮助中小企业"走出去"。其中，白俄罗斯中白工业园、吉布提国际自贸区、斯里兰卡汉班托塔产业园、老挝赛色塔综合开发区等是招商局代表性"一带一路"项目。2013 年以来，习近平总书记七次视察、见证签署招商局"一带一路"项目。2018 年 8 月，在推进"一带一路"建设工作五周年座谈会上，招商局作为唯一一家国企代表向总书记汇报了企业践行"一带一路"倡议的情况。

一 招商局工业"走出去"和参与"一带一路"建设概况

发展工业是招商局参与"一带一路"建设的重要内容，突出表现为境外产业园区建设。从早期招商局组织资金和企业（主要是境外资金和企业）来国内创办蛇口工业区和漳州开发区等，到如今招商局组织全球资金和企业（包括国内资金和企业）到海外创办产业园区，反映了中国对外开放实现了从"引进来"到"走出去"的巨大转变，不变的是招商局"国家所需，招商所能"的情怀和担当精神。目前，中白工业园入园企业达 85 家，签约投资额超过 12 亿美元；吉布提国际自贸区落地 192 家入园企业，创新发展国际市场业务；斯里兰卡汉班托塔港港内园区入园 33 家企业，多家生产加工企业启动建设；老挝赛色塔综合开发区已入园 104 家企业。①

借助招商局的海外港口和工业园区建设等平台，近年来，招商工业加大了"走出去"步伐，2013 年以来的代表性项目主要有荷兰海工投资项目、招商工业欧洲研发中心项目、吉布提修船基地项目、斯里兰卡修船基

---

① 见招商局集团网站，https：//www.cmhk.com/main/a/2022/c23/a43431_46123.shtml。

地项目等。招商工业在"一带一路"沿线国家重点布局修船基地，优化修船业务的全球布局，推动友联修船技术、管理标准沿着"一带一路""走出去"，正在筹划推进在吉布提、斯里兰卡等地建立专业化的修船厂或通过布局浮船坞并建立岸基车间打造修船基地，满足当地船舶维修保障需求，带动当地海事工业的发展，拉动地方就业，促进区域经济发展。

二 白俄罗斯中白工业园

中白工业园位于白俄罗斯明斯克州斯莫列维奇区，占地面积 9150 公顷，是中国企业在全球范围参与建设的最大海外工业园区，也是中国在白俄罗斯最大的投资项目，被誉为"一带一路"上的明珠工程和标志性项目。2015 年 5 月 12 日习近平主席访问白俄罗斯期间，与白俄罗斯总统卢卡申科共同视察了工业园，标志着工业园一期工程全面启动。2017 年 5 月，白俄罗斯颁布《关于完善中白工业园特殊法律制度》的第 166 号总统令，给予园区投资者更多的优惠政策和更为宽松的投资环境，这是园区发展的重要里程碑。支持园区高质量发展的新版总统令已于 2021 年 6 月出台。在两国领导人的关心和大力推动下，在中白双方的不懈努力下，工业园已发展成一座配套基础设施完备、营商环境优越、招商引资条件成熟的现代化园区。目前，园区开发公司注册资本总额 1.5 亿美元，其中，中方占股 68%，外方占股 32%。中方股份中，国机集团占 32%，招商局占 20%，中工国际占 13.71%，哈尔滨投资集团占 2.29%。中白工业园重点发展电子信息、机械制造、生物医药、精细化工、新材料和仓储物流业。

招商局利用多年工业园区开发经验，参与中白工业园的开发和运营管理。招商局针对白俄罗斯区位优势和内陆国家特点，创造性地提出中白工业园的发展方案，提出"12234"开发战略，即"一带一路"、跨越两国（白俄罗斯、立陶宛）、沟通两区（欧亚经济联盟、欧盟）、连接三点（白俄罗斯中白工业园、立陶宛考纳斯自贸区、立陶宛波罗的海克莱佩达港）、融合四流（公路、铁路、航空、海运物流），通过立陶宛打通中白工业园到波罗的海的物流大通道，通过跨境铁路直接连接"前港"和"中区"，解决白俄罗斯作为内陆国家与欧盟市场之间的贸易往来问题，为中白工业园发展提供全新思路，为长期以来困扰中白工业园的招商引资难题找到一条可行的破解途径。目前正加快落实在立陶宛的投资布局，锁定克莱佩达港口、海铁联运综合物流项目，打通中白工业园区与立陶宛之间的出海大通道。截至2021年6月底，园区一期8.5平方公里"七通一平"（道路、电力、给水、排水、通信、燃气、热力和土地自然平整）基础设施建设基本完成，可以满足不同类型企业的发展需求。

招商局投资5亿美元的中白商贸物流园首发区已建成并投入营运，这是中白工业园首个建成投产的项目，到2023年可完成物流成品陈列库二期，预计投资1.9亿美元。2019年，中白商贸物流园全年营业收入2.3亿元，同比增长17倍，逐步成为"丝绸之路经济带"最重要的商贸物流枢纽和中欧班列的重要节点。

三 吉布提国际自贸区

吉布提位于非洲东北部亚丁湾西岸，东临红海进入印度洋的要冲曼德海峡，是"一带一路"的重要经济纽带。2017年1月16日，招商局就投资吉布提国际自由贸易区成立两家合营公司。其中，资产公司对自贸区内的商业及基础项目的开发权进行投融资，由吉方为大股东，招商局占股30%，负责重资产投资；运营公司对自贸区进行开发建设以及运营管理，由中方为大股东，占股60%。这既保障了吉方最大限度地享受未来资产增值收益，又满足了招商局主导运营管理的要求，是"一带一路"倡议双赢模式的试点和实践。

自贸区占地48.2平方公里，临近吉布提所有主要港口、火车站和机场，紧邻吉布提通往埃塞俄比亚的N1公路，涵盖区域GDP占吉布提全国的80%，远期可产生GDP超过40亿美元，可为逾10万人提供就业，超过吉布提可就业人口的1/6。起步区占地面积2.4平方公里，分为商贸物流园区、出口加工区和商业辅助区。吉布提国际自贸区通过建设国际标准的"硬环境"和"软环境"，采用"3+1"联动开发模式，构建进出口贸易、基础工业和金融服务的产业链闭环。

2017年5月24日，吉布提多哈雷多功能港正式开港。2018年7月5日，吉布提国际自贸区一期起步区正式开园运营，35家企业确定入驻。

四 斯里兰卡汉班托塔产业园

汉班托塔港位于斯里兰卡南部海岸，处于距离亚洲至欧洲主要航道 10 海里范围内的黄金位置，是斯里兰卡的全方位深水港口，亦为"丝绸之路经济带及 21 世纪海上丝绸之路"沿线的重要节点。

2017 年 12 月 9 日，招商局以特许经营权的方式正式接手汉港项目，成立了两家合营企业——汉班托塔国际港口集团有限公司和汉班托塔国际港口服务有限责任公司，两公司分别负责项目的商业管理运营和公共服务。汉班托塔港项目是斯里兰卡史上首次由其他国家对整个港口地区进行投资和管理的项目，也是中国参与建设的大型基础设施项目之一，是中斯共建"一带一路"的重点合作项目。

2018 年，汉班托塔港临港产业园区启动规划招标，招商引资全面启动。2019 年汉班托塔港项目总体规划完成，以集装箱、油气业务发展为核心，兼顾汽车滚装和散杂货业务。汉班托塔港实施"区港联动"，将成为南亚区域重要的营商创业中心和国际物流分拨中心。

第十四章　招商局工业文化

"求木之长者，必固其根本；欲流之远者，必浚其泉源。"① 文化之于一个国家、一个民族，是其得以绵延发展的根本；文化之于企业，正如根系之于树木，是滋养其生生不息的能量源泉。招商局从洋务运动中走来，已经穿越了一个半世纪的历史风烟，其始终根深叶茂、熠熠生辉的重要原因，正是强大的文化力量。百年积淀的宝贵智慧，不仅打造了招商局这块闪亮的金字招牌，更成为招商人共同的价值追求、思维方式和行为操守，一代代招商人在这里获得滋养和成就。

2020年7月，招商局集团企业文化部系统梳理了百年来企业文化精髓，编写完成了招商局企业文化手册《百年商道》，全面阐述了招商局的企业文化，包括企业使命、核心价值观、企业愿景、企业理念、企业精神和企业文化底色，并对企业文化的行为准则、企业文化表达载体进行了介绍。2020年10月12日，招商局集团举办主题为"坚守初心创一流，牢记使命再出发"的"公司日"活动，正式发布了新版企业文化手册。

自2018年7月起，招商工业就根据企业不断发展的实际情况，开始着手提炼具有工业特色的企业文化，伴随着不断对外收购、并购以及整合，企业文化的认同成为管理整合并实现融合发展的关键举措。基于以上考虑，2018年底招商工业就启动了《品牌战略和企业文化》项目的实施，聘请东道品牌创意集团做了咨询服务，后续随着东邦船厂、中航船舶、金陵船厂等企业不断并入，又进行了修订完善。在招商局集团企业文化手册发布后，招商工业结合集团的企业文化内涵，于2021年12月发布了招商工

---

① 魏征：《谏太宗十思疏》。

业企业文化体系核心内容，明确了企业使命、企业核心价值观、企业愿景、战略定位、企业理念、企业精神和工业作风，形成了招商局工业文化框架体系，核心表现在"招商血脉、蛇口基因、海辽精神、工业作风、友联品格"。

第一节　招商局企业文化

根据 2020 年 10 月新发布的招商局企业文化手册《百年商道》，招商局企业文化体系包含企业使命、企业核心价值观、企业愿景、企业理念、企业精神和文化底色等几个层面。这个体系由内而外，阐释了招商局内心所坚守的信念、驱动前进的核心动力、招商局的成功标准、所倡导的行为准则和精神理念，以及企业文化外显特征等。

一　招商局的企业使命：以商业成功推动时代进步

诞生于晚清洋务运动时期的招商局，从一开始就被置于竞争前沿、国家和民族命运的关口。也正因如此，一直以来，招商局都立意在一个更远大的目标之上，既要谋"商情"，更要筹"国计"；既追求"商业成功"，更孜孜于"时代进步"。"以商业成功推动时代进步"的企业使命，集中体现在"招商血脉、蛇口基因"和"海辽精神"之中。

1. 招商血脉

"招商血脉"意指招商局从洋务运动中走出，创办之初力图用产业撬动"国体、商情、财源、兵势"，这是招商局文化的起源和根本立场。作为中国近现代化的重要开启者，招商局从诞生之日起就背负着富强自立、民族复兴的历史重任，对经济、制度、思想层面的近现代化都进行了诸多探索，对中国的繁荣发展起到了积极的作用。

（1）经济层面开路拓荒

招商局创办之初，带动创办了一大批新兴企业，初步搭建起中国近代经济体系，为中国走向现代化开辟了一条道路。

（2）制度层面探索示范

作为中国第一家股份公司，招商局使得现代生产力和大工业生产方式在中国得以实践，助力实现了从中国传统企业制度到现代企业制度的转变，为中国现代经济发展奋力探求科学的制度安排。

（3）思想层面启蒙革新

招商局的成立和壮大，改变了中国传统社会重农抑商的社会观念，使"商"的理念逐渐为人们接受，在中国进行了思想启蒙。

150年前，当时的中国积贫积弱，处于帝国主义环伺、民族危亡之际，晚清重臣李鸿章曾经评价自己所处的时代是中国"三千余年一大变局也"。在此情形下，当时的"时代之问"就是"中国能不能救亡图存？中国的出路在哪里？"150年前，招商局的创立，就被寄予了去探求一条新的民族出路的特殊历史厚望，并且从创立伊始就采用了一种中国千百年来所未曾有过的新的生产方式、经营方式，从而使招商局的创立具有划时代的意义。时人曾评价："创立此局（招商局），固为收江海之利与洋商争衡，（国家）转贫为富、转弱为强之机尽在此举"，这将招商局的创立上升到了探索国家出路的高度。① 有学者说，"轮船招商局的成立，是中国国民经济近代化历程中的一个重要的里程碑"。还有学者认为，"招商局对中国近代的开放和发展起了示范和引路作用"。②

洋务运动中，招商局崇尚商业精神，在追求自身发展的同时，自觉地把推动时代进步作为自己矢志不渝的历史使命。招商局创办之初带动了一批新兴企业的建立，初步搭建起中国近代经济体系，为中国走向现代化开辟道路。

2. 蛇口基因

"蛇口基因"寓意改革开放中的招商局，作为发展市场经济的先行者，带动国家其他方面或领域的改革开放。招商局敢于打破思想禁锢，遵循市场经济规律，大胆创新实践，解放和发展社会生产力，促进社会经济持续繁荣，推动了思想、人才和生产力层面的解放。

（1）推动思想解放

蛇口工业区创办以来，提出了一系列与市场经济相适应的新观念，开

---

① 秦晓：《招商局历史研究的现实意义》，易惠莉、胡政主编《招商局与近代中国研究》，中国社会科学出版社，2005，第28页。
② 秦晓：《招商局历史研究的现实意义》，易惠莉、胡政主编《招商局与近代中国研究》，第28页。

展了一系列体制机制的新变革,采取了一系列推动经济社会发展的新举措,更新了人们的时间观念、效率观念、价值观念,在很大程度上引领、推动了思想解放。

(2) 推动人才解放

蛇口工业区率先在全国实行人才公开招聘,最早在全国推行能进能出、能上能下、能多能少的"六能"改革,促进了人才流动,激发了人才潜能,推动了人才解放,有力促进了全国干部人事制度改革。

(3) 推动生产力解放

在开发建设蛇口工业区过程中,招商局以提高工作效率和经济效益为基本出发点,大胆开展各项制度创新,创下了当时 24 项全国第一。同时,招商局还积极推动对外开放,引进外商投资,形成了独特的"前港－中区－后城"综合开发的蛇口模式。

20 世纪 70 年代末期,经过"文化大革命"的浩劫,国民经济处于崩溃的边缘,中国又一次面临向何处去的抉择。当时最需要回答的"时代之问"就是"如何建设社会主义、怎样建设社会主义",也就是后来邓小平理论所需要解决的核心问题。1978 年底,党的十一届三中全会胜利召开,全会在思想、政治、组织等领域全面拨乱反正,重新确立了马克思主义的思想路线、政治路线和组织路线,否定了"以阶级斗争为纲"的理论和实践,决定把全党的工作重心和全国人民的注意力转移到社会主义现代化建设上来。概言之,党的十一届三中全会实现了我们党在新中国成立以来历史上具有深远意义的伟大转折,开启了改革开放历史新时期。

改革开放时期,蛇口工业区站在改革开放前沿,充分运用中央赋予的自主权,以"敢为天下先"的勇气与智慧,大胆创新实践。这片土地上形成的"蛇口基因"早已刻在骨子里,不仅造就了招商局的再次辉煌,而且成为推动社会进步的因子,推动了思想、制度和生产力层面的解放,对于社会主义市场经济体制的形成和发展,发挥了不可替代的重要作用。百年招商局之所以能够成功,不仅是因为其传承了"谋商情、筹国计"的"招商血脉",而且是因为其结合时代新的要求,注入了新的"蛇口基因"。概括地说,"蛇口基因"就是"敢为天下先"的创新精神。

蛇口工业区的成功创办和"蛇口基因"的孕成,对于我国工业化和现代化起到积极的推动作用，概括地说，主要有四点：

（1）思想上的启蒙：一场前所未有的思想解放

蛇口工业区在创立初期，于1980年即提出"时间就是金钱，效率就是生命""顾客就是皇帝"等口号，后来又提出"空谈误国、实干兴邦""技术至上，质量第一""知识就是财富，信息就是生命"等口号，这些时间观念、竞争观念、市场观念、契约观念、信息观念和职业道德观念等新观念，逐步转变了人们由于长期端铁饭碗、吃大锅饭及闭关自守所形成的惰性，从而奠定了推进各项改革的思想基础。这些观念后来也在全国形成广泛影响，特别是"时间就是金钱、效率就是生命"这句口号，被评为20世纪80年代全国最具影响力的十大口号之一，并在1984年国庆35周年游行队伍中蛇口工业区的彩车上醒目出现（图14-1），从此响彻中国。

图14-1　1984年参加北京国庆巡游的招商局蛇口工业区彩车

此后，由招商局率先摸索出具有市场理性的工业文化，在中国改革开放的历史进程中，成长壮大，逐渐成为一种能够匹配社会主义市场经济的主流价值观。今天这些文化基因早已超越时空，逐渐成为招商人的共识与准则，成为打破思想禁锢、激励人们改革创新的时代强音。

（2）制度上的创新：一部敢为人先的传奇，一个制度创新的范本

蛇口工业区率先进行以市场为取向的经济体制改革，勇于突破计划体制束缚。坚决走"市场化"之路，努力做到"地"尽其利，"工"善其

事,"人"尽其才,"货"畅其流,"物"尽其用,把社会主义与市场经济很好地结合了起来,并推动其他领域配套改革,大胆推进管理体制、分配制度、用工制度、干部人事制度、住房制度、企业股份制度、社会保障制度、金融制度等一系列改革,创造出 24 项中国第一。蛇口工业区为全国的改革开放和现代化建设提供了有益的经验,创造了一个制度创新、体制机制创新的范本。这些改革后来基本都在全国得到推广。1981 年 11 月,时任国家进出口委副主任的江泽民受托向全国人大做汇报,汇报中明确提出:"蛇口的管理方式,为改革现行管理体制提供了有益的经验。"当时主管改革工作的副总理谷牧也曾多次强调"蛇口工业区的经验值得重视,应当在特区普遍推广"。①

(3) 企业成长的摇篮:一批现代企业孵化成长,从蛇口走向全国全世界

蛇口工业区开发伊始,招商局就提出以发展工业为主的指导思想,确定"三个为主"(产业结构以工业为主,资金来源以外资为主,产品市场以外销为主)和"五个不引进"(来料加工项目不引进,补偿贸易项目不引进,残旧机器设备不引进,不能处理的污染工业不引进,占用国内配额的项目不引进)的方针,稳步地建立起外向型的经济结构,使工业区具有一定的先进水平。

为加快蛇口工业区建设的步伐,招商局集中人力与资金进行基础工程建设的同时,通过多种渠道采取优惠政策,积极引进外资,华益铝厂、中国国际海运集装箱股份有限公司、海虹船舶油漆厂、三洋电机有限公司、广东浮法玻璃有限公司等在蛇口工业区建成投产。蛇口工业区创办了全球最大的集装箱企业——中集集团、中国首家股份制银行——招商银行、首家股份制保险公司——平安保险、中国首家中外合资股份制企业——南山开发等国内外知名企业,孵化出华为、万科、金蝶、TCL、海王集团、分众传媒等高科技企业,蛇口工业区因此被称为"单位面积培育知名企业最多的地方",成为现代企业的"黄埔军校"。②

---

① 朱士秀主编(代)《招商局史(现代部分)》,第 264 页。
② 钟坚编著《改革开放梦工场——招商局蛇口工业区开发建设 40 年纪实(1978—2018)》,第 522—523 页。

（4）对外交流的窗口和名片：从"引进来"到"走出去"，推动构建人类命运共同体

"招天下商，通五洲航"，早在 1872 年招商局诞生之际，"招商血脉"中就含有国际化因子。1978 年 10 月，招商局确定了"立足港澳、背靠内地、面向海外、多种经营、买卖结合、工商结合"的 24 字经营方针，提出"适应国际市场的特点，走出门去搞调查，做买卖"，积极推动对外开放，引进外商投资。招商局创办的蛇口工业区作为中国第一个外向型、开放型、改革型的工业园区，走出了一条以外资为主、内外资相结合的内涵式发展道路。

1984 年，改革开放总设计师邓小平同志曾说："特区是个窗口，是技术的窗口，管理的窗口，知识的窗口，也是对外政策的窗口。"蛇口工业区作为中国第一家对外开放的工业区，无异于是"窗口中的窗口"。仅 1980 年——蛇口开发的第二年，就有 18 个国家的 1300 多名客商、政要访问了蛇口。后来有很长一段时间，蛇口每年都要接待上千名外国人士访问，其中不乏各国领导人。这些人访问蛇口后，大都对中国的改革开放政策有了更深入的认识，并对中国的前景有了新的信心。① 1984 年，时任国家主席的李先念为由光明日报出版社出版的全面介绍蛇口工业区的一书题名《希望之窗》，形象而又准确地揭示了蛇口工业区在国家改革开放大局中的作用和地位。

目前，开放的血脉已跟随国家改革开放的步伐，从蛇口走向世界，引领招商局不断在企业战略、国家大计和全球视野的融合中，开拓成长空间。在国内以蛇口模式开发了福建漳州开发区，在辽宁建设了大连太平湾合作创新区。特别是 2013 年我国提出共建"一带一路"倡议以来，招商局积极践行"一带一路"倡议，在"一带一路"沿线国家、重点地区按照"前港－中区－后城"进行园区布局，探索"蛇口模式"在异国他乡实施的可行性，并取得积极成效。当前，把吉布提打造成"东非蛇口"的计划取得突破性进展，位于白俄罗斯首都明斯克以东的中白工业园、斯里兰卡

---

① 秦晓：《国家现代化的推进：一个企业的视角——兼议招商局历史上的几度辉煌》，虞和平、胡政主编《招商局与中国现代化》，第 1—11 页。

汉班托塔产业园等也正按照"蛇口模式"进行园区布局，这些做法堪称落实"一带一路"倡议、践行"人类命运共同体"理念的范例。

3. 海辽精神

身处国家和民族发展转折点的招商局，毅然选择正确的政治方向，以企业的新生推动新中国航运发展和经济建设。1949 年 9 月 19 日，招商局"海辽"轮全体船员起义，高举爱国主义旗帜，勇敢奔向光明。回望惊心动魄的起义之旅，招商局先辈用热血和忠诚铸就了集中体现"爱国""奋斗""开拓"的"海辽精神"。

（1）坚定信念、为国为民的爱国精神

"海辽"轮用奉献和牺牲书写了对国家和民族的无限热爱。为国为民，以商业成功推动时代进步，这正是招商人的初心和使命，它同中国共产党的初心和使命一脉相承，成为指引招商局一次次做出时代抉择的精神图谱。

（2）众志成城、百折不挠的奋斗精神

"海辽"轮是一艘面对攻击毫无还手之力的普通商船，起义的困难可想而知，但在船长方枕流的带领下，全体船员不怕牺牲、团结一心。招商局先辈们在起义中表现出的众志成城、百折不挠的奋斗精神，成为招商局弥足珍贵的企业品格。

（3）勇往直前、敢为人先的开拓精神

"海辽"轮是新中国第一艘境外起义商船，随后大批中资机构汇成了一股投入新中国的奔腾洪流。"海辽"轮起义所呈现的勇往直前、敢为人先的开拓精神，成为招商局不断走在时代前列最鲜明的底色。

二 招商局的核心价值观：与祖国共命运，同时代共发展

招商局 150 年的历史，与国家和民族的命运休戚与共，其发展历程与中国近现代化进程紧密相连，一路同行，历久弥新。1872 年，招商局在洋务运动中应运而生，作为中国第一家股份公司，不仅开创了近代民族航运业，还组建了中国近代第一支商船队，发行了中国第一张股票，开办了中国第一家银行、第一家保险公司，成为中国近代经济领域的拓荒者。

百余年后，中国开启了新一轮的现代化进程，改革开放成为时代主

题,招商局再次勇立时代潮头,在广东开发建设蛇口工业区,进行了一系列有益的探索,成为中国改革开放的先行者。如今,历经百余年历史沧桑的招商局依旧生机勃勃,正在向世界一流企业稳步迈进,成为国家诸多重大经济活动的重要参与者。

在招商局经历的150年的历史长河中,中华民族命运跌宕起伏,其间招商局不断回应时代命题。从诞生之日起,其创立就被视为"经国宏谟",是一个国家、一个民族对其命运进行探索和思考的结果。招商局与生俱来就背负着富强自立、民族复兴的历史使命,这是不变的初心与其存在的意义。

"与祖国共命运,同时代共发展。"招商局创立后百余年的历史,是一部与国家和民族命运休戚与共的发展史。作为一家百年民族工商企业,招商局的基业长青,得益于关键时候抓住了时代机遇,赢得了激烈竞争,面对未来迈得开转型步伐,同时更重要的是拥有深厚的历史文化底蕴。

三 招商局的企业愿景:建设具有全球竞争力的世界一流企业

新时代,招商局站在新的起点,将"建设具有全球竞争力的世界一流企业"作为招商局的企业愿景,提出了要具备全球眼光、全球资源配置能力、全球管理能力,在全球价值链中占据优势地位的发展目标。"世界一流",既要按世界一流企业的国际标准,不断提高全球竞争力、影响力和带动力,又要兼具"中国特色",把党的领导这一国有企业的政治优势发挥好,并有效转化为企业改革发展的生产力、竞争力、凝聚力。

建设具有全球竞争力的世界一流企业,其实施的战略原则就是:立足长远、把握当下、科技引领、拥抱变化。辩证看待长远和当下的关系,当下是长远的基础,长远是由一个个当下所组成,将长远的高远境界和当下的实干精神紧密结合起来,既避免好高骛远、华而不实,又鼓足干劲、力争上游。围绕突出科技要素、提升科技效率、构建制度保障、加强科技应用、聚焦科技人才、培育科技文化六大方面,让科技成为引领招商局持续向前的原动力。积极拥抱变化,敏于识变、善于应变、敢于求变,日新求进,积极地在不确定的环境中寻找新动能,推动招商局在新的起点上实现更高质量发展。

四 招商局的企业理念：崇商、创新、均衡、共赢

招商局的企业理念包含"崇商、创新、均衡、共赢"四个方面。

1. 崇商即崇尚商业精神

崇商的理念具体表现为遵循商业逻辑，推行商业关系，营造商业氛围。商业逻辑意味着倡导绩效意识、规则意识和风控意识；商业关系意味着强调协同、沟通与分享；商业氛围意味着简单、开放、务实、高效。

2. 创新核心就是改革创新

招商局的百余年历史，几乎就是一部改革和创新的历史，而招商局自身的锐意改革，也深深影响着其所处的时代。招商局持续发挥创新精神，从坚持理念创新、产品创新、制度创新和科技创新四个层面发力：

（1）理念创新方面，招商局创立之初就倡导"招天下商、通五洲航"的经营理念，拓展了全民族的国际化视野，从无到有推动了全新商业模式的落地。改革开放初期，招商局再次打破思想禁锢，其诸多理念为当时中国经济转型提供了示范作用。新的时代，招商局仍将创新驱动作为集团的核心战略，作为引领发展的第一动力。

（2）产品创新方面，招商局参与过多种经济领域产品和模式的开创。在当今社会不断更新的竞争格局下，商业逻辑与商业模式在不断重构，既要积极拓展新业务、新市场，通过商业模式的创新释放资源潜能，又要在跨界融合、集成创新上发力，进行产品的突破与创新。

（3）制度创新方面，历史上招商局实现了中国传统企业制度到现代企业制度的转变，以商业的力量推动了社会制度的创新发展。如今招商局也在积极创新制度安排和机制保障，与利益相关方加大互动，主动成为推动制度创新的力量。

（4）科技创新方面，未来人类将进入技术变革所带来的大转型时代，数字化技术正在改变传统的商业模式和市场格局，科技创新成为企业的立命之本。招商局主动拥抱变化，迈向"全要素、全业务、全流程"数字化转型征程，以科技创新所引领的数字化转型洞察客户需求、重构产业逻辑，对内优化资源配置，对外构建更高层次的生态圈。

3. 均衡具体指"度"的把握

贯穿于招商局所有管理行为中的理念和智慧,是对管理中矛盾因素"度"的把握,包括在动态中把握均衡,在进取中实现均衡。在企业发展过程中,质量效益与规模速度始终是相辅相成、内在统一、动态均衡的。当前,招商局集团需要实现"质量第一、效益优先、规模适度"的均衡发展,只有坚持"均衡"这一战略思想,才能让招商局这艘巨轮稳健地向前行驶。

4. 共赢就是倡导建立开放思维、打破零和博弈的战略生态

在新经济下,"合则强,孤则弱",没有企业能独自成功,而是共生共荣、共同进化,合力创建共赢经济。招商局将以更加开放的思维,在跨界融合中主动构建战略生态圈,充分发挥资源、专业及机制优势,推进与其他经济体的深度融合,实现相互交融、优势互补、共同繁荣。

五 招商局信条

在150年的发展历程中,招商局一直高度重视以优秀文化塑造员工的价值观,引领企业在关键时期奋勇向前。在1944年抗战烽火中,因阻击侵略者而损失惨重、亟待重振的招商局就制定了企业历史上第一部《招商局信条》,以统一思想、凝聚人心、鼓舞士气。在改革开放初期,蛇口工业区探索改革发展之路的关键时刻,以袁庚为代表的老一辈招商人又提出了"时间就是金钱,效率就是生命"等引领社会风气变革的新观念,成为改革开放的时代强音。面对加速演进的百年未有之大变局,招商局作为百年央企,既面临难得机遇,也面临诸多挑战。

2021年"七一"前夕,招商局集团在深圳召开庆祝建党100周年七一表彰大会暨党史学习教育推进会,并举行仪式正式发布《新时代招商局信条》。招商局集团董事长缪建民在发布仪式上致辞,总经理胡建华主持发布仪式,并就《新时代招商局信条》的条目和具体内涵进行宣讲。招商局集团发布的信条内容十分丰富,其中既有"时间就是金钱,效率就是生命"等源自招商局、在改革开放事业中产生巨大社会影响力的理念,也有"谋商情,筹国计""实业强国,金融报国"等体现招商局百年民族企业特色的价值追求,集中阐述了招商局在新时代新征程中的企业使命与价值追

求,全面反映了招商局百年历程中积淀的文化底蕴。

1. 谋商情,筹国计

招商局从创立之日起,就背负富强自立、民族复兴的重任,招商局既要遵循商业逻辑、追求商业成功,更要服务国计民生、国家大局。迈向新征程,招商局要在立足新发展阶段、贯彻新发展理念、构建新发展格局中实现高质量发展,以商业上不断取得成功,更好地服务国家发展大局、推动时代进步。

2. 时间就是金钱,效率就是生命

这一口号诞生于改革开放初期的蛇口,成为突破思想束缚、催人奋进革新的时代强音,其中蕴含的改革创新精神和效率观念具有强大生命力,是招商人宝贵的精神财富。奋进新征程,招商人要继续发扬特区精神、蛇口精神,永葆"闯"的精神、"创"的劲头、"干"的作风,以时不我待的紧迫感,续写更多"春天的故事"。

3. 空谈误国,实干兴邦

新时代的招商人要牢记"空谈误国,实干兴邦",秉承勇担重任、创业兴国的家国情怀,弘扬脚踏实地、真抓实干的实干精神,勇当新时代的"孺子牛""拓荒牛""老黄牛",加快建设世界一流企业,为全面建设社会主义现代化国家、实现中华民族伟大复兴的中国梦而不懈奋斗。

4. 实业强国,金融报国

招商局作为国资央企排头兵,在全面建设社会主义现代化国家新征程中,应立足"国家所需,招商所长",充分发挥"实业+金融"的产业特色,以及产融结合的独特优势,以更强的核心竞争力、更好的经营发展业绩,为国担当。

5. 崇信、崇实、崇简

提倡崇尚诚信经营,在激烈竞争中对待客户、同事、伙伴始终坚持言行一致、信守承诺。提倡崇尚实干、钉钉子精神,倡导解放思想、大胆创新、埋头苦干。提倡工作简单高效、化繁为简,反对官僚主义、形式主义和奢靡之风。

6. 优者胜,劣者汰

提倡始终坚持市场化原则,按市场经济规律和企业发展规律办事,以

优胜劣汰的市场化机制激发活力、释放创造力、增强竞争力，体现正确的激励导向，坚决防止劣币驱逐良币。

7. 开放融合，共进共赢

提倡坚持开放的态度和共赢的理念，在追求自身发展的同时，为客户和合作伙伴创造价值。提倡保持海洋底色，坚持国际化发展，在推动共建"一带一路"高质量发展中发挥更大作用。

8. 走出"舒适区"，勇闯"无人区"

艰苦奋斗、敢于创新、创业兴业是招商局的优良传统。在迈进新征程中，坚决反对躺在"舒适区"、不思进取的思想和行为，提倡永葆奋斗精神，勇于改革创新，在体制机制、科技创新、产业发展中勇立"潮头"。

9. 功成不必在我，建功必须有我

正确处理眼前利益与长远利益、个人利益与集体利益的关系，舍"小我"成"大我"，倡导开阔的胸襟、奉献的精神、协作的意识，始终保持干事业的拼劲、抓工作的韧劲、争一流的干劲，奋力争先、迎难而上、建功立业。

10. 一人做数人事，一钱作数钱用

强调精简机构，勤俭节约，提倡广大干部员工勤奋工作、勇于任事、一专多能，坚决反对铺张浪费，牢固树立成本意识，高效使用企业资源。

图 14-2 招商局信条的传承与发展

六　招商局的企业精神：爱国、自强、开拓、诚信

以国家利益为重，矢志追求民族富强，已积淀成为招商局企业文化中独特的历史使命感和社会责任感。百余年来，在中国众多重大历史事件中都能看到招商局的身影，如1892年招商局捐助北洋大学堂（现天津大学）、抗日战争中毅然决然在长江上自沉局轮阻塞航道以阻挡日军西进等。可以把招商局的企业精神提炼为爱国、自强、开拓、诚信。

爱国是崇高的思想境界。一个多世纪以来，招商局在国家命运转折的许多重大历史关头挺身而出，爱国已升华成为企业的灵魂。无论何时，招商局都将通过自身的不断发展为国家强盛做出贡献，并在企业发展壮大过程中始终以国家利益为重。

自强是立身之本。招商局一直是在自强不息的拼搏中发展壮大的。招商局将永葆这种精神风貌，无论面对困境或顺境，都将奋斗不止，勇往直前。

开拓是时代精神的体现。创造过诸多"中国第一"的招商局将继承和发扬前人勇于进取的精神，牢牢把握时机，不断创造新的辉煌。

诚信是招商局一贯崇尚和倡导的商德。在市场激烈竞争中，坚持重合同、守信誉，以诚待人、以诚取信，推进友好合作，谋求长远发展。

七　招商局的企业文化底色：海洋文化

招商局因海而生、与海相依、伴海成长，如同海洋一般涵养万物、生生不息。海洋既是招商局的发展舞台，也是招商局的文化底色。2019年10月15日，中国海洋经济博览会在深圳会展中心开幕，本次博览会由国家自然资源部和广东省人民政府共同主办，深圳市人民政府承办，招商局集团等单位协办，招商局集团以"百年航程　蔚蓝梦想"为主题参与了展览并强调了海洋文化底色。招商局的海洋文化呈现出"新、稳、博、容"四个特征。

"新"指的是吐故纳新，生生不息。任凭潮起潮落，依然勇立潮头，持续生长、迭代和进化，不断贡献社会。招商局的伟大之处，就在于其适应变化和不断进化的能力。洋务运动中，迎着中国开启现代化之路的浪

潮，招商局应运而生；改革开放中，站在中国市场化改革的风口，招商局创造第二次辉煌；进入21世纪，把握住全球化与经济快速增长的机遇，招商局赢得了新世纪以来20余年的快速发展；未来，招商局还将主动融入新的世界格局，"勇立潮头、击水奋进"，不断抵达新的高度。

"稳"指的是诚信经营，稳健发展。敬畏纪律和尊重规则，实现系统内各部分的均衡、和谐、共生，达成系统的持续进化。对招商局来说，诚信经营、稳健发展，是百年商道中的行为智慧。"大道至简"，面对纷繁复杂、变化多端的商业世界，诚信经营和稳健发展是招商局的坚守之道。这种如同工匠般精益求精、倾心专注的精神，让招商局这艘大船在起起伏伏的经济大潮中稳步航行，尽显英雄本色。

"博"指的是辽远广博，化育万象。招商局正在运用综合多样的产业资源，为行业赋能，为商业生态圈提供多种创新要素和丰富的商业养分。招商局初建时，《申报》评价："不徒使招商局独利其利"，要使社会"可共利其利"，于民、于商、于国、于社会有利，是招商局最早的共赢文化，也是招商局一直以来的博大胸怀。面对新的市场环境，招商局正推动业务结构从交通、金融、地产"三大主业"逐步向实业经营、金融服务、投资与资本运营"三大平台"转型。与此同时，招商局作为国家"一带一路"倡议的重要参与者和推动者，致力于让"前港－中区－后城"的成熟蛇口模式逐步在海外落地生根。对内，招商局积极打造有规模协同效应的产业集群，向平台化发展；对外，为行业赋能，为商业生态圈、合作伙伴、社会及大众提供养分。这便是因海而生的招商局应有的博大。

"容"指的是海纳百川，包容并蓄。融合创新，促进不同理念与技术元素相互碰撞，促进不同产业间的相互渗透与交叉，为各种元素的重组、改良、进化创造有利条件。一个封闭的系统，注定没有活力，甚至消亡。只有在更大的环境中适时调整、自我更新，这个系统才能有生命力。开放、包容的商业精神，已经融入到招商局的文化之中。创立之初的招商局，采用官督商办体制，推动了官方资源与社会资源的融合，在商战中，重视和商业对手保持竞合关系。当今的招商局，则以更加开放的思维，在协同合作与跨界融合中，推动资源重组整合、产融结合、融融协同，乃至企业之间的共同繁荣，构建共生共长的发展格局。

第二节 招商局工业企业文化

招商局工业发展史就是一部工业企业文化的发展史。从洋务运动后期提出"寓强于富、工商致富",开启兴办民用工业的浪潮,到陆续投资新式工业企业乃至资助创办的南洋公学、北洋大学堂等新式教育机构培养了大批工科专业人才,再到进入修造船行业,推动民族船舶修造业的进步,再到率先引入国外先进工业并辐射内地,吸引工业企业云集产业园区创造了"春天的故事",最后到建设一流的海洋装备制造商,打造走向深蓝的工业力量,工业文化始终贯穿其中,成为招商局企业文化重要的组成部分,但又有其独特的文化特征。从1874年同茂铁厂开始,修造船业务始终赓续发展,构成了招商局工业企业文化最底层的元素。某种意义上,招商局工业企业文化重点体现在招商工业的企业文化。本节重点介绍招商工业在招商局集团企业文化基础上凝练的文化部分。

21世纪以来,招商工业进入了发展的快车道,始终坚持"实业报国、制造强国"的理念,传承招商局集团百年海事主业,以支撑海洋产业发展为己任,通过内外部资源整合,快速成长为中国三大国有海洋装备造修集团之一,已在渤海湾、长江经济带、长三角地区和粤港澳大湾区等国家战略区域布局了九大船厂、七大造修船基地,逐步打造了友联船厂、招商重工、招商金陵和招商邮轮等品牌。当前,招商局正聚焦高端、绿色、科技型海洋装备研发与制造,发展海洋装备维修改装、海洋装备制造、邮轮制造、特种船舶制造等四大业务板块,坚持市场导向和科技引领,推动产业结构调整和产品服务升级,着力打造走向深蓝的工业力量,助力招商局集团建设成为具有全球竞争力的世界一流企业。

在招商工业的业务布局、产业规模进入一个稳定的发展阶段时,2019年底招商工业领导班子提出要系统梳理招商工业的企业文化,以良好的企业文化营造良好的企业环境,提高员工的文化素养和道德水准,对内形成凝聚力、向心力和约束力,形成企业发展不可或缺的精神力量和道德规范,对企业产生积极的作用,促进企业资源得到合理的配置,从而提高企业的竞争力。2020年,招商工业在制定"十四五"规划时就提出了"三干三色"的工业作风，即"坚持实干本色、秉持苦干底色、打造巧干特色"，初步形成了企业使命、企业愿景、企业价值观等企业文化核心的内容。

2021年5月11日，招商局集团董事长缪建民调研了香港友联，他充分肯定了香港友联取得的成绩，并指出香港友联的发展历程是一部招商局真正的工业史，更是一部爱国史、一部奋斗史、一部奉献史。自1964年成立以来，香港友联始终艰苦奋斗、勤俭持家、励精图治，在保持盈利并取得辉煌经营业绩的同时，积极履行企业社会责任，为香港繁荣稳定做出了应有贡献，发展成绩令人敬佩。香港友联的作风是踏实的，队伍是可靠的，精神是可爱的，历史是光荣的，要认真提炼香港友联的品格和精神。缪建民董事长在调研完香港友联后，系统梳理了香港友联的发展现状、谋划了未来发展思考，形成了香港友联发展规划。在规划中也提炼了以"爱国荣企、勤俭持家、艰苦奋斗、守信重质"为核心的"友联品格"。

在此背景下，招商工业于2021年12月下发了《关于发布招商工业企业文化体系核心内容的通知》，制定了企业文化体系并明确了核心内容。

一 招商工业的企业使命：以先进制造推动行业进步

使命即责任，道出了招商工业为了何种责任而投身于现代海洋装备制造，并且值得招商工业团队为之奋斗。招商工业是集团唯一的制造业务板块公司，也是唯一的装备制造业务的管理平台。招商工业将承担这光荣的使命，聚焦实业、专注制造业，心无旁骛地围绕制造业务提升能力，在新形势下，推动传统制造向现代制造、先进制造转型，围绕绿色化、智能化、科技化等方向，以效率提升、成本降低、效益提高等目标，引领行业制造水平的发展，通过先进制造树立行业标杆、建立行业标准，进而推动行业进步。

二 招商工业的核心价值观：与祖国共命运，同时代共发展

与招商局集团的核心价值观保持一致，百年民族工商企业基业长青，除了商业的繁荣，更得益于工业的发展。从创建近代民用工业体系，到改革开放中以园区培育、引进、发展现代工业，再到建设一流的海洋装备制

造业，都体现了招商工业的核心价值观。

三　招商工业的企业愿景：走向深蓝的工业力量

"走向"寓意蓬勃向上、稳健发展；"深蓝"寓意聚焦海洋经济、蓝色经济，以科技创新迈向深远海；"工业"寓意聚焦工业制造，坚持实业报国、制造强国；"力量"寓意为行业骨干，坚持以高端装备展现企业能力。

四　招商工业的战略定位：为世界提供一流的海洋装备

招商工业的主业为海洋装备制造业务，属于面向全球竞争的行业，属于高度市场化的行业，客户来自世界各地、产品分布于世界各地。一流的产品、一流的服务是公司不懈的追求，为世界客户提供一流的海洋装备产品是公司立足于世界的定位。

五　招商工业的经营理念：市场化、国际化

市场化。招商工业经营的业务都是市场化的业务，要在激烈竞争的国内外市场上求生存、求发展，就必须牢固树立"以客户为中心"的服务思想，坚持"创新、专业、诚信、共赢"的市场理念。（1）创新：招商工业持续发挥创新精神，从坚持理念创新、产品创新、制度创新和科技创新四个层面发力，不断做优做强海洋装备维修改装、海洋工程装备制造、特种船舶制造、邮轮制造、船海配套等"4+X"业务。（2）专业：以专业的精神来做产品和服务，通过高质量产品和服务赢得市场、赢得客户。（3）诚信：践行新时代招商局"崇信、崇实、崇简"信条，诚信经营，在激烈竞争中对待客户、同事、伙伴始终坚持言行一致、信守承诺。（4）共赢：崇尚商业精神，不搞"零和博弈"，实现与上下游供应商、商业合作伙伴等合作共赢，共同发展。

国际化。秉承招商局"招天下商，通五洲航"的海洋文化理念，招商工业以大无畏精神传承"招商血脉"国际化因子，大力开展国际化经营。无论是修船还是造船，招商工业的交易对象超过 90% 是海外客商。在新时代，招商工业着力在科技创新、人才配置等领域推进国际化，以更大力度、更大作为参与招商局"一带一路"建设项目，将招商局"立足港澳、背靠内地、面向海外、多种经营、买卖结合、工商结合" 24 字经营方针落

实落细。

六 招商工业的企业精神：务实、担当、匠心、超越

自业务起步以来，招商工业一直在传承海事主业，坚守实业、专注实干，倡导并推行了脚踏实地、艰苦奋斗的务实作风。在历史长河的各个困难期，招商工业勇于担当、踏浪前行，勇担践行制造强国、工业强国的责任，不断推动自身企业发展、推动行业进步。以匠心理念为追求，磨砺自身的产品、提高自身的服务，追求质量第一，追求精益生产、精细管理，并通过科技创新、质效提升等手段不断超越自己、提升自己，以实现企业的发展愿景。

七 招商工业的工业作风：实干、苦干、巧干

实干是实业最基本的特征，是招商工业人最基础的要求，脚踏实地、勤勤恳恳，成为招商工业最原始的基因，是招商工业人的本色。苦干是实业的最基本态度，无论是修船还是造船，生产环境艰苦、生产环节复杂，需要从业者耐得住寂寞、顶得住压力、经得住风雨与汗水，所以苦干是底色。巧干是高质量发展，与时俱进推进企业迈入新发展阶段，通过质效提升、科技创新推动企业提高效率、提升效益。巧干是科学、科技、创新的结合，是特色。

图 14-3 海门基地厂区俯瞰

八 招商工业的友联品格：爱国荣企、勤俭持家、艰苦奋斗、守信重质

香港友联因保障国家远洋船队而生，伴随中国远洋航运事业发展而兴。从 1965 年承修第一艘远洋船舶开始，经过 50 余年的艰苦奋斗，成功培育了在行业内享受盛誉的"友联修船"品牌，形成了招商工业的"友联品格"。在不同的时期，友联船厂职工在香港、在内地都发挥了爱国荣企、勤俭持家的作风，通过在修船行业里摸爬滚打、艰苦奋斗，锻造了一支敢打敢拼的友联修船队伍，按期交船、保证质量是友联人不懈的追求，形成了守信重质的优良品格。

第三节 招商工业企业文化案例

一 实业报国、实干兴企

招商局自诞生之日起，就背负着富国自强、推动民族复兴的历史使命。招商局创立本身以及其后招商局投资创办的一系列企业，无不饱含救国富国的期许，在当时百废待兴、一切亟待重建的中国，招商局的种种行动宛如一剂有力的强心针，为中国工业发展带来希望。

在晚清时期，面对当时汹涌而来的"西潮"，用李鸿章的话讲就是"三千余年一大变局"，中国如何应对成为当时整个国家所面临的主题。①为应对这一"三千余年一大变局"，洋务运动成为当时的一个重大尝试。洋务运动初期以"求强"为主，后经过 10 余年的探索，主事者逐渐意识到，只有"求富"才能"图强"，因之开始由学习西方创办军工制造厂向创办民用企业转型，招商局由此应运而生。中国近代著名思想家、亦曾为招商局早期主要管理者的郑观应曾言："欲攘外，亟领自强；欲自强，必先致富；欲致富，必首在振工商。"

在 19 世纪 60 年代兴起的以"自强求富"为宗旨的洋务运动中，洋务

---

① 秦晓：《国家现代化的推进：一个企业的视角——兼议招商局历史上的几度辉煌》，虞和平、胡政主编《招商局与中国现代化》，第 3 页。

派虽然在招商局之前创办了江南制造局、福州船政局、天津机器局等一批所谓的近代企业，但正如一些学者所指出的那样，这些官办军事工业企业，虽具有一定的资本主义成分，但它们本身并不从事商品生产，不参加市场交易，唯一的任务是用政府拨付的资金为政府制造各种武器，因此只能说是由封建工场向近代企业过渡的一种形式。只有招商局是真正学习西方近代企业的方式创办、经营的企业，如实行股份制、建立规范的经营管理制度、强调"将本求利"的经营宗旨、重视市场竞争（即所谓"习商战"）等，中国才开始有了真正意义上的第一家民族工商企业。因此，可以说招商局的创立真正开启了中国民族工商业的发展历程。招商局秉持着"实业救国"理念，先后投资创办煤炭开采业、冶炼业、纺织业，兴建了中国最早一批民族工商业，成为近代中国新式民族工商业的先驱。

为了达到"师夷长技以制夷"的目的，招商局进行了思想层面的启蒙革新——招商局的成立和壮大，改变了中国传统社会重农抑商的观念，使"商"的理念逐渐为人们接受，在中国进行了思想启蒙；制度层面的探索示范——作为中国第一家股份公司，招商局使得现代生产力和大工业生产方式在中国得以实践，助力实现了中国传统企业制度向现代企业制度的转变，为中国现代经济发展奋力探求科学的制度安排；经济层面的开路拓荒——招商局创办之初，带动创办了一大批新兴企业，初步搭建起中国近代经济体系，为中国走向现代化开辟了一条道路。

一个企业（招商局）与一个国家的现代化进程之所以能并行，背后逻辑亦应在于此。一些清廷重臣也对招商局于"国计"之重给予了高度的评价："前者李鸿章、沈葆桢创立此局（招商局），谋深虑远，实为经国宏谋，固为收江海之利，与洋商争衡，转贫为富、转弱为强之机，尽在此举。"[①] 因此，招商局的历史贯穿了民族复兴、民族振兴的理念或者精神，贯穿了"实业报国、实干兴企"的初衷，从而与中国现代化的进程紧紧地联系在了一起。

二 友联小厂办大事

友联船厂于1964年服务国家远洋船队修理需要而创建，成立以来始终艰

---

① 虞和平、胡政主编《招商局与中国现代化》，第4页。

苦奋斗、勤俭持家、励精图治，在取得辉煌经营业绩的同时，积极履行企业社会责任，为祖国发展、香港繁荣稳定做出了应有贡献，发展成绩令人敬佩。

1. 国轮自修，"友联小厂办大事"

香港友联船厂的创立出于香港腾飞的背景和国轮修理困难的处境。成立初期，友联船厂高举爱国旗帜，号召"胸怀祖国，放眼世界"，以"勤俭办工厂"，"力求节省，用较少的钱办较多的事"，教育干部、员工，边建厂、边生产。为了不让国轮修理受制于人，友联船厂始终坚持"为祖国远洋船队服务"的宗旨，为中国船舶提供优质、低价、及时的维修服务，终于打破英资太古、和记黄埔两家船厂对中国船舶维修的把持与歧视。据不完全统计，从1971年4月至1974年10月，外厂修理费用合计要比友联船厂高出113%，其中外资船厂开价比友联船厂高出122%，华资船厂开价也比友联厂高出31%—38%。当时，友联船厂以区区7000平方米场地和简陋落后的设备每年为国家检修上百艘远洋船舶，节省了大量资金，缓解了受制于人的窘状，保障了刚刚起步的国家远洋运输事业。十分关心香港发展的周恩来总理听到汇报后，由衷地赞叹"友联小厂办大事"。这一时期的招商局为新中国的修造船工业、远洋运输事业贡献了力量，也为自身日后的发展打下了基础。

2. 修旧利废，勤俭办厂

20世纪60年代，友联船厂面临资金短缺窘境，友联人利用修船时拆卸下来的废弃钢材，修建工棚，作为铁工、木工作业场所；自行设计自己打桩，利用从拆船厂购买废弃的船木、钢缆、绞车，打造自己的简易码头，建起了自己的造船船排；与香港和珠三角地区的一众二手船用设备供应商共同建立起覆盖日本、新加坡、韩国、印度和中国台湾、香港等国家和地区的二手船用设备供应共享资讯体系，获取低价的二手备件，在节省了费用的同时大大缩短了设备订制周期。当年港英当局地政署官员来香港友联船厂检查时曾经留下这么一段评价："虽然你们这些新建的车间、码头、船排等建筑物属于违例的'潜建物'，但结构安全、消防安全完全符合香港建筑物条例要求。"[①] 友联船厂这种艰苦奋斗的优良美德，最大限度

---

① 招商局档案馆：《新中国第一位远洋船长——陈宏泽》（友联篇），第22页。

节省了开支,将实干、苦干、巧干的工作作风发扬到了极致。进入20世纪70年代,为充分利用香港修造船能力为中国远洋运输事业服务,友联船厂在交通部大力支持下开始扩建新厂。1976~1977年,友联船厂在青衣岛南湾向新贸航运等公司陆续购买了共计约12.42万平方米的滨海土地,按照勤俭办厂、以厂养厂的方针,建设码头、车间、仓库、办公楼、食堂、宿舍等设施齐全的友联船厂青衣岛新厂。建成后,友联船厂规模及其业务量在香港均居第一位。此外,借助国际金融市场的资金及技术优势,友联船厂与日本石川岛播磨重工业公司及其联系的金融财团先后签署代表当时国际最先进技术——浮船坞的融资建造一揽子合同,于1976年、1978年陆续购置两艘2.5万吨级浮船坞"友联一号""友联二号",打破了香港修船中坞修被外资船厂垄断的局面,为中国的修船事业做出了重大贡献。

3. 为国分忧,介入海工

20世纪80年代,友联船厂积极进取,自主学习,主动解决国家海工修理方面难题,为国家海洋石油开发业务顺利发展奠定基础。当时中国的海洋工程业务基础薄弱,制约远洋运输、海洋石油等各类海洋业务的拓展。面对全新的海洋工程业务,友联船厂数次派员去湛江南海西部海洋石油公司考察,登上海上钻井平台虚心学习海洋工程知识,了解海洋石油勘探作业需求,寻求介入海洋工程服务的切入点。经过学习交流,友联船厂决定发挥香港自由免税港的区位优势,快速低价获得世界上最先进的海洋工程技术、设备、材料、配件,积极与国际上专业的海洋工程服务商、设备供应商合作,利用地处珠江口、毗邻北部湾的地缘条件,为海洋石油工程船舶及钻井平台等装备提供维修服务,为后来中国海洋工程业务的发展奠定了坚实基础。

4. 实干、苦干、巧干,工艺创新

友联船厂在长期的工作实践中,总结提炼出"沉箱法""锚地修船法""看工程法"等工艺创新,有效解决了生产中的难题,节约了工时、原料,降低了劳动强度,实实在在地反映了招商局工业"实干、苦干、巧干"的工作作风。

"沉箱法"利用铁架和趸船替代桩腿支撑平台,开创了没有坞也可以修理自升式钻井平台水下部分的历史。1983年,友联机器修理厂第一次承接自升式钻井平台"南海一号"的修理任务。由于香港及华南地区都没有宽度满足钻井平台进坞要求的船坞，因此华南地区的平台要进坞检修，此前都必须前往新加坡或日本，而该方法的发明有效解决了这一难题，拓展了香港友联的海工装备与大型船舶维修改装业务。

"锚地修船法"出自友联船厂初创时期，大幅度提高了修船量，赢得了周恩来总理的称赞。友联船厂结合自身情况，针对厂区面积小、码头岸线短且吃水浅，无法停靠大型海轮的客观条件，采取了将人员与设备送往锚地维修，将锚地无法维修的设备运回厂区修好后再送回锚地的修船方式，即"锚地修船法"。为了在短时间内尽快提高船厂修船量，为中国远洋运输公司多修船、修好船，友联的拖轮、客运轮把修船工人和修船设备送往锚地，将友联的吊趸船、电焊趸船、工作趸船系泊在香港水域锚泊的远洋船舶舷侧进行维修，把锚地现场无法维修的电器及机械零件或设备拆卸吊运回船厂维修调试好之后运返船上安装。一位友联工友感叹道："友联最大的厂房就是我们的维多利亚港，我们头顶蓝天脚踏碧海为祖国的远洋运输事业贡献着自己的一份热，发着一份光。"

"看工程法"把整个船舶检修服务往前移了一大步。"看工程法"就是友联船厂派出工程主管和估价人员前往船舶停泊的港口，与船东代表沟通、了解需要检修的工程项目，实地考察船舶状况，现场逐项核对船东提出的检修工程项目。凭借经验，工程主管人员确定检修与否，明确检修范围，列出工程项目清单，工程主管和估价人员当即给出检修船舶及修船的周期及检修价格估算，回到船厂后，工程主管和估价人员有针对性地进行下一步工作计划。利用"看工程法"，可与船东、船级社共同研究制定船舶年度检验和维修方案，提前预定准备好需要更换的船舶配品、配件，联系好专业承包/供应商在船舶来香港装卸货期间完成修船及船级社年度检验工作，大大缩短了船舶年度检验、维修周期，提高了船舶运行效率，深得客户好评。对船东而言做到了该检修的项目必检修，不该检修的项目不予检修，对检修船舶所需费用也有所了解和准备，船舶从友联船厂检修完毕，一份完整清晰的船舶检修完成清单及检修价格结算书已交到船东代表手上，30天内收到船东支付的工程款，友联船厂的资金周转由此也得到了有力保障。

5. 爱国爱港人才的培养

香港友联船厂成立初期，一批爱国爱港工人和工程技术人员怀着报效祖国的理想在"香港工会联合会"号召下，放弃香港和记黄埔、太古船坞等企业优厚待遇投奔香港友联船厂旗下。这批人大多经历了1967年"反英抗暴"斗争的洗礼，具有高度的政治觉悟。在英资船厂工作多年，积累了良好的修船业务素质和工作能力。他们在车间、工程部、估价部、财务部、材料部、人事部、拖轮部等各个部门的领导岗位上被委以重任，为友联工程管理队伍的创立，拖轮、工作船队的打造，友联新厂的建设做出了重大贡献；他们为友联船厂业务及团队建设默默耕耘几十年直至退休，和蔼的服务态度、合理的修船价格，赢得船东们的认可和青睐。

修船需要人，修更多的船就需要更多的人。香港的近代史造就了香港教育（特别是中小学教育），爱国爱港教育是香港进步学校的必修课，这些学生家长大多数是对祖国怀有深厚感情的爱国爱港人士。友联船厂和"香港工会联合会"一起，深入这些进步学校以工人们的亲身经历给同学们讲述祖国远洋事业如何冲破以美帝国主义为首的西方阵营的"围剿"、封锁，将悬挂五星红旗的远洋船舶驶向五大洲三大洋，和同学们分享香港航运中心对祖国社会主义经济建设之重要，一同憧憬祖国美好的未来。工人们介绍了远洋航运在祖国经济建设中的重要作用，鼓励同学们投身香港友联船厂为祖国的航运事业贡献青春。在这样的感召下，一批又一批有志香港青年投身友联，友联船厂也非常注重对这群孩子的培养，每年安排他们到深圳与内地青年进行座谈等联谊活动，组织他们到内地参观游览，培养他们身在香港、心系祖国的爱国爱港的家国情怀。业务上除安排师傅带徒弟手把手教之外，友联出资鼓励他们利用工余时间参加香港"专上学院"的文化课程学习，强化他们的理论知识。从学徒、工人、技术员、助理领班、副总领班、总领班、部门长到友联管理层，这批人一步一个脚印地扛起了香港友联船厂的大旗。正是这一茬茬的从年轻到满头白发的友联人，推动香港友联船厂从几个人的小作坊，发展到高峰期拥有1700多人的现代化大型修船厂。

改革开放伊始，大批有海外关系的内地同胞涌到香港。友联船厂领导层以其敏锐的眼光洞悉了这个机会，立刻组织友联人事部在香港报纸上刊登招聘广告，宣传香港友联船厂。一番争取，将一批从国内船厂、船舶设计院出来的知识分子收归名下。这批人多数在内地接受过高等教育，在内地船厂、船舶设计院工作十几二十年，实践经验丰富，理论基础扎实，计算、设计、绘图样样精通，来到香港友联船厂很快便进入角色，其中部分同事为日后香港友联船厂进入海洋工程领域，维修"南海一号"自升式钻井平台做出了重大贡献。

三　空谈误国，实干兴邦

1979年1月，招商局代交通部和广东省革命委员会起草《关于我驻香港招商局在广东宝安建立工业区的报告》上报国务院。由此，招商局创办了全国第一个对外开放的工业园区——蛇口工业区，起初设想是开办一些与航运有关的工业。但是，招商局凭借自身能量，不仅完成了蛇口工业区软硬基础设施建设，而且通过独资、合资、合作等多种形式，大力吸引全世界的资本来蛇口兴办企业，将蛇口工业区最终建设成为全国工业园区的"标杆"，成为中国对外开放的"窗口"、最早实行社会主义市场经济的"试验田"、企业家成长的"乐园"，完美演绎了"前港－中区－后城"的蛇口模式，发展成为中国改革开放的"前沿阵地"。

当时中央批准招商局开发蛇口工业区，但是并不像对其他国家计划项目那样进行拨款与投资，只给了一点特殊政策，那就是允许招商局自1979年以后5年的利润无须上缴国家财政，可作开办蛇口工业区之用。但是，5年的利润不过几千万港元，远不足以支撑工业区庞大的基础建设工程，遑论工业项目的投资。招商局面临着资金短缺的困难，然而这个困难并没有让招商局领导层畏惧。按照周恩来总理生前的指示，社会主义的企业，资本主义的运作，作为一个驻港的中资企业，招商局清醒地认识到自身应扮演的角色及应负的使命：一方面是严格按照香港的游戏规则打球，重诺守信，专注实业，不事投机，积极进取，增强实力，为香港的主权回归、为香港的稳定繁荣做出应有的贡献；另一方面，充分利用香港的良好经济条件，积极引进外资，并且竭力运用自身资源，参与内地投资，充分发挥桥梁作用，为祖国的社会主义建设多做贡献。

四　吃苦听话，艰苦奋斗

金陵船厂历史可以追溯到 1951 年的木质工作趸船"和 110"号以及船上的 4 台旧机床和 15 名年轻人。在极其困难的情况下，员工兢兢业业、实干苦干，终于干出了一片天地，企业越来越红火。

在成立初期，金陵船厂员工克服资金、装备等劣势，发挥主人翁的"实干、苦干、巧干"精神，革新"卸船滑板千斤钩""钢质固定地龙""高强度铆钉枪头和弹子""风动弯板机""木工开榫机""压板机""别桩制作新工艺"等方法和工艺，切实解决了生产难题，节约了物料，大大降低了工人的劳动程度，提升了工作效率。

20 世纪五六十年代的艰苦自不必说，在 90 年代，金陵船厂再次面临极大的困境，正是凭借"吃苦、听话、实干"的精神，企业再次度过危机，并且在国际造船市场上站稳了脚跟。

20 世纪 90 年代，金陵船厂在"夹缝中求生存"，但在中国船舶总公司和地方船厂的双重夹击下，市场上连"缝隙"都不复存在。天无绝人之路，经过全厂上下的共同努力，市场不景气的困境终于出现转机。1995 年 10 月起，金陵船厂与新加坡和德国船东签订的 10 艘多用途集装箱船合同分批生效。从这批出口订单开始，金陵船厂在随后的十年里逐步确立了集装箱船、滚装船、化学品船三大品牌系列产品的业务结构，完成了出口导向下产品结构与生产模式的转变。

为了造好第一批出口船，1996 年起全厂实施中层以上干部全年无休、职工单休的制度，加班加点成为常态。全厂上下齐心协力，奋力拼搏。在建造关键时刻，甲板当睡床，码头当饭桌，舍得一身汗，宁掉几斤肉，也要按期完工。第一批出口船建造过程，培育了金陵船厂职工"吃苦、听话、实干"的企业精神和对金陵船厂的强烈归属感。1996 年 10 月 28 日，第一艘出口机动船"司迪麦斯·费尔沃"号 350 箱集装箱船顺利下水；1997 年 4 月 10 日，第一艘 485 箱集装箱船"碧玉"号下水；1997 年 5 月 31 日，第一艘 650 箱集装箱船"繁荣"号下水……金陵船厂终于走出了历史上的"至暗时刻"。凭着实干、苦干、巧干，金陵船厂的金字招牌越擦越亮。

五 科技创新，精益求精

"科技创新，精益求精"反映的是招商局工业"以先进制造推动行业进步"的企业使命，追求的是招商工业"成为世界一流的海洋装备制造商，打造走向深蓝的工业力量"的企业愿景。

"任何一个城市，任何一种美好生活，必须经过非常艰苦的流血流汗的奋斗，除此之外，来不得半点虚假和半点投机取巧。更不能投机倒把、损人利己。"① 这是 1985 年袁庚在一次讲话上提到的。不投机取巧、不投机倒把，直指"工业不能怎么做"，更发人深省地指出"工业应该怎么做"——工业离不开踏实积累和艰苦奋斗，离不开实业精神和奋斗精神，离不开对于质量的不懈追求。这是蛇口的文化内核，是招商局的文化基因，更是招商工业发展至今的文化坚持。

1. "勤俭节约"是友联船厂的底色基因

1964 年成立的友联机器修理厂有限公司（友联船厂）始终坚持勤俭办厂的方针，坚持为祖国远洋船队（包括租船队）服务。1974 年 11 月 30 日，招商局为进一步扩大修造船产能，向交通部与中国远洋运输总公司提交《关于扩建友联修船厂设想方案建议报告》，其内容第一条便明确"贯彻勤俭办工厂的方针，边建厂边生产，以厂养厂"。② 在实际的投资筹措、扩建新厂过程中，友联船厂向中国银行贷款 1500 万美元，并从 1975 年起，将每年营业利润全部投入基建投资，以厂养厂。招商局旗下的香港修船公司和国内各远洋公司均在财力上给予支持，从 1976 年起，各船公司在友联船厂修理船舶，除按标准付给修理费外，另付 15% 的附加费，为期整整 5 年。这使友联船厂较为顺利地实施了置坞与建厂计划。③ 在经营过程中，友联船厂注意改进工艺技术，以提高修船质量。1987 年，该厂组织专人对涂镀、喷镀、液压、坞修工艺以及螺旋桨修理、平衡试验、调速器试验等

---

① 招商局集团办公厅、招商局史研究会编印《袁庚文集》，第 146 页。
② 朱士秀主编（代）《招商局史（现代部分）》，第 166 页。
③ 朱士秀主编（代）《招商局史（现代部分）》，第 166 页。

技术课题进行攻关并取得较大进展。① 由此可见，在成长过程中，友联船厂将"勤俭"理念贯彻始终。

2. "精细简朴"是华益铝厂的文化血液

质量控制在华益铝厂［经过收购、搬迁、混改，现为招商局新材料科技（重庆）有限公司］的发展中，起到至关重要的作用。在蛇口工业区招商引资工作推进过程中，1980年10月12日，招商局与香港益大金属厂有限公司合资兴办的华益铝厂有限公司破土动工，该厂是当时蛇口工业区规模最大的合资企业。1982年12月7日，华益铝厂有限公司根据与日本片木制铝所签订的协议和生产的实际需要，派出首批人员10人从广州取道香港到日本受训20天。该批受训人员经过严格挑选、考试和各级审查批准后，由广东省冶金公司办理出国护照，由华益铝厂副总经理何慈德带队。② 这次外出学习，不仅是蛇口工业区发展外向型经济的见证，更是招商局在工业质量把控上寻求突破、向外学习的真实写照。在后续的发展中，华益铝厂不断追求产品质量提升。1996年，华益铝厂在综合原热轧供坯的基础上，投资进行二期扩建工程，其1400带箔轧机经国家有色金属局权威机构鉴定，主要技术指标达到国际先进水平，整体水平国内领先。

"我们立志于打破大锅饭铁饭碗的改革，创建初期很受日本工人的启发，1980年日本承包商承建蛇口铝材厂（这个厂小平同志参观过，质量好，外销美国）引起过一场争论。日本来了27个专家、工人，用23天，把一万五千平米厂房钢架全部安装好了。他们无论刮风、下雨，甚至受伤，从早到晚就像军队战斗一样，场面十分动人。我们曾经在现场召开过干部会议，有人说，要振兴中华非有日本人这种守纪律的拼搏精神不可。有人说，你每天也跟日本人一样发给我一百美元工资，我保证比他们干得更出色。强调人的社会主义觉悟，加强政治思想工作是对的，而另一方面，社会主义应该多劳多得，工资必须按劳分配……日本'三洋'厂进来

---

① 朱士秀主编（代）《招商局史（现代部分）》，第359—360页。进展列举：如涂镀这种修理磨损机件的快速先进工艺，已在友联船厂普遍推广。又如，在香港修理螺旋桨，过去一直由老牌英资企业联合船坞垄断，友联船厂不仅做到了能够承修，而且修理质量与价格均具竞争力。

② 辑录蛇口编辑部：《辑录蛇口：招商局蛇口工业区（1978—2003）》，2004，第73页。

之后，其管理之严、效率之高，对我们也起了促进作用。许多同志参观过该厂之后说，我国的工厂都办成这样，'四化'就有希望了。我个人认为，在企业管理上可以'以日为师'。要严格管理，同时又对每一个职工的情况、特长了如指掌，对人要做细致的工作。干部以身作则，丝毫不苟。"①1984年3月，袁庚在讲话中指出了蛇口工业区引进的日本工程队和日资企业对于招商局企业管理改革的启发，也向我们展示了招商局工业文化中对于质量追求的印记，这种对于质量的追求，不仅包括对于产品质量"精细化、节约、简朴"的追求，也包括对于企业管理改革质量的不断追求。

3. "质量第一"是金陵船厂的文化之魂

金陵船厂发展过程中，无论是初建扩建阶段（1951—1976年）、整顿改革阶段（1976—1985年）还是后续的发展阶段（1986年至今），对于工艺的精进、对于质量的追求始终是船厂不断发展的文化之魂。

1962年，正值金陵船厂扩建期间，船厂设置技术科，负责产品工艺、零部件设计和质量检验工作。1963年，又设立了安全检验科，负责安全生产、职工劳动保护和生产质量检验。在后续的工作中，技术科按照"修造船规范"和"工艺标准化"的要求，结合工厂生产实际，编制了适合厂情的船舶焊接工艺规范、船用"法兰"、轴与联轴节制造焊接等若干单项工艺文件，以及各个单项试验记录附表，改变了以往作坊式"口头工艺"的落后状况。1964年起，金陵船厂有计划进行了700马力半单流式蒸汽机、锅炉备件、螺旋桨、非机动船甲板机械等配套件的制造和改进工作，技术管理、技术装备日趋规范化、科学化。与此同时，各种安全生产管理和规章制度，由兼管变为专管。生产产品检验工作，开始执行"国标""部标"，首次建立"厂标"，并制定了"金陵船厂船舶焊接标准""三级检验制""废品处理制""船舶出厂评级制"等。检验人员也按工种调配，增到20余人，并陆续添置了一些材料冲击、拉力、硬度、金相分析等物理化学实验装备、无损探伤X光机、木料湿度计、蒸汽机马力测试指示仪等，加强了生产产品的检验。尤其是大批精密读数量具的增添，改变了长期用

---

① 招商局集团办公厅、招商局史研究会编印《袁庚文集》，第74—75页。

手工测量的方法,大大提高了产品或零部件精密度。① 经过这一时期的工艺改进,金陵船厂开始进入"修造并举"的新阶段。

在整顿改革阶段,质量管理是金陵船厂改革的重要领域。1978 年,金陵船厂首先在船体车间进行全面质量管理("TQC")试点,船体车间成立质量控制小组(即"QC"小组),试行"自检、互检、专检"三级检验制度缩小分段建造公差。1978 年 9 月至 1979 年 6 月,冷焊 4 组共承造 16 条 3000 吨油驳 96 个分段合拢任务,精度误差刷新纪录,冷焊 4 组被交通部授予"优秀 QC 小组"称号,组长马祥代表全组出席了全国质量管理代表会议。1983 年,全厂 QC 小组发展到 50 个,厂里成立了 TQC 办公室和全面质量管理委员会,初步形成了一套行之有效的管理办法。另外,金陵船厂改进质量管理,采取工位制,建造了 2000 吨分节驳,开展了工序流程管理,提高了建造速度,保证了每个工位的质量。1980—1984 年,金陵船厂产品质量明显提高,"质量第一"成为船厂改革的内核保障。

在后续的内涵发展、快速发展、稳步发展阶段,金陵船厂通过强化技能培训和焊工持证上岗率,促进产品质量不断提高;通过技术革新和科技进步,质量管理得到稳步推进,南京厂区、江苏金陵质量管理均取得新成效。2010 年底,两地生产部门针对售后服务经常出现的共性问题,建立质量控制点,对重点环节进行重点监控管理,实施过程中不断对质量控制点的内容进行充实。通过部署、实施,使船舶建造质量更加完善,售后服务项目明显减少,极大减少了返工浪费。而后在金融危机的严峻形势下,金陵船厂通过技术创新、内部挖潜、开源节流、降低生产成本等一系列措施,确保金陵船厂在逆境中立于不败之地,永葆生机和活力。

4. "科技引领"是招商工业的时代战略

"'十四五'时期,招商工业将在集团'科技引领'战略指导和支持下,进一步强化科技创新能力,不断提高装备制造水平,争当集团服务国家战略的排头兵、科技创新的先行者,继续为集团履行央企责任做出更新、更大的贡献。"这是 2021 年 3 月 19 日,央视《新闻联播》报道招商局金陵船舶(威海)有限公司的内容片段。在集团"科技引领"的战略指

---

① 周庚主编《金陵船厂史》,长江航运史编写委员会,1990,第 42—43 页。

导下，招商局工业在新时代用"科技创新"为"质量至上"保驾护航。

自2019年招商局正式提出"科技引领"战略以来，招商工业坚持"科技引领、创新驱动"的发展战略，构建了"产业研究—产品研发—技术开发—科技产业化"多层次且相互支持的科技创新体系。截至2021年底，招商局工业拥有招商工业产业发展研究中心、招商局海洋装备研究院、招商局邮轮研究院、招商局深海装备研究院等多个研究研发及技术创新平台，并在意大利设有欧洲技术中心，控股了世界最大的独立船舶设计公司芬兰德他马林设计集团，具备了向全球客户提供海洋工程装备、邮轮以及特种船舶研发、设计、建造等一揽子解决方案的综合实力。

纵观招商工业一路发展历程，无论是"工艺改进""全面质量管理"，还是"工匠精神""科技引领"，其核心就是招商工业具备工业特有的企业文化，这些文化驱动着企业在任何时期都能从容面对机遇或是挑战，进而乘风破浪，砥砺前行。

参考文献

一 已刊资料、著作

陈玉庆整理《国民政府清查整理招商局委员会报告书》,社会科学文献出版社,2013。

江天凤主编《长江航运史(近代部分)》,人民交通出版社,1992。

教育部组织编写《普通高中教科书历史必修·中外历史纲要(上)》,人民教育出版社,2019。

商务部国际贸易经济合作研究院等编《对外投资合作国别(地区)指南——白俄罗斯(2021年版)》,2022年1月。

汤照连主编《招商局与中国近现代化》,广东人民出版社,1994年。

涂俏:《袁庚传:改革现场》,海天出版社,2016。

王玉德等:《招商局与中国金融业》,浙江大学出版社,2013。

夏东元编《郑观应集》下册,上海人民出版社,1988。

辛亨复:《辛一心传》,上海交通大学出版社,2012。

杨宏才主编《青山船厂史》,武汉出版社,1990。

易惠莉、胡政主编《招商局与近代中国研究》,中国社会科学出版社,2005。

虞和平、胡政主编《招商局与中国现代化》,中国社会科学出版社,2008。

张后铨:《汉冶萍公司史》,社会科学文献出版社,2014。

张后铨主编《招商局史(近代部分)》,中国社会科学出版社,2007。

郑贤玲:《中集:可以复制的世界冠军》,机械工业出版社,2012。

中国远洋海运发展史编委会编《中国远洋海运发展史》第5卷，人民交通出版社，2020。

中华人民共和国交通运输部：《中国水运史（1840—1949）》，人民交通出版社，2021。

钟坚编著《改革开放梦工场——招商局蛇口工业区开发建设40年纪实（1978—2018）》，科学出版社，2018。

朱士秀主编（代）《招商局史（现代部分）》，人民交通出版社，1995。

朱荫贵：《朱荫贵论招商局》，社会科学文献出版社，2012。

二 论文

丁日初、沈祖炜：《论晚清的国家资本主义》，《历史研究》1983年第6期。

龚会莲：《变迁中的民国工业史（1912—1936）》，西北大学博士学位论文，2007年。

冀满红、燕红忠：《近代早期企业的治理特征——以1873年—1911年的轮船招商局为例》，《暨南学报》（人文科学与社会科学版）2004年第4期。

金立成：《招商局史料》，《学术月刊》1962年第8期。

经江：《论清朝官办近代军事工业的性质》，《学术月刊》1961年第10期。

李毅：《洋务运动对于清代军事工业的影响》，《兰州学刊》2008年第S1期。

凌风：《一路逆袭看中集》，《创新世界周刊》2021年第8期。

刘鹤：《加快构建以国内大循环为主体、国内国际双循环相互促进的新发展格局》，《人民日报》2020年11月25日。

刘建强：《蛇口基因——破解平安、中集、招行、万科、华为体内共同的密码》，《中国企业家》2008年第8期。

刘永刚：《招商局的"资本局"》，《中国经济周刊》2012年第48期。

龙汉武：《招商局参与国民党内战军运及其后果》，《武汉交通管理干部学院学报》1999 年第 4 期。

娄勤俭：《坚定不移贯彻新发展理念》，《求是》2020 年第 16 期。

罗苏文：《轮船招商局官督商办经营体制形成的原因及影响》，《史林》2008 年第 2 期。

齐金钊：《中集车辆：用"灯塔"工厂照亮高端制造之路》，《大众投资指南》2020 年第 18 期。

《深圳蛇口：那些难忘的"春天的故事"》，《深圳特区报》2010 年 8 月 18 日。

史春林：《轮船招商局与中国近代航海教育》，《交通高教研究》2004 年第 5 期。

谭索：《晚清"官督商办"的意义和借鉴》，《东南学术》1999 年第 3 期。

汪熙：《从轮船招商局看洋务派经济活动的历史作用》，《历史研究》1963 年第 2 期。

汪熙：《试论洋务派官督商办企业的性质与作用》，《历史研究》1983 年第 6 期。

王方中：《1920—1930 年间军阀混战对交通和工商业的破坏》，《近代史研究》1994 年第 5 期。

夏东元：《论盛宣怀与洋务企业》，《学术月刊》1982 年第 10 期。

夏东元：《洋务运动发展论》，《社会科学战线》1980 年第 3 期。

许永军：《蛇口工业区：从排头兵到新标兵》，《党建》2020 年第 11 期。

于惠如、麦伯良：《中集下一站》，《经济观察报》2020 年 8 月 24 日。

招商工业：《江苏重工在低迷市场独占鳌头》，《招商局工业》第 24 期，2015 年 5 月。

招商工业：《招商重工船体车间转型纪实》，《招商局工业》第 5 期，2010 年 7 月。

招商工业：《招商重工总工程师孙学荣访谈》，《招商局工业》第 10 期，2011 年 10 月。

赵兴胜：《1947—1949 年间国民党政府国营生产事业的民营化》，《山东大学学报》（哲学社会科学版）2003年第3期。

朱荫贵：《从1885年盛宣怀入主招商局看晚清新式工商企业中的官商关系》，《史林》2008年第3期。

祝慈寿：《论清代后期官办、官商合办工业的组织形式与官商关系》，《财经研究》1983年第2期。

三　内部资料

华益铝厂有限公司：《华益铝厂奖励期股方案》，2000年12月30日。

华益铝厂有限公司：《华益铝厂设备更新及技术改造可行性研究报告》，2002年。

华益铝厂有限公司：《蛇口华益铝厂有限公司奖励期股方案实施细则》，2000年12月30日。

华益铝厂有限公司：《蛇口华益铝厂有限公司奖励期股合同》，2001年6月9日。

华益铝业有限公司：《招商局工业集团入股万江铝材项目可行性报告》，2006年12月。

《辑录蛇口》编辑部：《辑录蛇口：招商局蛇口工业区（1978—2003）》，2004年12月。

江苏重工：《江苏重工2013—2019年厂史资料》，2019年。

南京金陵：《2012—2015年大事记》，2015年。

南京金陵：《建厂70周年展厅布置方案》，2021年。

南京金陵：《金陵船厂史（1951—2012）》，2012年。

威海金陵：《威海船厂历史沿革》，2021年。

扬州金陵：《历史沿革》，2021年。

扬州金陵：《扬州金陵大事件》，2021年。

招发铝业控股有限公司：《国有资产评估项目备案表》，2010年4月20日。

招商局档案馆：《2007—2016年公司大事记汇总》，2017年。

招商局档案馆：《2018年孖洲岛造修船基地年鉴材料》，2018年。

招商局档案馆：《南京金陵部分建厂人员历史档案资料扫描》，2020年。

招商局档案馆:《企业年度工作汇报（2006—2019）》，2019年。

招商局档案馆:《香港船坞史略》，时间不详。

招商局档案馆:《香港修船史——友联船厂》，2020年。

招商局档案馆:《新中国第一位远洋船长——陈宏泽》（友联篇），2020年。

招商局档案馆:《招商工业集团总经理工作汇报（2001—2021）》，2021年。

招商局档案馆:《招商工业总经理工作汇报（2001—2021）》，2021年。

招商局工业集团有限公司:《（招商局工业集团）在工业集团2001年工作会议的工作报告》，2001年3月17日。

招商局工业集团有限公司:《（招商局工业集团）在工业集团2002年工作会议的工作报告》，2002年3月11日。

招商局工业集团有限公司:《（招商局工业集团）在工业集团2003年工作会议的工作报告》，2003年2月28日。

招商局工业集团有限公司:《（招商局工业集团）在工业集团2004年工作会议的工作报告》，2004年2月27日。

招商局工业集团有限公司:《（招商局工业集团）在工业集团2005年工作会议的工作报告》，2005年3月7日。

招商局工业集团有限公司:《（招商局工业集团）在工业集团2006年工作会议的工作报告》，2006年1月23日。

招商局工业集团有限公司:《（招商局工业集团）在工业集团2007年工作会议的工作报告》，2007年2月12日。

招商局工业集团有限公司:《（招商局工业集团）在工业集团2008年工作会议的工作报告》，2008年2月25日。

招商局工业集团有限公司:《（招商局工业集团）在工业集团2009年工作会议的工作报告》，2009年3月2日。

招商局工业集团有限公司:《工业集团2011年资产优化工作总结》，2011年12月28日。

招商局工业集团有限公司:《工业集团2012年度资产优化工作总结》，2013年1月8日。

招商局工业集团有限公司:《关于对招商局铝业（重庆）有限公司增

资入股之框架协议》，2019 年 12 月。

招商局工业集团有限公司：《关于发布招商工业企业文化核心内容的通知》，2021 年 12 月。

招商局工业集团有限公司：《关于华益搬迁项目变更事宜的请示》，2006 年 11 月 9 日。

招商局工业集团有限公司：《关于华益奖励期股分配方案的批复》，2006 年 3 月 20 日。

招商局工业集团有限公司：《关于华益终止经营和清算方案的请示》，2009 年 8 月 19 日。

招商局工业集团有限公司：《关于招商局铝业（重庆）有限公司混改所有制改革方案的请示》，2020 年 1 月 13 日。

招商局工业集团有限公司：《坚持稳健经营，强化企业管理为新世纪的发展奠定基础》，2000 年 3 月 4 日。

招商局工业集团有限公司：《招商工业 2017 年工作总结和 2018 年工作计划》，2017 年 12 月 25 日。

招商局工业集团有限公司：《招商工业 2021 年集团内重点协同工作总结》，2022 年 3 月。

招商局工业集团有限公司：《招商工业 23 公司之历史沿革》，2015 年。

招商局工业集团有限公司战略发展部：《招商局工业"十四五"发展规划纲要》，2020 年。

招商局工业集团有限公司资产优化办：《"招发幕墙"投资项目清理结案报告》，2003 年 3 月 20 日。

招商局工业集团有限公司资产优化办：《宝安鸿宇公司结案报告》，2005 年 1 月 4 日。

招商局集团办公厅、招商局史研究会编印《袁庚文集》，2010 年。

招商局集团有限公司：《关于深圳华益铝业有限公司终止经营的批复》，2009 年 10 月 28 日。

招商局集团有限公司：《关于招商局铝业（重庆）有限公司混改方案的批复》，2020 年 3 月 30 日。

招商局企业文化手册：《百年商道》，2020 年 7 月。

招商局蛇口工业区控股股份有限公司：《招商局蛇口工业区控股股份有限公司 2020 年度报告》，2021 年。

招商局新材料科技（重庆）有限公司：《企业编年史》。

招商局总管理处编《招商局总管理处汇报》，1929 年。

中外运物流有限公司：《中外运物流有限公司 2020 年度报告》，2021 年。

周庚主编《金陵船厂史》，长江航运史编写委员会，1990 年。

11月2...
招商...
业集...
册成立...

★19 2019 2020 2021

研究"天鲸" 整合原长航中 南京金陵
友骋 获国家 航船厂，打造 船厂入装
展公科 "招商金陵" 厂制造业
并盛技进步 品牌（包括南 国单冠军
商局等奖； 京金陵和下属 单项，江
集团工重工 江苏金陵、威 产品，苏重工
PSO，交造 海金陵、扬州 付首交
付中国首 金陵）；招商 首艘
极地探 铝业混改，更 FPSO
制邮轮； 名为招商新材
金陵，并
管南京
会航中
购和扬
海衡
州

万吨坞
船号

2019年国资委批准收购中航工业集团下属船厂，并入威海船厂、扬州鼎衡船厂和芬兰Deltamarin公司等造船业务企业

图书在版编目（CIP）数据

招商局工业发展史 / 胡贤甫主编；郭朝先，惠炜等编著 . -- 北京：社会科学文献出版社，2022.12
（招商局文库 . 研究丛刊）
ISBN 978 - 7 - 5228 - 1034 - 8

Ⅰ.①招⋯ Ⅱ.①胡⋯②郭⋯③惠⋯ Ⅲ.①轮船招商局 - 历史 - 中国 Ⅳ.①F552.9

中国版本图书馆 CIP 数据核字（2022）第 206774 号

招商局文库·研究丛刊
招商局工业发展史

| 主　　编 / 胡贤甫
| 编　　著 / 郭朝先　惠　炜　等

| 出 版 人 / 王利民
| 责任编辑 / 宋荣欣　邵璐璐　等
| 责任印制 / 王京美

| 出　　版 / 社会科学文献出版社·历史学分社（010）59367256
　　　　　　地址：北京市北三环中路甲 29 号院华龙大厦　邮编：100029
　　　　　　网址：www.ssap.com.cn
| 发　　行 / 社会科学文献出版社（010）59367028
| 印　　装 / 三河市东方印刷有限公司
| 规　　格 / 开 本：787mm×1092mm　1/16
　　　　　　印 张：27.5　插 页：0.5　字 数：425 千字
| 版　　次 / 2022 年 12 月第 1 版　2022 年 12 月第 1 次印刷
| 书　　号 / ISBN 978 - 7 - 5228 - 1034 - 8
| 定　　价 / 158.00 元

读者服务电话：4008918866

版权所有 翻印必究